『하나 셋 여럿』에서 콜린 건턴은 삼위일체론을 모든 사고와 실재에 대한 단서로 간주하고, 삼위일체론의 공동체적 관계론을 인간과 세계의 본래적 존재됨을 이해하기 위한 형이상학적 원리로 설명한다. 저자는 하나됨을 지나치게 강조함으로써 다원성과 다양성을 약화해 온 기독교 전통의 일원론적 경향을 극복하고, 개별성에 기초한 다원성과 다양성을 존중하는 공동체적 통일성의 길을 삼위일체론적 논리에 근거하여 제시한다.

윤철호 장로회신학대학교 조직신학 교수

콜린 건턴의 『하나 셋 여럿』은 삼위일체론이 왜 현대 신학의 핵심 주제로 자리매김할 수밖에 없었는지 보여 주는 역작이다. 건턴은 기독교 전통과 현대성을 대립시키거나, 교리로 문화를 비판하는 얄팍한 변증적 전략을 취하지 않는다. 오히려 현대 사회의 여러 문제의 핵심을 삼위일체론적 관점에서 파악하며, 현대인의 언어와 상상력에서 낯설게 된 '관계성'을 창조 세계를 향한 삼위일체 하나님의 사역에서 재발견하게 돕는다. 그런 의미에서 건턴의 기획은 올바른 교리적 가르침에 대한 이론적 설명이라는 신학의 일반적 정의를 넘어 특유의 언어, 상징, 통찰을 통해 현실의 곤란과 인간 존재의 어려움을 치유한다. 『하나 셋 여럿』이 파르메니데스와 헤라클레이토스 이후 서양 철학사를 훑어 내리는 기발한 방식을 택한 것은 지성사를 조망하는 특별한 관점을 제시하고, 삼위일체론으로 현대성의 문제를 진단하고 치유하는 신학적 상상력은 전통적 교리를 통해 희망을 늘 새롭게 품는 방식을 보여 준다.

김진혁 횃불트리니티신학대학원대학교 조직신학 조교수

『하나 셋 여럿』은 교제 중에 일하시는 삼위 하나님의 창조 신학에 기초한 포괄적인 문화 신학을 제공한다. 건턴에 따르면 현대성은 불변의 실체를 통일성의 원리로 삼은 철학적·신학적·정치적 전체주의를 거부하지만, 신·인간·사물의 타자성에 대해 무관여의 개인주의와 무관심의 다원주의를 만들고 균일성이라는 또 다른 전체주의에 예속되고 말았다. 삼위일체의 세 위격들은 참된 구별로 서로 수여하고 수용하는 타자성(페리코레시스)으로 영원히 교제 속에서 공존하는 일체(하나)로서, 고대와 현대의 전체주의적 통일성과 균일성의 원리를 해체한다. 곧 그리스도와 성령의 창조와 완성 사역으로 타자인 인간과 사물(여럿)에게 존재의 시간·공간과 자유, 진선미의 구현을 허락하는 하나님의 참된 통일성이다. 숨이 죄는 버거움을 넘어 쾌감을 만끽하게 할 이 책의 독서를 권한다.

유해무 고려신학대학원 교의학 은퇴교수

콜린 건턴은 현대성의 많은 문제가 하나님을 변위한 데 있다고 제안함으로써 우리의 문제를 새로운 빛으로 보게 돕는다. 신학에 관심 있는 사람은 물론이고, 신학이 현대의 곤경과 어떤 관계에 있는지 관심 있는 사람이라면 『하나 셋 여럿』을 반드시 읽어야 한다.
스탠리 하우어워스 듀크 대학교 길버트 로우 명예 교수

많은 기억할 만한 경구로 끝없이 보상하는 이 책은 이후에 있을 복음과 문화 논의에서 핵심 텍스트가 될 것이 분명하다.
Ministry

놀라운 책이다. 나는 문제의 사안을 확증하고 이것을 여럿의 풍성함 및 다양성뿐 아니라 타자에 대한 감각을 가져야 할 필요성과 연결하는 건턴의 능력에 큰 감명을 받았다.
The Month

이 품격 있는 책은 기독교 신학과 인간의 능력이 그 잠재력에 이를 수 있도록 함으로써 삼위일체 교리의 중요성에 대한 논의에 기여한다. 매력적인 주장이다.
Epworth Review

『하나 셋 여럿』은 그 언급 대상의 폭을 보든 전반적인 논의의 일관성을 보든 지금까지 나온 건턴 교수의 책들 중에서 가장 인상적이다.
Expository Times

이 책은 건턴이 삼위일체적 용어를 건설적으로 사용한다는 것만으로도 구입할 가치가 충분히 있다. 전통에 대한 이토록 분명한 분석을 진정어린 건설적 평가 및 제안과 함께 보는 일은 드물다. 게다가 이 모두를 이렇게 간결하게 다룬 것은 더더욱 보기 힘들다.…이 책은 신학자들의 학문적 논의와 학생 도서관의 서가에서 오랫동안 역할을 할 가치가 있다.
Review in Religion and Theology

하나 셋 여럿

IVP(InterVarsity Press)는
캠퍼스와 세상 속의 하나님 나라 운동을 지향하는
IVF(InterVarsity Christian Fellowship)의 출판부로
생각하는 그리스도인을 위한 문서 운동을 실천합니다.

ⓒ Cambridge University Press 1993
Originally published in English under the title
The One, the Three and the Many: God, creation and the culture of modernity
by Cambridge University Press, the Edinburgh Building, Cambridge CB2 2RU, UK
All rights reserved.

Used and translated by permission of Cambridge University Press

Korean edition copyright ⓒ 2019 Korea InterVarsity Press
156-10 Donggyo-ro, Mapo-Gu, Seoul 04031, Republic of Korea

하나 셋 여럿

현대성의 문제와 삼위일체 신학의 응답
―1992년 뱀턴 강좌―

콜린 건턴

김의식 옮김

lvp

제니와 서라에게

차례

서문 11
서론 13

1부 하나님의 자리를 바꾸다 23

1장 헤라클레이토스부터 하벨까지: 현대의 삶과 사고에서 하나와 여럿의 문제 25
   1. 현대성이라는 관념 26
   2. 비관여로서의 현대성 29
   3. 하나와 여럿 32
   4. 하나님 개념 39
   5. 하나님의 변위로서의 현대성 46
   6. 현대 상황의 비애 53
   7. 결론 57

2장 사라지는 타자: 현대의 삶과 사고에서 개별자의 문제 61
   1. 현대의 삶과 사고에서 개별자의 상실 62
   2. 플라톤 68
   3. 서구의 이중적 사고방식 73
   4. 개별성의 실천 1: 자유 85
   5. 개별성의 실천 2: 미학적인 것 90
   6. 변위의 양식 96

3장 현재를 위한 탄원: 현대의 삶과 사고에서 관계됨의 문제　　101
　1. 현대성의 현세성　　102
　2. 기독교의 잘못된 영원성　　109
　3. 현대성의 잘못된 시간성　　115
　4. 종말론의 변위　　120
　5. 영지주의의 부활　　126

4장 근원 없는 의지: 현대의 삶과 사고에서 의미와 진리의 문제　　135
　1. 상반된 의견들　　136
　2. 오늘날의 프로타고라스　　142
　3. 문화의 파편화　　149
　4. 근원 없는 의지의 기원들　　158
　5. 현대성의 모습　　162

2부 창조됨을 다시 생각하다　　165

5장 보편자와 개별자: 의미와 진리의 신학을 향하여　　167
　1. 토대주의와 합리성　　168
　2. 초월자로서의 하나　　175
　3. 개방적 초월자　　182
　4. 삼위일체적 초월자들　　191

6장 "그를 통하여 그리고 그 안에서…": 관계됨의 신학을 향하여　　197
　1. 되돌아보기　　198
　2. 경륜　　201
　3. 페리코레시스　　207
　4. 유비적 탐색　　211
　5. 문제의 핵심　　219
　6. 기독론적 결론　　226

7장 주는 영이다: 개별자의 신학을 향하여   229

   1. 영의 개념   230

   2. 실체성의 문제   239

   3. 개별자들에 관하여   248

   4. 존재의 주이며 수여자   258

8장 삼위일체인 주: 하나와 여럿의 신학을 향하여   265

   1. 되돌아보기   266

   2. 공동체   270

   3. 사회성   276

   4. 맥락 안에 있는 사회성   282

   5. 결론   288

참고 도서   291

찾아보기   301

1992년에 옥스퍼드 대학교에서 열린 뱀턴 강좌에 기초한 이 연구는, 종종 현대성의 위기라고 불리는 것을 현대성뿐 아니라 현대 문화 전반과 관련해 살핀다. 이를 위해 사회적·신학적·철학적 사유의 문제들을 추적하면서, 계몽주의를 넘어 서구 기독교 신학의 근원까지 거슬러 올라간다. 저자는 고대와 현대의 삼위일체 신학에서 발견되는 개념적 가능성들을 건설적으로 발전시킴으로써 이 문제들에 대한 답변을 시도한다.

서문

어떤 책이든지 저술에는 발견의 과정이 포함된다. 이 책의 경우에는 문화 연구로 시작한 것이 창조 교리 연구까지 포함하게 되었다. 그 이유는, 우리가 문화라고 부르는 인간 활동이 때때로 자연이라고 불리는 것의 맥락 안에서 형성되기 때문이다. 창조된 세계는 인간 활동이 일어나는 틀을 제공한다. 하지만 우리가 현대성(modernity)이라고 부르는 문화의 두드러진 특징은 그 관계의 특성에 대한 혼동이기 때문에, 현대성의 근원들을 살피려 하는 우리 세계에 대한 연구는 인간 활동이 일어나는 세계의 성격에 관한 더 폭넓은 질문과 이내 맞닥뜨리게 될 것이다.

또한 모든 저술에는 대화의 과정이 포함된다. 직접적 인간 접촉에서 완전히 격리되어 정적 속에서 글쓰기를 선호하는 사람들조차 자료들에서 의견을 듣는 지혜를 발휘한다. 이 책은 매우 폭넓은 대화 과정을 거쳐서 나왔다. 첫 초고들은 런던의 킹스 칼리지에 있는 조직신학연구소(Research Institute in Systematic Theology)에서 매주 열린 세미나에서 읽었고, 세미나에 참여한 여러 사람의 논평 덕분에 논증을 강화할 수 있었다. 나는 여느 때처럼 특히 크리스토프 슈뵈벨(Christoph Schwoebel)에게 감사하는데, 내 모든 저술에 대한 그의 주의 깊은 논평은 내게 큰 의미가 있다. 나의 아내와 큰딸은 원고의 많은 부분을 읽고 논평해 주었고, 이 책을 두 사람에게 헌정하는 것은 이 책을 포함해 그들에게 진 빚에 대한 작은 표시다.

하지만 이 책의 원고는 대부분의 다른 책들과 달리 옥스퍼드 대학교의 1992년 뱀턴 강좌를 위해 준비했고, 이와 관련하여 나는 감사해야 할 다른 빚이 많음을 밝힌다. 무엇보다도 내가 나의 첫 대학교로 돌아와 오래전에 그곳에서 처음으로 형성되기 시작한 사유의 과정에 대한 사실상의 보고서를 발표하도록 기회를 준 선정위원들에게 감사한다. 큰 신세를 제프리 넛털(Geoffrey Nuttall)에게 졌는데, 그의 첫 격려를 통해 내가 이 강좌를 맡게 되었다. 다음으로 옥스퍼드 대학교에 감사한다. 이 대학교의 대표자들이 보여 준 친절과 환대에 충분히 고마움을 표하기는 불가능하다. 마지막으로 나는 케임브리지 대학교 출판부의 앨릭스 라이트(Alex Wright)에게 그의 인내와 격려에 대해, 그리고 그의 교정자들이 원고의 집필과 재집필 과정에 기여한 데 대해 감사한다.

런던 킹스 칼리지
1992년 7월

서론

윌리엄 모리스(William Morris)가 "현대주의(modernism)는 문명이 그리스도를 **부정**하기 시작한 곳에서 시작되었고, 문명이 이 부정을 지속하는 곳에서 지속된다"[1]고 말했을 때, 그는 현대 문화의 두드러진 측면들이 기독교 복음에 대한 부정에 기반한다는 점을 지적한 것이다. 그 이유는 기독교 역사가 취한 방향에서 부분적으로 찾을 수 있다. 그 모든 통합의 전망에도 불구하고, 기독교 세계(Christendom)의 시대는 실질적으로 사라진 기독교 복음의 특정한 차원들의 희생이라는 비싼 대가를 치르고 얻은 것이다. 하지만 현대 세계는 기독교 세계에 반발하면서 그 세계 안에 있는 인간에 대한 동일하면서도 정반대인 왜곡들을 물려주었다. 그렇기 때문에 내가 이 책에서 시도하는 것은 현대성에 반발하는 것도, 그렇다고 비굴하게 현대성이 이끄는 대로 따르는 것도 아니다. 현대성은 모든 문화들처럼, 창조 세계의 완성을 위하여 성령에 의해 성육신하신 하나님의 아들의 복음이 비추는 치유의 빛을 필요로 한다. 하지만 현대성이 다른 문화들과 다른 것은, 현대성이 처한 곤경의 독특한 특

1　Peter Fuller, *Theoria. Art, and the Absence of Grace* (London: Chatto and Windus, 1988), p. 139에서 인용.

징들이, 일부 이해할 만한 이유에서 그랬을지라도, 그러한 복음을 거부한 데서 나온다는 점이다. 그러므로 우리가 복음을 위한다면, 현대의 거부를 단순히 비난할 것이 아니라 그 거부가 어떻게 발생했는지를 살펴야 한다. 기독교는 참으로 자연적 인간 지성에 거슬리지만, 기독교를 대변하는 자들 때문에 잘못된 이유에서 거슬리게 되는 경우가 종종 있다. 이 책이 복음과 현대 상황을 모두 조명함으로써 둘 사이에 지속적 대화가 일어나기를 희망한다.

1년 넘게 이 책의 논증을 발전시키면서, 이 작업이 문화 신학인 것만큼이나—그 이상은 아니더라도—창조 신학이라는 사실이 점차 분명해졌다. 1부는 현대의 문화 위기—문화의 파편화(fragmentation)와 주관주의 및 상대주의로의 쇠퇴—의 원인을 창세기를 시작하는 장들과 창조에 초점을 두는 다른 성경 구절들에 대한 부적절한 주해에서 찾으려는 노력으로 이해될 수 있다. 2부는 이 본문들에 대한 더 명백한 삼위일체론적 접근에서 문화를 위한 함의와 세계에 대한 우리의 이해를 일부 끄집어내려는 시도로 이해될 수 있다. 이 모든 노력에서 이레나이우스(Irenaeus)의 중요성은 주목할 만하다. 왜냐하면 신적 창조 행위에 대한 그의 명백한 삼위일체론적 구성은, 후대의 더 정교하고 더 플라톤 철학화된 접근법들과는 어느 정도 대조적으로, 다양한 영지주의의 압박을 받는 기독교 신학과 문화 모두에 필요한 전통의 재형성을 위해—해답까지는 아니라도—필수적 단서들을 제공하기 때문이다.

창조 교리가 오리게네스(Origen)와 아우구스티누스(Augustine)라는 플라톤 철학화한 지성들에 의해 형성된 이래로 종종 취한 형태를 개정할 때, 이 교리의 세 가지 주요 특징들이 강조될 필요가 있다. 이 특징들은 창조에 관한 성경적 지향을 해석하는 데 두 교부들과 다소 다른 방식들을 보여 주며, 그 특징들은 다음과 같다.

1. 창조는 하나이며 이원적이지 않다. 아우구스티누스의 저작 여러 곳에서 창세기 기사는 이중적 창조를 나타낸다고 여겨진다. 첫 번째 창조는 플

라톤적 또는 '지적' 세계의 창조이고, 두 번째 창조는 (창조된) 영원한 형상들(forms)을 모방한 질료적 세계의 창조다. 이원적 해석의 결과로 온 세계의 선함에 대한 성경의 단언이 약화되고, 물질적 창조에 비해 비물질적 창조를 선호하는 위계가 지지를 받게 되었다. 또한 이 이원적 해석은 창조 교리를 종(種)이 영원하고 불변하는 형태들로 창조되었다는 믿음과 결부시키는 결과를 낳았는데, 그것은 19세기에 진화론들을 긍정적으로 대하기 어렵게 만든 믿음이었다. 부분적으로 이 책은 다윈주의가 논쟁거리가 되기 오래전에 야기된 손상에 대한 분석이며, 대안적 접근을 제안한다. 대체적 요점은 이원론적인 또는 플라톤 철학화된 교리는 그 의도와 달리 창조의 참된 다원성(plurality)과 다양성(diversity)을 긍정하는 데 불리하게 작용한다는 것이다.

2. 하나님의 형상(the image of God)인 인간은, 기독교 전통의 보편적 경향이 그랬던 것처럼 이성이나 의지 같은 고정된 특성의 소유라는 견지에서보다는, 관계적으로 이해되어야 한다. 이것은 인간 피조물의 본질이 일차적으로 인간이 하나님과 갖는 관계의 견지에서, 이차적으로 다른 피조물들과 갖는 관계의 견지에서 이해되어야만 한다는 것을 의미한다. 나머지 피조물들에 대한 관계 자체는 둘로 나뉜다. 먼저, 인간이 하나님의 형상이라는 것은 다른 인간들과 상호 구성의 관계 안에서 살아간다는 것이다. 둘째, 비인격적 피조물과 일련의 관계 안에 있다는 것이다.[2] 인간이 하나님을 닮는다는 것은 하나님 앞에서 그리고 동료 피조물들과 함께 존재하는 역동적 방식을 말한다.

3. 인간과 비(非)인간 피조물 사이에는 '불연속성 속의 연속성'이 있다. 연속성은 인류가, 비인간 피조물과 마찬가지로, 창조되었다는 사실에서 나온다. 존 지지울라스(John Zizioulas)가 주장한 대로, 진화론은 우리에게 이것을 가

---

2 나는 *Christ and Creation. The 1990 Didsbury Lectures* (Exeter: Paternoster Press, 1993)에서 다룬 관계됨의 여러 측면들을 자세히 설명하려 했다.

르친다는 점에서 기독교 신학에 유익하다. "우리는 그것을 뜻밖의 좋은 결과라고 부를 수 있는데, 다윈주의는 인간이 창조 세계에서 유일한 지적 존재가 결코 아님을 지적했다.…그러므로 '인간'은 자연 안에서 그의 유기적(organic) 위치로 되돌려졌다.…"[3] 불연속성은 창조 세계의 한 부분이 이성적이고 다른 부분은 그렇지 않다는 것이 아니라, 한 부분이 다른 부분과 특별한 형태의 관계 안에 있다는 것이다. 통치(dominion)라고 알려진 그것은, 창조된 것들을 온전히 완성하기 위해 하나님이 맡기신 책임으로 이해되어야 한다.

창조 교리가 서구에서 형성된 방식과 현대 문화가 취한 모습 사이에는 관계가 있다. 그것은 설명하기에 단순한 문제가 전혀 아니며, 앞의 세 강조점들 모두가 어떤 식으로든 경시된 방식과 많은 관련이 있다. 그것은 내가 현대성의 모순들이라고 부르게 될 것을 야기했다. 이어지는 장들에서 역설과 모순이라는 단어들이 때때로 사용된다면, 그 이유는 현대의 특이한 성격에서 찾아야 한다. 한편으로 이 시대는, 또는 적어도 이 시대의 몇몇 측면들은, 독자들도 보게 되겠지만 창조 교리의 실패로부터 나왔다. 반면에 정반대의 주장도 가능하여, 현대성의 몇몇 측면들은 바로 이 교리의 성공에서 방향을 잡았다고도 말할 수 있다. 어쨌든, 이 강좌 원고를 쓰고, 발표를 위해 수정하고, 출판을 위해 다시 수정하면서 다음과 같은 결론이 불가피해졌다. 현대성은, 그 위대함과 비애를 통해, 기독교 교리들 중에서 가장 중추적이면서도 가장 경시된 부분과 기묘한 그리고 변증법적이라고 불릴 수 있는 관계를 갖는다.

창조 교리와 현대 과학 사이의 관계는 오랫동안 토론과 사변의 주제였지만, 이 책의 본론에서 언급될 마이클 포스터(Michael Foster)의 논문이 1934년에 발표된 이후로 논의의 방향이 바뀌었다. 이 논문에 기초해 최근에 새로워

---

3   John D. Zizioulas, "Preserving God's Creation. Three Lectures on Theology and Ecology. I", *King's Theological Review* XII (1989), pp. 1-5 (4).

진 논의의 결과가 무엇이든지, 과학이 기독교 신학과의 대립 속에서 발생했다는 이전의 오랜 정설을 받아들이는 것은 이제 불가능하게 되었다. 여러 측면에서 과학과 신학의 관계는 훨씬 더 긍정적이다. 하지만 그렇다고 해서 많은 현대 문화가 일부 기독교의 가르침에 대한 부정을 통해 형성되었음을 부인하는 것은 아닌데, 현대성은 과학 이상의 것이기 때문이다. 현대성은 현대 미술, 문학, 철학이기도 하며, 참으로 신학을 포함한 문화가 최근의 세기들에 취한 특징적 형태들의 대부분이기 때문이다. 현대성의 기묘함의 근원은 이 두 상반된 흐름의 병치 안에서 발견할 수 있다.

현대성에 대한 신학적 설명을 전개하기 위해 나는 첫 네 장에서 현대성의 이데올로기와 실천의 여러 측면을 탐색했다. 이 탐색들은 이 기획의 두 번째 부분에 나오는 구성적 단계를 위한 틀을 제공하게 될 개념들에 의해 암시되었고, 따라서 이 책의 결정적 부분은 뒤에 나오는 구성적 전개에 의해 미리 형태가 결정되었다. 그렇다면 현대적 상황에 대한 어떤 종류의 설명이 시도되고 있는가? 여기서 추구되고 있는 것은 기본적으로 발전적 또는 인과적 설명이 아니다. 즉 현대성이 어떻게, 왜 발생했는지에 대한 중립적 기술이 아니다. 물론 인과적 영향들이 암시되고 분석되겠지만, 관심의 초점은 우리가 현대성이라고 부르는 시대를 특징짓는 태도들과 이데올로기들과 행동 양식들에 있을 것이며, 그 현대성에는 포스트모던이라고 기술되는 것들이 일부 포함될 것이다. 실제로, 현대성을 다루는 신학에 훨씬 더 큰 유익이 되는 것은 현대와 포스트모던 사이의 연속성과 본질적 이해관계이지, 현대주의에 대한 반발로 무엇인가 진정 새로운 것이 일어나고 있다는 순진한 가정이 아니다.

이 책의 첫 단계(1부)에 나오는 현대성에 대한 네 탐색들에 대응하는 것이 둘째 단계(2부)에 있는 네 개의 구성적 소론들이다. 책 전체는 교차대구의 형태를 이루는데, 2부의 재구성이 1부의 마지막 장―현대성의 지적 결과를 그것이 다양한 상대주의와 주관주의로 돌락한 것과 함께 기록한 장―에서 방향을 찾기 때문이다. 재구성을 시작하는 소론은 의미와 진리의 이론을 다루면서, 현대가 맞서서 정당한 반란을 일으킨 고대의 함정을, 그리고 현대의 반란이 가져온 재앙적 결과의 함정을 모두 피하고자 한다. 여기서 나는 콜리지(Coleridge)의 도움을 받아, 고대의 (플라톤적) 접근과 현대의 (칸트적, 헤겔적) 접근의 약점을 모두 피하는 초월적 연구를 요구하는 제안을 한다. 이 제안에 기초해서, 나는 첫 세 장의 마지막 부분에 남겨진 사항들의 일부를 마지막 세 장에서 다룬다. 3장에서는 현대가 관계성을 다룰 때 나타나는 일부 결함들의 원인을 추적하는데, 그 결함들은 특정한 현대의 시간 개념들과 그것의 사용에서 드러난 것들이다. 그에 상응하게 6장은―창조와 구원의 경륜에 의해 가능하게 된―시간과 공간 안에 있는 관계의 신학에서 도움을 받아, 어떻게 사물들이 시간과 공간 안에서 서로 관계를 맺는다고 이해될 수 있는지에 대한 설명을 발전시키도록 계획되었다.

2장에서는 현대 세계가 인간의 그리고 세계의 개별성(particularity)을 대하는 데 갖는 어려움의 일부 원인들을 기술했다. 그에 대한 대답으로 7장에서 사물들의 개별성을 다룰 때, 사물들을 현대적 삶의 많은 압박이 하는 것처럼 단조로운 균일성(homogeneity)으로 환원하지 않는 방식을 발전시키려는 시도가 나온다. 어떤 면에서 7장의 제안들은 이 책의 가장 중요한 부분들 중 하나다. 이 책에서 말하는 대부분은 다른 곳에서도 혹은 비슷한 방식으로 다루어졌지만, 내 생각에 7장에서 시도된 '휘포스타시스'(*hypostasis*) 개념의 초월적 전개는 그렇지 않다. 1장에서는 배경이 설정되었는데, 어떻게 헤라클레이토스(Heraclitus)와 파르메니데스(Farmenides)가 제시한 사상과 사회 질서에 대한 대립적 대안들이 하나(the one)와 여럿(the many)의 권리가 모두 적절히 확보되지 않는 변증법의 유산을 서구적 사유에 남겼는지를 보임으로써 그렇게 했다. 그와 관련하여 마지막 장에서는 삼위일체적 사회성으로부터 전망이 제시되었다. 그 전망을 고려해 우리는 자신이 누구인지, 그리고 우리가 놓인 세계가 무엇인지 무언가를 이해할 수 있을 것이다.

   논증의 구조 전반에 퍼진 줄기들을 이루어 뒷받침하는 논지들이 몇 가지가 있다. 첫째 논지는 내가 관계성이라고 부르는 것을 불완전하게 이해하고 실천하는 데 고대와 현대의 놀라운 유사성이 있다는 것이다. 두 시대는 모두 각 시대의 주류를 이루는 사상에서 하나가 여럿에 혹은 여럿이 하나에 대항하여 둘 모두의 권리가 종종 상실되기에 이른다. 두 시대는 모두 개별성에 충분한 비중을 부여하는 데 어려움이 있으며, 두 시대는 모두 존재한다는 것이 무엇인지에 대해 진정으로 관계적 설명을 발전시키는 데 어려움이 있는데, 대부분은 두 시대가 여럿이 아니라 하나가 초월적 위상을 갖는다는 이론에 사로잡혀 있기 때문이다. 둘째 논지는 현대성이 하나님을 초월적 영역에서 내재적 영역으로 변위(變位, 추방)시키는 경향이 있어서, 신적인 것의 중심을 타자인 하나님이 아니라 현세적 실재의 다양한 측면들에서 찾게 된다는 것이다. 나는 이 변위(displacement)가 파괴적이고 때로는 결과 면에서 악마적이라고 주장하는데, 관계됨과 진정한 타자성이 긴장 속에서 유지되는 곳에서만 사물들이 그것들이 인간적이든 신적이든 자신에게 합당한 대우를 받을 수 있기 때문이다. 셋째 논지는, 진선미의 영역들의 파편화―플라톤으로부터 시작된 파편화―가 현대인들을 세계에서 심히 불안하게 만들었다는 것이다. 대체로 우리가 예술을 대하는 태도가 드러나는 뿌리 깊은 도덕적 곤경의 징후들은, 우리가 서로를 향해서든 세계를 향해서든 어떻게 행동할지 모르는 데서 나온 결과다. 미학적 요소들이 이 논증에서 중요한 이유는 그것들이 총체적 무질서의 징후를 가장 두드러지게 형성하기 때문이다. 넷째 논지는―우리를 문제의 핵심으로 돌려보내기 때문에 단순히 뒷받침하는 논지 이상의 것으로서―하나와 여럿에, 개별자와 보편자에, 타자성과의 관계에 적절한 비중을 부여하는 관계성에 대한 설명이 그것들이 만족스럽게 기초할 수 있는 곳에서 나온다는 것이며, 그것은 바로 하나인 동시에 셋인 하나님 개념으로, 이 하나님의 존재는 성부와 성자와 성령의 관계-안에-있는-타자성(the otherness-in-relation)에서 나오는 관계성에 있다.

나의 전반적 관심은 우리 세계의 두드러진 특징인 파편화를 치유하는 과정을 돕는 것이다. 현대 세계에는 어떻게 그러한 기획이 시도될지에 대한 특유의 제약들이 있다. 참사회원 뱀턴(Bampton)의 유지에 따르면, 그가 재원을 기부한 강좌는 "기독교 신앙을 확증하고 확립하며, 모든 이단과 종파 분리주의를 논박하는"데 봉사해야 한다. 내 생각에 기독교 신앙을 최선으로 수호하는 일은 자신의 진리에 대한 확신과 모든 진영으로부터의 비판과 진리를 수용하는 개방성이 이루는 공동의 토대 위에서 이루어진다. 이것이 언제나 일이 이루어지는 방식은 아니었는데, 그 결과로 현재의 수호 과업이 마땅히 그래야 하는 것보다 더 힘들어졌다. 이것이 신학이 현대성의 도그마들(dogmas)로부터 일단 배우고 또 그것들을 제한하는 데 사용하는 또 다른 방식들이다.

여기서 나는 현대 상황의 특징적 곤란을 일부 극복하기 위하여 내가 삼위일체적 초월자들(trinitarian transcendentals)이라고 부르는 것의 중요성을 주장했다. 콜리지의 **관념**(idea) 개념과 삼위일체가 관념들 중의 관념이라는 그의 믿음에 의지하여 내가 주장한 것은, 삼위일체적 개념성을 통해 우리가 우리의 세계를 헤라클레이토스와 파르메니데스 사이의 전통적 선택으로는 불가능했던 둘 모두로, 다른 측면에서는 하나와 여럿으로, 그리고 관계 안에 있는 하나와 여럿으로 생각하는 일이 가능하다는 것이다. 이런 방식으로 나는 현대 사상에, 그리고 현재 우리 시대에 삼위일체 신학의 르네상스라고 불리는 것에 모두 기여하기를 바란다. 물론 삼위일체 신학은 하나님이 정말로 삼위일체일 경우에만 의미가 있고, 이와 관련해서는 다른 곳에서 여전히 많은 논의가 필요할 것이다. 하지만 신학은 단지 이론적인 데 그치지 않는 실천적 학문분야로서, 인간의 행로를 위한 빛이라는 넓은 의미에서의 지혜를 추구한다.[4] 그러므로 우리의 신학적 기획은 적어도 부분적으로는 그 열매로 판단되어야 하며, 나는 이 연구에서 우리 현대인들이 앞에 놓인 시간 동안 걸어야 하는 어두운 길 위로 약간의 빛을 던졌기를, 또한 유행하는 신념들이 종종 느끼게 하는 것과 달리 이 길이 쓸쓸하지 않다는 점을 드러냈기를 바란다. 왜냐하면 우리는 이중적 의미에서 친교 안에 있는 존재들이기 때문이다.

---

4 참고. Daniel W. Hardy, "Rationality, the Sciences and Theology", *Keeping the Faith. Essays to Mark the Centenary of* Lux Mundi, edited by Geoffrey Wainwright (London: SPCK, 1989), pp. 274-309; Nicholas Maxwell, *From Knowledge to Wisdom. A Revolution in the Aims and Methods of Science* (Oxford: Blackwell, 1984).

1부

하나님의 자리를 바꾸다

1장

헤라클레이토스부터 하벨까지:
현대의 삶과 사고에서 하나와 여럿의 문제

1. 현대성이라는 관념

마치 인간의 특성이 현대에 이르러 변했고 그 결과로 상당히 새로운 종류의 인간이 출현했다는 식으로 말하는 사람들이 있다. 이것은 상당히 잘못된 견해다. 간혹 제기되는 이러한 주장에도 불구하고 공통된 인간의 특성이 존재하며, 적어도 인간의 사회적 행동의 특정 양식들은 사실상 불변하고 인간의 삶이 있는 모든 곳에서 되풀이된다는 의미에서 그렇다. 우리는 여러 시대와 장소에서 쓰인 가족 사이의 편지를 읽고 내용을 이해할 수 있는데, 우리 자신에게도 동일한 걱정과 관심이 있기 때문이다. 이것은 우리의 사회적 본질의 맥락을 구성하는 사고와 문화의 양식에도 동일하게 적용된다. 일부 그리스 희곡은 다른 현대 희곡보다 우리 상황에 더 진정성 있게 다가오며, 고대 로마의 도덕규범에 대한 유베날리스(Juvenalis)의 풍자시가 직접 현대적 풍습들에 관해 말하도록 옮기는 것은 어렵지 않다. 하지만 모든 시대는 다르기도 하다. 톨스토이(Tolstoy)의 유명한 격언이 말하는 불행한 가족들처럼, 모든 문화는 그 문화를 구성하는 타락한 인간 피조물들의 존재를 상당히 다른 방식으로 표현하기도 한다. 그리고 이것이 내가 이 책의 중심이 될 현대 세계의 특징적 성격에 대한 질문을 마주하게 하는데, 때때로 현대성(modernity)이라고 불리는 것에 대한 질문이다.

이 책에서 나의 목적은 우리 시대에 대한 신학적 평가를 내리는 것이다. 나는 신자와 비신자가 모두 공유하는 세계를 살피되, 그리스도와 성령 안에서 알려진 하나님에 관한 교리가 제공하는 초점을 통해 그렇게 할 것이며, 또한 그 세계의 정체를 파악하고 명료히 밝히는 과정 중에 우리가 지금 어디에 서 있는지를 조명하여 이 시대에 적절한 기독교 신학에 이르는 토대를 놓고 싶다. 하지만 내가 이 일을 할 수 있기 전에 엄청난 어려움에 직면하게 되는데, 바로 주제를 정의하는 일이다. 우리가 '현대적'(modern)이라는 말이나 그와 관련된 어휘들을 사용할 때 의미하는 것은 무엇인가? 예를 들어 '리버풀 스트리트 역은 유럽에서 가장 현대적이다'라는 문장에서처럼, 피상적 수준의 의미를 지시하는 것은 그리 어렵지 않다. 그것은 과학과 기술, 현대의 상업적 시설들과 관련된다. 하지만 다른 수준에서 이 문제는 복잡해지는데, 현대성이 한 가지로 된 현상이 아니라, 예를 들어 과거에 대한 늘 서로 일관되지는 않은 다양한 실천들과 태도들과 이데올로기들이기 때문이다. 이 복잡성이 잘 드러나는 한 사례는 프랑스 혁명(French Revolution)이다. 한편으로 프랑스 혁명은 자유와 진보를 향한 현대적 추구의 전형적 표현의 하나로 여겨질 수도 있지만, 다른 한편으로 어떤 측면에서 프랑스는 혁명 기간보다는 그 이전에 더 빠르게 현대화되고 있었다.[1] 한편으로 그 혁명은 자유에 입각했지만, 다른 한편으로 억압과 자유의 부재에 대한 전형으로서 그 혁명이 몰아내려 했던 구체제(*ancien régime*)의 행위들을 무색하게 했다.[2] 러시아 혁명(Russian

---

1   Simon Schama, *Citizens. A Chronicle of the French Revolution* (London: Penguin Books, 1989), pp. 184-185: "일반적으로 [대다수 역사가들이] 염두에 두는 세계는 자본이 사회적 가치들의 결정자로서 관습을 대체하는 곳이며, 아마추어보다는 전문가들이 법률과 통치 기관들을 운영하는 곳이며, 토지보다는 상업과 산업이 경제 성장을 주도하는 곳이다. 하지만 사실상 이 모든 측면에서 주요한 변화의 시기는 프랑스 혁명이 아니라 18세기 후반이다."
2   "프랑스 혁명에서 일어난 명백한 변화를 한 가지 찾아야 한다면 그것은 시민이라는 법률적 독립체의 창조일 것이다. 하지만 이 가설적 자유인이 창조되자마자, 그의 자유는 국가의 경찰권에 의해 제약되었다." Schama, *Citizens*, p. 858.

Revolution)에 대해서도 같은 말을 할 수 있을 것이다. 러시아 혁명은 봉건적 속박을 의식적으로 거부하며 자유와 현대화의 목표에 매진했지만, 둘 다 이루지 못했다. 그리고 **포스트모더니티**(*post*modernity)를 말하는 방식에 이르면 혼란은 가중된다. 그러므로 현대성에 대한 단일한 관념 대신에 일련의 신조들과 실천들이라고 할 수 있는 것이 있으며, 그것들 안에 나는 포스트모더니티를 포함시키고자 한다. 왜냐하면 바라건대 명확해질 것은 포스트모더니티가 그것들과 잘 어울리고, 또한 후기 현대성(late modernity)이라고 불리는 것이 더 나을 수 있기 때문이다. 그 도그마들과 실천들 각각 안에, 그리고 그것들 사이에 아마도 풍조라고 할 수 있는 공통의 방향이 있으며 그것이 내가 찾고자 하는 것이다.

널리 인정되는 사실은—그리고 내가 분석을 전개하면서 서로 다른 관점에서 이 문제에 접근하는 많은 저작에 의존할 것이다—현대적 상황이 우리의 문명에 중대한 지적·도덕적 문제들을 가져온다는 점이다. 로버트 피핀(Robert Pippin)에 따르면, 스위프트(Swift)부터 니체(Nietzsche)까지 현대적 전개들의 결과를 예언한 사람들이 있었다. "현대성은 두려움 없고 호기심 많고 합리적이고 자립적인 개인들의 문화를 약속했지만, 그것이 낳은 것은…무리 사회, 즉 불안하고 소심하고 순응적인 '양'으로 이루어진 집단이었으며, 지극히 진부한 문화였다."[3] 이 비판의 이면에는 현대성의 압력이 균일성(homogeneity)으로의 압력이라는 견해가 있다. 우리는 선택이라는 명목으로 사회적 획일성을 강요하는 소비자 문화를 예로 들 수 있다. 온 세계의 모든 마을에 있는 코카콜라 광고처럼 말이다. 앞의 인용이 암시하는 대로, 현대성은 역설들의 영역이다. 즉 자유를 추구했지만 전체주의를 낳은 시대이고, 광대한 우주에서 우리의 보잘것없음을 가르쳤지만 같은 우주를 상대로 신처럼 행세하려고 한 시

---

[3] Robert B. Pippin, *Modernism as a Philosophical Problem* (Oxford: Blackwell, 1990), p. 22.

대이고, 세계를 통제하려고 했지만 지구를 파괴하는 힘들을 방임한 시대다.

2. 비관여로서의 현대성

나는 처음 네 장에서 현대 세계에 대한 신학적 설명을 전개하고 싶다. 마치 부흥회 설교자처럼 나쁜 소식으로 시작하지만, 적절한 시점에 긍정적 기여가 자연스럽게 뒤따를 것이다. 현재의 1장에서 나는 거침없는 붓질로 배경을 그릴 것이고, 여러 주제의 윤곽을 보임으로써 논지를 제시할 것이다. 첫 번째 주제는, 현대의 사고와 실천은 찰스 테일러(Charles Taylor)가 "비관여"(disengagement, 거리 두기)라고 부른 것을 우리에게 제시한다는 것이다. "데카르트(Descartes)의 윤리학은, 그의 인식론이 그런 것만큼이나, 세계와 몸으로부터의 비관여와 그것들에 대한 도구적(instrumental) 태도라는 가정을 요구한다. 이성의 본질은…우리에게 비관여를 강요한다는 것이다."[4] 이 말은 무엇을 의미하는가? 비관여는 인간 서로 간에 그리고 세계와 거리를 두는 것을, 또한 타자를 외적인 것으로, 단순한 대상으로 대하는 것을 의미한다. 핵심은 "도구적"이라는 단어에 있다. 즉 우리는 타자를 도구로, 우리의 의지를 실현하는 단순한 수단으로 사용하지, 어떤 식으로든 우리의 존재에 필수적 요소로 대하지 않는다는 것이다. 그 초점은 기술주의적 태도에, 즉 세계가 정확히 우리가 선택한 방식과 관련이 있다는 태도에 있다. 그것의 또 다른 측면은—극단적으로 말하자면—우리가 세계에서 참되고 선하고 아름다운 것을 추구하는 것이 아니라, 우리 자신을 위해 우리의 진리와 가치를 창조한다는 것이다.

    이 도구적 태도의 결과는 뒤에서 더 상세히 다룰 것이다. 하지만 이 단계

---

4   Charles Taylor, *Sources of the Self: The Making of the Modern Identity* (Cambridge: Cambridge University Press, 1989), p. 155. 『자아의 원천들: 현대적 정체성의 형성』(새물결).

에서는 세 가지를 말할 수 있다. 첫 번째는, 다른 현대적 태도들이 그렇듯 도구적 태도도 완전히 새로운 것은 아니라는 점이다. 그런 의미에서, 해 아래 새로운 것이 없다. 도구적 태도의 전조는 소피스트들(Sophists), 즉 마찬가지로 문화와 자연의 비관여를 추구한 그리스 철학자들의 일부 사상에서 나타났다.[5] 플라톤은 그들에 반대하여 『국가』(*Republic*)를 썼는데, 그것은—내가 사용하고 있는 그 단어의 의미에서—"관여된"(engaged) 철학이었다.[6] 이 철학은 인간의 삶이 자신을 사물들이 참으로 존재하는 방식에 일치시킬 때, 인간의 삶이 세계가 참으로 존재하는 대로 세계 안에서 형성될 때 좋은 삶이라는 점을 보이도록 고안되었다. 이 책의 논지는 현대적 비관여가 소외를 낳았으며, 우리가 세계에 속하는 방식을, 즉 인간이 실재를 살아 내는 방식을 새롭게 사유하고 표현하는 것이 긴급하게 요구된다는 점이다. 현대 이전에, 그리고 참으로 현대의 일부 단계에서,[7] 거의 언제나 사회적 질서는 우리가 형이상학적 질서라고 부르는 것에 대한, 전체로서의 존재의 질서에 대한 통찰에 어떻게든 근거한다고 이해되었다. 바로 이 질서를 데카르트와 그의 후예들이 무너뜨렸고, 그와 함께 사회적 질서와 우주적 질서 사이의 공생도 무너뜨렸다.

두 번째 관찰은, 우리는 인간이 세계와 내적으로 관계를 맺고 있는 방식을 직시하지 않고서는 세계 안에서 인간의 자리를 이해하지 못할 것이라는 점이다. "관여"(engagement, 개입)의 철학 없이 우리는 길을 잃는다. 새뮤얼 테

---

5   비록 사회적·정치적 제도와 우주적 맥락을 분리하는 것이 현대의 특징이기는 하지만, 이 발전도 소크라테스 이전의 철학에 대한 소피스트들의 비판들에서 예기되었다. '퓌시스'(*physis*)와 '노모스'(*nomos*)의 관계에 대한 이 비판가들의 논의는 초기 현대의 논의를 상당히 앞지른다. W. K. C. Guthrie, *The Sophists* (Cambridge: Cambridge University Press, 1971), 4장.
6   Taylor, *Sources of the Self*, p. 148는 데카르트와 대조적 입장을 취한다. "이 통찰은 선(善)의 질서에 대한 것이 아니라 오히려 그러한 질서에 대한 모든 고대적 개념들의 공허함을 함의하는 어떤 것에 대한 통찰이다. 즉 정신을 기계론적 질료의 우주로부터 완전히 분리하는 것으로, 이 기계론적 질료의 우주는 결코 사유나 의미의 수단이 아니며 분명히 죽었다."
7   Stephen Toulmin, *Cosmopolis. The Hidden Agenda of Modernity* (New York: Free Press, 1990), 3장은 많은 초기 현대 사상이 특정한 모편적 철학, 즉 기계론(mechanism)에 너무 가깝게 관여해 고통을 받는다고 주장한다. 『코스모폴리스』(경남대학교출판부).

일러 콜리지는 영국 성공회 지성들 중 가장 포용력 있는 인물이자 이 책에서 주요 역할을 하는 천재로, 오래전에 이러한 사실을 깨달았고 이와 관련하여 플라톤에게 많은 것을 배울 수 있다고 보았다. "플라톤은…인간의 자신에 대한 지식은 다른 것들에 대한 지식 없이는 실행 가능하지 않았다고, 오히려 인간은 다른 것들의 존재에 대한 의식이 자기 안에 머무르는 것이 신을 기쁘게 했던 존재라고, 그러므로 자연철학 없이 그리고 우리 외부의 사물들에 대한 지식으로 이끄는 과학들 없이 인간은 인간이 아닐 것이라…고 이해했다."[8] 따라서 우리가 플라톤에게 진 주요한 빚은 그가 집중하는 일부 핵심적 질문들에서 찾아야 한다. 첫 번째 질문은 우주의 본질에 관한 사유인 우주론과 사회적 이론의 관계에 대한 것이다. 사실상 플라톤의 요점을 현대적 용어로 표현하면, 신들에 대한 순수한 철학적 또는 형이상학적 사변이, 즉 순수한 합리성의 이름으로 신들을 비신화화(demythologizing)하는 것이 비관여의 시작이라는 것이다.[9] 그리스 신들에 대한 신인동형론은—아무리 비합리적이고 도덕적으로 받아들일 수 없는 것일지라도—그 기저에 우주에 대한 상당히 적절한 관심이 있으며 그것이 인간의 도덕적 상태를 어느 정도 이해하게 했다. 비록 예외가 있지만, 대체로 소크라테스 이전의 철학자들과 그들의 회의적 후예들은 신인동형론적인 것을 잃을 때 인격적인 것도 잃었다. 정신(ethos)은 환경에 무감각해졌고, 그 결과로 인간과 세계가 나뉘게 되었다. 이것은 우리 시대에 과학만능주의(scientism)라고 불리는 것과 유사한데, 과학만능주의는 지식에 대한 모든 주장을 좁은 의미에서 과학적인 것에 국한하고, 그럼으로써 사물들에 대한 지식을 그 지식이 형성되는 인간의 맥락에서 분리한다.[10] 그

---

8 *The Philosophical Lectures of Samuel Taylor Coleridge*, edited by Kathleen Coburn (London: Pilot Press, 1949), p. 176. 이 인용은 마이클 해리슨(Michael Harrison)을 참고했다.
9 그의 맥락에서 이것은 소크라테스 이전 철학자들과 소피스트들 모두에 의해 수행된 비신화화를 의미한다.
10 다음 장에서 인용할 한 구절에서, 바츨라프 하벨은 이 문제의 또 다른 현대적 측면을, 즉 사물의 질서의 임의적 교란이 인간 삶을 위협하는 오염을 초래한다는 점을 지적했다. Václav Havel,

거주자들을 분리한 상태에서 환경에 관심을 기울이면 인격적 의미가 없는 세계가 되고 만다.

플라톤의 위대함은—이것이 우리가 플라톤에게 지고 있는 두 번째 빚이다—또한 그가 아마도 소크라테스가 시작한 것에 기초하여, 선배 철학자들이 갈라놓은 것을 합치려 시도했다는 사실에서 볼 수 있다. 인간의 삶이 좋고 사물들이 실제 존재하는 방식에 부합하는 것은 삶 자체를 모든 존재의 원천에, 즉 선의 형상에 일치시킬 때다. 플라톤의 업적은 언제나 기독교 신학의 중심에 있던 관심을 도입한 것이었는데, 구원이라고 불리게 될 '살루스'(salus), 올바른 인간에 대한 관심이다. 사물들이 존재하는 방식에 대한 관심인 우주론은 그에게 인간의 삶에 대한 질문과 분리될 수 없다. 내가 이미 암시했듯이 비록 중대한 결함들이 있지만—그리고 그가 개인성(individuality)을 다룰 때의 약점을 다음 장에서 검토할 것이다—플라톤의 구상은 삶을 전체로 보고 맥락 안에서 보려는 인간의 관심을 분명하게 보여 준다.

비관여라는 현대적 구상에 대한 세 번째 관찰은, 그것이 기독교 세계의 하나님과 관련해 일어난다는 것이다. 세계로부터의 비관여라는 현대성의 특징적 형태는 기독교 신학에 대항한 현대성의 반란에서 나온다. 그런 의미에서, 해 아래 새로운 것이 있다. 현대적 비관여는 기독교 세계의 하나님으로부터의 비관여다. 이것이 어떻게 이해될 수 있는지는 내가 두 번째 주요 주제를 개관할 때 드러날 것이다.

3. 하나와 여럿

하나(the one)와 여럿(the many)이라는 주제는 이번 장의 부제이며, 또한 이 강

Open Letters. Selected Prose, 1965-1990, selected and edited by Paul Wilson (London: Faber and Faber, 1991), pp. 249-250.

좌의 하위 주제들 중 한 가지를 도입하는 역할을 한다. 우주와 그 안에서의 인간 상황에 대한 특정한 질문들은 서구 문화 곳곳에서 보편적이지는 않더라도 되풀이되어 왔으며, 또한 거기에서만 그런 것도 아니다. 물론 이 질문들은 다른 시대에 동일한 형태로 나타나지는 않는데, 그 질문들이 개별의 역사적 맥락에 속하며 그로부터 형태의 일부를 취하기 때문이다. 하지만 내가 보여주기를 바라는 것처럼, 그 질문들은 지난 삼천 년에 걸쳐 서로 다르지만 유사함을 충분히 인식할 수 있는 형태로 나타난 동일한 종류의 질문이다. 보편적 질문들은 개별적 형태로 나타나며, 따라서 우리가 현대를 이해하고 현대의 독특한 문제들을 다루려 한다면 먼저 현대의 더 넓은 맥락에 대한 약간의 지식이 필요하다. 우리는 이번 장을 시작하면서 먼저 우리의 관심을 그러한 특징적 연구 대상 한 가지에 기울일 텐데, 그것은 또한 계속해서 중추적 관련성이 있는 연구 대상이기도 하다. 그렇게 하면 이 책에서 주로 분석적인 1부에서 이번 장 뒤에 나오는 세 장의 주제를 형성할 관련 질문들로 이어질 것이다.

하나와 여럿에 대한 질문은 우리를 철학과 신학의 시초로 데려간다. 이 질문이 논증에 기여하는 바는 헤라클레이토스와 파르메니데스 사이의 유명한 불일치에서 분명히 표현된다. 서양 철학의 이 두 원천의 가르침에 관한 우리의 정보는 파편적이고 종종 모호하지만,[11] 그들은 대표적 인물들로서 우리의 관심을 끈다. 헤라클레이토스와 관련된 견해는 만물이 유동(flux)이라는 것과, 전쟁이 보편적 창조와 지배의 힘으로서 동시에 양쪽으로 끄는 힘들에 의해 퍼진 실재라는 것, 따라서 자연적 세계에서 기본적 사실은 투쟁이라는 것이다. 비록 이 철학자에게 세계 질서가 존재하고 철저한 다원주의(pluralism)

---

11 우리는 스티븐 클라크(Stephen Clark)의 다음 경고를 기억해야 한다. "우리가 헤라클레이토스의 추론을 분명히 또는 유익한 방향으로 파악할 수 있을지 의심하는 것은 당연하다. 우리가 연구에서 대하는 단편들은 여러 손을 거쳤다.…반즈(Barnes)의 논평에 따르면, '헤라클레이토스는 잼이 들어 있던 빈 병이 말벌들을 유인하는 것처럼 해석자들을 끌어들인다. 그리고 각각의 새로운 말벌은 자신이 좋아하는 맛의 흔적을 발견한다.'" Stephen Clark, *God's World and the Great Awakening. Limits and Renewals 3* (Oxford: Clarendon Press, 1991), p. 62.

가 적용되지 않지만, 거스리(W. K. C. Guthrie)는 헤라클레이토스에게 모든 것에 활기를 불어 넣는 불이 우주의 '로고스'(logos)이며—아리스토텔레스에게 그랬던 것처럼—자신이 일으키는 모든 변화에도 불구하고 동일한 것으로 머물러 있는 영속적 기층(substratum)이 아니라고 지적한다. 그랬다면 쉼과 안정을 가져왔을 것이다. 반대로 헤라클레이토스는 다원성과 운동의 철학자다. 여럿이 하나보다 우선적이며, 그것도 실질적으로 안정을 찾을 수 없는 방식으로 그러하다.[12] 파르메니데스는 정반대의 사상을 대표한다. 그에게 실재는 전적으로 불변하는데, 왜냐하면 그렇게 이성이 가르치기 때문이며, 이는 감각에 제시되는 외양들과 모순되는 것이다. 실재는 영원히 그리고 한결같이 있는 그대로 존재하는 것이며, 이렇게 해서 파르메니데스는 탁월하게 하나(the One)의 철학자다. 여럿(the many)은 다만 하나(the One)의 작용들로만 존재한다.

이 두 명의 초기 철학자들은 하나와 여럿의 질문에 접근하는 가능성들을 총망라한다고 종종 여겨지는 것을 후기 사상에 제공한다. 그들 이후로 모든 시대의 사상을 잇는 연속적 주제들 중 한 가지는 이 둘 사이의 다양한 변형들에서 찾아볼 수 있고, 그렇게 해서 하나와 여럿의 변증법은 많은 기본적 사유의 소재들에 대한 이후의 생각 대부분을 위해 틀을 제공했다. 일반적으로 그리스의 철학적 사상은, 콜리지를 비롯한 사람들이 조사하여 찾아낸 이유들에 따라, 언제나 일원론(monism)의 경향이 있었다.[13] 비록 우리의 시대에 그와 대조적으로 헤라클레이토스적 주제들이 압도하는 듯 보여도 나는 반대

---

12 "우주에 법칙이 있었지만, 영구적 법칙이 아니라 변화의 법칙일 뿐이었다…." W. K. C. Guthrie, *A History of Greek Philosophy, Volume 1, The Earlier Presocratics and the Pythagoreans* (Cambridge: Cambridge University Press, 1971), pp. 435-469 (p. 461). 『희랍 철학 입문』(서광사).

13 Samuel Taylor Coleridge, "On the Prometheus of Aeschylus", *The Complete Works of Samuel Taylor Coleridge*, edited by W. G. T. Shedd (New York: Harper and Brothers, 1853), volume 4, pp. 344-365.

의 주장을 펼 것인데, 즉 분명히 우리의 시대에 이 둘이 대립하면서 공존하는 경향이 있으며, 제3의 요소의 중재 없이는 하나가 타자로 붕괴되는 경향이 있다는 것이다. 실제로 고대인들과 현대인들이 공유하는 것은 잘못된 가정들로, 이 책의 목표는 그런 가정들을 폭로하는 것이다. 하지만 우리는 일단 그들의 틀 안에 머물면서 헤라클레이토스와 파르메니데스가 표명한 양자택일적 대안들을 체험 도구로 삼아 고대와 현대의 관계를 연구하고, 그럼으로써 현대성 자체의 성격을 연구할 것이다.

하나와 여럿의 질문이 왜 중요한가? 한 가지 이유는 이 질문이 우리가 관심을 가질 핵심 질문들 중 두 가지에 집중하기 때문이다. 첫 번째는 우주의 통일성과 다원성에 관한 우주론적 질문이다. 우리의 우주는 어떤 의미에서 통일체(unity)이며, 어떤 의미에서 다원체(plurality)인가? 두 번째는 인간 사회의 문제다. 인간 사회는 어떤 방식으로 통일체 또는 총체(totality)이며, 혹은 그래야 하는가? 인간 사회는 어떤 의미에서 다소 느슨하게 연결된 개인들의 집합인가? ("사회란 존재하지 않으며 오직 개인들과 그들의 가족만이 존재한다.") 두 번째 질문, 즉 사회적 질문이 대단히 중요하다는 것은 최근 세기들의 역사에서 분명히 확인된다. 냉전은 부분적으로 사회에 대한 집단주의적 전망과 개인주의적 전망 중 어느 것이 올바른지 묻는 질문을 놓고 다투었다. 하나 또는 여럿 중에 어느 것이 우월한가? 세계의 여러 지역에서 공산주의적 전체주의가 붕괴하면서 이 질문을 불필요하게 만든 것처럼 보일 수 있지만["역사의 종언"(the end of history)], 내가 보여 주기를 바라는 것처럼, 사실은 전혀 그렇지 않다.

하지만 세계의 통일성과 다원성에 관한 첫 번째 질문은 두 번째 질문에 대한 단서를 어떤 식으로든 제공하는가? 하나와 여럿의 관계에 대한 이 두 질문, 즉 우주적 질문과 사회적 질문이 서로 관련이 있는가? 이것은 우리를 현대 세계의 특성이라는 문제의 핵심으로, 그리고 더 나아가 이 특성을 고대와 비교하는 문제의 핵심으로 이끈다. 일반적으로 고대 세계에서는 인간 사회를 이해하는 핵심이 우주에 관한 지식에 담겨 있다고 주장되었다. 슈미트(H. H. Schmid)가 독창적 논문에서 주장한 바에 따르면, 고대 세계의 창조 신화들이 공통적으로 갖는 한 요소는 사물들이 하나님 또는 신들에 의해 만들어진 방식대로 사회 질서―정의―를 정착시키는 것에 대한 관심이다. 이 점에서 구약은 동시대의 다른 종교적 기록들과 다르지 않다.[14] 비슷하게 휴 로이드 존스(Hugh Lloyd Jones)가 주장한 바에 따르면, 가장 고대부터 시작해 회의론자로 알려진 에우리피데스(Euripides)를 포함한 그리스 극작가들의 시기에 이르기까지 제우스의 정의에 대한 공통된 믿음이 있다. 그리스 문학에서 이야기되는 사건들에서 드러나는 우주적 질서다.[15] 그와 대조적으로, 현대 세계에는 우주적 질서와 사회적 질서 사이에 관련이 없다는 주장이 일반적이다.[16] 실제로 우리는 현대성을, 인류가 모든 형태의 자연적 결정으로부터의 자유를 주요 요소로 포함하는 환경으로부터의 자율성을 성취했거나 성취하려 시도한 시대로 정의할 수 있을 것이다.[17] 이것이 결국 비관여가 의미하는 것의 일부다. 일부 현대의 세속적 사상―특히 실존주의적 사상―이 남긴 영향들 중 한 가지는 우주가 텅 비고 적대적 장소이거나, 또는 과학적으로 파악된 우주의 의미가 인간 삶과 관련이 없어 보인다는 믿음에서 나온 깊은 비관론이다.[18]

---

14 H. H. Schmid, "Creation, Righteousness and Salvation: 'Creation Theology' as the Broad Horizon of Biblical Theology", *Creation in the Old Testament*, edited by B. W. Anderson (Philadelphia: Fortress Press, 1984), pp. 102-117.
15 Hugh Lloyd Jones, *The Justice of Zeus* (London: University of California Press, 1971).
16 이것은 특히 세속적 사상에 적용된다. 테야르 드 샤르댕(Teihard de Chardin)과 화이트헤드(Whitehead) 같은 종교 사상가들의 저술에서는 이 두 영역 사이에 명확한 연관들이 도출된다. 이 점이 그들이 호소력 있게 받아들여지거나, 또는 종종 조소를 받으며 거부되는 이유들 중 한 가지일 것이다.
17 "우리는 합리성이 더 이상 존재의 질서라는 관점에서 실체적으로 정의되지 않으며, 그보다는 과학과 삶에서 질서들을 구성하는 기준들이라는 관점에서 절차적으로 정의된다고 말할 수 있다." Taylor, *Sources of the Self*, p. 156.
18 이것은 예를 들면 자크 모노(Jacques Moncd) 같은 일부 과학자들의 저작에서 특히 두드러진

이번 장의 세 번째 주요 주제로 넘어가기 전에 역사적 관찰이 하나 필요하다. 우리가 앞에서 본 대로, 소피스트들의 비관여에 대한 대응으로 플라톤은 관여된 철학을 만들어 내려 했다. 장 칼뱅(John Calvin)에 관한 최근의 한 저서는 그의 신학의 형성에서 많은 부분을 불안 탓으로 돌릴 수 있다고 주장했다. 모든 것이 헤라클레이토스적 유동으로 보이는 시대에 사는 것 때문에 생기는 불안 탓이라고 말이다.[19] 플라톤에 대해서도 거의 같은 말을 할 수 있는데, 플라톤의 상황은 아테네의 몰락과, 소크라테스 이전 철학자들을 계승한 회의적이고 때로는 냉소적인 소피스트들의 명백한 도덕적 허무주의였다. 플라톤의 철학적 관심은 보편적이었지만, 어떤 의미에서 그의 철학의 도덕적·사회적 차원들이 그에게 더 우선적이라고 말할 수 있다. 결국 그의 존재론은 선의 존재론이고, 관심은 도덕적·정치적 구상을 튼튼히 하기 위한 기초를 제공하는 데 있다. 플라톤의 기획은 넓은 의미에서 신학이다. 세계를 통일된 체계로 이해하려는 시도이고, 인간의 삶을 그 세계 안에 두려는 시도이기 때문이다. 그는 호메로스적 신들에 대한 소크라테스 이전 철학자들의 비판을 발전시키고, 이 비판을 대체할 선과 통일성의 신학을 만들어 낸다. 헤라클레이토스적인 것과 파르메니데스적인 것 사이에서 그가 후자를 선택했다는 것은 의심의 여지가 없다. 말하자면, 그는 다원성보다는 통일성을 선택했다.

그의 시대와 우리의 시대 같이 사회적 분열이 있거나 그런 위협이 있을 때

다. 자크 모노의 사상은 사르트르와, 역시 프랑스인인 데카르트의 사상과 분명한 유사성이 있다. 참고. Jacques Monod, *Chance and Necessity. An Essay on the Natural Philosophy of Modern Biology*, translated by A. Wainhouse (London: Collins, 1972). 하지만 다른 전통의 과학자들도 비슷한 점을 제기할 수 있어서, 분명히 역설적이게도 사물들의 합리성과 그것들의 궁극적 무의미성을 함께 단언한다는 점도 역시 주목할 만하다. 참고. Steven Weinberg, *The First Three Minutes. A Modern View of the Origin of the Universe* (London: Flamingo, 2nd edition 1983), pp. 148-149(이 책의 p. 130에 인용됨). 이 역설의 근원들은 이 책 전체에 걸친 우리의 관심사일 것인데, 그 근원들이 현대 문화의 파편화, 그 중에서도 특히 과학과 윤리의 단절과 관련되기 때문이다.

19 William J. Bouwsma, *John Calvin. A Sixteenth Century Portrait* (New York and Oxford: Oxford University Press, 1989), 2장, "Calvin's anxiety". 『칼빈』(나단).

라면 언제나 무엇보다도 통일성과 안정성을 추구하려는 유혹이 있고, 이것이 전체주의가 현대에 계속되는 위협인 한 이유다. 또한 이것이 포퍼(Popper)의 플라톤 비판이 아무리 과장되었을지라도 어떤 진리의 요소를 담고 있는 이유다.[20] 플라톤의 사회적·정치적 사유에는 강한 전체주의의 경향이 있으며, 이는 현대적 의미에서의 전체주의는 아니고 여럿보다 하나를, 다양성보다 통일성을 선호한다는 의미에서의 전체주의다. 그의 저서 『법률』(Laws)이 말하는 바에 따르면, "모든 부분적 발생은 전체를 위해 존재하는데, 전체의 삶이 지복의 존재가 되도록 보장하기 위해서다. 왜냐하면 그것[전체]이 그대[개별자]를 위해 존재하는 것이 아니라, 그대가 그것을 위해 존재하기 때문이다."[21] 의심의 여지없이, 플라톤의 교육 구상과 전체주의 정권에서 시도된 교육 구상 사이에 유사성이 있다. 다른 한편으로 우리는 통일성에 대한 그의 관심이 전적으로 정당함을 인정해야만 한다. 합리성의 추구와 사회 안에 있는 인간관계들에 평화로운 질서를 부여하려는 갈망의 중심에 통일성에 대한 관심이 있지 않은가? 하지만 결정적 질문은 이것이다. 다원성을, 또는 인간에게 적용되는 용어를 쓰면, 개인성과 자유를 존중하는 통일성이 있을 수 있는가? 콜리지는 이 질문과 씨름하며 평생을 살았다. 1818년 4월의 한 편지에 나오는 그의 의견은 이 입장을 다음과 같이 요약한다. "우주의 한 기초를 인정하면서도(이것은 인정되어야만 하는 것이다), 다른 것들을 위한 **여지**를 발견하는 엄청나게 어려운 일에 철저히, 직관적으로, 정통한 자가 되어라."[22]

---

20 Karl Popper, *The Open Society and its Enemies*, Volume 1, *Plato* (London: Routledge, 4th edition 1962). 『열린 세계와 그 적들 I』(민음사).
21 *Laws* x. 903 c-d; J. D. Zizioulas, "On Being a Person. Towards an Ontology of Personhood", *Persons, Divine and Human. King's College Essays in Theological Anthropology*, edited by Christoph Schwœbel and Colin Gunton (Edinburgh: T. & T. Clark, 1992), p. 36, 각주 3에서 인용됨.
22 *The Collected Letters of Samuel Taylor Coleridge*, edited by E. L. Griggs (Oxford: Clarendon Press, 1959), volume 4, p. 849.

4. 하나님 개념

현대성의 근원들을 이해하려 할 때 다루어야만 하는 세 번째 주요 주제는 하나와 여럿이라는 주제에서 직접 나온다. 즉 하나님이라는 관념인데, 이 관념을 통해 우리는 많은 측면을 갖는 주제에 도달한다. 첫 번째 측면은, 서구 사상사 초기부터 하나님 개념 또는 그에 상응하는 개념들이 세계의 통일성을 위한 초점을 제공하는 데 기여해 왔다는 것이다. 여기서 우리는 소크라테스 이전 철학자들의 사상으로 되돌아간다. 그들은 오늘날 불편한 관계 속에 공존하는 두 기획인 과학과 신학의 창시자들로 여겨질 수 있다. 비록 그들의 과학이 지금 우리가 과학이라고 부르는 활동과 아마도 종류는 다를지라도, 과학의 기원을 그들의 업적으로 돌리는 데 다수가 이의를 제기하지는 않을 것이다. 하지만 신학의 기원을 그들에게 돌릴 수 있겠는가? 구약의 문서들 중 소크라테스 이전 철학자들보다 시간적으로 앞서는 부분들은 없는가? 물론 있다. 하지만 그게 논점은 아니다. 성경에도 일종의 신학이 있어서 예레미야나 창세기 저자의 독특한 신학을 말할 수 있을 것이다. 하지만 그것이 성경의 책들이 완성된 후의 기획과 분명히 다르다는 점은, 인간의 지적 기획으로서의 신학과 그 신학이 자신의 기초라고 보통 주장하는 성경의 책들과 갖는 관계에 대해 분명히 파악하는 것이 언제나 어렵다는 사실에서 잘 드러난다. 성경은 신학으로 가득 차 있지만 그것은 훗날 이해된 의미, 즉 한 통일체인 기독교의 합리성과 진리를 공식화하려는 체계적 시도라는 의미에서의 신학은 아니다.

물론 소크라테스 이전 철학자들도 그런 의미에서의 신학자들은 아니었으며, 그 이유는 지적할 필요도 별로 없다. 그들의 과학이 오늘날 우리가 과학이라고 부르는 것과 달랐던 것처럼, 그들의 신학은 기독교 신학과 아마도 종류가 다르다. 하지만 그들의 구상—또한 그들 사이에 커다란 다양성이 있다는 점을 기억해야 한다—이 우주에 대한 일종의 체계적 의미를 이해하는 것이었다는 점에서 그들은 신학자들이었다. 비록 초기의 그리스 철학자들이 신적인 것이라는 관념을 언제나 사용하지는 않았을지라도, 전체로서의 실재를 이해하는 원리를 추구했다는 사실을 보면 신학자였다. 그 기획은 소극적 의미와 적극적 의미 모두에서 체계적으로 신학적이었다. 소극적 차원에서, 그들은 전통적 신들에 관한 다원주의적 신학을 약화시키는 데 기여했다. 그들의 기획은 합리적이며 체계적이었고, 이는 세계의 상태를 서로 다투는 힘들의 혼란스러운 다원성 탓으로 돌리는 것이 지적으로 적절한지에 대한 공격이 되었다. 그리스 만신전의 인격적 신들은 부도덕하고 비합리적이라고 하여 거부되었는데, 어떤 의미에서 그들은 실제 그러했다. 소크라테스 이전 철학자들은, 다른 맥락에서 이미 살핀 대로, 최초로 비신화화를 시도한 자들이었다.[23]

적극적 차원에서, 소크라테스 이전 철학자들은 세계가 존재했던 방식의 전체적 통일성의 이유를 찾는 데 관심을 가졌다. 그들에게 신적인 것(the divine)이라는 개념은 합리적·도덕적 기능이 있었고, 사유와 행동의 기초를 제공했다. 그 개념은 세계를 통일체로 이해했고, 그 세계 안에 있는 인간의 자리를 이해했다. 아우구스티누스와 위대한 중세 사상가들은 이 전통을 유지했다. '하나님'은 인간 지성으로 하여금 사물들이 공간과 시간 안에서 함께 존재하는 방식을 어느 정도 이해할 수 있도록 한다. 물론 소크라테스 이전 철학자들은 이 통일성을 표현하는 수단으로 '하나님'이라는 단어를 사용했다는 의미에서 모두 명백히 신학적인 것은 아니었다. 하지만 그것이 주된 핵

---

[23] 이 점에서 플라톤이 소크라테스 이전 철학자들의 신화론적 신학에 대한 비판을 공유했다는 점에 주목할 만하지만, 분명히 『국가』에서는 신학적 적합성에 대한 그의 기준이 사변적이거나 우주론적이기보다는 더 강력하게 윤리적이었다. 호메로스적 신들에 대한 그의 책망은 그 신들이 더 좁은 의미에서 비합리적이라는 것만큼이나, 도덕성을 소홀히 여겼다는 데 있었다. 하지만 이 비판의 결과는 동일했다. Plato, *Republic*, p. 377 이하.

심은 아니다. 핵심은 그 단어(그리고 철학적 논의에서 사용하는 그 단어의 대용어들)의 주요 기능들 중 하나가 합리적이라는 것인데, 그것이 존재를 전체적으로 이해하게 하는 것을 표현하기 때문이다.

바로 여기서 소크라테스 이전 철학자들의 기획과 계몽주의의 가장 위대한 철학자의 사상 사이에서 직접적 연관성을 발견할 수 있다. 하나님 관념은, 칸트(Kant)에 따르면, 우리가 사물들의 총체에 관해 생각할 수 있도록 하기 때문에 결함이 없는 관념이다. "그러므로 이성의 단순히 사변적 사용 면에서 최상의 존재는 단지 **이상**에 머물기는 하지만, 그럼에도 그것은 **결함이 없는 이상, 즉 인간의 지식 전체를 완성하고 성취하는 개념이다.**"[24] 여기서 칸트는 토마스 아퀴나스(Thomas Aquinas) 및 다른 많은 서구 신학자들과 연속선상에서 쓰고 있다. 그가 아퀴나스와 소크라테스 이전 철학자들 중 더 사변적인 자들과 다른 점은 하나님 관념의 내용에 대한 그의 불가지론이었다. 비판여라는 계몽주의적 구상과 연속선상에서, 그는 하나님 관념을 구성적인 것에서 단지 규범적인 것으로, 즉 단순히 '마치'(as if)로 축소했다.[25] 하지만 관심은 공유했는데, 하나님 관념을 통해 사물들의 통일성을, 즉 그것들이 공간과 시간 안에서 의미 있는 전체로서 함께 어울림을 표현하는 것이다.

그리고 이 점이 하나님 관념에 관한 논의의 두 번째 측면으로 우리를 이끈다. 하나님이 사물들의 통일성을 구성하거나 강화한다고 여겨질 수 있는 다양한 방식들이 있다. 이것이 콜리지가 헤라클레이토스에 관심을 갖게 된 이유다. 앞에서 본 대로 콜리지는 단일적 존재 개념의 위험을 인지했는데, 다른 모든 것을 자신 안으로 집어삼킴으로써 다른 어떤 것이 존재할 여지를 주지

---

[24] Immanuel Kant, *Critique of Pure Reason*, translated by Norman Kemp Smith (London: Macmillan, 1933), p. 531, 참고. pp. 493, 497, 538. 원서의 강조. 『순수이성비판』(아카넷).
[25] 칸트가 이론에서 그랬던 것처럼 실천에서 늘 불가지론적이지는 않았다는 점은 주목할 만하다. "전능하고…전지하고…편재하고…영원한…하나의 유일한 최상의 의지가 존재해야만 한다." Kant, *Critique of Pure Reason*, pp. 641-642.

않는 것이었다. 콜리지가 헤라클레이토스의 역동적 로고스(Logos) 또는 이성(Reason) 개념에서 착안한 하나님은, 단지 불변하는 질서의 원리가 아니라 어떤 식으로든 타자의 존재를 용인하고 그 존재에 자리를 부여하는 존재였다. 이 책은 그러한 신성을 추구한다. 내용 없는 통일성의 원리가 아니라, 다양성·풍성함·복합성의 원리인 하나님 개념이다. 하지만 왜 그것이 필요한가? 이 질문은 하나님 관념에 관한 현대적 논의의 세 번째 측면으로 나를 이끈다.

콜리지가 여럿의 철학자인 헤라클레이토스를 좋아한 것은, 서구 신학적 전통의 대부분이 통일성의 초점을 찾으면서 헤라클레이토스보다 파르메니데스를 선호했다는 점을 도입하는 역할을 한다. 대부분의 서양 철학의 신은 유일하고 단순하고 불변한다. 그리고 바로 그것이 문제다. 최근 들어 하나님에 관한 특정 개념들과 절대적 유형의 정치 체제 사이에 연관이 있다는 주장이 종종 제기되었는데, 절대적인 또는 일원화된 신이 절대적 형태의 정치 제도를 위한 버팀목 역할을 한다는 것이다. 비판의 대상이 된 신은 물론 여러 다른 방식들로 받아들여졌다. 하지만 두드러지게 드러나는 두 가지는, 한(one) 하나님과 그의 형상대로 만들어졌다고 여겨지는 단일한(single) 통치자다.[26] 결함이 있는 신학과 하나의 여럿에 대한 억압 사이에 있는 관련성은 일부 신학자들, 예를 들면 에릭 페터존(Erik Peterson)과 위르겐 몰트만(Jürgen Moltmann)의 주목을 받게 되었다. 하나님의 통일성에 대한 강조와 그에 상응하는 사회의 통일성에 대한 강조 사이에 연관이 있을 수 있다는 것이다.[27] 페터존의 관

---

26 카이사레아의 에우세비우스(Eusebius of Caesarea)가 한 하나님과 한 황제를 상호 관련시킴으로써 로마적 절대주의를 위한 이데올로기적 기초를 놓았다는 지적이 종종 있지만, 그의 견해가 기독교와 로마의 관계를 논하는 초기 이론가들 사이에서 일치된 것이 결코 아니라는 점도 기억해야 한다. 참고. Robert Markus, *Saeculum: History and Society in the Theology of St Augustine* (Cambridge: Cambridge University Press, revised edition 1988).

27 Erik Peterson, *Der Monotheismus als politisches Problem. Ein Beitrag für Geschichte der politischen Theologie in Imperium Romanum* (Leipzig: J.Hegner, 1935); Jürgen Moltmann, *The Trinity and the Kingdom of God*, translated by Margaret Kohl (London: SCM Press, 1981). 『삼위일체와 하나님의 나라』(대한기독교서회).

심이 흥미로운 이유는 금세기의 양차 대전 사이의 기간에 독일에서 권위주의적 정치 제도가 전개되던 상황에서 출현한 것이었기 때문이다. 하지만 역사적으로 더 관심을 끄는 것은 현대 최초의 완전한 무신론자들 중 한 사람인 네종(Naigeon)의 견해다. 마이클 버클리(Michael Buckley)의 기록에 따르면, 네종은 "모든 종교적 확신 중에 볼테르(Voltaire)가 설파하고 프랑스 혁명이 통째로 받아들인 이신론(deism)이 가장 야만적이고 가장 불관용적이라는 점이 밝혀졌다"고 주장했다. 이신론―아이러니하게도, 삼위일체적 기독교 신학에 대한 비판을 통해 나온 신학―이 단일한 신을 지나치게 강조한 것이 가장 억압적 행위와 관련되게 되었다.[28] 하지만 요지는 동일하다. 전체주의적 또는 억압적 형태의 사회적 질서의 뿌리에는 유신론적이든 이신론적이든 공통적으로 일원화된(unitary) 신이 있는 것으로 보인다.

이 명제를 위해 많은 것을 말할 수 있는데, 서구 신학이 취한 형태는 특히 신플라톤주의적 색채를 강하게 가미하여 이 연관을 부추겼거나, 아니면 적어도 억제하지는 않았다는 데 별 이견이 없기 때문이다. 옳든 그르든, 하나됨(oneness)이 강조된 신은 공통적으로 전체주의적 혹은 억압적 형태의 사회적 질서와 관련이 있다.[29] 폴 존슨(Paul Johnson)이 "총체적 기독교 사회라는 관념"이라고 불렀던, "강제적 사회라는 관념을 필연적으로 내포한" 것으로 기독교 제도가 취한 형태에는 잘못되고 억압적인 무엇인가가 있었다.[30] 파르메니데스

---

28   Michael Buckley, *At the Origins of Modern Atheism* (New Haven and London: Yale University Press), p. 323. 흥미롭게도 이것은 다신교가 더 관용적 경향을 띠기 때문에 일신교보다 도덕적으로 더 선호할 만하다는 흄의 견해와 같은 종류이며, 신학의 유형과 관용의 양태 사이의 관계라는, 현대성의 문제의 중심에 있는 흥미로운 질문을 제기한다. 하지만 고대 로마가 특정한 범위 안에서 종교적으로 관용적이었지만, 즉 다원주의적이었지만, 정치적으로는 권위주의적이고 불관용적이었다는 사실을 유념한다면, 흄의 명제를 지나치게 단순화하여 받아들이지 않게 될 것이다.

29   이 문제가 간단하지 않다는 것은 다음의 책이 잘 보여 준다. David Nicholls, *Deity and Domination. Images of God and the State in the Nineteenth and Twentieth Centuries* (London and New York: Routledge, 1989).

30   Paul Johnson, *A History of Christianity* (London: Penguin Books, 1978), p. 115. 『기독교의 역사』(포이에마).

는 헤라클레이토스의 보조가 필요했지만, 기독교 세계에서는 그런 보조를 거의 받지 못했다. 그러므로 현대적 사고의 영향력 있는 흐름에 따르면, 특히 현대 세계가 벗어나려고 했던 전근대적 정치 제도는 파르메니데스의 방식으로 여럿이 하나에 종속되는 모습을 나타냈다. 바로 이런 의미에서 많은 현대의 사회적·정치적 사상은 하나에 대한 여럿의 봉기로 이해될 수 있다. 이 장의 논증의 결론은, 현대성이 그것의 일부 측면들, 특히 정치적 측면에서 헤라클레이토스의 요소들이 파르메니데스적 과거에 맞서서 제기하는 주장으로 이해될 수 있다는 점이다.

하지만 현대 사상에 나타난 결과는 더 과격했는데, 많은 진보적이고 영향력 있는 지성인들이 신에 대한 믿음은 어떤 것이든 여럿의 권리에 대한 억압과 관련짓게 되었기 때문이다. 하나가 여럿을 위한 자리를 남겨 놓지 않을 수도 있다는 콜리지의 두려움은, 많은 지성인 사이에서 모든 종류의 신학에 대한 적대감으로 자리잡았다. 많은 이유가 있겠지만 특히 마르크스주의의 발전과 관련해 여기서 중요한 것은, 신에 대한 경배가 필연적으로 인간의 개인성과 자유를 희생하면서 이루어진다는 포이어바흐(Feuerbach)의 논지다. 하나님을 높이는 것은 필연적으로 경배자를 작아지게 한다는 것이다. "하나님을 부유하게 하기 위해 인간을 가난하게 만들어야 한다. 하나님이 만유이기 위해 인간은 아무것도 아니어야 한다."[31] 신학에 대한 더 미묘한 형태의 비판은 임마누엘 칸트의 도덕적 사유 안에 이미 자리를 잡았다. 그의 자율성 이론은 자유롭고 개인적인 도덕적 이성 안에서 실현된 것 외에는 어떠한 신에 대한 복종도 배제했다. 자신들의 지성을 개인적으로 과감하게 사용해야 할 책임이 여럿의 **모든** 이에게 부여된다. 그 외의 것은 모두 타율적이며, 우리가 가진 인간성의 부정이다. 신학에 대한 비판은 시간이 흐르며 더 급진적이게 되었고,

---

31   Ludwig Feuerbach, *The Essence of Christianity*, translated by George Eliot (New York: Harper and Brothers, 1957), p. 26. 『기독교의 본질』(한길사).

인간의 자유는 병의 원인인 교회 제도의 파괴를 필요로 한다는 믿음이 생겼다. 분명히 이 문제는 사회마다 서로 다른 방식으로 받아들여졌다. 하지만 우리의 목적을 위한 요지는, 현대의 많은 사회적·정치적 사상이 하나에 대한 여럿의 봉기로, 그리고 동시에 신적인 것에 대한 인간성의 봉기로 이해될 수 있다는 것이다. 결론은 잘 알려진 대로 니체에 의해 가혹하게 내려졌는데, 결국 여럿이 자유롭기 위해 하나가 부정되어야 한다는 것이다. 이것을 고려해 볼 때 우리가 찾고 있는 현대성의 표지들 중 한 가지는, 현대성이 파르메니데스적 과거에 맞서는 헤라클레이토스의 주장을, 억압적 하나에 맞서는 여럿의 반란을 보여 준다는 것이다.

여기서 더 상세히 들어가지는 않을 것이다. 이 문제는 이제 너무 흔해져서 상세한 설명이 필요하지 않을 듯하기 때문이다. 일원론이 상대를 공격하는 쉽게 구할 수 있는 막대기라는 점은 현대 사상의 아주 흔한 특징이다. 그러므로 바르트(Barth)는 슐라이어마허(Schleiermacher)가 일신론적으로 자유를 부정했다고 비판할 수 있었지만,[32] 자신도 훗날—"파시스트"(fascist) 경향이 아니라면—일원론적 경향이 있다고 비판을 받았다.[33] 여기서 우리는 절대적 단절에 이른 것으로 보인다. 고대성의 주요 방향, 즉 적어도 계몽주의가 반발한 파르메니데스적 기독교의 고대성이 보여 주는 주요 방향과, 현대의 여럿을 긍정하는 주요 방향 사이에 있는 단절이다. 하지만 이것은 현대성이 자신에 대해 스스로 가진 인상에 따라 문제를 이해하는 것일 텐데, 그에 대한 근본적 물음이 바로 여기에서 필요하다. 이 물음의 성격은 현대 세계가 파르메니데스적 과거에 반대해 헤라클레이토스를 선택할 때 무슨 일이 생기는지 우리가

---

32   Karl Barth, *Church Dogmatics*, translation edited by G. W. Bromiley and T. F. Torrance (Edinburgh: T. & T. Clark, 1957), volume 2/2, pp. 552-553. 『교회 교의학』(대한기독교서회).
33   F. W. Graf, "Die Freiheit der Entsprechung zu Gott. Bemerkungen zum theozentrischen Ansatz der Anthropologie Karl Barths", in *Die Realisierung der Freiheit*, ed. T. Rentdorff (Gütersloh: Gerd Mohn, 1975), pp. 76-118.

어느 정도 본 후에 분명해질 것이다.

5. 하나님의 변위로서의 현대성

니체에 대한 언급은 이번 장의 네 번째 주제로 우리를 이끈다. 내가 변위 (displacement)라고 부르게 될 것이 바로 그것이다. 현대는 존재의 통일성과 의미를 위한 초점인 하나님을 변위시킨 시대다. 이 말로 나는 무엇을 의미하는가? 하나님에게 돌려지던 기능들이 폐지되지 않고 옮겨졌다는 것, 즉 오늘날 하는 말로, 이전되었다는 것이다. 중대한 변화는 중세 말에, 특히 윌리엄 오컴 (William of Ockham)의 사상에서 일어난 것으로 보인다.[34] 한스 블루멘베르크 (Hans Blumenberg)에 따르면, 오컴이 오직 개별자들만 실제로 존재한다고 주장하면서 그와 함께 보편자의 실재를 부정한 것은 창조 교리를 불필요한 것으로 만드는 길을 닦았다.[35] 뒤의 장들에서 이 주제를 다룰 것이기에 여기서는 논지만 간단히 진술하겠다. 하나님은 더 이상 세계의 정합성과 의미를 설명하는 데 필요하지 않았으며, 그 결과로 합리성과 의미의 자리는 세계가 아니라 인간의 이성과 의지가 되었다. 즉 이것들이 하나님이나 세계를 **변위**하는 것이다. 하나님의 통일하는 의지가 불필요하게 되거나, 혹은 다양한 도덕적·이성적·과학적 이유에서 거부될 때, 사물들의 통일성의 초점은 통일하는

---

34 더 나아가 그 사상은 근원이 아우구스티누스의 역사 신학에 있다고 말할 수 있다. 많은 현대 정치 이론에서 주의주의(主意主義, voluntarism) 경향이 강한 내용은 오컴주의를 비롯한 유명론적 중세 사상의 영향을 종종 받기도 했지만, 어떤 면에서는 아우구스티누스적 전통의 소산이다. 비록 아우구스티누스의 사상 안에 우리가 정치 이론이라고 부르는 것은 별로 없지만, 그의 교회관과 국가관의 세속화 경향은 중세 아리스토텔레스주의와 대조되는 것으로서 현대적 발전에 공헌했다. 아우구스티누스에 따르면, "사회는 그 자체로 어떤 특정한 궁극적 충성을 요구받지 않는다는 의미에서 본질적으로 '세속화'되었다.…정치적으로 조직된 삶은 그 자체로 타락의 결과물이었다.…인간적 질서의 불안정성이 가진 이러한 의미와 대조적으로…기독교 정치 사상에 있는 아리스토텔레스적 전통은 인간의 사회적 질서를 포괄적인 우주적 질서의 일부로 보았다." Markus, *Saeculum*, pp. 173-174.

35 Hans Blumenberg, *The Legitimacy of the Modern Age*, translated by R. M. Wallace (Cambridge, MA, and London: MIT Press, 1983), 2부 3장.

합리적 정신이 된다. 니체의 중요성은, 지평(地平)을 일소하는 것이 결코 중립적 발전이 아니라 광범위한 지적·도덕적·사회적 의미가 있음을 깨달았다는 것이다. 어떤 것도 영향을 받지 않은 채 그대로 있을 수 없다. 그 자신이 선언했듯이 지불해야 할 대가가 있고, 나는 그 대가가 인간 경험의 파편화이며 궁극적으로는 우리의 인간성의 파괴라고, 왜냐하면 단지 우리에 의해 통일된 세계는 어떤 식으로든 인간 사회를 위한 공유된 배경이 되기를 중단하기 때문이라고 4장에서 주장할 것이다. 하지만 여기서 제시되어야 할 주된 논점은, 하나님의 변위가 여럿에게 자유와 존엄을 주지 않고 또 준 적도 없으며, 오히려 우리를 새로운 그리고 종종 의식하지 못한 형태의 노예상태에 빠트렸다는 것이다. 이 장의 나머지 부분의 과제는 어떻게 이런 일이 일어나게 되었는지 개괄하는 것이다. 그리고 일부 내용을 구체화하는 일은 다음 세 장의 과제가 될 것이다.

이 장의 결론에서 제시될 요점은, 현대성이 하나의 절대주의적 주장들에 맞서서 여럿의 권리와 자유의 실현을 이루었다고 하는 것은 단지 표면적 관찰에 불과하다는 점이다. 어떤 면에서 그것은 당연한 주장이고, 아마도 자유주의적 서구의 경계 너머를 본다면 상당히 간단하게 예시될 수 있다. 예를 들어, 교회 조직 면에서 로마 교회는 이전 시대들보다 현대의 첫 수세기 동안 대체로 더 권위주의적이게 되었고 국가적 다양성을 더 참지 못했다. 중세의 보편적 서방 교회가 폭넓은 국가적 다양성과 공존했다는 점은 이제 널리 받아들여지는 사실이다. 만일 정치적으로 종교개혁이 분명히 잉글랜드가 보여준 것처럼 하나의 기독교 세계를 희생하면서 여럿—국가들—의 권리를 주장하는 형태를 취했을지라도, 교회적 결과는 일치된 형태를 유지하기 위해 이전 시대들보다 더 엄격하게 시도했다는 것이다.[36] 마찬가지로, 더 최근에 절대

36　예를 들어 스티븐 툴민은 교회적 권위주의가 현대성을 거부한 것이 아니라 현대성의 한 작용이라고 주장했다. 코페르니쿠스(Copernicus)는 갈릴레오(Galileo)보다 거의 한 세기를 앞선 사람

주의적 국가 형태가 현대의 군사적·기술적·관료제적 발전에서 일체화하는 힘을 얻어 출현했다는 점은 지적할 필요조차 없다. 프랑스 혁명과 러시아 혁명이 충분히 입증하는 사실은, 여럿을 정치적으로 더 나쁘게 대한 것은 때때로 봉건 사회의—이를 테면—계몽된 전제정보다도 현대성의 절대주의적 욕구였다는 점이다.[37] 파르메니데스가 손쉽게 승리를 거둔다.

그렇다면 현대 문화의 자유주의적이고 개인주의적인 유형들은 어떨까? 이 유형들은 여럿의 권리를 명백히 긍정하여 인간의 자유와 개별성을 정당화하지 않는가? 민주주의는 현대의 왕관에 달린 보석들 중 한 가지가 아닌가? 물론 그렇기는 하지만, 일부 증거들은 그 반대를 가리킨다는 점도 인정되어야만 한다. 여기서도 파르메니데스가 승리를 거둔다는 증거가 있다. 높이 치켜세워지는 현대 세속 문화들의 다원주의는 다원성과 개인성을 부정하는 저변의 경향을 숨긴다. 현대의 개인주의는 균일성을 낳는다. 그러한 명제를 지지하는 근거를 여러 곳에서 찾을 수 있겠지만, 이 시대의 전조들을 일찍 발견한 사람은 키르케고르(Kierkegaard)였다. 그는 현대의 평탄화(levelling) 경향이라고 본 것에 개인성의 이름으로 저항했다.

평탄화가 실제로 일어나기 위해서는 환영(幻影)이 먼저 세워져야 한다. 이 환영은 평탄화의 유령이고, 괴물 같은 추상화(abstraction)이고, 모든 것을 포괄하지만 실

으로서, 갈릴레오에게는 허락되지 않았던 사상의 자유를 행사할 수 있었다. 또한 중세 문화의 지적 개방성은 현재 점차 인정을 받는 추세다. Toulmin, *Cosmopolis*, pp. 77-78. 자유로운 연구의 억압은 다분히 현대적 현상이다. 흥미롭게도 폴 존슨은 베토벤의 『대화록』(*Conversation Book*)에서 발견한 것을 다음과 같이 인용한다. "프랑스 혁명 전에는 사상과 정치적 행동의 자유가 대단히 크게 있었다. 혁명으로 인해 정부와 귀족들이 평민들을 의심하게 되었고, 이것이 점점 현재의 억압 정책으로 이어졌다." Paul Johnson, *The Birth of the Modern. World Society* 1815-1830 (London: Weidenfeld and Nicolson, 1991), p. 115. 『근대의 탄생』(살림).

37 계몽주의 시대가 대체로 '절대주의의 시대'라는 바르트의 분석은 현대성의 일원론적 경향들에 대해 내릴 수 있는 신학적 분석들 중 하나다. Karl Barth, *Protestant Theology in the Nineteenth Century: Its Background and History*, translated by B. Cozens and J. Bowden (London: SCM Press, 1972), pp. 36-37.

제로는 아무것도 아닌 것이고, 신기루다. 이 환영은 바로 **대중**(the public)이다.…언론은 구체성에 실체를 부여하는 튼튼한 공동의 삶이 없을 때만 이러한 추상화, 즉 '대중'을 창조할 것이다. 이 대중은 어떤 상황이나 조직의 동시성으로 결코 연합되지 않고 또 그럴 수도 없으면서도 전체라고 주장되는 비실체적 개인들로 구성된다.[38]

키르케고르의 분석은, 내가 보기에는, 문제의 논리를 잘 드러낸다. 여럿과 개인들 간의 관계를 사회적으로 설명하고 실현하는 적합한 방법—이것은 개인주의의 정의에 가깝다—이 부재한 가운데, 내가 거짓 보편자(대중, 혹은 '사람들', 또는 역사나 시장)라고 부르는 것이 공백을 메우기 위해 달려든다는 것을 드러내기 때문이다.

그 이유는 이를테면 다음과 같다. 하나님이 사물들의 통일성의 초점에서 변위될 때 그분이 수행하던 기능은 사라지지 않고, 다른 어떤 통일성의 근원—다른 어떤 보편자—에 의해 실행된다. 이 보편자는 거짓인데, 인간 관계들 및 우리가 세계 안에서 놓인 상황의 실재들을 포괄하지 않고, 따라서 기만적이거나 억압적으로 작용하기 때문이다. 우리가 키르케고르의 외관상 보수적 논박 외의 사례들을 살피고자 한다면, 더 자유주의적이고 급진적인 자료들에서 놀랄 정도로 유사한 분석들을 볼 수 있다. 예를 들면, 젊고 아직 진보적이던 시절의 워즈워스(Wordsworth)가 그렇고, 존 스튜어트 밀(J. S. Mill)이 『자유론』(*On Liberty*)에서 중국인들을 관찰하면서 현대의 균일성으로의 압력에 관해 말한 것이 그렇다.

[중국인들은] 영국의 인류학자들이 그렇게 열심히 연구했던 것에서 기대를 뛰어

---

38   Søren Kierkegaard, *Two Ages. The Age of Revolution and the Present Age. A Literary Review*, Kierkegaard's Writings, volume 14, edited and translated by H. V. and E. H. Hong (Princeton: Princeton University Press, 1978), pp 90–91.

넘는 성공을 거두었다. 국민을 모두 똑같이 만드는 것, 동일한 원리와 규칙에 의해 그들의 생각과 행동을 완전히 통제하도록 만드는 것에서 말이다.…현대의 여론 지배가 비조직화된 형태로 있다면, 중국의 교육적·정치적 체계들은 조직화된 형태로 있는 것이다.…[39]

그는 비슷하게 논평한다. "우리가 맞서 싸우는 것은 개인성이다. 우리 자신들을 모두 똑같게…만들었다면 우리가 엄청난 일을 해냈다고 생각해야 한다."[40]
이렇게 다양한 현대 사상가들의 예언들은 여럿보다 하나를 강조하는 역할을 하는 여러 역사적 추세에 의해, 여럿을 하나에 종속시키거나 수단화하는 사회적 체계들을 통해 최근에 입증되고 있다. 개인주의는 겉보기와는 정반대로 타자를 억압하는 경향이 그 안에 작동함을 보여 주는데, 타자는 목적을 위한 수단에 불과한 것이 되거나 장애물로 전락한다.[41] 개인주의가 비(非)관계적 신조인 것은, 내가 나 자신이기 위해서 나의 이웃이 필요하지 않다고 가르치기 때문이다. 비관계적 개인주의의 한 형태가 이르는 논리적 귀결이 바르트의 니체 비판에서 잘 나타난다. 그에 따르면 가장 선견지명이 있는 현대성의 옹호자들 중 한 사람인 니체는 "동료 인간이 없는 인류의…예언자"다.

니체에게 있는 새로운 것은 '푸른 하늘빛 고독'(azure isolation)의 인간이었다. 그는 시간과 인간 위로 육천 자나 떨어져 있는 사람으로, 한 우물에서 마시는 동료

---

39 J. S. Mill, *On Liberty and Other Essays*, edited by John Gray (Oxford: Oxford University Press, 1991), p. 80. 이런 관찰은 현대의 자료들에서 주목할 정도로 많이 발견된다. 또한 아직 보수적이지 않은 시기의 워즈워스가 한 다음 논평을 보라. "이전 시대들에는 알려지지 않은 다양한 원인들이 지금 복합적으로 작용하여 정신의 분별하는 능력을 무디게 하고 있고, 모든 자발적 노력에도 불구하고 정신을 부적합하게 만들어 거의 미개한 무감각 상태에 빠트리고 있다." Stephen Gill, *William Wordsworth. A Life* (Oxford: Oxford University Press, 1990), p. 189.
40 Mill, *On Liberty*, p. 79. 여기서 개인성(individuality)과 개인주의(individualism)를 구별해야 한다는 점을 언급할 필요가 있다.
41 "집단주의(collectivism)야말로 개인주의의 당연한 귀결로서, 사회적 전체가 궁극적으로는 개인들의 모음에 불과하다는 믿음이다." David Nicholls, *Deity and Domination*, p. 32.

피조물들을 끔찍하고 견딜 수 없는 것으로 여긴다. 다른 사람들이 도저히 접근할 수 없는, 친구도 없고 여자를 경멸하는 사람이다. 그는 독수리와 강한 바람에만 익숙하다.…선과 악을 초월하며, 타오르는 불꽃으로 존재할 수 있을 뿐이다.[42]

이 개인주의는 경향상 일원론적이라고 할 수 있는데, 타자가 나 또는 개인에게 종속되어 있거나 도구화되어 있든지, 혹은 그렇게 만드는 교리나 체계를 발전시키도록 하기 때문이다. 이것을 우리는 유한한 개인의 일원론이라고 말할 수 있을 것이다. 히틀러(Hitler)나 스탈린(Stalin) 같은 자가 다른 모든 사람을 자신의 의지의 도구로 삼는 체제가 명백히 그러한 형태이지만, 일부 더 민주주의적 체제들이 취한 형태에 대해서도 비슷한 점들을 주장할 수 있다.

하지만 현대 민주주의들을 위협하는 더 교묘하고 은밀한 형태의 일원론들이 있다. 최근에 바츨라프 하벨(Václav Havel)은 자신이 모방할 것을 요구받고 있는 서구 사회들의 약점을 성찰한 것에서 이것을 보였다. 그의 말에 따르면, 동구는 서구에 "합리주의의 불가피한 결과들을 보여 주는 볼록거울, 즉 합리주의 자체의 깊은 곳에 있는 성향들을…기괴하게 확대해서 보여 주는" 역할을 한다.[43] 이 거울을 통해 서구는 자신이 본질적으로 동일한 위기를 공유한다는 것을 볼 수 있다. 서구는 자신의 소비 체계가 어떤 식으로든 우주의 질서를 반영한다는 환상 속에 살지만, 그 환상은 실제로는 단지 또 다른 이데올로기에 불과하다. 동구의 체제와 마찬가지로 서구의 체제도 거짓들 위에 세워져 있다. 그러므로 서구를 사로잡고 있는 거짓 보편자는 "익명적이고 비인격적이고 비인간적인 권력—이데올로기, 체제, 기관, 관료제, 인위적 언어와 정치 슬로건의 권력—이라는 비합리적 추진력"이다.[44] 그리고 그는 한 동료의

---

42 Karl Barth, *Church Dogmatics*, volume 3/2, pp. 232, 240.
43 Havel, *Open Letters*, p. 260.
44 같은 책, p. 267.

표현을 빌려 "비인격적인 것의 종말론"에 대해 기술한다.[45]

이제 우리는 현대성의 첫 번째 역설에 도달했으며, 이는 우리가 마주할 여러 역설들 중 첫 번째다. 즉 현대성이 스스로 정치적 억압의 형태를 종종 취했으며, 그것도 현대성이 경멸하는 기독교 세계 안에서 자행된 대부분의 것들보다 훨씬 더 나쁜 것이었다는 점이다. 어떤 면에서는 단일적으로 받아들여진 신의 이름으로 통치되는 것이, 비록 파르메니데스적이더라도 적어도 통치자들로 하여금 자신들의 한계를 상기시켰기 때문에, 자신들의 신성을 확신하거나 그렇게 스스로 확신하려고 시도하는 강력한 통치자들 혹은 국가들에 의해 통치되는 것보다 더 낫다는 주장은 이해하기 어렵지 않다. 하지만 거기서 멈추는 것은 현대적 저항에 있는 진리의 요소들을 무시하는 것이고, 참으로 옛 형태의 억압으로의 반동적 회귀를 옹호하는 것으로 보일 것이다. 현대적 상황을 구별하는 특징은 차라리 다른 곳에서 찾을 수 있다. 현대적 상황이 하나보다 여럿의 권리들을 주장한다는 것은 아니다. 물론 그것을 시도하기는 했지만 말이다. 1장의 논의에서 도출되고 이후의 장들에서 추가로 설명될 현대적 상황의 특징은, 여럿의 권리들을 주장한 것이 역설적으로, 아마도 변증법적으로 그 반대를 이루었다는 것인데, 바로 새로운 그리고 어떤 경우에는 악마적인 유형의 하나에 의한 여럿의 전복이 나타났다는 것이다. 이것의 논리는, 하나가 여럿에 의해 변위될 때 이 변위가 두 가지 중 한 방식으로 일어난다는 것이다. 여럿이 각각 세계를 지배하려 시도하는 하나들의 집합체가 된 결과로 오늘날 파시스트라고 불리는 정권들이 출현해 그중에서 가장 강한 자가 살아남고 군림하거나, 또는 여럿이 자신들의 참된 존재에 반대되게 균일화되어 무리(키르케고르의 '대중')가 된다는 것이다. "오늘날 추세는…수학적 평등의 지향에 있다."[46]

---

45 같은 책, p. 260.
46 Kierkegaard, *Two Ages*, p. 85.

후자가 진정한 위험인 이유는 더 은밀하기 때문이라고 말할 수 있을 것이다. 그것은 일률적으로 균일한 통일체다. 오늘날 서구의 기술과 통신의 확산에 따라 전 세계로 퍼지는 단일하고 균일한 대중문화는 여럿에 대한 하나의 우선권을 성취하는 현대성의 독특한 방식의 주요 특징들 중 한 가지다. 균일성은 미분화된 사회적 또는 여타의 실재의 창조에서 나온다. [따라서 데이비드 하비(David Harvey)는 '가짜 개인주의'의 유행에 관해 말한다.]⁴⁷ 그러므로 현대성과 다른 문화들의 차이는 여럿의 우선권이 아니라, 하나의 우선권이 실천에서 취하는 형태다. 따라서 고대와 현대는 모두, 종종 시도되는 방식대로 분류될 수 있는 한, 여럿보다 하나를 높이는 경향을 공유한다. 여럿을 하나의 타율적 지배에 예속시키는 경향이다. 현대 상황의 비애는, 과거에 속한 억압적 형태의 통일성이라고 정확히 본 것을 거부한 후에, 스스로 해방되기 원했던 속박을 반복하거나 심지어 악화시키는 다양한 거짓 보편자들에게 굴복한 것이다. 실제로 많은 특징적인 현대적 삶의 형태들이 여러 방식으로 거짓 보편자들에게 굴복하고 있는데, 우리는 다음 부분에서 그 근원을 다룰 것이다.

6. 현대 상황의 비애

현대 상황의 비애의 핵심은, 여럿의 자유를 위한 추구가 새로운 형태들로 하나에 예속되는 결과를 낳고 말았다는 것이다. 어떻게 이것이 하나님의 변위와 관련되는가? 이에 대한 답변의 윤곽은 관여된 철학 형태들의 '타율'(heteronomy)에 맞선 현대의 자율 추구와 함께 일어난 일을 어느 정도 검토하면 드러날 것이다. 앞에서 본 대로, 현대적 발전의 근원들 중 한 가지는 삶을

---

47 David Harvey, *The Condition of Postmodernity. An Enquiry into the Origins of Cultural Change* (Oxford: Blackwell, 1989), p. 26. 『포스트 모더니티의 조건』(한울).

어떤 외적 근거들과 거리를 두는 것에서 인간 해방을 찾을 수 있으리라는 믿음이었다. 그 근거가 하나님 안에 있는 것이든, 플라톤주의 같은 어떤 형이상학적 철학 안에 있는 것이든 말이다. 하지만 또한 우리가 본 것은, 현대성에 타율이라는 자신만의 독특한 형태의 노예상태가 있다는 것이다. 현대의 이데올로기는 진실을 모호하게 만드는 경향이 있지만, 여기서 고대와 현대는 많은 연속성의 흔적들을 보여 준다. 바로 현대성에 있는 타율, 즉 일종의 노예상태인데, 그 주인은 유물론적으로나 관념론적으로 받아들여진 역사 혹은 시장의 모습을 하고 있다. 이것들은 모두 현대적 도그마가 그로부터 우리를 해방시키는 것처럼 가장한 것들과 본질적으로 다르지 않다. "현대의 평탄화는 숙고해 보면 고대의 숙명에 상응한다."[48]

단지 외견상 역설적 결과는, 우주적·신학적 타율로부터의 해방을 시도한 것이 새로운 형태의 우주적 타율을 낳았다는 것이다. 현대적 변위의 결과인 경험의 파편화는 해방하는 것이 아니라 소외시키고 타율적인 것이기 때문이다. 이는 마치 우주에 대한 우리의 관계됨이, 앞문을 통해 추방된 후에, 은밀하고 알아채지 못하게 뒷문을 통해 복귀하는 것과 같다. 하나(the one)는 자신의 적절한 맥락으로부터 변위되어, 비인격적이고 종종 인지되지 않기 때문에 더 나쁜 통제 수단으로 자신을 재확인시킨다. 그러므로 니체가 다른 식으로는 적실성이 없는 우주에서 인간의 도덕적 행동의 중요성을 보존하기 위해 의지한 영원 회귀의 교리는 인간의 도덕적 자율을 구하기 위한 장치일 수도 있지만, 회귀가 이전에도 있었고 이후에도 있을 것이라는 사실로 미루어 볼 때 궁극적으로는 단지 새로운 우주적 결정론으로만 기능할 수 있을 뿐이다. 유사하게, 더 최근에는 거부된 하나를 대체하기 위해 대용적 신들이 출현했다. 예를 들면, 진화론을 비롯해 사회생물학[49] 및 심리학적 행동주의 같은 여

---

48 Kierkegaard, *Two Ages*, p. 84.
49 "분자생물학은 지금 일종의 종교이며, 또한 분자생물학자들은 그 종교의 예언자들이다.…전설

러 종류의 과학만능주의가 그런 것들이다. 혹은 "매우 위안이 되는 신 대체물"[50]인 역사나 시장에 대한 현대의 신앙과 점성술의 인기를 예로 들 수도 있다. 하나님이 더 이상 사물들을 함께 붙드는 하나가 아닐 때, 마귀들이 몰려가 그의 자리를 채운다. 경멸되는 전통적 유신론의 하나를 비인격적 하나가 대체하고, 예속은 이전보다 더 심해진다. 아이러니한 것은, 레셰크 코와코프스키(Leszek Kolakowski)가 지적한 대로, 마르크스 사상의 역사적 기원들 중 한 가지를 중세의 일원론에서 찾을 수 있다는 점이다.[51] 우주론적 대가를 지불하지 않는 역사 개념은 없다.

신학에서의 일부 현대적 발전들에 대한 응답과 관련해서도 거의 같은 것을 말할 수 있다. 신학은 신성의 변위를 묵인함으로써 치르는 신학적이고 인간적인 대가를 대체로 의식하지 못했다. 변위가 신학에 가져온 중요한 특징은, 세계에 대한 하나님의 관계가 이해되는 언어인 공간적 은유에서의 이동이다. 하나님을 세계 '외부'에 있는 것으로 보는 것에서 '내부'에 위치시키는 것으로의 움직임, 즉 초월의 신학으로부터 크게 유행하게 된 다양한 내재의 신학들로의 이동이 있었다. 그러한 움직임은 진짜 적을 오인한 데서 기인한다고 주장할 수 있다. 진짜 적은 흔히 가정되는 것과는 달리 세계에 대한 초월의 측면에서, 또는 더 잘 표현하면, 세계에 대한 타자성의 측면에서 고려되

의 인기 있는 시인의 말에 따르면, 유전자가 '우리의 몸과 정신을 창조했다.'…어떻게 단순한 분자가 자기-복제와 자기-행동의 능력을 모두 가질 수 있어서, 그 자신의 원인이면서 다른 모든 것의 원인일 수 있는가?…(이) 이야기의 문제는, 세세한 분자 설명은 정확할지라도 그것이 설명한다고 주장하는 내용이 틀리다는 점이다. 첫째로 DNA는 자기복제를 못하고, 둘째로 DNA는 아무 것도 만들지 못하며, 셋째로 생명체는 DNA에 의해 결정되지 않는다. DNA는 죽은 분자로, 생명의 세계에서 가장 무반응적이고, 화학적으로 불활성인 분자들에 속한다." R. C. Lewontin, "The Dream of the Human Genome", *New York Review of Books* XXXIX (28 May, 1992), pp. 31-40 (31-33).

50 Fredric Jameson, *Postmodernism, or the Cultural Logic of Late Capitalism* (London and New York: Verso, 1991), p. 273. 우리는 물론 비인격적 역사의 창조성에 대한 마르크스주의 신앙에 관해 마찬가지로 대응할 수도 있을 것이다.

51 Leszek Kolakowski, *Main Currents of Marxism, Volume 1, The Founders*, translated by P. S. Falla (Oxford: Oxford University Press, 1978), pp. 23-39. 『마르크스주의의 주요 흐름 1—출범』(유로서적).

는 하나님이 아니다. 신학자들이 이 문제에 대한 현대성의 분석을 받아들이는 한, 고대로부터 내려온 이 문제에 대한 해답을 무비판적으로 폐기했다. 초월의 신학들은 신적인 것과 인간적인 것 사이에 공간을 둠으로써 인간의 독립성과 자유를 허용한다. 비록 그리스인들의 사상에 신학적 내재성의 요소들이 있었을지라도, 플라톤과 초기 기독교 신학은 신적인 것과 세계 사이에 있는 어떤 종류의 '공간' 개념을 일반적으로 공유한다. 내가 마지막 장에서 보여 주기를 바라는 것처럼, 플라톤적 초월 형태와 삼위일체론적 초월 형태 사이의 구별은 하나와 여럿의 문제를 해결하는 데 지극히 중요하다. 하지만 내재가 논의의 주제인 한, 내재는 문제의 원인이지 해답이 아니다. 현대 신학은 내재성의 신학—칸트, 슐라이어마허, 헤겔(Hegel) 모두의 신학적 유산이다—을 선택함으로써 예속을 선택한 셈인데. 내재적 하나는 초월적 신보다는 여럿의 존재에 더 파괴적이기 때문이다. 원수는 초월이 아니라, 여럿에 마땅한 공간을 주지 못하는 하나의 형태들이다.

이것이 안셀무스(Anselm)와 바르트가 각각 서로 다른 방식으로 깨달은 것이다.[52] 현대 세계는 심판과 은혜를 베푸는 하나님이 우리와 반대편에 서 있는 것이 독립성과 자유에 대한 위반이라고 믿으면서, 타자성을 반드시 타율적이라고 생각하는 한 그르다. 타자성을 위협으로 여기는 것은, 우리가 만나는 이웃이 두려워하거나 지배해야 할 자라는 개인주의적 믿음과 별반 다르지 않다. 하지만 이것은 분명히 현대성의 오류이며, 그것도 두 가지 점에서 그렇다. 왜냐하면 그것은 반사적으로, 자신의 내적 논리의 작용에 의해, 그 벗어나고자 한 것을 반복하게 하기 때문이다. 내재적인 것에 대한 현대적 노예 상태는 우리가 우리를 우리 자신으로 만드는 것에서 소외되어 있다는 표시

---

52 참고. Anselm, *Cur Deus Homo* I.v (『인간이 되신 하나님』, 한들), 그리고 Karl Barth, *Church Dogmatics*, volume 3/3, p. 87. "오직 이교적 신들만 인간을 질투한다. 참 하나님은 무조건적으로 주님인 분으로서, 자신이 인간을 창조할 때 목표로 한 것이 되도록 허락한다."

다. 이것이 변위가 취하는 형태이며, 자유가 타자성을 필요로 한다는 사실을 인식하지 못하는 실수에 근거한다. 내재적 힘들은, 타율적이라고 가정되는 전통의 신보다 훨씬 더 많이, 우리가 마땅히 우리 자신이기 위해 반드시 필요한 타자성을 우리에게서 앗아간다.

7. 결론

이 책의 한 주제는 고대와 현대의 사고와 실천에 있는 주요 측면들이 관계성을 이해하고 실천하는 데 공통적으로 실패했다는 것이다.[53] 여럿은 그들 서로 간에 그리고 하나이신 그분(the One)과 관계를 맺을 때만 자신들의 참된 존재를 발견하고 이해될 수 있지만, 고대와 현대의 주류들은 모두 관계의 양식들을 적절하게 생각하지 못했다. 하지만 하나와 여럿에 대한 우리의 논의가 제기한 질문이 집중하는 것이 바로 그것이다. 어떤 방식으로 우리는 우리 자신 이외의 것과 관계되어 있으며, 혹은 관계를 맺어야 하는가? 어떤 형태의 관계됨이 우리의 존재의 법칙에 어긋나기 때문에 타율적이며, 또한 어떤 형태의 관계됨이 참된 자율을 지향하는가? 이런 질문들이 이 연구의 나머지 부분을 구성할 것이다.

하지만 이 장을 마무리하면서 헤라클레이토스와 파르메니데스의 범주들에 초점을 맞춘 질문을 예비적으로 다룬 후에 내려야 할 결론은, 변위가 현대성이라는 비애의 주요 징후라는 것이다. 현대 세계는 일원론적 믿음의 형태들을 올바르게 거부했지만 그것들을 단순히 내재로 변위시켰고, 그곳에서 실행하면서 더 일원론적으로, 더 타율적으로 되고 말았다. 하지만 우리 시대

---

53 여기서 내가 말하는 관계성은 우리가 때로 관계성이라고 배우는 것, 즉 오직 사물들이 우리와 관련되는 한에서만 알려질 수 있다는 것을 의미하지 않는다. 그보다는 개별자들이 어떤 종류든지 그들 서로 및 전체와 관계됨의 측면에서만 이해될 수 있다는 현실주의적 믿음을 의미한다.

는 양극단에 머물기 마련이며, 우리는 우리 시대가 여럿의 문제를 적절하게 대하는 방식들에 무지해서는 안 된다. 이 시대의 주요 수혜자들은 대체로 더 좋은 음식을 먹고, 더 좋은 집에 살며, 더 좋은 교육을 받고, 의료의 혜택을 입는다. 이 세기의 역설은, 같은 문화가 또한 더 많은 사람을 전쟁과 다른 현대적 대량살상 수단을 통해 죽음으로 몰아넣었다는 것이다. 내 주장은 우리 시대의 특징적 실패들이 모든 것의 통일의 초점인 하나, 즉 하나님과 마땅한 관계됨을 이루는 데 실패한 것에서 기인한다는 것이다. 이것이 현대성의 비애다. 현대 전체주의 정권들의 실패한 시도와 소비자 문화의 은밀한 균일성 모두에 여럿을 하나 안에 매몰시키는 경향이 있다. 참된 하나가 변위된 곳에는 거짓되고 소외시키는 신들이 그 공백을 메우기 위해 달려든다.

발생한 변위를 신학적으로 이해하는 주된 방법이 리처드 존 뉴하우스(Richard John Neuhaus)의 『텅 빈 광장』(*The Naked Public Square*)이 목표한 것이다.[54] 그의 주장에 따르면, 하나님이 공공의 광장에서 추방될 때, 즉 정치 제도의 발전에 대한 공공의 담론과 사유에서 축출될 때, 결과는 자유가 아니라 단지 악마적이라고 부를 수밖에 없는 일종의 변위다. 한 마귀를 몰아내고 청소한 방에 훨씬 더 악한 일곱 마귀가 들어앉았다. 초월적이고 외관상 압제적인 유일한 신이 쫓겨나자 우리가 앞에서 다룬 악마적 대체자들이 그곳을 차지했다고 말할 수 있을 것이다. 인격적으로 이해된, 그러나 부적절한 방식으로 그렇게 이해된 신—그러므로 그에 대해서 현대성이 이의를 제기한 것은 옳다—을 대신해, 여느 우상들처럼 추종자들을 사정없이 삼켜 버리는 내재적 비인격의 힘들이 그 자리에 출현한다. 홉스(Hobbes)부터 헤겔까지 많은 현대 사상가들이 국가를 신으로 특징짓는 경향이 있었다는 점은 의미심장하며, 그것이 아마도 현대의 문제를 상징한다. 내재적 신은 사람들 사이에 그리고

---

54 Richard John Neuhaus, *The Naked Public Square* (Grand Rapids: Eerdmans, 1984).

사람들과 세계 사이에 공간을 남겨 두지 않기 때문에 가장 타율적이다. 이런 의미에서 현대의 무신론적 형태의 단일적 체제들은 중세 사회의 체제들보다 더 형편없는데, 적어도 중세에는 통치자가 신에게 종속된다고 여겼기 때문에 덜 절대적인 경향이 있었기 때문이다.

나는 현대성의 진전에 반대하는 보수적 반응을 촉구하는 것이 아니다. 하나님의 통일성이 하나님의 삼위일체성(triunity)을 희생하면서 강조되었으며, 그런 만큼 현대의 비판은 신학을 본래의 삼위일체론적 근원으로 다시 부르는 것으로 이해되어야만 한다.[55] 내가 헤라클레이토스와 하벨을 이 장의 제목으로 사용한 것은 그들이 내가 검토하기 원하는 지적 발전의 처음과 끝을 대표하기 때문만이 아니라, 그들 자체로 중요하기 때문이다. 헤라클레이토스는 지상의 삶에서 운동·다원성·다양성의 중요성을 단언한다. 어떤 것이라도 통일성에 초점을 맞추면서 이런 것들을 허락하지 않는다면 부적합하다. 이런 의미에서, 헤라클레이토스는 현대가 하나의 질식시키는 매력들에 맞서 여럿을 긍정하는 데 여전히 후원자로 있다. 하지만 그가 긍정되어 온 방식은 억압적 하나의 은밀한 복귀를 이끌었다. 현대 상황에서 진정한 위협은 서구의 기술과 통신이 성공한 데 따라 끊임없이 이어지는 인간 균일화의 압력이다. 이것을 깨달은 것이 때때로 새로운 철학왕이라고 불리는 바츨라프 하벨의 공적이다. 현대의 두 주요 사회철학들의 단점들을 공평하게 대하는 그는 현대의 비관여와 하나님의 변위가 가져온 결과를 우리에게 지목해 준다. 이 장을 마무리하며 나는 로버트 피핀의 인용을 반복하고자 한다. "현대성은 두려움 없고 호기심 많고 합리적이고 자립적인 개인들의 문화를 약속했지만, 그것이 낳은 것은…무리 사회, 즉 불안하고 소심하고 순응적인 '양'으로 이루어진 집

---

[55] 대조적으로 일부 기독교 반동주의자들—예를 들어, 그들 중 일부는 Maurice Cowling, *Religion and Public Doctrine in Modern England* (Cambridge: Cambridge University Press, 1980)에 명백한 지지와 함께 기록되어 있다—의 비애는, 그들이 시간에 대한 영원의 우선권을 항변하는 것이 단지 반동적으로 여럿을 희생하여 하나에 호소하는 것으로 보일 수 있다는 점이다.

단이었으며, 지극히 진부한 문화였다."⁵⁶ 다음 장에서 우리는 관심을 양에게, 그리고 우리를 모두 똑같이 만들기 위해 고대와 현재에 마찬가지로 작용하는 일부 압력들에 돌릴 것이다. 여기서 **양**은 다소 덜 비하하는 의미를 갖는다. 결국 위대한 목자께서 오셔서 자신의 생명을 바치신 것은 바로 그들을 위함이기 때문이다.

---

56 앞의 각주 3을 보라.

2장

사라지는 타자:
현대의 삶과 사고에서 개별자의 문제

1. 현대의 삶과 사고에서 개별자의 상실

1장에서는 현대성의 주요 형태를 파악하기 위해 두 개념, 비관여와 변위가 사용되었다. 현대성이 인간의 삶을 그 세계적 맥락에서 비관여시킴으로써, 그리고 기독교 세계의 하나님이라는 맥락에서 그렇게 함으로써 신적인 것의 변위를 이루어 냈다고 주장되었다. 그 결과는 여럿의 철학과 하나의 철학을 각각 대표하는 인물인 헤라클레이토스와 파르메니데스를 사용함으로써 암시되었다. 내가 주장한 바에 따르면 서구 신학 전통은 그 대체적 취지에서 현저히 파르메니데스적이었으며, 따라서 현대성은 여럿의 이름으로 하나님, 즉 하나에 반기를 들었다. 하지만 결과는 예상과 정반대였다. 많은 점에서 현대성의 반기는 의도에 반대되는 결과를 가져왔다. 신적 질서의 다양한 세속적 형태들은 여러 방식으로 과거의 신학들이 한때 강요했던 것보다 더 나쁜 예속을 보여 준다. 나는 바츨라프 하벨이 동구와 서구의 현대 이데올로기들을 공평하게 비판한 것을 언급하며 1장을 끝냈다. 그에 따르면 서구의 소비자 문화는 동구의 억압을 거울처럼 비추어 보여 주고, 그러므로 우리에게 있는 위험은 현대 세계가 풀어놓은 바로 그 힘들이 강요한 균일성, 즉 무리 문화다. 깨끗하게 청소하고 정리한 방은 내재의 신들의 침입을 받았고, 그 결과로 현대 세계에서 성취된 모든 진보에는 파괴적이고 악마적인 반대급부가 있는 것으로 보인다. 1장의 또 다른 중요한 주제는 고대와 현대 두 시대가 서로 구별될 수 있는 만큼이나, 때때로 어떤 면에서는 보이는 것보다 더 많은 연속성이 있다는 것이었다. 두 시대는 모두 하나와 여럿, 통일성과 다양성, 사회적 응집과 개인적 독립에 대한 관심들 사이의 긴장을 적절히 유지하지 못했다.

사회적 질서에 대한 논의에서 우리는 별개의 논의가 필요한 한 가지 질문에 매우 가까이 접근했다. 즉 여럿을 구성하는 개별자들의 실체와 위상에 대한 것이다. 이 문제는 키르케고르의 인용문에서 표면화되었는데, 그의 평생의 작업은 균일성의 힘들에 직면하여 그것들의 공격에 저항하는 일종의 개인성을 주장하는 것이었다. 하지만 키르케고르적 접근의 문제는 분명히 부분적으로 키르케고르에게 안내를 받은 일부 실존주의자들의 지나친 개인주의와 비합리주의에서 나타난다. 즉 개인에 대한, 분산된 하나에 대한 긍정이 그 변증법적 반대로 쉽게 전락하는 것으로, 특히 인간의 관계적 성격이 무시될 때 그렇게 된다. 하나와 여럿 모두의 권리를 보존하는 수단이 없다면 둘은 단일한 무질서의 양 측면이 된다. 왜냐하면 개인주의는 그 분신(*alter ego*)인 집단주의로 쉽게 변형되기 때문이다.

따라서 이 장에서 우리는 여럿으로 관심을 돌려 개인성과 개별성의 위상을 검토하려 한다. 현대 세계가 하나도 여럿도 공정히 대하지 못하기 때문에 실재의 여럿됨(manyness)을 구성하는 사람들과 사물들을 불편해한다는 증거가 많기 때문이다. 우리가 본 대로, 사회적 실재의 이론과 실천이 바로 그런 경우다. 하지만 내가 사회적 실재들을 그것들의 더 넓은 우주적 맥락과 관련해 고려해야 한다고 제안한 것처럼, 여기서 나는 현대의 과학적 사고가 개별적 실재들, 즉 보편적 혹은 관념화된 실재들과 구별되는 실재들을 다룰 때 때때로 겪는 어려움으로 시작할 것이다. 과학자가 받는 유혹은 과학 이론에 대한 최근의 연구에 나오는 인용에서 나타난다.

통합된 '모든 것의 이론'(Theory of Everything)을 탐색하는 자들은 모든 것을 포괄하는 자연법칙들을 찾는 데 집중하느라 다른 모든 일은 마다했다. 근본적으로 이런 선입견은 영원한 보편자들이 우리가 보고 경험하는 개별자들의 세계보다 사물들의 성격상 더 중요하다는 플라톤적 강조를 암묵적으로 추종한 데서 나온다.[1]

존 배로(John D. Barrow)가 의혹을 제기하는 고유의 플라톤적 혹은 파르메니데스적 선입견은 최근의 일이 아니라 현대의 대체적 특징이다. 자주 인용되는, 과학의 목표에 대한 라플라스(Laplace)의 말은 초기의 예를 보여 준다. 그에 따르면, 시간의 한 계기에서 지성인은

자연을 활동시키는 모든 힘과 자연을 구성하는 모든 존재자의 각각의 위치를 [알고]…우주에서 가장 큰 물체들의 운동과 가장 작은 원자의 운동을 동일한 공식으로 포괄할 것이다. 그에게는 어떤 것도 불확실하지 않을 것이며, 미래도 과거와 마찬가지로 생생하게 보일 것이다.

아직도 매우 영향력 있는 이 이상(理想)에 따르면, 일반화하는 영향이 모든 독특성과 개별성을 제거한다. 내가 이 글을 인용한 출처인 마이클 폴라니(Michael Polanyi)는 이것을 "모든 원자 단위의 자료에 대한 지식을 모든 경험에 대한 지식으로 대체하는 그[라플라스]의 능숙한 솜씨"라고 부른다.[2] 이 기

---

1 John D. Barrow, *Theories of Everything. The Quest for Ultimate Explanation* (Oxford: Clarendon Press, 1991), p. 30.
2 Michael Polanyi, *Personal Knowledge. Towards a Post-Critical Philosophy* (London: Routledge, 2nd edition 1962), pp. 139-141. 『개인적 지식』(아카넷).

만의 마력이 오늘날까지 우리에게 남아 있다고 믿는 폴라니는 지식의 기초가 개별성의 형태라는 점을 증명하기 원했는데, 현실과 동떨어진 경험주의의 개별성이 아니라, 세계와의 개별적이고 한정된 관계 안에서 현실화된 정신의 개별성이다. 양식을 인식하고 분류하는 개인 능력이 그에게는 이 경험이 취하는 형태를 위한 범례로 기능한다.[3]

플라톤적 영향에서 기원한 개별성에 대한 경시는 현대 문화의 다른 곳에서도 발견되며, 스탠리 자키(S. L. Jaki)에 따르면 라플라스의 경우와 유사한 숨은 신학적 동기가 작용하는 것을 종종 발견할 수 있다. 개별성은 특정한 유형의 정치 이론가들에게 그런 것처럼 특정한 유형의 과학적 지성에게도 모욕이다. 그것은 말끔하지 않은 경향이 있을 뿐 아니라, 일부 사람들이 물어보지 않은 채 내버려 두기를 바랄 사물들의 성격에 대해 질문을 제기하는 경향도 있다. 하지만 자키는 현대 과학이 개별성과 구체성에 입각해 있고, 그것도 현재 우리가 아는 대로의 우주가 근본적 균일성에서 나올 수 있다는 널리 퍼진 견해를 무의미하게 만드는 방식으로 그렇다고 주장한다. 자키는 에딩턴(Eddington)의 말을 인용한다. "미분화된 동일함(undifferentiated sameness)과 무(nothingness)는 철학적으로 구별될 수 없다. 물리학의 실재들은 비균일성이며 우발성이며 변화다."[4] 실제로 과학이 다루는 것은 개별자들로서, 전체로부터 분리되어 서로와 관련해 그리고 자신들의 맥락과 관련해 배치된 존재자들과 사건들의 집합들이다.[5] 하지만 거의 모든 곳에서 개별자들을 추상화하고 다양성을 균일성으로 바꾸는 강력한 플라톤주의적 경향이 작용한다.[6]

---

3   같은 책, pp. 348-349.
4   S. L. Jaki, *God and the Cosmologists* (Edinburgh: Scottish Academic Press, 1989), p. 37.
5   John Ziman, *Reliable Knowledge. An Exploration of the Grounds for Belief in Science* (Cambridge: Cambridge University Press, 1978).
6   마리오 번지(Mario Bunge)는 '단순성의 신화'를 논박하면서 다음과 같이 주장한다. "단순성 숭배를 유지시키는 결정적으로 바람직하지 않은 근거는 형이상학적이다. 즉 경험 그리고/또는 실

비슷한 숙고들은 세계 안에 있는 인간에 대한 많은 논의에도 적용되는데, 인간에 대한 논의에서도 개별성을 일반화하는 이론들에 종속시키기가 너무나 쉽다. 개별 인간들에 대한 질문이 우주에 대한 질문과 개념적으로 같은 종류라는 사실이 반드시 인지되어야 한다. 스탠리 자키의 언급이 암시하는 대로, 균일성은 현대성의 일부 과정뿐 아니라 그 전체에서 나타나는 망령이다. 여기서 개별성(particularity) 개념과 개인주의(individualism) 개념을 구별해야 한다. 개별성은 독특성과 다양성의 자리다. 여기서 여럿이 진정으로 여럿인데, 왜냐하면 모든 것이 다른 것이 아닌 바로 자신이기 때문이다. 하지만 개인주의는 개별성을 공정하게 대하는 것처럼 보일 뿐이다. 이 구별은 인간이 무엇인가에 대한 이해와 우리가 서로를 대하는 방식에 대한 이해에 모두 필수적이다. 개인주의의 역설은 종종 개인주의가 개별적인 것에 대한 진정하고 강력한 관심을 드러내면서도 실제로는 정반대의 결과를 낳는다는 것으로, 개인주의의 반(反)개별주의적 논리는 최근에 여러 저자에 의해 지적되었다. 대체적 요점은 스탠리 하우어워스(Stanley Hauerwas)가 존 롤스(John Rawls)의 평등주의 철학에 대해 비판한 것에서 제기되었다.

> [그의] 책은 자유주의 전통의 도덕적 한계에 대한 증언으로 우뚝 서 있다.…협상 행위에서 기원한 '정의'는 단지 나의 소비할 권리가 전체에 배분된 몫 이내로 제한될 것이라는 보장일 뿐이다.…롤스의 주장에는 정의의 이론이 궁극적으로 선에 대한 견해에 의존한다는 암시, 또는 정의가 사회들을 위한 범주인 것만큼이나 개인들을 위한 범주라는 암시가 완전히 빠져 있다.…롤스는 자유주의에

재의 궁극적 원자들에 도달하려는 바람이다.…형이상학적 근본주의를 키우는 이 추동은 위험한데, 왜냐하면 어떤 형태의 경험이나 어떤 종류의 실체의 최종적 단순성을 상정하는 결과를 낳고 그래서 그것들의 구조에 대한 어떤 연구도 가로막기 때문이다." Mario Bunge, *The Myth of Simplicity. Problems of Scientific Philosophy* (Englewood Cliffs, NJ: Prentice Hall, 1963), pp. 86-87.

서 질투에 의존하는 사회 체계를 제거하려는 노력을 기울이면서, 정의의 법정에서 모든 욕구를 동등하게 만드는 매우 특별한 방책에 호소해야 한다. 결과적으로 그는 자유주의적 아이러니의 전형이다. 개인주의는, 사회적 협동과 정의를 확보하려고 노력하면서, 개인적 차이를 부정해야만 한다.[7]

나는 하우어워스의 증언에 알리스테어 맥패디언(Alistair McFadyen)의 증언을 덧붙여야겠다. 맥페디언은 개인주의와 사회적 균일성의 연결고리를 칸트적 윤리 이론에서 찾는데, 그의 주장에 따르면 그 이론의 논리는 개인의 억압을, 혹은 더 정확히 말해 개인적 개별성의 억압을 낳는다. 이 약점―하나와 여럿에 대한 논의에서 발견한 것과 정확히 동일한 약점―은 관계성에 대한 부적절한 이해에서 찾을 수 있는 것이다. 즉 어떻게 우리가 서로 관계되어 있다는 사실에도 불구하고가 아닌, 바로 그 사실에 힘입어 각각 독특하고 다른가에 대한 불충분한 이해다. 다음의 세 문장이 함께 이 점을 밝힌다.

개인의 존재론적 우선권과 관계들로부터의 독립이라는 허구를 통해 각각은 단지 보편적 개인성, 즉 의미 있는 개인적 내용이 없는 추상적 형태의 개인성을 구성하는 합리적 특징들과 보편적 기질들의 담지자로 여겨질 수 있다.…

개인주의는 개인적 정체성에 있는 본질적 차이들을 본질적인 것으로 인정하지 않을지도 모르기 때문에, 그 차이들은 윤리적 중요성을 갖지 않을 수 있다.…

윤리적 개인주의에서는 참으로 개별적인 것은 무엇이든 병적인 것으로 여겨진다.[8]

---

7   Stanley Hauerwas, *A Community of Character. Toward a Constructive Christian Social Ethic* (Notre Dame and London: University of Notre Dame Press, 1981), pp. 82-83.
8   Alistair I. McFadyen, *The Call to Personhood. A Christian Theory of the Individual in Social Relationships* (Cambridge: Cambridge University Press, 1990), pp. 183, 184, 185.

이것이 문제다. 만일 당신이 실제적이며 중요한 이유가 당신의 독특한 강점과 약점, 몸 형태와 유전적 양식, 가족의 역사와 구조, 사랑과 슬픔을 가진 개별적인 당신이기 때문이 아니라면, 다만 어떤 일반적 특징들 때문이라면, 당신을 독특하게 당신으로 만드는 것들은 중요하지 않게 된다.

그렇다면 현대 상황의 또 다른 특징은 바로 균일화로 인한 개별성의 폐지다. 다음 부분에서 나는 개별성의 폐지의 근원과 그것이 고대와 어떤 개념적 연속성을 갖는지 고려할 것이며, 이 문제에 접근하는 한 단서로서 인격적 개별성을 다루면서 시작할 것이다. 하지만 그 전에 한 가지 중요한 점을 강조해야 한다. 유사한 개념적 혼란이 문화의 두 차원인 과학적 차원과 사회적 차원에서 드러난다는 사실은, 우리가 신학의 중심 주제들 중 하나인 창조 교리에 들어서고 있음을 나타낸다. 우리가 여기서 실재의 성격 자체를 그 모든 측면에서 다룬다는 사실은 논증이 전개됨에 따라 점차 분명해질 것이다. 하지만 플라톤이 개별성을 억압하는 한 원천으로 이미 지목되었으므로, 지금은 개별자에 대한 그의 논의로 넘어가려 한다.

2. 플라톤

이 둘째 부분에서 나는 사상사를 살핌으로써 1장에서 시작된 현대성의 역사적 근원들에 대한 논의를 더 풍성하게 만들도록 노력할 것이다. 두 가지 요점을 반복함으로써 시작해 보겠다. 첫 번째는, 플라톤이 『국가』에 나오는 관여된 철학에 착수한 이유는 소피스트들의 비관여의 철학들에 대응하기 위해서였다는 것이다. 이 장에서 나는 반대되는 주제, 즉 어떻게 그의 사상에서 현대적 비관여의 근원들도 발견할 수 있는지 추적할 것이다. 두 번째 요점은, 서구 지성사의 한 분수령이 중세 후기의 오컴의 철학에서 발견된다는 것이다. 부분적으로는 그의 사상의 결과로 창조 교리가 불필요한 것이라는 믿음과,

합리성의 근원이 하나님이나 우주에서 인간 정신으로 변위된다는 믿음이 발전했다. 이 장에서 나는 어떻게 이런 일이 생기게 되었는지 말하려 한다. 그렇게 하는 동안 나는 서론에서 언급한 사항을 유념하게 되길 바라는데, 즉 우리가 사물들의 풍부함과 복잡성을 단순히 공통적 특징을 공유하는 것으로 환원한다면 개별성과 독특성을 폐기하거나 무시하는 것이라는 사실이다. 이 모든 작업에서 나의 상대편은 너무나 쉽게 다양성을 획일성과 균일성이 되도록 강제하는 현대 합리주의의 파르메니데스적 경향이다.

개별성을 정당하게 대우하지 못하는 현대적 무능의 근원은 고대 세계와 그 대표자인 플라톤 안에서 찾을 수 있다. 플라톤적 정치 구상은 우리 시대처럼 사회적·종교적·정치적 기구들에 대한 신뢰가 무너지는 시기에 출현했다. 그런 시대에는 권위주의적 정치 체제의 유혹이 있었고, 우리의 시대에도 그런 유혹이 충분히 있을 수 있다. 호메로스(Homer)의 작품들과 그 이전에 살았던 아테네의 두 위대한 비극 작가들의 작품들에는 그러한 위기감이 퍼져 있지 않으며, 이 작품들에서 세계 안에 있는 인간에 대한 다소 색다른 이해를 볼 수 있는 것은 아마도 우연이 아니다. 호메로스의 작품들에 나오는 신들의 신인동형론에 관해 말하자면, 그의 시에는 신과 인간 사이의 상호작용, 즉 인격적 개별자들 사이의 소통이 있는데, 이것은 선의 형상과 관련해서는 일어날 수 없는 것이다. 다시 말하지만, 모든 일이 비인격적 숙명을 배경으로 일어나는데도 그리스 비극들에는 결정력 있는 인간의 행동과 열정을 위한 자리가 있다. 개별자들은, 구체적이고 질료적인 인간 행동과 열정은, 플라톤의 이론적 정치 조직체에는 있을 수 없는 것들이었다.

하지만 플라톤의 시대에 이르러 그리스인들의 신학은 자체적 결함으로 인해 붕괴하여, 사상의 최전선에서 위대한 철학 전통에 의해 대체되고 만다. 플라톤적 철학의 약점들 중 한 가지는 그 철학의 계승자들 대부분이 공유한 약점이기도 한 것으로, 질료적 개별자들 혹은 개별 사물들에게 완전한 실재성을 부여하지 못한다는 것이다. 그 이유들은 플라톤 사상의 모든 측면에서 찾을 수 있지만, 우리는 그의 인간론에서 시작할 것이다. 왜냐하면 이 장과 책의 나머지 부분의 관심은 인간의 삶과 문화를 그 세계적 맥락에 자리매김하는 것이기 때문이다. 이 접근의 적절성은, 서구 기독교 전통을 포함하는 고대 인간론의 주요 방향이 플라톤의 두 대화편 『파이돈』(Phaedo)과 『향연』(Symposium)에서 시작되었다고 말해도 과언이 아니라는 사실에서 볼 수 있을 것이다.

이 고전 대화편들의 업적은 세계 안에 있는 인간의 두 중심적 차원들을 면밀히 그려 냈다는 데 있다. 『향연』은 인간들 사이의 관계들이 이루어야 할 형태에 관한 논의를 담고 있으며, 『파이돈』은 인간과 질료적 세계의 관계에 대한 질문을 밝히 드러낸다. 비(非)육체적 사랑을 나타내기 위해 '플라토닉'(platonic)이라는 단어가 흔히 사용된다는 사실은, 인간이 본질적으로 영혼이라는 개념이 우리가 인간들의 관계를 이해하는 데 중요한 역할을 한다는 것을 보여 준다. 『향연』은 육체적 성(sexuality)과 성 구별을 조직적으로 경시함—불행하게도 아우구스티누스와 다른 기독교 사상가들이 어느 정도 이 작업에 동조했다[9]—으로써, 내가 사실로 믿는 바 인간이 몸·정신·영이 있는 전인이며 단지 그 일부가 아니라는 것이 결정적이라는 점을 회피한다. 이 회피의 기저에는 잘 알려진 플라톤적 가르침, 즉 본질적 인간은 비육체적 차원들에서 찾을 수 있다는 것이 있다. 참된 인간은 영혼이므로, 질료적 몸은 인간들을 서로 **관계 맺게** 하기보다는 한 인간을 다른 인간과 **분리**하는 것으로 이해되기에 이른다. 이 이해가 인간 이해에 일반적으로 함의하는 것은 다음과 같다. 만약 내가 질료 안에 유폐된 한 조각의 영혼 또는 정신 같은 것이라면, 나의 질료성은 말이나 이성을 제외하고는 내가 당신과 관계 맺는 것을 사

---

9   참고. Derrick Sherwin Bailey, *The Man-Woman Relation in Christian Thought* (London: Longman, 1959).

실상 방해한다. 따라서 우리에게 공통적인 것은 영원한 영혼 같은 것을 소유하고 있다는 것이고, 그러므로 우리의 관계틀은 사실상 이성적인 것에 제한된다. 또는 적어도 이성적인 것이 고상한 것으로 높여지는 반면, 육체적인 것은 단지 부차적인 것으로 경시된다.

문제의 양상은 다음과 같다. 인간들은 몸에 의해 개별화되고 정체가 확인되는데, 왜냐하면 몸은 우리가 한 인간을 다른 인간과 구별할 수 있는 주요 수단이기 때문이다. 하지만 우리가 본질적으로 영혼이라면 많은 불행한 함의들이 뒤따른다. 첫째, 외양과 실재 사이에 큰 단절이 있다. 나는 외적으로 보이는 것이 아니거나 아닐 수 있고, 그것도 나의 개별적 존재가 나의 육화된 존재와 본질적 관계가 없다는 급진적 의미에서 그러하다. 이로부터 플라톤이 내린 결론은,[10] 윤회가 가능하다는 것이다.[11] 둘째 함의는, 실제로 우리가 우리의 존재를 신체적·정신적 또는 언어적 관계들 전체에 걸쳐 서로 상호적으로 구성하는 관계들 안에 갖지 않는다는 것이다. 그러므로 우리는 이 논의에서 개별성을 어떻게 **인지하는가** 하는 이론만을 다루지 않는다. 이것은 우리의 존재의 문제이기도 한데, 플라톤적 견해에서는 우리의 개별적 실재가 우리가 서로 관계됨에 있는 모든 측면에 의해서가 아니라, 단지 우리 존재의 내향적 또는 좁게 이성적 차원들에 의해서 형성되기 때문이다. 우리가 칸트와 롤스의 개인 개념에서 본 것처럼, 여기서도 인간은 공통적으로 보유한다고 추정되는 추상적 자질들로 축소된다. 외양과 신체적 기질에서 명백히 드러나는 우리의 개인적 독특성, 우리의 인간적 개별성과 개인성은 우리가 진정으로 누구인지 그리고 무엇인지와 무관하게 된다.[12] 요컨대, 오로지 개별

10 Plato, *Timaeus*, 41d-e, 참고. *Phaedo*, 249b, *Republic*, 618a. 이 인용들은 John D. Zizioulas, "On Being a Person", p. 36 각주 4의 도움을 받았다.
11 이 점이 현대 사상에 결코 무관하지 않다는 것은 서구에서 윤회에 대한 믿음이 증가하고 있다는 보고가 보여 준다. 캘리포니아 사람들의 25퍼센트가 자신들이 지구에 온 외계인이라고 믿는다고 한다. 이 설명은 나의 동료 피터 클라크(Peter Clarke)에게 도움을 받았다.
12 성관계가 우리의 본질적 존재에 영향을 주거나 구성적이지 않다는 널리 퍼진 가정은 돌아다니며

성이 진정으로 유지될 수 있는 관계-안에-있는-타자성에 대한 인식이 상실되었다.

또한 그 결과는 본질적으로 합리주의적 인간 개념으로, 그에 따르면 우리는 개인의 어떤 다른 측면보다도 정신에 의해 서로 관련된다. 합리주의는, 1장의 논의를 고려해 보면, 성급한 통일의 경향을 내포한다. 즉 여럿을 하나로 환원하는 것으로, 정치적 용어로 말하자면 전체주의다. 이 장의 용어로는 합리적 능력을 품으면서 인간의 다른 차원들, 특히 미학적 측면과 질료적 측면을 배제하는 경향을 의미한다. 우리는 생각할 때는 진정으로 존재하지만, 사랑하거나 음악을 만들 때는 존재하지 않는 것이다. 그리고 이것이 우리를 그리스 철학의 문제 있는 유산의 두 번째 차원, 즉 인간과 세계의 관계를 합리화하는 것으로 이끈다. 『파이돈』의 가르침에 따르면, 참된 인간은 비질료적 영혼이기 때문에 질료성과의 연계는 최소한으로 축소되어야 하며, 특히 감각의 즐거움은 몸을 영혼에 단단히 고정시키고 그 결과로 철학의 목표이자 목적인 이 둘의 점진적 분리를 막기 때문에 그렇게 해야 한다.[13]

여기서 우리는 중요한 연결을 할 수 있다. 질료의 실재성이 미심쩍다는 신조는 잘 알려진 것처럼 플라톤이 예술을 의심스러워했던 이유들 중 한 가지로, 그의 이상적 국가에서 시인들을 축출한 것이 이것을 잘 보여 준다.[14] 우리에게 예술이 중요한 것은 우리가 세계에서 개별적인 것들로부터 만드는 것의 중요한 측면을 드러낸다는 데 있다. 우리가 이 점토 조각, 저 연속적 소리들에서 만들어 내는 것이 차이를 만든다. 어떤 곡의 음표를 하나만 바꾸어도 다른 곡이 된다. 인간의 공예나 예술의 결과물들은 개별적이다. 적나라한 개

'관계'를 추구하는 인간이 본질적으로 불변하는 개인이라는 견해로 구체화되는 것으로, 『향연』에서 볼 수 있는 순전히 정신적인 성 추구의—아마도 거꾸로 뒤집힌—현대판이다. 대조적으로 성경 전체는 우리가 서로에게 어떤 존재라는 사실이 우리의 관계들 전반에 걸쳐 구성적 성격을 가진다는 것을 증언한다.

13   Plato, *Phaedo*, 83b5-e3.
14   Plato, *Republic*, 597 이하.

별성과 저항 속에 있는 질료적 세계와 연계된 결과인 것이다. 예술을 평가절하하는 것은 플라톤이 개별자에게서 진리의 담지자가 될 자격을 박탈한 결과들 중 하나다. 이후에 한 장에서 다루겠지만, 결과적으로, 아리스토텔레스가 미학적인 것을 옹호했음에도 서구 세계는 우리가 문화의 파편화라고 부를 수 있는 것에서 결코 회복되지 못했다. 어떻게 과학이 도덕과 관계되는지, 도덕이 예술과 관계되는지 등을 이해하기도 충분히 힘든 일이다. 온갖 개별성이 있는 질료적 세계를 받아들이는 방식을 찾지 못한다면 이 어려움은 배가된다. 이것이 이 장의 첫 번째 주요 논지의 핵심으로, 개체성에 대한 현대의 불편함은 이 장의 첫째 부분에 개괄한 바에 따르면 그 근원이 다원성과 생성이라는 질료의 세계에 대한 플라톤적—그리고 궁극적으로는 파르메니데스적—의심에 있다는 것이다. 하지만 그것은 또한 첫째 부분의 끝에서 밝힌 주장의 반복을 가능하게 하는데, 바로 이것이 창조 교리의 문제, 즉 우리의 신학이 가능하게 하는 사물들과 인간 문화의 본질 개념의 문제라는 것이다. 다음 부분에서 다룰 질문은, 플라톤 철학화한 요소들이 서구적 사고방식에서 개별성이 진정으로 고려되는 것이 가능하도록 하는 창조 신학의 특징들을 추방했는지가 될 것이다.

3. 서구의 이중적 사고방식

지금까지의 논증은, 고대와 현대가 모두 (내가 선택한 사례들이 대표적이라고 볼 때) 사물들 또는 사람들의 본질적 존재를 그들이 소유한 동일한 혹은 공통적 특질에서 끌어냄으로써 개별성을 억압하는 경향에서 고대와 현대의 사상과 문화 사이에 있는 연속성의 요소들을 볼 수 있다는 것이다. 그들의 관계-안에-있는-타자성은 그들의 참된 존재를 구성하는 데 기여하지 않고, 참된 존재는 오히려 그들을 균일적으로 만드는 경향이 있는 보편자 안에 있다고 여겨진다. 이후의 한 장에서 나는 이 공통된 문제의 원인이 결함 있는 실체 개념에 있음을 밝히겠지만, 이 부분의 주된 관심은 고대로부터 이어진 현대성의 일부 주요 영역들을 간략하게 환기시킴으로써 현대성의 특징적 성격을 구분해 내는 것이다. 우리는 다음의 말로 시작할 수 있다. 인간 문화를 파편화하는 조짐을 보이고 적절한 개별자들의 존재론을 정립하는 데 실패한 모든 과실에도 불구하고, 적어도 플라톤과 그의 후예들의 작업은 존재와 삶에 대한 전체적 시각으로 개별자들을 통합시키는 틀을 제공하는 데 성공했다. 이것은 선을 향한 지향성으로, 인간 삶이 그 안에서 형태를 갖출 수 있다. 이 시각이 해방적이기보다 억압적으로 여겨지게 되었다고 해서, 삶을 파편화하고 위축시키는 것을 막는 어떤 것을 제공했다는 가치를 감소시키지는 못한다.

하지만 어떻게 그 시각은 그렇게 문제 있는 것으로 보이게 되었는가? 여기서 나는 앞의 두 부분 끝에서 창조 교리에 관하여 주장한 점을 발전시키면서, 기독교 신학이 개별자의 권리에 합당한 위치를 부여하는 창조 교리를 발전시킬 기회가 많았음에도 불구하고 플라톤주의와 잘못된 종류의 타협을 맺는 중대한 실수를 저질렀다는 점을 덧붙이려 한다. 하지만 이것은 복잡한 이야기다. 그 중심에는 현대성에 앞서 있었던 중세 때 양자택일적인, 그리고 그 결과가 보여 주는 것처럼 양립할 수 없는 틀들의 불안정한 동거가 있었다는 사실이 있다. 일어난 일을 인간론적 차원과 신학적 차원으로 구별하면 이해하는 데 도움이 될 것이다. 인간론적으로 보면 인간을 이해하기 위한 플라톤적 틀은 상대적으로 변하지 않고 그대로 있었는데, 이 점은 인간 안에 있는 하나님의 형상에 대한 신학이 거의 보편적으로 그 형상을 이성에 있는 것으로 주장했다는 사실에서 잘 드러난다. 따라서 우리는 플라톤에게서 나온 인간에 대한 합리주의적 견해가 제도화되고 정착한 것을 볼 수 있다. 이와 함께 인간의 내향적 차원들에 대한 강조가 지속적으로 증가했다.[15] 이 과정에서 신적 형상의 실체화라고 불릴 수 있는 일이 발생했는데, 이는 신적 형상이 특정한 고정된 특성들의 소유에, 더욱이 관계성을 배제하는 경향이 있는 특성들의 소유에 있다고 생각하는 풍조로[16]—이것은 관계성을 배제하는 플라톤의 견해에서 우리가 본 그대로다—이 특성들은 한 부분을 추상화하여 전체로 만들기 때문이다.[17]

이 모든 것에 있는 불안정하며 궁극적으로 분열적인 요소는 의지(will) 개념으로, 아우구스티누스의 인간관에서 이미 핵심적이었고 오컴과 함께 본격적으로 나타났다. 이 개념은 기독교 신학과 플라톤주의의 혼합에서 기독교 신학의 독특하지만 모호한 기여다. 단순한 구별에서 볼 수 있듯이, 의지는 도덕적으로 양가적 능력이다. 타인들에게 실재성과 자유를 주거나, 또는 앗아가는 기능을 한다. 그러므로 나는 당신이 당신 자신이 되고 나를 현재의 나로 만드는 데 참여하도록 허락함으로써 당신의 존재와 자유를 의도할 수 있

---

15 참고. 아우구스티누스의 내향성 개념들의 발전을 다룬 Charles Taylor, *Sources of the Self*, 7장, "In Interiore Homine."

16 분명히, 그리고 아우구스티누스의 삼위일체론적 사상의 결과로, 이 인간 개념 안에는 관계적 요소들이 있다. 하지만 그것은 주로 수직적 관계성이다. 하나님과의 관계가 인간의 필수적 구성 요소라고 타당하게 주장하지만, 타인들과의 관계는 존재론적으로 무관하다고 보는 것이다. 마땅히 하나님과의 일차적 관계의 결과로 일어나는 것으로서 그런 면에서 부차적인 것이라고 해야 하는데도 말이다. 이러한 사상의 전통에 따르면, 나는 하나님과 관계될 때는 실제로 존재하지만, 다른 인간들 및 세상과 관계될 때는 그다지 실제로 존재하지 않는다.

17 아퀴나스가 딱 들어맞는 사례지만, 많은 측면에서 그는 아우구스티누스에게서 발견되는 시작점을 발전시켰다. 보에티우스(Boethius)가 인간을 합리적 본성을 지닌 개별적 실체(*naturae rationabilis individua substantia*)로 정의한 영향도 역시 결정적으로 중요하다. 나는 이 점을 *The Promise of Trinitarian Theology* (Edinburgh: T. & T. Clark, 1991), 5장에서 논증했다. 아퀴나스에게는 하나님의 형상 교리를 플라톤 철학화하거나 합리적으로 설명하는 경향이 있는데, 그에 대한 아마도 가장 극명한 징후는 여자들이 신적 형상을 공유한다고 말해질 수 있는 방식에 대한 아퀴나스의 논의에서 볼 수 있다. 아우구스티누스와 마찬가지로 아퀴나스도 이 형상이 정신뿐 아니라 몸에도 속한다는 주장들에 대해 회의적이어서, 창세기 1장의 "남자와 여자"를 이 형상이 두 성에 공통적이라는 사실을 지시하는 것으로, 주로 지적 본성에서 실현된 것으로 해석한다(*Summa Theologiae* 1a 93. 4). 실질적 요점은 뒤에서 제기된다. "심지어 이성적 피조물 안에서조차, 정신과 관련되지 않는다면 하나님의 형상을 발견하지 못할 것이다"(93. 6). 그가 다마스쿠스의 요한(John of Damascus)에게서 인용하는 이 형상의 세 특징들, "그의 이해와 자유로운 결정을 내리는 능력, 그의 자기 통제력"(비록 그의 일차적 주해 93. 5의 일부로서는 아니더라도)이 개인별로 소유하는 본질적으로 도덕적·지적 특질임에 주목하라. 즉 그것들은 인간 관계성의 구조에 구성되어 있지 않다. 서구의 이중적 사고방식은 칼뱅에 의해 잘 예시된다. 그의 인간론의 상이한 측면들에는 인간에 대한 플라톤적 이원론과, 정신적이면서 질료적인 온전한 인간이 하나님의 형상의 좌소라는 견해가 모두 발견된다. 의미심장하게도, 칼뱅은 이와 관련하여 부활의 관점에서 생각할 때 가장 덜 플라톤적이다. *Institutes*, III. 25. 8.

거나, 아니면 나의 의지를 사용하여 당신을 나의 욕구와 계획의 단순한 수단으로 만들려 시도할 수도 있다. 칸트적 언어로 말하면, 나는 당신을 당신 자체 안에 있는 목적으로 의도하거나, 아니면 나의 목적을 위한 단순한 수단으로 의도할 수도 있다. 이 장의 언어를 사용하면, 나는 당신이 당신 자신일 수 있도록 함으로써 당신이 개별적으로 현재의 당신이도록 의도할 수 있거나, 아니면 당신의 존재를 나의 존재 안에 포섭함으로써 당신에게서 개별성을 앗아갈 수도 있다.[18] 이것은 우리와 세계의 관계의 경우에도 거의 동일한데, 세계는 단지 착취하는 인간 의지의 대상이 될 수도 있다. 의지의 지향은 세계에서 인간이 된다는 것과 인격적 행위자가 된다는 것을 이해하는 데 필수적이다. 개별성의 문제의 중심에는 의지를 잘못된 곳에 두는 것이 있다.

우리의 논의의 둘째 차원인 신학적 차원을 소개하면 일어난 일이 밝히 드러난다. 이 장과 다음 두 장을 전개하면서 적절한 단계에서 나는 창세기 1장을 해석하는 대조적 방식들을 소개할 계획이다. 한편에는 리옹의 이레나이우스의 반(反)영지주의적 창조 신학이 있다. 내가 원하는 바는 이레나이우스를 이상화하는 것이 아니라, 세계 안에 있는 인간의 삶이라는 우리의 주제를 전개하기 위해 창조 교리에서 이용할 수 있는 특정한 필수 자원들을 드러내는 데 그의 통찰들을 이용하는 것이다. 이와 대조되는 다른 편에는 아우구스티누스의 사상에서 창조 교리가 미묘하지만 결정적으로 다르게 전개된 방식이 있다. 나는 이 차이가 후대 사상가들에 의해 확대되었고, 그 결과로 현대 문화의 독특한 특징들이 아우구스티누스가 만들어 낸 최종적으로 양립할 수 없는 혼합에서 나왔다고 주장하는 것이다. 이 불안정성은 플라톤적 철학의 요소들의 도움으로 성경의 창조 이야기를 해석한 것에서 결정적으로 볼 수 있다.

나의 주장을 옹호하는 첫 번째 고찰은 다음과 같다. 기독교 신학은 하나

---

18 물론 현대성은, 어느 정도는 합당한 이유에서, 자신의 존재가 하나님의 존재로 흡수된다고 의심했기 때문에 신학에 대항한 것이다.

님의 의지 개념을 발전시킴으로써 그리스에서 물려받은 개념들의 발전을 나타낸 개별성의 신학의 기초를 제공했다. 이레나이우스의 신학에 따르면, 하나님의 의지는 본질적으로 개별화하는 의지, 즉 세계와 그 안에 있는 존재자들을 존재하게 하고 완성으로 방향성을 주는 의지다. 하나님의 의지를 타자에게 향하는 것으로 파악하는 기초는 이레나이우스의 기독론과 성령론에서 볼 수 있다. 전자의 기여는 분명하다. 신학의 기초를 인간 삶의 개별성 위에 두는 것은 신적 의지와 창조된 개별자를 분리불가능하게 하는 것이며, 동시에 질료 속에 구현되는 것의 중요성을 강조하는 것으로, 개별자와 질료에 대한 플라톤 철학화하는 추상화와 완전히 대조된다. 7장에서 논증될 개별성의 신학의 성령론적 차원들은 이보다 훨씬 더 결정적인데, 성령 하나님(God the Spirit)의 행동의 독특한 방식들 중 한 가지는 개별화하는 것이기 때문이다. 하지만 여기서 우리의 목적을 위한 요점은, 이레나이우스의 삼위일체적 하나님은 자신의 의지에 의해 개별적 세계를 창조하는 하나님이며, 그 세계에서 개별성이 필수불가결하다는 것이다.

개별성이 모호하게 되는 일은 아우구스티누스의 창조 신학에서 시작된다. 여기서 기독론적 요소는 실질적 역할을 거의 하지 않으며, 성령론적 요소는 그보다도 훨씬 덜 한다. 그 결과로 임의적 의지의 결과로서의 창조 개념으로 나아가는 길이 열린다. 비록 타자로의 방향성이 아우구스티누스 안에 기독론적으로 형성되어 있지만,[19] 그것은 이레나이우스 안에서보다는 훨씬 덜 결정적이다. **따라서 현대의 혼란의 근원은 창조의 의지가 역사적 구원 경륜과 이별한 데 있다.** 마이클 버클리에 따르면 하나님과 세계의 관계에 관한

---

19   아우구스티누스의 창조 교리에서 결정적으로 중요한 논증인 『고백록』(*Confessions*), 12. 7은 다음과 같이 주장한다. "당신은 하늘과 땅을 창조했지만 당신 자신의 실체로 그것들을 만들지 않았습니다. 만약 그렇게 했다면, 그것들은 당신의 독생자인 성자…와 동등했을 것입니다." Translated by R. S. Pine-Coffin (Harmondsworth: Penguin Books, 1961), p. 284. 비록 이 논증이 형태상 기독론적이지만 성육신적이지 않다는 점은 주목할 만하다. 개별성의 문제에서 본질적으로 중요한 것은 바로 후자다.

비기독론적·비성령론적 설명의 발전은 현대 무신론의 발전에서 결정적이었고, 실제로 그의 글에서 자주 반복되는 후렴구다.[20] 하지만 버클리가 주로 중세의 자연신학 전통을 근원이라고 보는 것이 서구 신학 전통에서 훨씬 더 이전으로 거슬러 올라갈 수 있음을 뒷받침하는 주장이 있다. 이레나이우스적 설명에서, 창조 세계를 하나로 붙드는 것—이 책에서 이번 장에 대응하는 7장에서 다시 다룰, 홉킨스(G. M. Hopkins)의 표현을 빌면, 창조 세계의 "내면"(inscape)—은 성자와 성령으로, 이 성자와 성령에 의해 세계는 성부 하나님과 지속되는 관계로 유지된다. 아우구스티누스 이후로 이 기능은 점차 보편자들에 의해 수행된다. 전통적으로 이 보편자들은 그렇지 않았다면 형태가 없을 질료를 채워 넣는 영원한 개념적 구조로 여겨지는 것들이다. 아우구스티누스가 창세기 1장을 영원한 원형들인 형상들의 창조 측면에서 해석한 것은 개별성과 다양성에 대한 그 찬사를 거의 위험할 정도로 전복시키는데, 왜냐하면 기독론을 플라톤적 보편자들로 대체하는 것은 보편자와 개별자의 관계에 대한 매우 다른 이해를 낳기 때문이다. 개별화하는 하나님의 의지가 아니라, 일반적인 개념적 형상들이 중심에 온다.[21]

---

20 Buckley, *Origins*, pp. 33, 55, 64-67, 350-369. 다음의 두 인용이 이 점을 밝힌다. "풍부하고 포괄적인 기독론과 종교적 경험의 성령론의 부재 속에서 기독교는 아무런 기독교적인 것에 대한 호소 없이 기독교적 신의 존재를 옹호하기 시작했다"(p. 67). "서양의 지적 문화에 있는 무신론의 기원은…종교 자체의 자기 소외에 있다"(p. 363). 바로 이와 같은 이유로—다른 이유들은 이후의 장에서 제시될 것이다—나는 버클리의 명제가 다음의 책에서 제시된 명제보다 더 설득력 있다고 본다. John Milbank, *Theology and Social Theory. Beyond Secular Reason* (Oxford: Blackwell, 1990).『신학과 사회이론』(새물결플러스). 밀뱅크는 현대성의 문제 있는 측면들—그는 세속주의에 중점을 둔다—이 발전한 원인을 유명론과 종교개혁에서 찾는다. 하지만 내가 보기에 그러한 논지는 현대적 상황들을 일반적으로 받아들여지는 견해보다 이전의 문화에서 더 급격하게 전개된 것으로 보는 반면, 아우구스티누스와 위(僞)디오니시우스 안에 있는 본질적으로 비삼위일체론적 창조의 존재론에 대한 그의 주된 옹호는 버클리의 주된 논점을 설명하지 못한다. 이 책의 논지는 현대성의 문제 있는 측면들의 근원이 그보다도 훨씬 더 과거에 있으며, 그러므로 밀뱅크 자신은 현대성 자체를 과거에서 갑자기 출현한 것으로 만드는 위험을 감수한다는 것이다. 이것은 밀뱅크가 현대 세속주의를 비판하는 과정에서 제기한 많은 통찰력 있는 발견들을 부정하는 것이 아니라, 이 측면에서 아우구스티누스는 대답이라기보다는 질문이라는 점을 주장하는 것이다.
21 질료적 세계의 창조와 그 이전의 "어떤 종류의 지적 피조물"의 창조의 구별에 관해서는 Augustine, *Confessions*, 12. 9를 보라. 여기서 아우구스티누스는, 일부 다른 측면들에서와 마

유명론과 그 현대적 계승자들에 의해 야기된 고대 전통의 붕괴의 기저에 기독교 신앙과 철학적 이성의 중세적 종합이라는 불안정성이 있었다고 종종 지적된다. 여기서 우리는 이 불안정성의 또 다른 배경을 찾을 수 있는데, 즉 고대 전통에 나란히 있었던 기독론적이고 성령론적인 창조의 중재(mediation) 개념과 영원한 형상들의 구조를 중심으로 하는 개념 사이의 경쟁이다. 전자는 개별자들의 세계를 확립하고, 후자는 개별자가 아닌 것에 관심을 집중함으로써 언제나 그 세계의 실재를 위협한다.[22] 우리가 이미 본 대로,[23] 이 과정은 현대의 문턱에서 윌리엄 오컴과 함께 새로운 전기를 맞이한다. 개별자의 철학자에게 개별성의 파괴라는 혐의를 씌우는 것은 역설적으로 보이겠지만, 역설은 확실히 우리가 존재하는 세계의 표지다. 왜냐하면 우리가 관심을 갖는 현대성은 역설의 산물이자 영역이기 때문이다. 이 문제는 이전 장들에서 개략적으로 그려졌지만, 이 장에서는 핵심으로 다루어진다. 오컴은 개별자들의 존재만을 주장하고 동시에 그들 사이의 실제적 관계들을 부정함으로써 개별성을 폐기한다. 그러므로 오컴주의는 플라톤적인 추상적 개별자에 대한 이론으로, 적어도 사물들 사이의 일종의 관계됨을 고려하는 장점을 가졌던 형상들의 지원을 빼앗겼다. 이제는 지적 공백이 생겼고, 본질에 대한 진리가

찬가지로, 신적 창조의 과정에 관하여 플라톤 철학화된 견해를 가진 오리게네스의 추종자다. 이것의 장기적 결과는, 예를 들어 19세기에 신학이 진화론에 매우 서투르게 대응한 방식으로, 아무리 강조해도 지나치지 않다. 왜냐하면 이 전통은 창조가 영원한 형상들의 창조를 수반했다는 견해를, 즉 다윈주의가 거부한 바로 그 견해를 짊어졌기 때문이다. 또한 스코투스 에리우게나(Scotus Eriugena)로부터 스피노자(Spinoza)를 거쳐, 헤겔의 영향을 받은 현대 신학에 이르기까지 서구의 신학들이 범신론(Pantheism)의 경향을 드러내는 것도 분명히 우연이 아니다. 범신론의 중심은 개별성의 폐지에서 볼 수 있는데, 세계와 그 안에 있는 모든 것이 하나님의 존재라는 논리적 함축으로 환원되기 때문이다. 즉 여럿은 하나로 **환원된다**. 범신론에 저항하는 주요 무기는 기독론과 성령론이다.

22 주목할 만한 것은, 이 두 세계의 종합의 가장 위대한 주창자 아퀴나스에게 개별자들의 실재가 중추적이더라도, 그들은 개별자로서의 그들 자체가 아니라 영원에 이르는 사다리로서 관심을 받는 경향이 있다. 후대의 사상가들은 이 두 대립적 경향들을 하나로 묶을 수 없었고, 그래서 중세 논쟁의 주된 초점이 보편자의 실재성이었다는 점과 그 종합이 자체의 구조적 약점들의 무게로 인해 결국 붕괴되었다는 점은 별로 놀랍지 않다.

23 참고. 1장, p. 46.

무엇이든지, 사유가 공백을 혐오한다는 데는 의심의 여지가 없다.

이 공백과 그 결과의 본질은 한스 블루멘베르크가 현대 세계 안에 있는 오컴의 후예들에 대해 기술한 것이 잘 예시한다. 그에 따르면, 오컴주의는 하나님을 불필요한 것으로 만든다.

> 보편자들을 부정하는 것은, 자연에서 하나님이 스스로 자신을 규정된 능력(*potentia ordinata*)에 제한한다는 점도 역시 인간과 그의 이성을 위하여 이해될 수 있다는 가능성을 바로 배제한다. 하나님의 영과 인간의 영, 창조의 원리와 인식의 원리는 서로에 대한 고려가 없는 듯이 작동한다.[24]

블루멘베르크는 라이프니츠(Leibniz)와 클라크(Clarke) 사이에 주고받은 서신을 언급하면서, "신학적 절대주의는 인간에게 창조의 합리성에 대한 어떤 통찰도 허락하지 않았다"고 한다. 창조의 기원을 단지 하나님의 의지로 돌리는 것은 오컴의 면도날을 사용하게 하는데, 그것은 "[인간이] 자연을 인간에 의해 **부과된** 질서로 억지로 축소하도록 조장한다." 그리하여 중세 후기의 신학적 주의주의와 절대주의는 하나님을 거부하게 만들고, 하나님의 권능을 인간에게 넘겨주게 한다. 블루멘베르크의 말로 하면, "신학적 절대주의는 그 안에 불가피한 무신론과 인간신론(anthrcpotheism)을 가지고 있다."[25] 블루멘베르크와 버틀러의 관심의 차이에도 불구하고—또는 그 차이 때문에—둘 사이의 수렴은 주목할 만하다. 전자는 이 문제의 근원이 신학적 주의주의라고 보고, 후자는 하나님이 이해되는 방식에서 기독론과 성령론의 상실이라고 본다. 앞에서 본 대로, 모두 동일한 과정의 서로 다른 측면들이다.

그리하여 고대 기독교의 모호한 창조 신학의 결과는 오컴과 현대 우주론

---

24 Blumenberg, *Legitimacy*, pp. 153-154.
25 같은 책, pp. 149, 179.

의 주창자들 사이의 변천에서 뚜렷이 볼 수 있다. 요약해서, 오컴에게는 결합해서 폭발적 결과로 드러나는 세 가지 특징들이 있다고 말할 수 있다. 첫째, 개별자들의 우선권을 거듭해서 분명히 한다는 것, 혹은 오직 개별자만 존재한다는 견해다. 둘째, 플라톤과 아리스토텔레스에게 물려받은, 개별자들을 관련시키는 방식을 부정하는 것이다. 셋째, 비기독론적이고 비성령론적인―즉 임의적이고 모호한―의지 개념이 인간론과 신학에서 모두 전개되었다. 만약 보편자들이 없다면 오직 하나님의 의지만 사물들을 하나로 묶을 수 있다. 하지만 이것은 매우 독특한 종류의 신적 의지다. 우리의 경험의 개별자들 사이를 연결하는 것은, 아우구스티누스 이후의 신학적 인간론에서 매우 두드러졌던 개인적인 합리적 의지의 형상을 따라 고안된 하나님에 의해서 이루어진다. 그것은 그렇게 하나님에게 적용되어, 세계가 추상적으로 고안되고 본질적으로 알려지지 않은 신적 의지의 임의적 산물에 불과한 것으로 보이도록 만든다.

이렇게 해서 하나님의 의지와 인간의 의지 사이의 경쟁을 위한 장이 마련된다. 하나님은 자신의 의지의 한 작용인 것에만 개별성을 나누어 주고 그러므로 참된 개별성을 빼앗아가는 것처럼 보인다. 그리고 인간의 의지는 신성의 표시인 것으로 보이는 종류의 임의적 자기주장에서만 독립을 성취하는 것으로 보인다. 이러한 전개에 있는 요소들은, 한 가지는 단일적으로 생각되는 하나님인데 주로 의지의 측면에서 받아들여지고, 또 한 가지는 신적 행위 개념에서 창조와 구속의 분리―블루멘베르크가 보여 주듯이 이것은 영지주의적 사고에 있는 특정 요소들의 재발이다[26]―이고, 또 다른 한 가지는 그 형태가 주로 (본질적으로 알려지지 않은) 하나님의 예정적 의지에서 기인한다고 여겨지는 세계다. 따라서 알려지지 않은 하나님의 비적실성이 남긴 공백을 인간이 채우는 형태인 일종의 반동 과정이 일어나는 것을 볼 수 있는데,

---

26 이 주장은 다음 장에서 검토될 것이다.

세계―인격적이든 비인격적이든―의 질서를 세우는 책임이 신적 의지에서 인간적 의지로 전이되는 자기주장의 과정이다. 버클리는 이 결과가 말브랑슈(Malebranche)의 사상에서 구현된다고 본다. 말브랑슈의 사상에서 "그가 매우 신중하게 발전시킨 전통의 내적 모순들이 위기에 이르렀다. 신이 이 지배적 임재에 의해 의식을 삼켜 버리든지, 신적 존재를 주장할 수 없든지 둘 중 하나다."[27] 이후의 장들에서 더 상세히 보겠지만, 이성으로서의 하나님의 형상 혹은 의지와 결합된 이성이 반란의 중심지가 되어, 자신에게 형상을 부여했다고 이해하는 바로 그 하나님에 맞선다.

요컨대, 플라톤 철학화된 하나님의 형상 개념과 창조 교리를 플라톤 철학화하는 해석이 나란히 발전한다. 현대 세계의 개별성 개념에 이 둘이 공동으로 끼친 결과는 다음과 같다. 형상들의 세계가 폐지된 것이, 그리고 중세 때 사유를 위한 형이상학적 틀로 그 형상들을 계승했던 신성의 세계가 폐지된 것이, 플라톤적 인간론의 급진화를 가져왔다. 개별 인간은 플라톤에 따르면 형상들의 영원한 세계에 살기 위하여 육화됨의 사슬에서 풀려나는 것이 소명이었는데, 외적 실재의 모든 속박에서 해방된―공허한 세계에 홀로 있는 또는 무의미한 세계에서 분리된―자로 여겨지게 되었고 그렇게 해서 신성의 속성들을 취함으로써 하나님을 변위시킨다. 인간이라는 것은 이제 무엇보다도 정신이 아니라, 본질적으로 합리적인 그리고 적어도 잠재적으로는 신적인 의지다. 또는 종종 실제로 드러나는 것처럼, 오히려 지배를 위해 서로 경쟁하는 의지들의 다중성이다.[28] 플라톤 철학에서처럼 정신을 그 물질적 환경에서

27　Buckley, *Origins*, p. 353.
28　케네스 해밀턴(Kenneth Hamilton)은 이와 관련하여 조지 그랜트(George Grant)의 "의지의 승리"라는 표현을 사용한다. "삶에 대한 기독교적 전망에 의해 주어진 서구 문화의 도덕적 토대들은 조직된 이기심 앞에서 허물어졌다. 강경한 목소리를 내는 집단은 자신들의 권리라고 생각하는 것을 기꺼이 **요구하고** 정부에게 정부가 **해야** 할 일을 말한다. 의지는 더 이상 선택하는 능력, 바라건대 현명하게 선택하는 능력으로 여겨지지 않는다." Kenneth Hamilton, "Doctrine and the Christian Life: Reflections on Kingdom and Triumph of the Will", *Theological Digest* 5 no. 2 (July 1990), pp. 14-17 (15).

잘라낸 것이 재앙의 원인이었다. 그리고 기독교 신학의 주의주의라는 추가적 요인이 이 혼합물을 어떤 폭발적인 것으로 급진화했다.

이 모든 것을 고려해, 고대와 현대의 관계에 대해 무엇을 말할 수 있을까? 이번 장을 여는 부분에서 우리는, 적어도 처음에 보기에는, 많은 현대의 개별성 이론들이 플라톤의 이론들과 마찬가지로 구체적 관계성보다는 공유된 동일하거나 일반적인 특징을 개체화의 토대로 만든다는 것을 암시하는 경우들을 이미 보았다. 이는 그것들이 개별성을 고려하는 유일한 현대적 시도들이라는 말이 아니라, 적어도 언뜻 보기에는 결정적인 점에서 고대와 연속성이 있다는 것이다. 즉 질료로 된 개별자에게 그에 합당한 개념적이고 실제적인 중요성을 부여하지 못했다는 점에서 말이다. 우리는 실패의 원인들의 일부가 플라톤적 합리주의였다는 것을 보았고, 또한 플라톤적 견해가 우리 문화의 뿌리 깊은 가정들을 통해 여전히 우리와 함께 있다는 것은, 예를 들면 컴퓨터가 생각하도록 만들어질 수 있다면 일종의 사람이라는 널리 퍼진 믿음이 보여 준다. 마치 관계성과 특히 사랑은 우리 존재의 본질들이 아니라는 듯이 말이다.[29]

여기서 우리는 현대 상황의 놀랍고 이해를 돕는 특징을 만난다. 어느 모로 보나 고대와 현대의 차이의 핵심은 고대인들이 인간을 본질적으로 영혼 또는 정신으로 봄으로써 정신화하는 경향이 있던 반면, 현대인들은 인간이 육체로 되어 있음을 지극히 강조함으로써 그에 대응하는 경향이 있다는 말

---

[29] J. D. Barrow and F. J. Tipler, *The Anthropic Cosmological Principle* (Oxford: Clarendon Press, 1986)의 마지막 장에서 이런 경향은 일종의 귀류법(reductio ad absurdum) 또는, 다른 관점에서, 신격화(apotheosis)를 낳는다. "비록 우리 종이 멸망할지라도, 우리 문명과 참으로 우리가 관심을 가지는 가치들은 그렇지 않을 수도 있다. 우리는…행동적 관점에서 지능이 있는 기계들이 사람으로 여겨질 수 있다는 점을 강조했다. 이 기계들은 우리의 궁극적 후계자, 우리의 궁극적 자손들일 수 있는데, 일정 환경에서 그것들은 최종 상태(Final State)에 가까운 극한의 상황에서도 언제까지나 생존할 수 있기 때문이다"(p. 615). 그러므로 한 짧은 구절에서 우리는 현대의 전형적인 두 경향들, 즉 가치의 비인격화와 죽음의 회피를 만난다. 다른 접근법은 다음을 참조하라. Roger Penrose, *The Emperor's New Mind. Concerning Computers, Minds and the Laws of Physics* (London: Vintage, 1990).

로 표현될 수 있다. 현대 문화에 있는 유물론적 강조의 증거는 열거될 필요가 없다. 많은 수준에서, 주로 가정된 고대의 정신화에 대한 반작용으로, 우리 존재의 물질적 결정 요소들을 강조할 뿐 아니라 때때로 이 요소들을 전체로 삼는 경향—예를 들면 마르크스주의적 인간론과 사회생물학, 혹은 소비자 사회의 저변에 있는 가정들 중 다수—이 실제로 발달했다. 하지만 그러한 많은 단순화들이 말하는 것처럼 비록 현대가 고대와 매우 다르다는 주장에 약간의 일리가 있더라도, 둘 사이에는 눈으로 보는 것보다 더 큰 연속성을 찾을 수 있다. 지적된 사실은, 예를 들어, 현대 초기의 일부 대표자들이 고대에 발견되는 것과 같은 정도로 물질적인 것에 대한 경멸을 보여 준다는 것이다.[30] 생태학적 위기는 바로 이것에서, 즉 인간의 의지가 그것이 원하는 어떤 형태를 질료적 세계에 부과할 수 있을 것이라는 믿음에서 나온다. 많은 현대 기술은 자연에 대한 분명한 경멸을 보여 주는데, 이는 바츨라프 하벨의 회상에서 그려진 종류의 것이다.

> 소년 시절에…나는 들판을 가로질러 시골길을 따라 인근 마을에 있는 학교에 걸어가면서, 아마도 전쟁을 지원하기 위해 급하게 지어진 한 공장의 거대한 굴뚝을 보곤 했다. 굴뚝에서 짙은 연기가 뿜어 나와 하늘을 가로질러 퍼져나갔다. 그 모습을 볼 때마다 나는 무엇인가 심각하게 잘못되었다는, 인간이 하늘을 오염시키고 있다는…강렬한 느낌이 들었다. 내가 보기에…인간들은 무엇인가 잘못이 있고, 임의로 사물들의 자연 질서를 어지럽히면서 어떤 중요한 것을 파괴하며,

---

[30] 참고. Buckley, *Origins*, p. 355에서 또 다른 두드러진 예시를 보라. "말브랑슈와 클라크는 자신들의 신 칭송을 물질 비하와 관련시켰다.…이 경멸받는 물질이 신학자들과 그들의 신에게 끔찍하게 복수할 날이 곧 올 것이었다. 기독론은 그것이 담고 있는 성육신 교리를 가지고 물질을 매우 다른 방식으로 종교적으로 읽었다." Blumenberg, *Legitimacy*, p. 77가 유사한 지적을 한다. "현대의 초기 세기들이 드러내는 '정신성' 또는 적어도 세상에 대한 반감은 경직되고 종종 발작적인 것으로서, 때로는—외관상으로—모든 중세적인 것을 무색하게 만든다." 왜 그것이 단지 '외관상으로' 그런지는 설명되지 않는다.

그러한 행위들에는 반드시 벌이 따를 것이다.[31]

우리가 모든 면에서 우리 이전의 사람들과 그리 다른 것은 아니다. 오히려 물질에 대한 현대 특유의 경멸이 내가 이전 장에서 그 출처를 조사했고 여기서 다시 보여 준 하나님의 변위의 측면에서 구체화되고 있다.

4. 개별성의 실천 1: 자유

이 문제를 좀더 탐구하고 현대가 개별성을 대하는 방식에서 볼 수 있는 독특한 특징들을 드러내기 위해 나는 두 개의 사례 연구를 제시할 것인데, 각각은 이번 장의 두 초점, 즉 개별적 인간으로서 우리는 누구인지, 그리고 우리가 생존을 위해 먹고 마시고 과학을 추구하고 음악을 만들면서 연관하는 세계는 무엇인지에 상응한다. 두 연구는 현대가 외관상으로 우주에 속박되어 있던 많은 다른 시기보다도 이 세계에서 더 편안하지 않다는 것, 아마도 덜 편안함을 보여 줄 것이다. 첫째 연구와 관련해 나는 최근의 인간 개념의 운명에 관해 논의할 수도 있지만, 여러 이유에서 그 대신에 자유 개념을 다룰 것이다. 주된 이유는, 자유 개념이 개별성에 대한 논의와 잘 결합하기 때문이다. 인간의 자유는 대체로 우리가 개별성으로부터 만드는 것이다. 즉 인간의 자유는 당신과 내가 다른 어떤 사람으로서가 아니라 독특한 우리 자신으로서 만들거나 만들려는 것이다.

맥락 안에서 논의를 전개하기 위해, 개인적 자유에 관한 현대의 자유의지론적 개념들을 확고히 선호함을 보여 주는 표현으로 시작하는 게 현대성

---

31   Havel, *Open Letters*, pp. 249-250. 마찬가지로, 데카르트적 자아 이론이 현대적 어조로 변형된 플라톤적 자아 이론이라는 것을 깨닫기는 어렵지 않다. 또한 최근의 자아 상실 이론들 안에 녹아 있는 데카르트적 자아 이론은 플라톤적 자아 이론에 거의 전적으로 의지하고 있다.

의 권위주의적 차원들을 특징짓는 개념들로 시작하는 것보다 좋겠다. 현대의 자유의지론적 개념들의 강점은 개별성의 중요성을 인정하며, 자신의 개별성을 어떤 종류의 대중 사회든 그 안에 은폐해야만 하는 사람은 그것을 빼앗기게 된다고 본다는 것이다. 현대 자유주의 정부 체제들은 불안정성과 제도화된 이기심, 정반대로의 변형이라는 위험에도 불구하고, 아마도 역사에 알려진 다른 어떤 체제들보다도 참된 개별성을 형성하는 데 대체로 더 적합하다. 우리는 현대성의 약점을 면밀히 조사하면서도, 그 혜택들을 기꺼이 긍정해야 한다.[32] 현대적 자유 개념들의 문제는 이사야 벌린 경(Sir Isaiah Berlin)의 『자유의 두 개념』(Two Concepts of Liberty)에서 아주 잘 다루어졌다.

이 고전적 논의는 다양한 면에서 관심이 간다. 첫째, 이 논의는 서로 경쟁하는 자유 개념들이 현대 세계에 통용되고 있다는 점을 분명히 보여 준다. 우리는 이것들이 각각 현대성의 다원주의적 측면과 일원론적 측면에 상응한다고 말할 수 있다. 전자는 그가 소극적 개념이라고 부른 것이다. "보통 말하는 바에 따르면, 나는 다른 사람이 나의 활동에 개입하지 않는 정도만큼 자유롭다. 이런 의미의 정치적 자유는 단순하게 사람이 원하는 것을 할 수 있는 범위다." "이런 의미의 자유는 '…로부터의'(from) 자유를 뜻한다." 반면에 후자는 적극적 의미로, "자기 자신의 주인이고 싶은 개인 편에서의 바람에서 나온다." 일반적으로 이 의미는 자신의 참된 존재나 본성의 실현으로서의 자유의 관념에 해당한다. 벌린의 논의에서 둘째 강점은 두 자유 개념이 그 자체로 갖는 단점들을 인지한다는 것인데, 특히 현대의 합리주의적 형태의 적극

---

[32] 자유주의적 사회들의 정합성이 부분적으로 현대 사회에 관한 이론의 여러 측면들에 반대되는 가르침과 실천의 지속에 의존한다고 주장하는 데는 근거가 있다. 예를 들어, 특히 미국의 경우, 종종 유력한 자유주의 이데올로기에 반대되는 기독교적 가정은 '공식적인' 세속적 이데올로기가 허용하는 보다 많은 사람의 삶에 더 결정적이고, 그러므로 그들의 사회의 구조에도 결정적이다. 기독교 신앙이 최근 동유럽의 혁명들에 끼친 영향도 점차 분명해지고 있다. 이 요소들의 일부는 런던 킹스 칼리지에서 있었던 데이비드 마틴(David Martin)의 1991년 모리스 강좌에서 상술되었다.

적 개념은 매우 쉽게 그 반대로 변형된다는 것을 인지한다. 합리주의적 형태의 자유주의는, 예를 들면 칸트의 자유주의 같은 형태들은 독재로 이어진다. "합리주의적 논증은 단 하나의 참된 해법이 있다는 가정으로, 개인적 책임과 개인적 자기완성의 윤리적 신조로부터 플라톤적 엘리트 관리자들의 지도에 복종하는 권위주의적 국가로 이어졌다."[33]

셋째, 벌린은 자유 개념들이 인간의 본성에 대한 신념들과 상관성이 있음을 깨닫는다. 그는 소극적 자유에 관해 논하면서, 그러한 개념에 대해 반드시 물어야 할 질문으로 "그렇다면 최소한의 자유는 무엇인가?"라고 묻고 다음과 같이 답한다.

> 그것은 인간이 자신의 인간 본성의 본질을 거스르지 않고는 포기할 수 없는 것이다. 이 본질은 무엇인가? 이 본질이 함축하는 기준들은 무엇인가? 이것은 지금까지 무수한 논쟁의 주제였고, 아마도 앞으로도 언제나 그럴 것이다.

넷째, 벌린은 소극적 종류의 자유 혹은 간섭으로부터의 자유를 선호하는 것—그의 논문 마지막 부분의 제목이 말하는 대로, 하나보다는 여럿을 선호하는 것—은 인간과 세계 모두의 오류 가능성 및 불완전성과 관련된다는 것을 인지한다. 더 적극적으로 그는 이 선호가 삶에 다원성의 효용들이 있으며, 합리주의적으로 발견하고 요구할 수 있는 어떤 유일한 목적이 있는 게 아니라는 사실에서 나온다고 본다.[34]

다섯째, 그리고 여기서 우리는 현대 개인주의의 문제의 핵심에 이르는데, 벌린은 자유에 대한 최종적으로 만족스러운 개인주의적 설명이 있을 수 없

---

[33] Isaiah Berlin, *Two Concepts of Liberty. An Inaugural Lecture delivered before the University of Oxford on 31 October 1958* (Oxford: Clarendon Press, 1985), pp. 7, 11, 16, 37. "자유의 두 개념", 『이사야 벌린의 자유론』(아카넷).

[34] 같은 책, pp. 11(참고. 19, 55), 56, 54.

다고 주장한다. 우리가 사회적 존재들이라는 점은, "내가 하는 모든 것이 다른 사람이 하는 모든 것에 영향을 끼치고, 내가 하는 모든 것이 다른 사람이 하는 모든 것의 영향을 받는다"[35]는 사실이 나타내는 것보다 한층 더 깊은 의미가 있다. 하지만 그는 자유 개념에 관하여 인간 실재의 사회적 성격에서 나오는 것을 설득력 있게 설명할 수 없었다. 왜냐하면 인간 실재의 사회적 성격에서 도출되는 고려들을 가지고 개인적 자유를 위한 논증을 강화할 수 없기 때문이다. 만약 우리가 그가 말한 대로 질료적으로 그리고 다른 방식으로 우리의 상호 관계됨에 힘입어 존재한다면 선호되는 소극적이며 본질적으로 개인주의적인 자유론의 결함들은 더욱 두드러진다. 자유는 내가 원하는 일을 하는 것을 방해받지 않는 것에 불과한가? 바로 여기에서 어떤 존재론적 자유론을 향한 저항할 수 없는 욕구가 일어난다. 즉 단지 나의 바람이 아니라 나의 존재와 결합된 설명에 대한 욕구가 일어난다. 하지만 벌린이 스스로 보인 대로, 현대적 형태의 존재론적 설명은 가차없이 비(非)자유를 낳는다. 그렇다면 자유에 대한 현대의 설명들은 그 자체의 결함들로 인해 붕괴되는 것처럼 보인다. 이 설명들의 주된 요구는 소극적 자유의 방법들을 적용하여 얻은 적극적 자유의 이점들이어야 하는 것으로 보인다. 이는 마치 규제받지 않는 시장이 저절로 도덕적 목표를 성취하기를 기대하는 것과도 같다.

여기서도 역시 내재적 역설이 현대적 신념을 집요하게 따라다니는 것처럼 보이며, 그 이유는 소극적이고 적극적인 설명들 각각의 기저에 있는, 자유는 행사되는 것이면서 또한 수용되는 것이라는 진리에 있는 것처럼 보인다. 둘이 함께 존재하려 한다면 관계적 내용이 있어야만 하며, 이 관계적 내용에 따라 자유는 강요되지 않은 호혜성(reciprocity)의 함수가 된다. 우리가 서로에게 나아가는 방식으로 서로에게 주는—또는 더 자주는 아마도 주지 못하는—것

---

35 같은 책, pp. 39-40.

이다. 그러므로 벌린의 멋진 논의에도 불구하고—또는 그 논의 때문에—현대의 개인주의적 자유 개념이 관계 안에서 사람들을 단순히 서로 구별하기보다 서로 분리하는 경향이 있다는 점은 여전히 대체로 맞는 말이다. 말하자면 이 자유 개념은 본질적으로 그리고 치유 불가능할 정도로 비(非)관계적이다. 이 자유 개념의 분신인 집단주의적 자유 개념은 관계성의 필요를 인정하지만, 그 관계성이 부과될 수 있는 것이라고 믿는다. 둘 다 자유로운 인간이 무엇인가에 대한 자신의 개념 속으로 상대의 개념을 통합하지 못한다.

우리가 하나님의 형상 교리에 대한 논의에서 보았듯이 기독교 전통 자체는 개인주의적 방향을 취하는 경향이 있어서, 인간 개별성을 영혼이나 어떤 내향성의 소유에 두었다. 이 교리는 인간의 관계성의 한 측면인 수직적 차원을 간직했지만, 다른 측면인 수평적 차원은 간직하지 못했다. 존재한다는 것은 하나님과 내적 관계 안에 있다는 것이었지, 본질적으로 이웃이나 세계와 관계 안에 있다는 것은 아니었다. 인간에 대한 현대적 신념들도 마찬가지다. 우리의 자유가 하나님으로부터 우리에게 온다는 사상은 현대인들에게 생각할 수 없는 것이 아니지만, 또한 자유가 우리의 관계성의 한 함수인 상대방으로부터도 온다는 것은 거의 생각할 수 없다. 과거와 현재, 즉 고대와 현대의 연속성의 척도는 자유가 거의 예외 없이 타자로부터의 자유라는 사실에서 찾을 수 있다. 인간이라는 것은 자신을 '실현'하거나 '성취'하는 것, '우리 자신의 일을 하는' 것이지, 우리의 이웃과 상호적 관계됨 안에서 우리의 존재를 찾는다는 것이 아니다. 두 시대 모두 개별성을 다룰 때 파편화와 사회적 일원론의 진퇴양난 중 어느 한 가지의 희생이 되지 않을 수 없다.

그와 대조적으로, 두 시대 사이의 차이는 이전 부분의 교훈이자 참으로 1장의 결론인 동일한 양식의 변위에서 찾을 수 있다. 현대성의 최악의 측면들은 이 구조가 그 자체의 결함들로 인해 붕괴할 때 초래된다. 하나님은 불필요하고 사악하다고 여겨지는 존재로서 변위되고, 그 결과로 개인은 스스로에 근거를 두게 되고—말하자면, 아무런 근거를 두지 못하게 되고—그리하여 사물들의 전체적 진리와 무관하게 된다. 서로 다른 방식으로 개인주의적 자유론과 집단주의적 자유론 모두의 기저에 놓인 칸트의 견해의 핵심은, 도덕적 작인이 사실상 도덕적 자유의 자기충족적 근원으로서의 하나님을 대체한다는 요구에서 찾을 수 있다. 그의 구상을 엄격하게 따르는 것은 하나님을 신성을 열망하는 유한한 의지들 각각의 다양성으로 대체하는 것이다. 이것의 악마적 측면들은 최근 역사에서 모습을 드러냈지만, 다행히 여기서도 실제로는 지혜의 유산이 완전히 거부되지 않는다. 삶과 선택이 끊임없이 무로부터 창조되어야 한다는 현대적 요구에는 실제로는 매우 부조리한 것이 있어서, 그 요구는 성취할 때도 위반할 때도 존중된다. 이 요구가 실제로 수반하는 바 인간이 늘 무로부터만 창조해야 한다는 것의 실천은 인간 능력을 넘어서는데, 왜냐하면 그것은 유한자인 우리 존재의 왜곡을 보여 주기 때문이다. 이와 대조적으로, 이레나이우스의 교리와 연속선상에 있는 삼위일체론적인 신적 창조 교리는 우리가 하나님 아래에 있으면서 다른 사람들과 그리고 우리도 한 부분으로 참여하는 세계와 상호적으로 구성하는 관계들 안에만 존재하는 존재자들이라고 주장할 것이다. 이번 장에 대응하는 7장의 목표는 바로 이것이 이해될 수 있는 방식들의 일부를 탐구하는 것이다. 다음 부분에서는 개별성과 관련된 현대의 어려움들에 대한 탐구를 이어가겠다.

5. 개별성의 실천 2: 미학적인 것

예술의 영역도 현대 세계가 하나와 여럿의 경우에서 그런 것처럼 한 입장과 그 반대 입장 사이에서 망설이며, 실제로 어디에 서 있는지 알지 못하는 것 같은 불안정한 상태에 있음을 탁월하게 보여 준다. 일반적인 미학적 의미의 문제는 4장에서 다룰 것이다. 여기서는 특징적으로 현대가 겪는 어려움을 다루는데, 그 어려움은 한편으로는 예술가에 의한 주관적 제작과 형성 및 대중에 의한 수용, 다른 한편으로는 생산되거나 경험되는 질료적 실체인 작품의 객관적 실재, 그 둘 사이의 관계를 이해하는 데 겪는 어려움이다. 당신이 도자기를 만들거나 그림을 그릴 때, 당신의 기여는 무엇이며 또한 당신이 형성한 세계의 기여는 무엇인가? 예술은 무엇이어야 하고 또 무엇을 해야 하는가? 예술이 현 사회의 가치들을 반영하며 또 그래야 하는가, 아니면 예술은 특징적인 미학적 의미의 담지자이어야 하는가? 예술은 구원과 위로의 기능을 하는가, 아니면 교란시키고 분노하게 해야 하는가? 예술은 기저에 있는 보편적 질서를 반영할 수 있으며 또한 그래야 하는가?

미학에서 객관적 의미와 주관적 의미의 관계 문제는 앞에서 만난 하나와 여럿의 문제와 정확히 평행을 이룬다. 미학에서의 두 의미는 서로 불안정하게 왔다갔다할 뿐 아니라, 유사한 매개적 개념의 부재로 인해 개념적이고 실제적인 혼란이 발생한다. 전자의 경우에 하나와 여럿 사이에 이 둘을 관계 안에 붙드는 매개적인 것이 없었듯이, 여기서도 주체와 대상을 적절하게 관계시키는 것이 없다. 그 결과로 우리가—반(反)직관적으로—대상과 주체 사이에서 선택해야만 하는 것처럼 보이는 것이다. 현대성이 예술 작품의 본질인 개별성을 적절히 대하는 데 플라톤보다 조금도 더 낫지 않다는 말이 아니다. 오히려 현대 특유의 지적 힘들이 있고, 그것이 주관적 행위와 경험이 생산되거나 경험되는 질료적 실체인 작품의 객관적 실재와 맺는 관계를 이해하지 못하는 무능을 낳는다는 것이다.[36]

---

36   여기서 나는 들리는 것들을 포함하기 위해 폭넓은 질료 개념을 사용하고 있다. 이런 의미에서, 빅토르 추커칸들(Victor Zuckerkandl)이 음악 철학에 관한 그의 주목할 만한 저작들에서 보여 준 대로, 음악은 질료적으로 **어떤 곳에** 존재하는 것이다. 그의 논증은 들리는 것들이 보이거나 피부로 느껴지는 것들보다 왠지 덜 실재적이라는 평범하지만 너무나 흔한 가정의 오류를 탁월하게 반박한다. Victor Zuckerkandl, *Sound and Symbol. Music and the External World*, translated by Willard R. Trask (Princeton: Princeton University Press, 1969); 그리고 *Man the Musician. Sound and Symbol Volume* 2, translated by Norman Guterman (Princeton: Princeton University Press, 1973).

많은 현대 미학 이론들이 있지만, 논쟁 중인 주요 문제는 대체로 주관적인 견해와 객관적인 견해 사이의 문제다. 전자의 접근법은 페이터(Pater)의 유명한 르네상스 연구의 결론부에서 아마도 가장 잘 제시된다. 의미심장하게도 이 결론부의 앞부분에는 만물이 유동이라는 헤라클레이토스의 신념에 대한 암시가 나온다. "예술은 당신에게 다가와, 지나쳐 가는 당신의 순간들을 단지 최고의 시간으로 만들어 주겠다고 노골적으로 제안한다. 단지 그 순간을 위해서 말이다."[37] 주체에 대한 이 강조는 개별적 인공물로부터 본질적인 객관적 의미를 빼앗아가는 것으로서, 한편으로 우리가 이미 다른 맥락에서 본 질료성에 대한 플라톤적 의심에서 나오는 것으로, 또한 다른 한편으로 객관적 진리에 대한 모든 주장을 과학에 양도한 데서 발생하는 것으로 볼 수 있다. 오직 과학만 우리에게 진리를 말한다면, 예술에 남는 것은 무엇인가?[38] 질료적 개별자들의 무의미성이라는 신념은 과학만능주의와 결합하여 예술적 대상에서 내재적 의미와 실체성을 빼앗아간다.

후자의 비판적으로 객관주의적인 접근을 취하는 대표자들 중에는 피터 풀러(Peter Fuller)―그는 기독교 신자가 아니지만 이것이 근본적으로 신학적 문제임을 정확히 파악했다―뿐 아니라 놀라울 정도로 많은 현대의 작가들, 특히 반(反)현대주의자들과 반(反)관념론자들이 있다. 여기서 밝힐 수 있는 생각은, 이 논쟁이 종종 상호 몰이해와 매도의 측면에서 벌어지며 그 이유는 작인인 개별 예술가와 사용되거나 형성되거나 변형되는 것들(이 세 동사는 각각 예술가와 재료의 관계에 대한 서로 다른 이해를 가정한다)인 질료적 실재의 개별 작품들 사이의 관계를 적절히 이해하지 못하기 때문이라는 것이다.[39] 이것은

---

37 Walter Pater, *The Renaissance. Studies in Art and Poetry*, edited and introduced by Adam Phillips (Oxford: Oxford University Press, 1986), p. 153. 『르네상스』(학고재).
38 통속적인 믿음으로서의 과학만능주의에 대한 솔직담백한 비판을 위해 다음을 보라. Mary Midgley, "Strange Contest: Science versus Religion", *The Gospel and Contemporary Culture*, edited by Hugh Montefiore (London: Mowbrays, 1992), pp. 40-57.
39 "현대 화가들은 똥이고 개똥이다. 도덕적으로 개똥이다.…피터 풀러도 사기꾼이다." Peter Jenkins,

현대 문화가 특히 예술과 윤리에서 의미의 질문들을 결정하는 능력 혹은 공통적 언어를 상실한 징후들을 많이 보여 준다는 다른 관찰들과도 결을 같이 한다.[40]

「인디펜던트」(The Independent) 최근호는 미학에 영향을 끼치는 개별성의 문제에 관한 한 사례를 소개하는데, 그 미학은 우리가 한 건물이 주변에 어울린다고 받아들이는 방식에 관심을 갖는다. (물론 이것은 개별성의 문제가 건축에서 드러나는 주요한 방식들 중 한 가지다.) 별개의 기사들에 있는 두 논평이 이 문제를 부각시킨다. 첫 번째 논평은 프랭크 르이드 라이트(Frank Lloyd Wright)의 작품에 대해 그의 제자들 중 한 명이 내린 평가에서 나온다. 테리 패럴(Terry Farrell)은 라이트가 "현대주의자가 아니었다"고 논평했다. "그는 주류인 국제적 현대주의와 전혀 교류하지 않았다.…어떤 지역의 어떤 장소에도 본질적으로 동일한 건물을 처방한 신(新)국제주의는 라이트가 건물을 환경에 주의 깊게 맞춘다는 측면에서 지지한 모든 것에 정면으로 위배되었다."[41] 이어진 패럴의 말에 따르면, 그렇다고 해서 라이트가 적절할 때 현대주의의 기술들을 절충적으로 사용하지 않은 것은 아니라는 점은 주목할 만하다. 이 특정한 논평의 진상이 무엇이든 내가 다른 곳에서 지적한 것과 유사한 점을 말하는데, 즉 현대성에 주로 서구 기술의 보편적 적용을 통해 문화의 균일성을 부과하는 결과를 낳게 되는 경향들이 있다는 점이다. 이것은 최근에 영국 왕세자가 다시 표명한 바 건물을 환경에 적합하게 맞추려는, 즉 건물을 개별자로 취급하려는 관심과 대조된다. 이데올로기로서의 현대주의는 파르메니데스적이다. 개별자에 대한 강조의 모든 핵심은, 현대주의든 무엇이든 균일화시키는 이데올로기의 압력에서 해방하는 것이다. 현대주의의 '일괄 처리'(package)

---

        interview with Norman Rosenthal, *The Independent*, 8 June 1991. 길버트와 조지 및 다른 이들에 대한 풀러의 언급과 비교하라. Fuller, *Theoria*, pp. 3-4, 213.

40   뒤의 4장, 첫 번째 부분에서 논의된 책들을 보라.

41   *The Independent*, 8 June 1991.

에 대한 라이트의 저항은 여기서 개별자들을 대하는 그의 능력의 기초로 보인다.

두 번째 논평도 어떻게 현대주의와 포스트모더니즘이 모두 현대적이며 획일적인 한 이데올로기의 상이한 형태들일 수 있는지에 관심을 갖는다는 점에서 흥미롭다. 이 논평의 출처는 프레드릭 제임슨(Fredric Jameson)의 『포스트모더니즘』(*Postmodernism*)에 대한 지어딘 사르다(Ziauddin Sardar)의 서평이다. "현대주의는 '타자'를 배제함으로써 '타자'와 타협하려 시도한 반면, 포스트모더니즘은 단순히 타자를 관련이 없는 것으로 치부하려 한다. 타자에 대한 기저의 두려움은 줄어들지 않고 계속된다."[42] 현대 문화의 두 형태들 모두, 개별자를 다른 개별자들과의 관계 안에서 단족스럽게 다룰 수 없다. 포스트모더니즘은 현대주의가 헤라클레이토스적인 것으로서 자신의 파르메니데스에 대해 갖는 근본적 방향상실을 공유하며, 마찬가지로 통일성과 다양성을 정당하게 다룰 수 없다. 피터 풀러는 포스트모던적 판단들의 헤라클레이토스적 성격을 다음과 같이 밝혔다.

포스트모더니즘은 헌신을 모른다. 포스트모더니즘은 주요 대표자들 중 한 사람인 찰스 젠크스(Charles Jenks)가 한때 "상황적 입장"이라고 부른 것을 사용한다. 이 입장에 따르면 "어떤 규칙도 본질적으로 다른 규칙보다 더 낫지 않다." 웰스 대성당의 서쪽 면, 파르테온의 박공, 라스베이거스 시저스 팰리스의 플라스틱 네온사인, 심지어 미스 반 데어 로에(Mies van der Rohe)의 외벽에 있는 숨겨진 복잡한 것은 모두 동일하게 "흥미롭다."[43]

---

42 여기서 책보다 서평을 인용한 이유는 내가 서평을 먼저 읽었기 때문이고, 또 프레드릭 제임슨의 『포스트모더니즘』에서는 이 서평의 주장만큼 선명한 표현을 찾지 못했기 때문이다. 서평이 다루는 이 책에서 매우 분명히 나오는 결론은 예술과 소비 사이의 연관이다. 즉 한 곳에서 제임슨이 말하듯이(pp. 353-354), 미디어와 시장 사이의 연관이다.
43 Fuller, *Theoria*, p. 213.

포스트모더니즘에서[44] 새로운 것은 객관적 진리에 대한 헌신의 상실이다. 이는 계몽주의의 적극적 관심사 중 한 가지로서, 계몽주의가 파르메니데스적 충동과 함께 현대주의의 형식주의에 전해 준 것이다. 현대주의와 포스트모더니즘 사이에 있는 연속성들을 지적하는 데 특히 예리한 자들이 제임슨과 데이비드 하비 같은 마르크스주의 작가들인 것은 우연이 아니다. 그들은 모두 포스트모더니즘의 헤라클레이토스적 충동의 기저에 소비의 윤리가 있음을 발견했다. "포스트모던의 문화 생산에서 뜻밖인 점은 무엇보다도 순전한 이익 추구가 매우 결정적이라는 점이다."[45] 하비가 돈의 물신숭배라는 마르크스(Marx)의 이론에 호소하는 것은 핵심을 정확히 지적한다. 비록 그 처방이 너무나 파괴적이기는 했을지라도, 마르크스는 우상숭배에 대한 구약 선지자의 눈을 가졌다. 그는 현대의 소외의 근원들 중 한 가지가 돈의 물신숭배로 상징되는, 질료적 세계에 대한 관계의 실패임을 알았다. 그것이 현대주의와 포스트모더니즘 모두가, 더군다나 비슷한 이유에서 균일성으로의 압력을―타자의 억압이라고 우리가 부를 것을―거의 동일하게 받고 있는 이유의 일부일 수 있다.

언급할 것이 한 가지 더 있다. 라이트에 대한 요점들과 풀러의 요점들을 통해, 우리는 현대주의와 일반적인 현대의 삶이 결코 동일한 것이 아니라는 중요한 발견을 확신할 수 있다. 데이비드 세실 경(Lord David Cecil)이 표현한 "일괄 거래"(package deal) 신념들과 의견들을 수용하기를 기꺼이 거부하는 현대인들이 있다. 하지만 그들의 거부 자체가 타자성의 억압과 그 결과인 개별성의 억압이라는 현대성의 신념과 실천의 일반적 경향을 더욱 두드러지게 한다. 모든 것이 다른 것이 아닌 바로 자신이라는 사실은 모든 것이 자신 외

---

[44] 또는 적어도 일부 유형의 포스트모더니즘에서. 왜냐하면 포스트모더니즘 주창자들 중 일부는 자신들이 주관주의자인 점을 부인하는 것처럼 보이기 때문이다.
[45] Harvey, *The Condition of Postmodernity*, p. 336.

의 다른 모든 것에 대해 갖는 타자성을 함의한다. 이것이 의미하는 것은 절대적 타자성이 아니라, 사람들이 사물들이 다른 사람들과 사물들에 대한 관계에 힘입어 독특하다는 믿음을 긍정하는 종류의 타자성이다. 이것이 바로 내가 구성적 관계됨(constitutive relatedness)이라고 부르게 될 것이다. 현대의 도그마가 우리가 이것을 깨닫지 못하도록 그토록 많이 방해한다. 그러므로 사물들을 바라보면서 개별성에 합당한 위치를 주지 않은 플라톤의 실패는 현대주의가 보편자를 통해 개별자를 억압한 것에서, 그리고 포스트모더니즘이 균일화의 경향으로 모든 개별자에게 본질적으로 동일한 가치를 배분하는 것에서 반복되고 있는 것이다.

6. 변위의 양식

우리는 이전 장과 동일한 종류의 결론에 도달한다. 문제는 변위에, 즉 초월적인 타자적 신성을 인간의 주관성으로 변위하는 데 있고, 또한 그로 말미암아 인간의 주관성이 타자를 존중할 필요성을 부정하는 데 있다. 타자는 우리가 인간이 되기 위해 피해야 하거나 지배해야 하는 인간 또는 사물이 된다.[46] 바츨라프 하벨이 현대 인간의 곤경을 진단하는 언어들이 여기서 흥미롭다.

> 나는 인간이 하나님을 상실하면서 일종의 절대적이며 보편적인 좌표의 체계를 상실했다고 믿는다. 인간이 언제나 모든 것을, 특히 자신을 관계시킬 수 있는 것을 상실했다고 말이다. 점차 그의 세계와 인격은 상대적인 별개의 좌표에…대응

---

46 최근의 연합개혁교회(United Reformed Church) 총회에서 한 발표자는, 은퇴한 목회자들이 감당할 수 있는 집은 종종 부부가 서로에게서 떨어져 있을 수 있는 충분한 공간을 제공하지 못한다고 말했다. 이 점이 더 긍정적으로 표현되지 않았다는 사실이 우리가 여기서 관심을 갖는 개념적 문제들의 한 징후다.

하는 이질적인 분리된 파편들로 나뉘기 시작했다.[47]

여기서 "좌표"(coordinates)라는 용어가 중요한데, 이 말은 개별자들이 서로 진정으로 관계되어 있는 한편, 그들 사이에 '공간'이 유지된다는 점을 암시하기 때문이다. 우리가 누구인지 그리고 우리 세계가 무엇인지 알고자 한다면 좌표가 필요하다. 우리의 다양한 관심들과 행동들을 보고 평가하는 관점이 되기 때문이다. 만약 하나님과 세계 사이에 공간이 없다면, 또는 사물들에게 존재할 공간을 주는 하나님이 없다면, 우리는 서로 사이에 있는 그리고 우리 자신과 개별자들의 세계 사이에 있는 공간을 잃는데, 이 공간이 없이는 우리가 진정한 우리 자신이 되지 못한다.

미학의 문제에서, 그리고 세계 일반을 향한 인간적 작인의 문제에서, 우리는 조물주 하나님과 인간이 만드는 것의 관계에 관한 **신학적** 문제를 직면하게 된다. 근래에 만드는 것(making)과 창조하는 것(creating) 사이의 구별이 상실된 결과로, 인간 활동과 관련하여 창조 개념이 과도하게 남용되기 시작했다. 하지만 대가가 지불되어야 하는데, 일단 무로부터의 신적 창조 행위와 그에 기초한 인간의 '포이에시스'(*poiesis*, 만드는 것) 사이의 구별이 사라지면 우리가 세계를 향한 적절한 자세를 찾게 해 주는 일련의 좌표도 마찬가지로 상실되기 때문이다. 그 결과로 우리가 이전 장의 마지막 부분에서 본 『텅 빈 광장』의 논증에 따른 인간의 자기 신격화가 반복된다. 하나님을 배제하는 것은 악마적인 것이 등장하는 길을 열어 준다. 우리가 마치 하나님인 양 세계를 향해 행동할 때, 우리는 사고와 행위에서 세계의 특징적 개별성과 타자성을 오해하고 남용하게 된다.[48]

---

47 Havel, *Open Letters*, pp. 94-95.
48 이미 앞에서 암시한 대로, 우리의 역경에 대한 한 장기적 원인은 창세기 이야기를 플라톤 철학화하는 아우구스티누스의 해석에서 찾을 수 있다. 창조 행위를 영원한 형상들을 만드는 것으로 이해하고 개별 존재자들이 그 형상들을 고려해 나중에 형성되었다고 한 것은 신학이 19세기의 진

역시 의미심장하게도, 무로부터의 창조 개념을 하나님에게서 인간에게 변위한 것이 사회적 관계의 영역에서도 일어난다는 점이 발견되었다. 여기서 우리는 하나님의 변위에 의해 초래된 고대와 현대 사이의 불연속성의 핵심에 이른다. 블루멘베르크는 다음과 같이 말한다.

> [플라톤은] 우주 이론이 국가 이론에 선행한다는 원리를…추구했다. 홉스는—플라톤과는 대조적으로—이 유비 안에 있는 구별을 강조한다.…참으로 정치적 이성은…선재하는 환경으로서의 자연법을 만나지만, 정치적 이성에게 미리 주어진 자연은 해소해야 하는 이율배반에, 이 이성의 창조가 발원하는 혼돈에 불과하다. 따라서 철학의 기능은 더 이상 세계의 혹은 관념들의 이론이 아니고, 인간에게 그의 존재와 함께 부여된 보화를 관리하는 것도 아니다. 그보다는 창조를 모방하는 것(*imitare creationem*), 형태 없는 질료에 직면하여 원래의 창조적 상황을 회복하는 것이다.[49]

여기에 변위의 핵심이 있다. 이는 우리 과학의 그토록 많은 부분의—기술적 부적절성이 아니라—도덕적 부적절성의 문제의 핵심이기도 하다. 어떤 인간의 활동이 순수 의지의 영역이 될 때, 추정상의 무로부터의 창조의 영역이 될 때, 개별성과 자유의 문제들은 풀리는 것이 아니라 오히려 악화된다.

순진한 재건주의 정치학—정치가가 **무로부터의 창조자**라는 견해—의 시

화론들을 마주하게 되었을 때 엄청나고 불필요한 어려움들을 초래했다. 여기서도 마찬가지다. 창조 서사(narrative)가 개별 존재자들의 창조와 관련된다고, 즉 개별 존재자들이 그들 자신이 되고 그러므로 '매우 좋을' 수 있도록 공간을 주는 것과 관련된다고 보는 것이 이 맥락과 우리의 맥락 모두에서 더 도움이 된다. 아담이 동물들의 이름을 정하는 것도 동일한 종류의 핵심을 강조한다. 그것은 기술지배적 통치라는 현대적 이데올로기들의 관점에서가 아니라, 자연 사물들과의 개별적 관계들 안으로 들어가는 행위들로, 즉 인간의 소명인 자연에 대한 적절한 통치 안에 공간을 주는 행위들로 봐야 한다.

49 Blumenberg, *Legitimacy*, pp. 219-220.

대가 분명히 종말을 고했다는 점은 이 관점에서는 다행이다.[50] 하지만 계속된 위협이 텅 빈 광장에서, 그리고 텅 빈 실험실에서 발견된다. 어떤 마귀들이 몰려와 빈 공간을 메울 것인가? 인간과 창조된—그리고 타락한—개별성의 신학을 발전시키는 것은 우리 시대의 시급한 과업 중 하나다. 하지만 이것이 시도될 수 있기 전에, 현대 사상과 제도들에 대한 추가적 분석이 요구된다. 다음 장에서 나는 시간과 공간 안에 사는 문제의 특징적으로 현대적 차원들을 검토하려 하면서, 한 기이한 역설에 초점을 둘 것이다. 노동력을 절감하는 기계들과 여가를 추구하는 데 골몰하는 시대가 서두름, 광적인 분주함, 스트레스로 특징지어지는 것은 어찌된 일인가? 하지만 나는 이전 장처럼 긍정적인 논조로 이 장을 마무리하겠다. 개별성의 문제는, 내가 믿기로는, 우리의 세계를 구성하는 사물들과 사람들이 각자 자기의 방식으로 하나님을 찬양하는 도구로서 봉사할 수 있도록 하느냐의 문제다. 사람들과 사물들이 개별적으로 부름을 받은 그 존재가 될 수 있는 것은 우리와 우리의 세계를 완성하여 성부에게 이끌어 가는 그리스도와 성령을 통해서다. 그 일부를 보여 주는 것이 이 책의 궁극적 목적이다.

---

50 Jonathan Sacks, *The Persistence of Faith. Religion, Morality and Society in a Secular Age* (London: Weidenfeld and Nicolson, 1991), p. 11는 "정치의 전능함이라는 현대의 끈질긴 오류"에 정당한 의문을 제기했다. "개략적으로 말해, 이것은 정치 체제가 우리가 있는 세속 사회에서는 유일하게 의미 있는 변화의 도구라는 견해에 해당된다. 범죄, 중독, 교육, 환경개발, 심지어 결혼과 이혼율마저도 정부 입법을 통해 조절될 수 있다.' 나는 우리가 정치에서 구원을 찾을 수 있다는 견해에서 벗어나기를 바란다. 그럼에도, 많은 해방 신학과 여성 신학에서 그것이 여전히 얼마나 표면화되어 있는지 하는 것은 우리가 물어야만 하는 질문이다.

3장

현재를 위한 탄원:
현대의 삶과 사고에서 관계됨의 문제

1. 현대성의 현세성

2장의 논의는 현대가 개별자들을 대하는 방식에 초점이 있었다. 즉 사물들과 사람들을 개별적으로 그리고 독특하게 그들 자신이 되게 하는 것이 초점이었다. 나는 현대주의와 포스트모더니즘이 똑같이 개별성의 파괴와 균일성을 위해 일한다고 주장했다. 전자는 개별자를 경직되고 보편적인 사고와 행동 양식에 종속시키고, 후자는 사물들 사이에 어떤 연결성도 만드는 데 실패하면서 모든 것을 동일한 가치를 가진 것으로 다룬다. 다시 한번 그 중심에는 변위라는 주제가 있었다. 하나님이 사물들의 중심으로부터 변위되는데, 1장에서 비인격적인 힘들로 변위되는 것으로 보였듯이 여기서는 인간의 주관성으로 변위되어, 그 결과로 바츨라프 하벨이 보여 준 것처럼 좌표가 상실되고 만다. 하나님이 아니라 인간 의지가 가치의 창조자가 될 것이다. 이 세 번째 장에서 우리는 개별성의 문제로부터 그에 대응하는 질문으로, 어떻게 개별 사물들과 사람들이 서로 관계된다고 이해되는가 하는 것으로 이동한다. 이번 장은 형식상 2장과 유사하게 일부 징후들에 대한 지적으로부터 시작해, 병폐에 대한 고대와 현대의 일부 원인들을 간단히 설명하는 것을 거쳐, 기저에 있는 문제들에 대한 두 가지 서로 관련된 신학적 분석으로 넘어갈 것이다.

현대적 상황에 관하여 말하는 한 방식은 근대 이전 문화의, 그리고 특히 중세 문화의 추정된 내세성(other-worldliness)에 대한 반작용으로 현대 세계가 독특하고 광범위한 방식으로 존재 및 삶과 관련해 영원보다 시간을, 무한보다 공간을 긍정했다고 말하는 것이다. 우리는 현세적(this-worldly) 문화에 살고 있다. 어느 멀리 떨어져 있는 하늘(heaven)이 아니라 우리의 시간과 공간이 중요한 실재다. 이 긍정은 몇 가지 측면들이 있다. 첫째, 현대적이라는 것은 역사를, 즉 시간의 흐름을 의식한다는 것인데, 많은 근대 이전의 문명이 하지 못한 방식으로 그렇게 한다는 것이다. 종종 주장되는 바에 따르면, 중세 세계는 역사에 대한 인식이 별로 또는 거의 없었기에 마리아와 요셉을 마치 옆 마을 농부들처럼 그렸다.[1]

현대성의 현세성(this-worldliness)에 있는 둘째 측면은 전통에 대한 비판이다. 이것은 계몽주의와 더 최근의 현대주의의 구상과 관련된 것으로, 과거의 음울한 영향을 떨쳐버림으로써 현재의 중요성을 긍정한다. 과거는, 특히 상대적으로 더 최근의 과거는 사상, 질문, 예술적 시도의 자유를 억압하고 질식시킨다고 여겨지고 있다. 셋째 측면은, 관련된 사례를 들어 말하면, 현대를 숙명에 대한 믿음—또는, 차이가 어마어마한 다른 표현을 쓰면, 섭리에 대한 믿음—이 인간적 작인과 의지의 유효성에 대한 믿음에 양보하는 시대라고 말하는 것이다. 이제는 초월적 존재가 아니라 인간 의지가 세계에서 인간의 형태를 결정한다. 넷째 측면은 과학으로, 많은 점에서 현대 서구 문화의 가장 독특하고 분명히 가장 성공적인 특징이다. 과학은 공간과 시간의 질서 기저에 있는 형식적 양식들—이것은 고대와 중세 철학적 연구의 특징이었다—이 아니라, 경험에 제시된 구조들에 내재한 배치들에 관심을 기울인다. 마이클

---

[1] 하지만 고대 그리스인들과 히브리인들이 역사의식이 부족했다고 말할 수 있을까? 아마도 현대적 의미에서는 그럴 수도 있다. 하지만 그럼에도 불구하고 여기는, 첫 두 장의 주제들에 대한 논의에서와 마찬가지로, 고대의 후진성이라는 현대성의 이데올로기가 대개 중세 문화에 대한 특정한 해석에 의해 채색된 것이라는 의미도 있다.

포스터가 정당한 찬사를 받고 거듭 출판되는 그의 논문에서 약술한 대로,[2] 현대 과학은 시공간 너머의 어떤 실재가 아니라 바로 그 공간과 시간의 세계를 연구하며, 영원한 양식들에 대한 논리적 탐색이 공간과 시간의 우연적 합리성에 대한 수학적·가설적·실험적 접근에 양보했을 때 현대 과학이 발생했다.

현대성의 정신을 환기시키려는 이 모든 시도에는 지나친 단순화가 있다. 하지만 우리가 인간 문화의 이 셋째 영역에서 현대성의 독특함을 탐색하고 이 시대의 현세성에 어떤 성격과 결과가 있는지 탐구하려 한다면, 이 시도들은 이제부터 더 살펴야 하는 요점을 밝힌다. 이번 장에서 나는 거의 전적으로 시간에 관심을 둘 것이다. 시간이 여럿을 역사적으로 결합한다고 생각될 수 있는 주요 요소이기 때문이다. 그럼에도 나는 공간과 시간을 함께 언급함으로써 이 장을 시작할 것인데, 공간과 시간은 이 세계의 매개 변수들을 형성하고, 세계 저편의 가정된 영원성 및 무한성과 대조되어야 하기 때문이다. 괄목할 만한 특징이 즉각적으로 드러난다. 20세기 사상의 성취들 중 한 가지는, 특히 알베르트 아인슈타인(Albert Einstein)의 연구 결과로서, 시간과 공간의 영역들을 개념적으로 통합한 것이다. 우리가 뒤에서 보겠지만, 시간과 공간은 뉴턴주의적 세계에서 놀라울 정도로 모호한 위상을 부여받았다. 심지어 아인슈타인 안에도 영원성을 향한 스피노자적 경향이 있지만, 그의 연구의 결과로 이 둘이 함께 생각되었을 뿐 아니라 실제적인 것으로, 즉 우주의 구성에 속하는 것으로 여겨졌다. 이 측면에서 20세기 물리학은 이 세계를 최대한으로 진지하게 받아들이는 현대적 추구의 지적 완성을 나타낸다.

하지만 현대성의 역설은, 시간과 공간에 대한 이해가 얼마나 성공적이든,

---

[2] Michael Foster, "The Christian Doctrine of Creation and the Rise of Modern Natural Science", *Mind* 43 (1934), pp. 446-468; reprinted in *Science and Religious Belief. A Selection of Recent Historical Studies*, edited by C. A. Russell (London: Open University, 1973), pp. 294-315.

열거된 변화들의 영향을 덜 받은 사람들보다도 현대인들이 일상생활의 실제 시간과 공간에서 편안함을 덜 느낀다는 것이다. 이 점은 몇 년 전 프리츠 슈마허(Fritz Schumacher)가 『작은 것이 아름답다』(*Small is Beautiful*, 문예출판사)에서 한 논평에서 암시되었다. "삶의 압력과 긴장은, 예를 들면 미국에서보다는 버마에서 훨씬 덜하다. 미국보다 버마에서 사용되는 노동력 절감을 위한 기계류의 양이 훨씬 더 적은데도 불구하고 말이다."[3] 여가의 창조에 골몰하는 사회보다 '미개발' 사회에서 더 참된 여가가 발견된다는 것은 역설이다. 이 역설은 우리가 기꺼이 지불하려는 대가일 수도 있지만, 그럼에도 불구하고 그 기원과 성격은 살펴볼 가치가 있다.

이 상황에 대한 분석이 로버트 뱅크스(Robert Banks)의 『시간의 횡포』(*The Tyranny of Time*, 요단출판사)에 나오는데, 이 책의 주요 주장들 중 한 가지는 여가의 창조에 골몰하는 문화가 정반대의 결과를 낳았다는 것이다. "한 조사에 따르면, 우리의 사회 같은 사회들에 있는 사람들 다섯 명 중 거의 네 명은 지속적으로 또는 주기적으로 시간에 쫓기는 것을 느낀다."[4] 서로 다른 집단들과 사람들이 다르게 영향을 받겠지만 시간의 압박은 일반적으로 서구 선진국들에서 분명히 나타나는 특징으로, "시계에 의한 통제와 그에 대응하는 삶의 속도"가 원인일 수 있다.[5] 뱅크스의 분석은 설득력 있고, 현대적 삶의 두드러진 특징을 지적한다. 공간과 시간의 통합이 과학에서 무엇이든지, 현대적 삶에는 문화적 침체와 열광적 변화가 동시에 존재한다. 우리는 장소에서 장소로, 경험에서 경험으로 쉴 새 없이 이동하며, 몸 안에 그리고 대지(大地) 위에 좀처럼 평안히 머무르지 못한다.

---

[3] E. F. Schumacher, *Small is Beautiful. A Study of Economics as if People Mattered* (London: Sphere Books, 1974), p. 48.
[4] Robert Banks, *The Tyranny of Time* (Exeter: Paternoster Press, 1983), p. 18. 현대 건축의 더 잔혹하고 비인간적인 사례들을 보면, 많은 점에서 우리가 공간으로부터 적잖이 소외되어 있다고 덧붙일 수 있다.
[5] 같은 책, p. 25.

흥미롭게도 이 신학적 분석은 현대 소비자 사회들의 두드러진 한 표지, 즉 데이비드 하비가 "시공간의 압박"이라고 부르면서 마르크스주의적으로 규정한 것과 유사하다.

내가 사용하는 이 용어는 공간과 시간의 객관적 성질들에 너무나 큰 변혁을 일으킬 과정들을 지시하며, 이 변혁은 너무나 커서 우리가 세계를 우리 자신에게 나타내는 방식을 때로는 상당히 급진적으로 변경하도록 강요한다. 내가 '압박'이라는 단어를 사용하는 것은 자본주의의 역사가 삶의 속도 증가를 특징으로 하며, 게다가 공간적 장벽을 극복하여 세계가 때로는 우리에게 안으로 붕괴하는 것처럼 보인다는 주장이 설득력 있을 수 있기 때문이다.[6]

대체로 나는 이러한 결과를 자본주의 탓으로 돌리고 싶지 않다. 오히려 자본주의를 하비가 지목한 징후의 원인이 되는, 세계에서 이루어지는 현대적 행동 형태의 수많은 특징들 중 한 가지로 보고 싶다. 요약하면, 우리 문화의 이론적이며 실천적인 성공들이 무엇이든 매우 훌륭하지만, 그것들은 또한 엄청난 대가를 치르고 얻은 것이다. 다시 한번, 선과 악 모두의 가능성들이 현대의 상황에서 확대된다. 그렇게 낯선 상황의 기저에는 무엇이 있는가? 이전 장들에서와 마찬가지로, 우리는 그 근원들이 고대에 있는 역설들을 발견할 것이다. 나는 이 문제의 시간적 차원들에 집중할 것인데, 이 차원들이 이 문제의 핵심—이것은 사실 대부분은 시간의 공간화에 있을 수 있다—에 있기 때문이기도 하고, (일부는 6장에서 다루어질) 가장 절박한 신학적 질문들을 제기하기 때문이기도 하다.

---

[6] Harvey, *The Condition of Postmodernity*, p. 240. 또한 Marshall Berman, *All that is Solid Melts into Air. The Experience of Modernity* (New York: Verso, 1983. 1st edition 1982)를 보라. 『현대성의 경험』(현대미학사).

이 주제의 형태를 파악하는 다양한 가능한 방식들을 고려해 볼 때 약간의 단순화와 방향 선택이 필요할 것이다. 처음부터 결정할 한 가지는, 여기서는 현대 세계에서 발전된 시간 개념―혹은 개념들―에 주된 관심을 기울이지 않을 것이라는 점이다. 개념적 문제는 언제나 우리의 관심이겠지만, 초점은 더 실제적이고 실존적일 것이다. 왜냐하면 우리가 시간에 대하여 무엇을 알든지 현대 세계에서 시간을 사용하는 데 능숙하지 않다는 점이 점차 분명해지고 있기 때문이다. 나는 이 세계에서 우리가 사는 방식을 살핌으로써 이전 장의 주제들을 보완하고 싶다. 현대 세계가 개별자들을 적절하게 다루는 데 실패했음을 내가 언급했다는 것이 그때 상기될 것이다. 여기서 관심은 관계성의 문제로 옮겨간다. 어떻게 우주가 하나로 결합되는지, 어떻게 우리가 이 관계성 안에 살며 또 참여하는지의 문제다. 이것을 이해하는 데 공간과 시간 개념들이 중추적인데, 공간과 시간은 사물들의 관계됨과 그 공간과 시간이 형성하는 연결망 안에 있는 우리의 자리에 집중하기 때문이다. 말하자면, 공간과 시간 개념들은 우리와 우리의 세계가 서로 어울리는 방식을 우리가 생각하게 한다.

나의 접근법은 앞에서 개관한 현대적 현세성의 네 가지 측면들을 다시 다루며, 그것들의 상호관계 안에서 역사, 전통, 인간적 작인, 과학을 고려하는 것이다. 그리고 첫 번째 요점, 시간의 중요성과 중추성에 대한 현대적 긍정이 고대의 특징이라고 여겨졌던 특정한 신념들의 부정에 의해 출현했다는 것이다. 이 신념들 중에는 시간이 완전히 실제적이지 않거나, 또는 만약 실제적이라면 영원에 이르는 경로로서만 실제적이라는 믿음이 있었다. 언제나 그렇듯이 우리는 고대를 단순화하지 않도록 주의해야 한다. 가령 헤로도토스 (Herodotus)의 것과 같은 그리스 역사 편찬은 그 연구들로부터 영원한 진리들을 배우기를 원했겠지만, 그럼에도 불구하고 시간 안에서 일어나는 일들의 구조들 안에서 그 진리들을 추구했다. 유사하게, 시간 안에서 그리고 시간이 흐르며 일어나는 일들은 그리스 극작가에게 필수불가결한 요소였다. 그리스 연극은 "아버지가 신 포도를 먹었으므로 그의 아들의 이가 시다"는 일부 히브리 저자들의 믿음을 공유한다. 비극 작품들에서는 트로이 전쟁의 사건들로부터 아가멤논의 살해와 그 살해에 대한 복수를 거쳐 그다음 세대에 이르는, 세대에 걸쳐 무정한 시간적 논리를 따라 일어난 사건들의 반복적 양식을 볼 수 있다. 영원성―제우스의 정의(justice)―의 논리는 시간의 논리를 포용하여, 부정하지 않고 형성하고 통제한다.

이 모든 것에도 불구하고, 일들이 진행되면서 나타나는 방식에서 뚜렷한 비관론이 존재한다는 점이 인지되어야만 한다. 지금은 히브리적 시간 의식과 그리스적 시간 의식을 철저하게 구분하는 것이 잘못이라고 여겨지지만, 둘 사이에는 대조적 요소들이 있다. 한 주장에 따르면, 둘의 분위기 차이는 히브리적 기억이 노예상태에서의 구원에 중심을 두는 반면에 그리스적 의식은 일련의 역사적 재앙들을 특징으로 한다는 사실과 관련이 있다.[7] 이 주장의 진위가 무엇이든지, 일단 철학자들이 자신들의 연구를 시작하면 시간과 그 시간 안에 존재하는 것의 온전한 실재성이 자주 의심을 받는다는 점은 주목할 만하다. 이것은 파르메니데스가 변화의 실재성을 전적으로 부정한 데서 가장 두드러지지만, 플라톤이 시간을 영원의 움직이는 형상으로 기술한 데서도 잘 드러난다.[8] 이때부터, 예외들은 있었지만, 고대적 지성의 추동은 실재를 시간적인 것 너머에서, 신뢰할 수 없는 변화와 쇠퇴의 세계 기저에 혹은 너머에 있는 영원한 형상들에서 찾는 것이었다. 시간이 영원의 움직이는 형상이라는 가르침의 정확한 의미가 무엇이든지, 그것은 시간의 존재론적 영광을 의도한 말은 아니다. 신학적으로 말해, 이 대표적 그리스 지성에게 시간은 구원을

---

7 참고. Robert Jenson, *The Triune Identity. God According to the Gospel* (Philadelphia: Fortress Press, 1982), pp. 57-58.
8 Plato, *Timaeus*, 37d5.

발견하는 영역이 아니었던 것으로 보인다. 대체로 그리스적 사유는 시간성(temporality)과 타락(fallenness)을 쉽게 구별하지 못한다. 우리가 그런 것처럼, 진보에 대한 믿음이 주된 특징을 이루는 한, 시간적 과정과 구원을 동일시하는 경향을 보이는 것이다. 그리스 철학의 상속자들에게 만약 구원이라는 것이 있다면 시간에서 탈출하는 것을 통해 찾을 수 있는데, 아리스토텔레스가 철학자의 관조적 삶을 최고의 존재 형태로 권장하는 것이 그 전형이다.[9] 분명히 여기에 고대와 현대 사이의 확연한 분리가 존재하는가? 적어도 그리스적 형태가 대변하는 고대와 현대 사이의 분리는 볼 수 있지 않은가?

2. 기독교의 잘못된 영원성

기독교 신학도 대부분의 역사에서 시간의 실재와 가치에 대해 어느 정도 양가적이었고, 여기서 우리는 창조 세계의 위상과 특성에 관한 일부 초기와 일부 후기 신학적 설명들 사이에 있었던 두 번째 종류의 대조에 이른다. 이레나이우스가 처음을 대표한다고 말할 수 있는 한, 시작은 좋았다. 우리는 이 존경스러운 신학자가 창조된 질서의 선함에 대한 기독론적·성령론적 근거들을 긍정하는 것을 볼 수 있다. 그가 자신의 기독론에서 사용하는 중심 개념은 시간을 관련시킨다. **총괄갱신**(recapitulation)은 역사의 서사 구조라고 요즘 불리는 것을 표현했는데, 그리스도 역사의 서사 구조일 뿐 아니라, 그 역사가 창조된 실재 전체를 자신 안으로 취하는 역사의 서사 구조다. 또한 이레나이우스의 성령론에는 시간에 대한 지향이 있는데, 그가 성령의 사역에 대한 자신의 견해에서 신약의 종말론적 지향을 공유하기 때문이다. 그에게 종말론은 시간적으로 그리고 공간적으로 이 세계와 불연속적인 또 다른 세계를 지향

---

[9] Aristotle, *Ethics*, X. 7-8.

하는 것이 아니라, 창조된 질서의 완성, 즉 총괄갱신이 교회의 삶 속에서 점차 이루어지면서 계속 형성되는 완성이 위치하는 영원을 지향한다.

매우 중요한 사실은, 이레나이우스에게는 끝없는 영원한 것의 완전성과 시간적인 것의 불완전성 사이에 현저한 대조가 없다는 점이다. 그런 대조는 영지주의에 너무 많이 양보하는 것이 되었을 것이다. 시간의 질서가 불완전함의 질서라면, 그 질서의 존재론적 열등함 때문이 아니라 다음 두 가지 이유에서다. 첫째로는 시간의 질서의 타락 상태, 즉 시간의 질서가 자신의 올바른 방향성으로부터 타락했기 때문이고, 둘째로는—우리의 목적을 위해서는 이것이 더 중요하다—시간의 질서 특유의 존재론, 즉 **창조된** 그리고 그렇기 때문에 그 모습대로 존재하고 그 본질대로 존재하기 위해 하나님에게 의존하는 존재론 때문이다. 말하자면, 시간적 질서의 본질은 그 시간적 특성에 있다. 시간적 질서는 시간 안에서 그리고 시간을 통해서, 시간의 창조자의 행위에 의해서 **완성되어야** 한다는 사실을 통해서만 존재한다. 한 곡의 음악처럼, 시간적 질서의 고유한 완성은 그 질서가 존재하기 위해서 시간이 걸린다는 사실에 특징이 있다. **그러한 측면에서** 시간적 질서는 영원한 것보다 존재론적으로 열등한 게 아니라 단지 다를 뿐이다. 시간적 질서를 그 모습으로 창조했으며 종말까지 인도하는 하나님의 선함으로 그런 것이다. 시간성은 시간 안에서 형성되는 것으로서, 시간적 질서의 '아레테'(ἀρετή), 즉 시간적 질서가 피조물로서 갖는 특유의 덕이다.

이레나이우스는 자신의 창조 교리에서 시간성을 긍정적으로 평가함으로써 인간과 자연, 인간적인 것과 우주적인 것을 함께 사유했는데, 그 모든 지적·실천적·미학적 차원의 존재에 통합적으로 접근하기 위한 긍정적 가능성들로 가득한 방식으로 그렇게 했다. 하지만 그의 후예들은 그렇게 주의 깊지 못했으며, 그를 따랐던 이들 중에 특히 이레나이우스보다 플라톤적 영향에 더 개방적이던 이들은 인간적인 것과 질료적인 것을 종종 따로, 문화를 자연에서 소외시키는 경향이 있는 방식으로 생각했다. 그런 잘못을 범한 초기의 두 인물이 오리게네스와 아우구스티누스다. 오리게네스는 자신의 사상에 이레나이우스만큼 질료적 질서의 선함을 포함시키지 못했다. 오리게네스의 사상이 이레나이우스가 맞서 싸운 영지주의적 세계 부정은 분명히―또는 그 정도는―아니었지만, 시간적 질서를 인간 구원에 도구적인 것으로―다소 불행한 교육적 필요성으로―다룰 뿐 어떻게 해서든 그 자체로 구속 가능한 것으로 다루지는 않는다는 징후들이 있다. 그래서 그의 주장에 따르면 하나님이 질료 세계를 창조한 것은 타락한 영들을 위한 교화처를 마련하기 위함이었던 반면, 그가 질료계에 특징적이라고 본 다원성은 질료적 세계의 열등한 존재 방식을 보여 주는 징후였다.[10] 더 나아가, 다수의 세계들의 가능성에 대한 그의 숙고는 바로 이 우주의 공간과 시간을 적어도 부분적으로는 격하시키는 결과를 낳았다.

비슷하게, 비록 아우구스티누스가 『고백록』(*Confessions*)에서―짧고 다른 곳에서 말하는 것과 모순되게[11]―관계적 시간관에 대해 재미삼아 생각하면서 후대의 과학적 사고를 시대를 앞서 논할지라도, 시간적인 것과 타락한 것을 완전히 구별하는 경우가 없다. 마니교적 요소가 그의 시간관에서 결코 완전히 사라지지 않는다. 아우구스티누스의 시간 이론에 있는 세 가지 특징들은 미래에 대한 위협으로 가득하다. 첫 번째 특징은 사라지는 현재의 철학이다. 잘 알려진 대로, 아우구스티누스가 자신의 시간 경험을 분석한 것은 현재를 과거와 미래 사이에서 사라지는 경계로 보면서 현재의 실재성을 부정하는 것처럼 보인다. 결정적 발걸음은 마음속으로의 이동이며, 이로써 시간이 세계와 함께 창조되었다는 자신의 가르침이 암시하는 것에서 결론을 이끌어 내

---

10   Origen, *On First Principles*, II. 9.
11   Augustine, *Confessions*, XII. 8: "왜냐하면 시간은 사물들의 형태가 변이되고 개조된 결과로… 사물들 안에서 발생하는 변화들에 의해 성립되기 때문이다"(Pine-Coffin, p. 286). 아우구스티누스가 관계적 견해에 내재된 일부 문제들을 반복해서 논하는 XI. 26과 비교하라.

는 데서 멀어진다.¹² 만약 그와 대조적으로 우리가 경험에 대한 우리의 분석이 아니라 **사물들**에 대한 우리의 경험이라는 측면에서 시간을 생각한다면, 내 생각에 우리는 아우구스티누스처럼 그리고 플라톤을 따라 다음과 같이 말할 수 없다. "우리는, 시간의 임박한 **비존재** 상태라는 이유에 의해서가 아니라면, 시간이 **존재한다**고 정당하게 말할 수 없다."¹³ 내가 확증하고 싶은 명제들 중 한 가지는—시간이 세계와 함께 창조되었다는 아우구스티누스의 견해가 함축할 수 있는 것으로서—시간이 그 안에서 일어나는 것에 의해 가장 잘 이해된다는 것이다. 일부 고대 사상과 일부 현대 사상의 흔한 실수는 이것을 부인하는 것이었다.

아우구스티누스의 시간론의 두 번째 특징은, 그가 첫 번째 특징의 결과들을 이끌어 내면서 시간이 인간 정신의 투사—그의 말로는 확장—라는 견해를 향해 결정적으로 이동한 것이다.¹⁴ 이것이 함의하는 것들 중 일부는 뒤에서 다룰 가장 위대한 현대성의 사상가 칸트에 의해 논의되었다. 하지만 그 전에, 아우구스티누스의 시간관이 보여 주는 세 번째 특징을 간단히 설명하려 한다. 이 특징은 그의 역사 신학에 통합되어 있는데, 이 영역에서 우리 문화의 시간 개념의 한 가지 중요한 특징이 뚜렷이 드러난다. 그에게 묻는 질문은, 그는 얼마만큼 시간의 질서가 본래부터 그리고 본질적으로 무질서의 자리라고 생각하는가? 이를테면, 그는 시간의 질서가 타락의 자리로서 그로부터의 구속이 기독교 복음의 소망이라고 생각하지 않는가?

로버트 마커스(Robert Markus)가 아우구스티누스의 사상에 대한 그의 고전적 연구에서 보였듯이, 대답은 쉽지 않다. 역사적 과정에 관한 아우구스티누스의 견해를 이해하는 한 단서는 그리스도 안에서 일어난 일의 완결성이라

---

12 마음속으로의 이동을 특징적인 현대성의 표시로 보는 것은 현대성의 발전에 대한 일부 책임을 아우구스티누스에게 돌리는 것이다.
13 *Confessions*, XI. 14 (p. 264).
14 같은 책, XI. 26: "나는 그것이 마음 자체의 확장인지 아닌지 궁금해지기 시작한다"(p. 274).

는 그의 견해에서 나오는 종말론에서 볼 수 있다. 그 이후로, 그리고 종말 전까지, "어떤 역사적 상황도…이만한 성취를 흉내조차 낼 수 없다."¹⁵ 아우구스티누스에게는 실현된 종말론이 없거나, 또는 종말론이 오직 성육신에서 그리고 시간의 끝에서 실현된다. 따라서, 선취된 종말론은 존재하지 않는다. 성육신 후에 그리고 종말 전에, 모든 역사가 동등하게 타락한 상태로 있다. 흥미롭게도 마커스에 따르면, 아우구스티누스의 원숙한 견해는 역사의 본질적 균일성을 말한다. "그리스도가 온 이후로, 세계의 종말까지, 모든 역사는…균일하다."¹⁶

이 책의 주제와 관련하여 진지하게 생각해야 할 것은 **균일성**(homogeneity)이라는 단어의 발생이다.¹⁷ 이 책의 설명이 보여 주듯이, 그리고 디트리히 리츨(Dietrich Ritschl)이 오래전에 주장했듯이,¹⁸ 아우구스티누스의 종말론 기저에는 특정한 기독론이 있다. 그리고 기독론은 시간 개념과 결정적으로 관련되는데, 기독론이 관심을 갖는 것이 하나님과 세계가 함께 사유되는 자리이기 때문이다.¹⁹ 아우구스티누스의 성육신 교리에 따르면 하나님은 진정으로 시간성에 관련되는가? 리츨은 그렇게 생각하지 않는데, 하지만 만약 하나님이 시간성과 관련되지 않는다면, 말하자면 만약 성육신이 아우구스티누스에게 진정으로 경륜적 행위가 아니라 시간에 삽입된 영원한 임재라면, 중세가 끝난 이후로 사물들이 출현한 방식에서 큰 중요성을 갖는 이율배반이 서구

---

15   Markus, *Saeculum*, p. 166.
16   같은 책, pp. 20-21. 이것은 시간 안에서 일어나는 것이 필연적으로 타락한 것이라고 말하는 것과 같거나, 또는 적어도 그러한 생각을 막지 않는다. 이는 일어나는 모든 것이 동일하게 흥미롭다고 (그러므로 동일하게 시시하다고) 하는 포스트모던적 견해와 유사하다.
17   균일성이 우리가 지금까지 검토한 현대성의 모든 측면의 한 요소였다는 점은 분명히 우연이 아니다. 이 장의 후반부에서 내가 논증할 것은, 현대 세계가 균일화하는 자신의 특징적 경향으로 빠지고 마는 것이 고대와 가장 유사한 것이라는 사실이다.
18   Dietrich Ritschl, *Memory and Hope. An Enquiry Concerning the Presence of Christ* (London: Collier-Macmillan, 1967).
19   참으로, 하나님과 세계는 함께 **있다**. "시간은 그 안에서 하나님이 세계와 마주하는 형식이다" (*Tempus est forma in qua Deus cum mundo concurrit*).

사상에 새겨진 것이다. 2장에서 나는 특히 마이클 버클리의 주장을 지지하면서, 신학에 적대적인 현대성의 발전에 대한 많은 책임이 그가 하나님을 역사적 경륜에서 시간적으로 현현한 것과 분리해서 생각하는 중세적 경향에 있다고 주장했다. 버클리의 연구의 근원에는 한 가지 질문이 있다.

> 기독론에 대한 고려의 부재가 진지한 논의 전체에 너무 만연해서 당연하게 여겨질 정도다. 하지만 이 부재는 사유의 양상들에 근본적 문제를 제기할 정도로 놀랍게 의심스러운 것이다. 어떻게 기독교 대 무신론의 문제가 순전히 철학적인 것이 되었는가? 테르툴리아누스(Tertullian)의 말을 다른 말로 바꾸어 표현하면, 성전을 방어할 무기가 스토아 철학에서만 발견되는 것은 어찌된 일인가?[20]

내가 여기서 여러 불행들을 현대성이 하나님을 변위한 탓으로 돌리고 있다면, 이 변위에 대한 많은 책임은 불만족스러운 기독교 신학, 특히 창조 신학에 돌려야 한다는 점을 또한 분명히 해야만 한다. 그렇게 할 때 현대의 신학적 회의론은 부분적으로 기독교가 자신의 고유한 사고방식에 충실하도록 요청하는 것으로 이해될 수 있다. 이와 관련해 우리는 이미 이레나이우스의 것으로 돌린 통찰을 유지해야 한다. 그것은 바로 시간과 공간의 세계에 대한 경륜적인 신적 관여는 우리가 우리의 시간과 역사를 고려하는 데, 즉 우리의 현대라는 시대를 고려하는 방식에 중요한 의미가 있다는 것이다. 기독교는 시간 안에서 사는 것에 대한 긍정적 관심을 신적 경륜의 잘못된 영속화 속으로 깊이 감추었으며, 또한 그것이 현대성이 기독교를 제쳐 놓고 전유하려 시도해 온 것이다. 이것은 현대성과 기독교 모두에게 비극이다. 여기서 나는 블루멘베르크의 광범위한 주장을 다시 언급하고자 하는데, 그에 따르면 중세 후기

---

20   Buckley, *Origins*, p. 33, 참고. pp. 47, 54-55, 67 등.

의 신학에 영지주의의 징후들이 많이 있으며, 그러므로 현대성은 영지주의에서의 해방의 한 형태를 나타낸다고 주장될 수 있다는 것이다. 영지주의는 시간의 세계의 선함과 유의미성을 부정한다는 의미에서 비관론적인 신학에 의해 조장된다. 왜냐하면 기독론적·성령론적 결정요소들을 결여하며 창조와 구속을 분리시키기 때문이다. 나는 부분적으로만 동의하는 블루멘베르크의 명제를 더 다루게 될 것이다.

3. 현대성의 잘못된 시간성

우리가 현대 세계의 현세성에 있는 네 번째이며 가장 독특한 특징인 자연과학의 발전을 고려할 때 복잡한 상황들을, 특히 이제는 익숙해진 역설의 윤곽을 발견할 것이다. 이미 나는 현대 과학의 기원들에 관한 마이클 포스터의 유명한 논문을 언급했다. 이 논문에 따르면 현대 과학은 창조된 질서 안에 내재된 유의미성에 대한 기독교 신학적 긍정의 문화가 실현된 것이다. 이 점은 더 최근에 토랜스(T. F. Torrance) 교수를 비롯한 인사들에 의해 더 발전되었다. 그들에 따르면 과학의 합리성은 그리스인들의 합리성과 달리 우연적 합리성으로, 공간과 시간의 기저에 있는 추상적인 형식적 개념들로서가 아닌 공간-시간 구성의 고유한 관계성의 함수로서 발견된다.[21] 적어도 그런 면에서, 기독교적 창조 교리가 현대 문화의 한 측면이 발전하는 데 긍정적 기여를 했다는 주장이 설득력이 있다. 하지만 또한 다른 문화적·이데올로기적 작용들도 현대 과학이 특정 형태를 갖추는 데 한몫을 했다는 점이 분명해지고 있다.

둘 사이의 관계를 복잡하게 만드는 중요한 한 가지 요소는 플라톤 철학화환 외양과 실재 사이의 대조로, 뉴턴(Newton)의 절대적 공간과 시간 개념

21　T. F. Torrance, *Divine and Contingent Order* (Oxford: Oxford University Press, 1981).

이 발전하는 데 중요한 영향을 주었다. 그의 책 『자연철학의 수학적 원리』(*Philosophiæ Naturalis Principia Mathematica*)에 대한 자주 인용되는 주석에 따르면, 우리의 경험의 공간과 시간—상대적 공간과 시간—의 기저에 절대적 공간과 시간이 존재한다. 이 개념의 중요한 특징은 결과적으로 경험된 공간과 시간을 부차적 위치로 강등시켰다는 데 있다. 왜냐하면 이 개념은 경험된 공간과 시간이 어떤 면에서는 완전히 실재적인 것이 아니라는 믿음을 조장하기 때문이다.[22] 절대적 시간은 실제로 시간적인 것이 아니기 때문에, 시간은 사물들의 내적 존재에 실제로 속하지 않는다. 그러므로 시간적 사물들의 과학은 영원한 기층에 호소함으로써 뒷받침되고, 다른 방식으로 바로 시간이 영원의 움직이는 형상이 된다. 여기서 추론되는 결과로서 아무리 강조해도 모자라지 않은 것이 있다. 뉴턴주의 과학에서 시간이, 가역적으로 여겨진다는 의미에서, 공간화된다는 것이다.[23] 그러므로 시간은 외양과 다르게 시간적 실재의 실제 본질과 무관하게 된다. 유사하고 평행되는 과정이 칸트에게도 일어나는데, 칸트가 아우구스티누스의 시간관의 세 번째보다는 두 번째 특징인 일종의 투사주의(projectionism) 형태로의 이동을 주장하는 점만 다르다. 하지만 결과는 거의 동일하다. 칸트에 따르면, 마찬가지로, 시간(그리고 공간)은 사물들의 존재의 일부가 아니다. 시간과 공간은 정신에 의해 인식된 대로의 사물들의 존재의 일부일 뿐이다. 뉴턴에게서 영원한 우주에 대한 과학이 나오듯이, 칸트에게서는 공간과 시간의 관념들이 세계에 고유한 것이 아닌 세

---

22 "그렇다면 여기서, 한편으로, 시간과 공간은 어떤 외적인 것과도 관계없이 절대적으로 그 자체로 균일적이며 등방적(等方的)이고, 미분화되었으며 불변적이라고…여겨진다. 다른 한편으로, 시간과 공간은 우주 내부에서 일어나는…상이한 개별적 체계의 측면에서 고려되기도 한다." T. F. Torrance, *Transformation and Convergence within the Frame of Knowledge. Explorations in the Interrelations of Scientific and Theological Enterprise* (Belfast: Christian Journals, 1984), p. 21.
23 현대 후기에 시간이 가역적이라는 개념으로부터 벗어난 것은 Ilya Prigogine and Isabelle Stengers, *Order out of Chaos. Man's New Dialogue with Nature* (London: Fontana, 1985)의 주요 주제들 중 한 가지다.

계에 부과되는 것이라고 가르치는 이론이 출현한다.[24] 우리가 시간을 경험하는 것은, 아우구스티누스의 말에 따르면, 시간이 우리 정신들의 확장이기 때문이다. 실제 존재하는 것에 관한 정신의 지식에 근본적으로 회의적인 과학이 그 결과다. 이것은 플라톤이 외양과 실재 사이를 존재론적으로 분리한 것의 정말로 급진적인 형태다.

시간에 관한 위대한 현대 철학자 헤겔(G. W. F. Hegel)이 바로 이런 배경에서 등장했다. 여기서 헤겔은 내가 변위 이론이라고 부른 것—이 이론에 따르면 현대성의 징후들 중 한 가지는 미지의, 중세 후기적 신을 내재의 형태들로 변위한 것이다—을 수용하여 기독교 신학적으로 사용했다는 면에서 우리의 관심이다. 그리스도, 삼위일체, 시간, 역사 등 모든 기독교적 주제들이 사물들에 대한 새로운 시각에 봉사하도록 사용된다. 구원은 시간 안에서 일어나므로, 시간은 신적 행위의 영역이다. 기독론적으로, 헤겔은 하나님의 죽음의 신학을 위한 여지를 찾으려는 한 방법으로 그리스도의 수난과 죽음에 집중했다. 말하자면, 그는 변위 이론을 수용하여 신학적 유익이 되게 했다. 이런 방식으로 삼위일체 교리는 시간의 의미에 대한 해석을 제공하는 방식이 되었다. 구원하는 역사로서의 역사에 대한 기독교적 관심은 시간이 구원의 장소임을, 구원하는 신적 실재가 형태를 갖추는 영역임을 보이는 한 방식이 되었다. 하지만 이것은 내재적으로 받아들여진 형태의 신적 행위다. 시간은 인간의 문화적 성취를 매개로 신적 자기실현의 영역이 되었다.

이 책에서 논증되는 주제들 중 한 가지는, 모든 그러한 형태의 신학적 변위에는 용납할 수 없는 대가가 따른다는 것이다. 이 대가는 이 경우에 특히 비싼데, 헤겔뿐 아니라 그의 형이상학적 논지를 거절하면서도 그가 시간 안

---

24 "그러므로…의심의 여지없이 확실한 것은, 모든 외적·내적 경험의 필연적 조건들인 공간과 시간이 단지 우리의 모든 직관의 주관적 조건일 뿐이고, 그러므로 이 조건들과 관련하여 모든 대상이 단지 현상들뿐이라는 점이다." Kant, *Critique of Pure Reason*, p. 86.

에서 사물들의 의미를 추구했던 틀 안에 머물렀던 사람들도 그 대가를 강요해 왔기 때문이다. 헤겔 자신에 의해 청구된 대가는 유한한 것에 대한 모든 형태의 명시적·암시적 신격화에 의해 요구된 것이다. 시간의 영역과 특히 그 안에 있는 기독교적 경륜을 구하기 위해 고안된 것처럼 보이는 것이 결국에는 시간의 영역을 파괴하고 만다. 그리스도의 독특한 신성은 키르케고르가 지적한 대로 그 정반대―이교적으로 신성을 모든 것에 돌리는 것―가 될 뿐 아니라, 시간 안에서 내재적으로 일어나는 신적 정신(Spirit)의 운동은 원래의 의도를 무효화하는 결과를 낳는다. 그러므로 헤겔에게도 그 결과는 우리가 뉴턴과 칸트에게서 발견한 것과 결국 동일하다. 시간을 하찮은 것으로 좌천시키는 어떤 일이 일어나는데, 시간을 시간이 아닌 어떤 것을 실현하는 수단이 되게 하기 때문이다. 이러한 전개의 신학적 근원은, 헤겔에게 하나님이 시간 안으로 변위되어 시간이 자신의 고유한 본질을 상실하는 데 있다. 결과적으로 그는 『정신현상학』(*Phenomenology of Mind*)의 모호하고 단편적인 마지막 부분에서 정신의 실현이 궁극적으로 시간을 쓸모없게 만든다는 것을 암시함으로써 이 점을 인정한다.

> 정신(spirit)은 필연적으로 시간 안에서 출현하며, 또한 그 정신이 자신의 순수한 관념을 파악하지 않는 한, 이를테면 시간을 폐기하지 않는 한, 시간 안에서 출현한다. 시간은 외적인 형태의 순수한 자아로…자아에 의해 파악되지도 이해되지도 않는다.…이 관념이 자신을 파악할 때 자신의 시간적 성격을 지양한다.…그러므로 시간은 정신의 운명이자 필연으로 나타나는데, 이 정신은 아직 그 자체로 완성된 것이 아니다.…[25]

---

25   G. W. F. Hegel, *The Phenomenology of Mind*, translated by J. B. Baillie (London: George Allen and Unwin, 1949), p. 800. 독일어로 '폐기하다'(tilgt)라는 단어는 강한 표현이다. *G. W. F. Hegel's Werke*, Band 2, Berlin 1841, p. 584.

헤겔은 초시간적인 의미를 단순히 내재적인 현상―그것이 기독론적으로 정의되었든 안 되었든―의 결과로 돌림으로써, 시간으로서 갖는 의미를 시간에서 마침내 박탈했다. 그렇게 시간은 폐기되었다. 내가 다음 장에서 보이길 바라는 것처럼, 헤겔의 실수는 기독론이나 영 개념을 사용한 것이 아니라 그가 그것들을 이해한 방식이다.

헤겔에 대한 두 역사적 반응은 지불된 대가를 보여 준다. 두 반응은 모두 시간의 과정을 절대적으로 만드는 것―초월적 영원성의 좌표를 상실하는 것―이 결과적으로 그토록 중요한 시간 자체를 잃는 것이라는 점을 암시한다. 첫 번째는 마르크스주의―헤겔을 뒤집어 놓은 것―로, 대체로 역사적 결정론이다. 마르크스주의는 발생할 일은 발생하고야 만다고, 그렇게 시간적 과정은 종결된다고 말한다. 시간 안에서 일어나는 일은 단지 운명의 작품이고, 그렇게 그것의 참된 시간적 성격은 파괴된다. 마르크스주의적인 역사 결정론은 의심의 여지없이 인간 행위의 효과적인―보통은 치명적인―원동력임이 밝혀졌지만, 시간을 단지 내재적으로 규정된 목표를 향하게 함으로써 시간의 의미를 파괴했다. 헤겔에 대한 두 번째 역사적 반응은 역사적 상대주의에서 찾을 수 있는데, 역사적 과정에서 헤겔적 정신에 의해 제공된 이성적 추진력이 박탈될 때 현대적 형태의 역사적 상대주의가 발생한다.[26] 물론 여러 형태의 역사적 상대주의가 있지만, 모두 역사의 균일성을 함의하는 결과를 갖는 경향이 있다. 한편으로 역사적 상대주의는 모든 시간과 장소가 철저하게 시간적 맥락의 측면에서 이해되어야 한다는 것을 암시한다. 그 결과로 어떤 시대나 사건도 그 중요성 면에서 다른 것들과 구별할 수 없다. 다른 한편으로, 예를 들면 트뢸치적(Troeltschian) 유형에서, 역사적 상대주의는 의미의 외적 판

---

26   Helmut Kuhn, "Personal Knowledge and the Crisis of the Philosophical Tradition", *Intellect and Hope. Essays in the Thought of Michael Polanyi*, edited by T. A. Langford and W. H. Poteat (Durham, NC: Duke University Press, 1968), pp. 111-135 (p. 132).

단기준―예를 들면, 결정론적인 뉴턴주의 물리학이나 다른 현대적 도그마에서 나온 판단기준―을 역사적 시대들에 부과하여 모든 시대를 균일성으로 환원시킨다. 트뢸치(Troeltsch)의 입장에 있는 모든 복잡함에도 불구하고,[27] 그의 주요 논리는 우리가 이미 만난 다른 내재성의 형이상학의 논리와 유사하다. 역사적 과정과 별개인 하나님에 관한 신학으로 인한 초월적 좌표의 결여는, 말하자면 그에 대한 반사적 반응으로, 균일화하는 내재적 판단기준을 산출하도록 조장한다. 이 경우에 주목할 만한 것은 '유비의 원리'로, 부활 같은 독특하고 기적적인 역사적 사건들의 발생과 인식 가능성의 토대를 역사적 방법이라는 이름으로 약화시키는 데 사용되어 왔다.[28] 다시 한번, 지난 장에서 살펴본 대로, 신학의 상실은 좌표의 실재들을 다루는 방식이 방향을 잃게 만든다. 또는 더 정확히 말하면, 그렇게 방향을 잃은 원인은 신학의 상실보다는 신학이 인간 정신의 판단의 양식들로 변위된 데 있다. 앞에서 본 것처럼, 이런 식으로 현대성은 고대에서 나온 지적 악습을 변위된 형태로 되풀이하게 된다. 외부가 아닌 내부로부터 초래된 역사의 균일성을 되풀이하는 것이다.

4. 종말론의 변위

이 문제의 신학적 근원은 무엇인가? 이미 나는 이전 장들에서처럼 변위라는 개념을 사용했다. 우리가 시간의 분석에 비추어 본 상황의 독특한 특징은, 여기에서 우리는 신적인 의지의 변위뿐 아니라 신적인 정신의 변위를 만난다는 것이다. 2장에서, 블루멘베르크의 현대성 분석과 관련하여, 우리는 창조 세계가 신적 작인에서 인간적 작인으로 변위되는 것을 보았다. 이 맥락에서 창조

---

27 Sarah Coakley, *Christ without Absolutes. A Study of the Christology of Ernst Troeltsch* (Oxford: Clarendon Press, 1988), 1장.
28 이 방법의 사용은 Van Harvey, *The Historian and the Believer. The Morality of Historical Knowledge and Christian Belief* (London: SCM Press, 1967)에서 파괴적 결과를 낳는다.

뿐 아니라 구속도 인간의 성취가 된다. 시간(time)의 경우에, 변위는 흥미로운 시간적(temporal) 형태를 취한다. 우리가 시간의 과정을 고려하게 되는 방식과 관련된 것이다. 결과적으로 변위된 종말론이라고 불릴 수밖에 없는 것이 생긴다. 앞에서 우리가 창조 개념이 의문시된 방식을 추적한 것처럼, 여기서는 종말론 개념에 대해서도 같은 과정을 밟으려 한다. 사물들의 시작뿐 아니라 **마지막**에 대한 책임이 신적 작인에서 인간적 작인으로 변위된다. 바로 이 지점에서, 모든 일이 일어나는 장소로서의 미래에 대한 현대 특유의 강조가 발전한다. 변위와 내재라는 주제가 모두 다시 나타난다.

> 진보가 미래를 포괄하는 신앙으로 변화하는 것은 역사 속에 내재된 원리여야 할 뿐 아니라—즉 그것이 개인적 인간 행동들 안에서 작용하는 이성에서 나올 **수 있을** 뿐 아니라—또한 이 원리가 **실제로** 작동하고 있으며 또 계속 그래야 한다는 것을 요구한다.[29]

그러므로 합리성의 양식들을 완고한 본성에 부과하는 것뿐 아니라, 그것의 미래를 결정하는 것도 인간적 작인에 달려 있다.

종말론의 변위를 분명히 보여 주는 한 징후는 현대가 미래에 집착하는 것에 있다. 미래를 가져오려는 염원은 차분하게 시간 안에서 살지 못하는 현대적 실패의 한 표시인 정신없는 서두름의 원인이다. 계획과 삶은 제시간에 성숙하는 것이 허락되지 않으며 계속 늘어나는 절박감으로 미래를 향해 던져져야 하는데, 왜냐하면 잘 알려진 대로 미래는 절대 오지 않기 때문이다. 조지 스타이너(George Steiner)의 구별을 빌리자면, 다소 다른 시간적 함축을 지닌 혁신(innovation)이 독창성(originality)을 대체한다.

---

29 Blumenberg, *Legitimacy*, p. 49.

독창성은 새로움(novelty)과 정반대다. 이 단어의 어원은 우리에게 경고한다. 그것은 '시작'(inception)을, 또한 본질 면에서 그리고 형태 면에서 처음으로 돌아가는 '회복'(instauration)을 말한다.[30]

'미래'는 현대적 이데올로기의 한 가지로 기능하는 것으로서, 우리가 다른 곳에서 만났으며 삶을 잘못된 의미의 양식들로 제한하기 때문에 억압적으로 작용하는 또 다른 잘못된 추상화다. "세인즈버리, 새로운 미래를 창조하다"라는 문구를 담은 한 공사현장의 현수막이 이런 점을 보여 주는 사례다. 이 문구는 누군가가 아마도 또 하나의 불필요한 슈퍼마켓을 짓고 있다는 것을 의미한다. 하지만 이 문구는 우리가 미래를 창조한다고 현대성이 엄청나게 착각하는 것을 징후로 보여 준다. 이 착각은 현재의 사려 깊은 행동을 통해 미래를 만들려는 더 온당한 욕구와는 다소 다른데, 주어진 것을 가지고 현재에 살지 못하는 무능을 낳기 때문이다. 주어진 것은 이미 수중에 들어왔기 때문에 사라지고 만다.

변위의 결과로 발생하는 일들이 몇 가지가 있다. 작인을 신성화하는 데 성공한 것은, 로버트 뱅크스가 지적하는 바에 따르면, 그와 병행해 시간의 신성화를 초래한다. 현대에 시계와 다른 기계장치들이 범람하게 된 것을 기술하면서 그는 다음과 같이 논평한다. "의식적으로 우리의 욕구들을 특정한 새로운 방향들로 정하면, 우리는 이 욕구들을 성취하기 위하여 창조된 바로 그 기계장치들에 의해 더 형성되고, 또한 이 기계장치들은 다시 우리가 만족시키려고 하는 또 다른 욕구들을 창조한다.…시계의 시간은 압제적이며 모든 곳에 만연한다. 우리의 삶의 양식은 대부분이 시계와 달력에 의해 통제된

---

30   George Steiner, *Real Presences. Is There Anything in What We Say?* (London: Faber and Faber, 1989), p. 27.

다."³¹ 그러므로 인격적인 것은 자신이 놓아 준 비인격적인 힘이나 우주적인 힘에 악마적으로 종속되기에 이른다. 자신들이 벌인 일에 대한 통제를 갑자기 잃는 것이다.³² 이와 병행해서 일어난 결과는 대체하는 우주적 종말론들이 이 공백을 메우기 위해 달려드는 것이라고, 배로와 티플러의 『인류의 우주론적 원리』에서 볼 수 있는 추론들이 잘 예시한다.³³

많은 현대 신학이 추상화를 추구하면서 공모한 몇 가지 방식들이 있다. 물론 그것은 직접적 공모가 아니라, 전통적 종말론을 수정하는 데 요구되는 것을 오해하여 초래되었다. 종종 지적되듯이, 전통적 종말론은 종말론을 지상의 삶이 향하는 종점이라는 것을 제외한다면 현재와 무관한 순전히 미래적인 것으로 축소하는 경향이 있었다. 이 이해의 부적절함들에도 불구하고, 나는 우리가 고대적 내세성에 대한 현대적 경시를 전심으로 받아들여서 고대적 내세성에서 현세적 삶의 가치에 대한 회피만을 봐야 한다고 믿지 않는다. 고대적 내세성이 모든 점에서 현세적 삶의 가치를 회피한 것은 아니었다. 하나님이 약속한 미래를 지향하는 것은 인간 삶을 맥락 안에 자리하게 하며, 이 세계의 적절한 사용을 결코 저해하지 않는다. [지구의 종말이 내일 온다는 것을 알아도 한 그루의 나무를 심을 것이라는 루터(Luther)의 말을 우리는 기억해야 한다.] 주류의 중세 종말론에 결여된 것은 오히려 시대들을 서로 엮는 분별력이었다.

---

31   Banks, *The Tyranny of Time*, pp. 126-127.
32   칼 바르트는 "우리 위에 군림하는, 지상의 주인 없는 권력들"에 관해 말하면서 유사한 점을 지적한다. "어째서 구식(舊式)인 것이 심지어 가장 분별력 있는 여자들에게도 대역죄의 행위까지는 아니더라도 적어도 불가능한 일로 보이는가? 누가 이러한 상황을 원하는가? 이 상황으로부터 끝없이 돈을 버는 특정 산업과, 특히 파리에 거주한다고 하는 그 산업의 왕들인가? 하지만 누가 이 사람들을 왕으로 만들었는가?" Karl Barth, *The Christian Life. Church Dogmatics Volume* 4/4, *Lecture Fragments*, translated by G. W. Bromiley (Grand Rapids: Eerdmans, 1981), p. 229. 이어서 "스포츠라고 불리는 것"에 대한 현대의 숭배와 관련해 동일한 취지의 언급들이 나온다.
33   Barrow and Tipler, *The Anthropic Cosmological Principle*, 10장, 그리고 이 책의 2장 각주 29에 인용된 단락을 보라. 인류 원리(anthropic principle)에 대한 논쟁은 내가 추적하고 있는 현대 세계에 대한 질문의 양 측면을 반복한다. 후자의 원리의 일부—더 객관화하는—구성들은 우주론과 인간론의 상호관계에 대한 고대의 신념들을 재천명한다. 반면에, 다른 구성들—더 주관적이거나 관념론적인 해석들—에서 우리는 인간의 합리성이 사물들의 합리성을 구성한다는 견해가 반복되는 것을 듣는다.

즉 하나님이 명령한 삶의 운명이 성령의 역사에 의해 현재에 선취될 수 있는 방식을 분별하는 능력이다. 그러한 견해에 따르면 세계의 미래 운명은 은혜에 의해 현재에도 선취된다. 실제로 예수의 가르침 안에서 현재는 약속된 하나님의 나라가 미래로부터 침입함으로써—**창조**되는 것이 아니라—회복된다. '희망의 신학자들'이 신학의 시간적 지향 면에서 올바르게 변화를 시도한 것은, 시대들 상호간의 개방성이라는 성경적 개념에 정당한 노력이었다.

하지만 나는 종말론을 만족스럽게 수정하는 일이 단지 시간적 지향의 변화에 의해서, 예를 들어 판넨베르크(Pannenberg)가 원하는 것처럼 미래에 우선권을 둠으로써 이루어진다고 보지 않는다. 세계가 미래로부터 창조된다는 판넨베르크의 가르침은 고대와 현대의 일부 신학들에서 감지된 부적절함을 수정하려는 시도로 정당화된다. 그 신학들은 사물들의 존재의 중요성을 전적으로 과거에 둠으로써 그것들을 자유와 변화로부터 차단하는 것처럼 보이기 때문이다. 하지만 그의 실패는 과거의 잘못을 새로운 형태로 반복하는 데서 찾을 수 있다. 티모시 브래드쇼(Timothy Bradshaw)가 주장했듯이, 판넨베르크가 가장 강한 것으로 보이는 곳에서, 즉 종말론에서 가장 약하다는 점은 의미심장하고 아이러니하기까지 하다. 브래드쇼에 따르면, 판넨베르크에게는 시간의 끝에 무슨 일이 일어날지에 대한 개념이 없고,[34] 그러므로 하나님의 영원성은 결국 세계의 미래에 의존하는 듯 보인다. 즉 이것은 우리가 세속적 사유에서 인지했던 변위의 한 형태다.[35] 문제는 니체의 열린 미래 개념—하지만 다른 경우에서 이 개념은 구체적으로 미래에 일어나는 것으로 정의되지 않는다—이 소망 개념을 대체했다는 데 있는 듯하다. 소망은 신학적 형태로는 미래에 일어날 일을 지향하는 것으로, 그 일은 임의적으로 인간이 의

---

[34] Timothy Bradshaw, *Trinity and Ontology. A Comparative Study of the Theologies of Karl Barth and Wolfhart Pannenberg* (Edinburgh: Rutherford House, 1989), pp. 340-341.
[35] 같은 책, p. 295. 판넨베르크가 더 최신 저작에서는 다소 다른 입장으로 선회하는 듯 보인다는 점이 강조되어야 한다.

지한 것의 결과들이 아니라 신적 약속의 성취 안에 있는 특정한 행위들인데도 말이다.[36] 실제적 또는 약속된 내용이 없는 단순한 추상화인 미래는 매우 과대평가된 영역이다.

하나님과 시간의 관계에 대한 더 적합한 설명은 섬세한 균형을 한편으로 창조와 구속 사이에서, 다른 한편으로 신적 행위와 인간적 반응 사이에서 유지하는 데서 찾을 수 있다. 미래적 하나님 나라의 돌입은 순종적이고 적극적인 인간 반응을 실제로 요구한다. 하지만 인간의 오류 가능성과 타락성을 감안한다면, 그것은 현재와 미래의 구속의 토대를 놓는 수단인 과거의 신적 창조와 화해에 기초해서만 구체화될 수 있다. 인간 행위의 끝이 창조와 화해의 좌표들에 의해 제공된 지향성에 관계없이 어떤 식으로든 미래를 가져오게 된다고 믿을 때 내가 지적한 변위가 작동하기 시작한다. 인간의 오류 가능성과 죄는 무시되거나 그렇게 되는 경향이 있고, 그 결과로 신적 역할들이 거의 불가피하게 유한한 행위자에게로 옮겨지고 불운한 결과를 낳는다.

그러한 개념에 반대하여 나는 피조성으로 말미암아 과거를 거의 모르고 미래는 더 모르는 피조물인 자들에게 현재의 중요성을 재확인시킬 필요가 있다고 주장한다. 이런 점에서 전도서 3장 11절은 전도자의 많은 다른 말이 그런 것처럼 우리에게 복음으로 다가올 수 있다. "하나님이…사람들에게는 영원을 사모하는 마음을 주셨느니라 그러나 하나님이 하시는 일의 시종을 사람으로 측량할 수 없게 하셨도다." 인간 행위는 무엇보다도 현재와 관계되는데, 거기가 우리가 있는 자리이기 때문이다. 그렇다고 해서 어떤 미래적 지향성도 부정하는 것이 아닌데, 왜냐하면 그것은 인간 행위가 필연적으로 목적론적이라는 사실을 무시하는 실수일 것이기 때문이다. 핵심은 인간 행위자

---

36 "희망 없이 하는 일은 체로 과즙을 내는 것이고 / 목적 없이 품는 희망은 결코 오래가지 못한다." 캐슬린 코번이 인용하는 이 시구는 콜리지의 작품 중 가장 심오한 것은 아니지만, 이 점을 충분히 잘 드러낸다. *In Pursuit of Coleridge* (London: The Bodley Head, 1977), p. 190.

의 한계들을 결연히 지적하는 것이다. 존 배로가 인용한 익명의 낙서가 "시간은 일들이 모두 한 번에 일어나는 것을 막는 하나님의 방식이다"라고 한 것은,[37] 하나님과 달리 우리는 일들이 모두 한 번에 일어나게 하려고 애쓴다는 점을 절묘하게 효과적으로 상기시킨다. 그것이 미래가 일어나게 만들고 싶은 추상적 욕망의 핵심이다. 오히려 현재는 창조자이자 구속자인 한 하나님이 그리스도와 성령을 통해 과거로부터 주는 것이며, 또한 그것의 참된 종말을 향해 재조정하는 것으로 이해되어야만 한다. 과거의 창조와 현재의 구속 사이에 있는 균형의 파괴는 엄격히 대가를 요구하고, 바로 그곳에서 신학이 현대성의 소외와 공모한 것을 볼 수 있다. 그렇게 수정된 경륜의 신학을 고려해, 나는 현대성의 소외가 가진 독특한 성격을 분석하려 한다.

5. 영지주의의 부활

이 장의 앞부분에서 나는 현대가 시간을 대하는 태도와 시간 사용이 병리적 징후를 보인다고 주장하는 일부 저자들을 인용했다. 즉 현대의 시간 사용이 자유롭기보다는 신경증적이라는 것이다. 만약 그런 병증이 존재한다면 그 병증의 독특한 성격을 파악하려 시도하는 자에게 가장 큰 어려움이 되는 것은 자유로운 시간 사용의 개념인데, 인간의 시간 사용이 자유와 결부되기 때문이다. 우리는 현대가 시간의 개방성과 그로 말미암은 가능성들의 확장에 대한 의식을 증가시켰다는 면에서는 환영해야 한다. 이 부분에서 나의 질문은, **특정한 측면들에서** 자유가 늘지 않고 오히려 줄어든 방식과 관련된다. 이 질문은 현대가 자유에 대해 가진 관심의 모든 측면을 철저히 공격하는 것으로 의도되지 않았고, 오히려 우리가 일을 하는 방식이 어떤 측면에서 자멸적인

---

[37] Barrow, *Theories of Everything*, p. 44.

지 묻는 것이다.

현대성이 전통에 대해 가진 양면적 태도를 관찰함으로써 이 문제에 접근해 볼 수 있다. 현대성의 널리 퍼진 한 특징은, 자유의 이름으로 전통을 거부하는 것이다. 우리는 이 거부의 원래 맥락을 기억해야 한다. 그 맥락은 자유로운 사유를 교회적 몽매주의에 의한 제약이라고 여겨지던 것으로부터 해방시키려는 현대 초기의 관심이었다. 종교개혁가들의 신학은 때때로 주장되는 것처럼 전통의 거부가 아니라 전통의 위상과 사용에 대한 논쟁을 특징으로 하는 반면에,[38] 후대의 사상은 과거에 대한 모든 인내를 상실하는 경향이 있으며, 데카르트에 이르면 모든 것을 다시 시작하려는 경향이 나타난다. 마치 자유롭게 되는 유일한 길은 완전한 백지 상태에서 다시 시작하는 것인 양 말이다.

여기서 일반적으로 문제가 되는 것은 무엇인가? 전통의 사용은 후대의 사상가들과 행위자들이 그들의 선배들이 시간을 두고 그들에게 전수하는 것을 수용하는 방식과 관련된다. 수용이라는 말이 대체로 수동적 입장을 암시하기는 하지만, 실제로는 수동적 차원과 능동적 차원을 모두 포함하는 과정이다. 적어도, 선물을 고맙게 수용하는 것이 선물을 책임감 있게 사용하고 후대의 행위자들이 수용할 수 있게 전달한다는 것을 암시한다는 의미에서는 말이다. 전통은, 말하자면, 과거와 미래 모두의 타자들과 인격적으로 관계됨을 내포한다. 전통은 주어진 것의 독특함과 가치를 인정하는 것뿐 아니라, 주어진 것을—동등하게 독특한—현재의 개인적 행위로 통합하는 것을 내포한다. 하지만 전통은 또한 우리의 자유 개념과도 매우 많이 결부되어 있다. 다른 사람들과의 관계에서 자유롭다는 것은 무엇인가? 전통의 유익한 성격을 부

---

38 종교개혁가들이 전통을 거부했다는 진술이 간혹 있지만, 단지 그들은 전통을 진리의 독립된 출처로 보기를 거부한 것이다. 그들이 과거와의 관계로서 전통에 대해 보인 긍정적 태도는, 교부들과 공의회를 비록 절대적 권위는 아니라도 전거(典據)로 사용한 데서 볼 수 있다.

정하는 것은 우리가 타자들에 의해 자유롭게 됨으로써가 아닌, 우리 자신을 타자들로부터 자유롭게 함으로써—타자를 억압함으로써—우리 자신일 수 있다고 말하는 것이다. 다시 한번 말하지만, 이것은 단순한 문제가 아니다. 또한 전통은 오류 가능성과 타락성을 전달하고, 나는 나의 스승들의 작업을 감사하며 사용하기 위해서 그들로부터 무엇을 취하고 무엇을 거부할지 결정해야만 한다. 하지만 내가 받을 것이 없다고 믿게 된다면, 나는 그들의 인간성과 나의 인간성에 중심이 되는 무엇을 포기하는 것이다.

폴라니가 논란의 여지없이 증명한 대로, 현대 문화의 가장 성공적 영역인 자연과학에서 전통에 대한 의식이 매우 강하다는 점을 우리는 반드시 기억해야 한다. 한 예로 우리는 아인슈타인이 스스로 뉴턴, 패러데이(Faraday), 클러크 맥스웰(Clerk Maxwell) 같은 이들에게 빚졌다고 기꺼이 인정한 것을 들 수 있다.[39] 폴라니가 이 기획의 사회적 구조들에 대한 언급에서 보여 주듯, 과학은 이 분야의 일부 공상가들이 때때로 무엇을 말하든지 상관없이 개인주의적이지 않다. 그와 반대로 과학의 성공은 집단적 권위와 전통에 대한 강한 의식을 가진, 다양한 상호작용의 인간 공동체들인 과학 조직에 주로 의존한다.[40] 하지만 이것은 현대에 관한 널리 수용되는 설명은 아니다. 현대에 관한 널리 수용되는 설명에 따르면 진리는 과거의 부정을 통해, 말하자면 전통에 대한 근본적으로 회의적인 수용을 통해 얻는 것이며, 바로 이런 이유로 전통을 기꺼이 받아들이는 것이 어렵고 다만 비판적으로 받아들이게 된 것으로 보인다. 문화가 모든 것을 처음부터 다시 시작한다는 이데올로기—무로부터의 창조를 영속적으로 실행하는 것—에 따라 살려고 시도하는 한, 각자의 기초부터 서로 모순되어 보이는 학파들로 나뉠 것이다. 그 결과로 문화의 일부

---

39   Albert Einstein, *The World as I See It*, translated by Alan Harris (London: John Lane the Bodley Head, 1935), pp. 146-163. 『나는 세상을 어떻게 보는가』(호메로스).
40   Polanyi, *Personal Knowledge*, 7장.

는 역사로부터 벗어나려는 시도들로 보이는 반면, 또 다른 일부는 심한 역사주의에 빠지고 만다. 예를 들어, 일부 음악가들은 역사적으로 중요한 형식들로부터 완전히 자유롭게 되기를 추구하는 반면, 일부 음악가들은 음악이 작곡된 시대의 연주 방식과 악기 편성을 맹종하여 재현한다. 우리는 참신함에 대한 끊임없고 비합리적인 갈증을 박물관 및 유산 문화의 발전과 나란히 발견한다.[41] 현대성을 독특하게 특징짓는 것은 바로 이 역설이며, 이 역설은 시간 안에 산다는 것이 무엇인지 이해하지 못하는 실패에 기인한다. 시간 안에 산다는 것은 시간으로부터 자유로운 것도, 시간에 노예처럼 매이는 것도 아니다.

하지만 그 기저에는 더 유해한 힘들이 작동하고 있다. 나는 이 힘들의 정체를 밝히기 위해, 현대성이 영지주의에 대한 두 번째 극복을 보여 준다는 블루멘베르크의 논지로 돌아가겠다. 그의 주장에 따르면, 중세 후기에 있었던 창조와 구원의 단절과 대조적으로, 현대의 과학적 기획은 이레나이우스로부터 중세에 이르기까지 신학적으로 합리성이 거부되어 온 바로 그곳에 인간이 합리성을 부과한 것을 보여 준다.[42] 그의 주장의 핵심은, 문화가 주관적으로 통합되기 때문에 영지주의가 극복된다는 것이다. 하지만 그와 대조적으로, 나는 그 결과가 새로운 형태의 영지주의이며 신학이 남긴 공백을 메우기 위해 침입한다는 점을 논증하고 싶다. 공간과 시간의 질료적 세계를 근본적으로 악하다고 치부하는 것은 이를테면 마니교적 형태의 영지주의에서 본질에 해당한다.[43] 이것을 영지주의는 인간의 자유 및 합리성의 능력과 이원론적으로 대

---

41 Harvey, *The Condition of Postmodernity*, p. 303: "아이러니는 전통이 이제는 종종 그 자체로 상품화되고 광고됨으로써 유지되고 있다는 점이다…기껏해야 역사적 전통은…어떻게 사물들이 과거에 제작되고, 팔리고, 소비되고, 오랫동안 잊히고 또 종종 낭만적으로 묘사된 일상으로 흡수되었는지에 관한…박물관 문화로 재조직되고 있다…"
42 Blumenberg, *Legitimacy*, 2부 3장.
43 Peter Brown, *Augustine of Hippo. A Biography* (London: Faber and Faber, 1969), 5장. 『아우구스티누스』(새물결).

조시킨다. 현대의 이데올로기는 대부분이 시공간적 질서의 본질적 선에 대한 마니교적 부정 및 그와 상호의존적인, 이 질서 안에 있으며 이 질서를 지향하는 자유로운 인간 행위의 가능성들에 대한 과대평가와 맞닿아 있다.

시간 안에 있는 존재의 한계들을 받아들이는 데 대한 현대 특유의 실패가 일부 과학자들의 작업에서 발견된다. 한 특징은 과학이 다른 문화 영역들로부터 소외되는 것인데, 예를 들어 과학적 발견을 윤리학과 연관시키는 데 실패하는 것이다. 이에 대한 좋은 예로, 자크 모노(Jacques Monod)가 생물학적 시간성의 논리를 세계 안에 있는 인간 삶의 양식들과 분리시킨 것을 들 수 있다. 그가 생각하기에 자신의 연구들은 세계가 인간에게 무의미하다는 것을 보여 주고, 그러므로 인간은 다른 것이 아닌 어떤 정치 형태를—그의 경우에는 사회주의를—근거 없이 선택하게 된다.[44] 많이 인용되는, 우주 진화의 첫 순간들에 관해 스티븐 와인버그(Steven Weinberg)가 『최초의 3분』(The First Three Minutes, 양문)에서 결론으로 내리는 판단도 비슷하다.

이 모든 것이 압도적으로 적대적인 우주의 아주 작은 일부일 뿐임을 깨닫기는 매우 어렵다. 이 현재의 우주가 말할 수 없을 정도로 생소한 초기 상태로부터 진화했으며 끝없는 추위나 견딜 수 없는 열에 의한 미래의 멸종을 직면한다는 것을 깨닫기는 심지어 더 어렵다. 우주는 더 이해할 수 있는 것으로 보일수록 더 무의미해 보인다.[45]

특징적으로—즉 다소 영지주의적으로—와인버그는 우리 자신을 혼란 상태로부터 끌어올리는 한 방법으로, 이 모든 것에 비극적 은혜를 부여하는 합

---

44   Jacques Monod, *Chance and Necessity*, pp. 166-167.
45   Steven Weinberg, *The First Three Minutes. A Modern View of the Origin of the Universe* (London: Flamingo, 2nd edition 1983), pp. 148-149.

리적 삶을 제안한다.

하지만 어떤 가정이 이 모든 것에 대한 비관론적 부정의 기저에 있는 것일까? 우주가 시간적으로 제한적이기 때문에 무의미하다는 것처럼 보인다. 그 구조들의 모든 신비한 합리성에도 불구하고, 우주는 사라질 운명이기 때문에 근본적으로 무의미하다. 하지만 우주가 의미를 갖기 위해 꼭 영속적이어야만 하는 것일까? 현대성의 확고한 현재 긍정은 시간성의 논리의 부재로, 즉 창조된 시간성의 구조들 내부에서 찾을 수 있는 의미가 존재한다는 확신의 부재로 몰락해 버렸다. 하지만 한 곡의 음악이 마지막 음표 때문에 무의미한 것인가? 삶이 출생과 죽음에 의해 괄호로 묶이기 때문에 무의미한 것인가? 이 질문에 대한 대답은, 꼭 그렇지만은 않다는 것이다. 그것은 구원의 가능성, 최종적 의미, 총괄갱신, 더 나아가 부활을 어떻게 이해하는지에 달려 있다. 하지만 이것이 문화에 대한 열린 질문으로 남아 있다는 사실은 시간성과 무의미성을 **동일시하는** 데 영지주의적 기미가 있다는 기본적 핵심을 손상시키지는 못한다.

세계의 선함에 대한 마니교적 부정은, 의심의 여지없이, 현대 문화에서 많이 발견된다. 일부 현대 미술과 음악은 이 부정에 기반한 것으로 보이며, 한두 가지의 예들이면 충분할 것이다. 첫 번째 예는 베를린의 메트로폴리스 전시회(Metropolis exhibition)에 대한 한 논평에서 나온다.

> 그것의 표면상의 주제는 서구 도시들에서 매우 자유롭게 이용할 수 있는 속도, 성, 폭력이다.…전시회 해설은 우리에게 다음의 사실을 통보한다.…"로젠탈이 그 개요를 서술한 현재의 상황은, 무엇보다도 실재가 자연이 아니라 인간에 의해 산출된다는 것을 암시한다." 철학자들은 이 점에 주목하라.
>
> 그렇다면 마르크스주의 세계의 소름끼치는 수사와 회색 균일성에서 탈출한 자들에게, 즉 두 세계 사이의 관문을 탈출한 자들에게 서구 세계가 제공해야만

하는 이 "인공적 실재"는 무엇인가? 동구로부터 온 젊은 노동자가…선망되는 서구 문화를 처음으로 직접 대하고 무엇을 얻겠는가? 그가…전시회에 들어서자마자 보게 되는 첫 번째 대상은…발레복을 입고 어릿광대의 머리를 한 11미터 높이의 디즈니 만화풍 형상으로, 자연스러운 움직임을 흉내내며 한 손과 발을 힘없이 움직이고 있다.…이 형상이 간혹 보이는 돌발적 동작은 서구 문화의 생명력을 암시하는가, 아니면 죽음의 단발마 고통을 표현하는 깊은 쇠퇴기의 한 사회를 암시하는가?

내가 이 예시를 사용하는 부분적 이유는, 이 동일한 상징적 도시에서 논평자가 또 다른 전시회장을 방문했기 때문이다. 그 전시회장은 안젤름 키퍼(Anselm Kiefer)의, 그의 말에 따르면, 홀로코스트·죽음·비인간성과 관련된 작품들을 전시한 곳이었다. "메트로폴리스 전시회의 대다수 예술가들과 달리 그는 진정한 시인이다. 그는 자기 나라의 신화와 역사의 기록보관인으로, 먼지와 죽음의 색들을 통해 구속적 통찰을 표현한다."[46]

이 사례에서 보듯, 적어도 두 가지 현대성이 존재한다. 하나는 영지주의적이고, 다른 하나는 여전히 구속의 가능성들을 상상할 수 있다. 후자가 있음을 부정하지 않으면서—그 부정 자체가 영지주의적 비관론일 것이다—내가 이 책에서 관심을 두는 것은, 인간의 가치와 창조 세계의 온전함의 토대를 침식시키는 결과를 낳는 현대성의 여러 측면들에 있는 특성과 징후들이다. 이번 장에서는 처음 두 장에서 간략히 그린 그림에 셋째 차원이 더해진다. 2장

---

46 Giles Auty, "Prosaic Pontificators", *The Spectator*, 27 April, 1991, pp. 34-35. 피터 풀러는 길버트와 조지, 그리고 프랜시스 베이컨(Francis Bacon)에 관해 비슷한 지적을 한다. 길버트와 조지에 관해서는 다음을 말한다. "사실 그들의 시각적 표현물들은 도시 폭력, 룸펜의 무교양, 성기와 성 관련 상품, 개인적 타락에 대한 그들의 강박적 집착을 벗어나지 못한다." 그는 비슷하게 "프랜시스 베이컨의 악한 천재성"에 관해 말한다. "프랜시스 베이컨은 현대주의 가구 디자이너로서의 경력을 접고,…구제불능의 타락한 남녀 모습을 그린다. 베이컨에 따르면, 그들이 사는 세계는 치마부에(Cimabue)의 "그리스도 수난도"(Crucifixion)가 십자가를 기어내려 가는 벌레의 모습과 비교해 아무런 큰 의미가 없는 곳이다." Fuller, *Theoria*, pp. 3, 199.

의 주제인 타자의 상실에, 우리는 추상화와 새로운 영지주의로 말미암은 현재의 상실을 더한다. 현대 문화는 현재에 살지 못하는 병리적 무능을 특징으로 하는 반면, 동시에 소비자 문화에서 그렇듯 오직 현재에만 살 수 있다. 이 역설적 두 측면은 모두 창조 세계의 선함에 대한 영지주의적 부정에서 기인한다. 현대적 영지주의는 후기-[또는 반(反)-]기독교적 그리고 악마적 형태에서 찾을 수 있다는 것을 현저한 주요 특징으로 한다. 이전 장들에서 본 대로, 고대의 영지주의적·합리주의적 도그마들에 하나님에 대한 부정과 자유롭고 합리적인 의지에 대한 기독교 신학적 강조가 모두 더해지고, 그 결과로 폭발적 혼합이 생긴다. 이제 우리가 이해하기 시작하듯이, 현대에 재주장된 합리주의에서 시작된 것이 현재 우리에게 익숙한 과정을 거쳐 의미와 진리가 우리의 우주에서 발견될 것이라는 데 대한 부정으로 이어졌다.

그리고 이것이 우리를 현대 세계의 네 번째 문제적 특징으로 이끈다. 한때 진리 추구에 몰두하던 현대성이 진리의 존재를 부정하는 다양한 이데올로기들을 낳은 것은 어찌된 일인가? 이것이 1부 마지막 4장의 관심이다. 하지만 2부를 바라보면서, 나는 나의 믿음을 단언하며 이 장을 마치고자 한다. 바로 여전히 세상에서 기독교의 소명이 현대 세계에 구속적 시각을 제공하는 데 있다는 것인데, 이 구속적 시각은 모든 것이 일관성을 갖게 하는 분의 삶과 죽음과 부활에 초점을 두는 것이다. 그분은 자신의 성육신을 통해 모든 타락한 상태에 있는 우리의 시간을 공유했고, 그 결과로 우리와 함께 우리의 시간도 구속되어 그 창조자에게 이르기까지 완성되어 갈 수 있게 한다.

4장

근원 없는 의지:
현대의 삶과 사고에서 의미와 진리의 문제

1. 상반된 의견들

이전 장들에서는 현대성의 신학에 있는 세 측면들을 추적했으며, 현대 세계가 고대로부터 발생하고 또한 고대의 사물관의 의심스러운 특징들을 독특하게 반복하는 방식을 검토했다. 나는 두 시대에 모두 하나와 여럿의 관계가 이해되고 실천되는 방식에서 중대한 결함들을 찾을 수 있다는 것과, 결국 이 결함들은 여럿의 개별성이 서로 다른 방식들로 위험에 처했음을 함의한다는 것을 논증했다. 현대의 특징적 위험은 균일성의 경향에서, 즉 사람들과 사물들의 특징적 개인성을 위험에 처하게 하는 지적·사회적 압력의 경향에서 찾을 수 있다. 3장에서 나는 특히 시간과 관련하여 우리가 사물들의 관계됨을 고려하는 방식, 말하자면 우주와 그 거주자들이 서로 엮이는 방식의 한 측면을 검토했다. 여기에서도 역시 세계 안에 있는 삶에 편안함이 부족함을 나타내는 징후들이 있어서, 역설적이게도 현대의 시간 정복이 새로운 예속, 즉 다시 한번 인간과 세계의 온전함에 의문을 던지는 시간의 압제를 야기하는 것으로 보였다. 현대성을 독특하게 만드는 것은 현대성에 의한 하나님의 변위다. 이데올로기로서의 현대성은 고대에서 나올 뿐 아니라, 세계 안에 있는 삶의 초월적 초점인 하나님을, 즉 우리 존재에 좌표를 제공하는 분인 하나님을 변위시키는 다양한 방식의 시도를 통해서도 야기된다.

1부는 의미와 진리의 질문이 현대 문화에서 취급되는 방식들의 일부를 맞닥뜨리며 끝난다. 여기서 우리는 지식계의 또 다른 역설적 특징을 발견한다. 일부 신학자들이 객관적 의미와 진리의 가능성에 대한 포스트모던적 부정을 열광적으로 받아들이고 이로써 현대 문화에서 가장 우수한 것에 대한 배반에 한몫을 할 때, 가장 분노한 그리고 종종 가장 확실하게 신학적인 저항들이 공식적 종교 수호자 집단의 외부에 있는 사람들로부터 나온다. 이 저자들의 불만의 요지는 현대 사상에 만연한 주관주의·정의주의(情意主義, emotivism)·상대주의가 문화·사회·도덕에 끼치는 해로운 영향과 관련된다. 내가 말하는 정의주의란 도덕적 혹은 미학적 가치의 판단들이 존재의 진리를 표현하는 것이 아닌, 그것을 표현하는 자들의 감정을 표현하는 것으로 이해되어야 한다는 신념이다. 상대주의는 취할 수 있는 다양한 형태들을 감안할 때 결코 정의하기 쉽지 않다. 상대주의의 일부 형태들은 진리가 어떤 면에서 객관적이라는 견해와 양립할 수 있다. 특정한 현대적 형태들의 상대주의에 반대하는 자들이 가진 불만의 요지는, 상대주의의 급진적 형태들이 인간의 사회적 삶에 파괴적이지는 않더라도 유해한 방식으로 인간 문화의 토대를 침식시킨다는 것이다. 이런 상대주의의 형태들은 사실의 판단들이 판단하는 개인들 또는 문화들에 따라 너무 급진적으로 상대적이어서 그 자체로, 즉 판단자들의 주관성으로부터 독립적으로 그것들이 참인지 결정하는 방법이 원칙적으로 없다고 주장한다. 주목할 만하게도 현대 문화의 여러 측면을 다루는 최근의 많은 책은 그 저자들이 현대적 상대주의의 결과라고 믿는 것과 관계한 데서 출현했다.

웨인 부스(Wayne C. Booth)의 『현대 도그마와 동의의 수사학』(*Modern Dogma and the Rhetoric of Assent*)은 1960년대에 미국 학생 소요에 휘말린 집단들의 행동에 대한 관심에서 나왔다. 그가 거기서 경험한 행동들의 기저에 있다고 믿은 것은 논쟁의 질문들을 분리하고 해결책을 향해 나아가는 관행화된 방식인 수사학 전통의 죽음이었다. 부스의 관찰 중 두 가지가 특히 우리와 관련된다. 첫 번째는, 수사학의 죽음이 바로 왜 현대의 많은 정치적 논쟁이 합리적 참여보다는 공격적 대치의 형태를, 즉 토론(disputatio)보다는 시위의 형태를 취하는지에 대한 이유라는 것이다. 논증에 대한 신뢰가 상실된 상황에서 남아 있는 것은 요란하고 잠재적으로 폭력적인 시위뿐이다. 두 번째는, 수사학 실천의 죽음이 과학적 방법의 성공에 대한 과대평가와 인문학들의 방법들에 대한—전적인 상대화는 아니더라도—저평가의 조합에서 기인한다는 것이다.[1] 이 분석이 알래스데어 매킨타이어(Alasdair MacIntyre)가 도덕적 질문들에 대한 논의에서 소통이 붕괴한 데 대해 시도한 더 유명한 특징적 기술과 얼마나 많은 공통점을 갖는지 분명하게 될 것이다. 매킨타이어는 도덕적 쟁점들을 논의하고 결정하는 공통의 언어가 완전히 붕괴되었다고 주장했다. 그가 말하는 바에 따르면, 낙태나 핵무장에 관한 논쟁을 들어 보면 참가자들이 의사소통을 위한 공통의 언어가 없기 때문에 서로 자기 말만 하는 것을 보게 된다. 그 이유는 정의주의에서 찾을 수 있다.[2]

부스의 관찰과 유사한 미국 상황에 대한 진단이 앨런 블룸(Allan Bloom)의 자주 논의되는 책 『미국 정신의 종말』(*The Closing of the American Mind*, 범양사)의 밑바탕에 깔려 있다. 그는 미국 문화의 도덕적·지적 건강과 관련하여 더 일반적인 것에 관심을 가지는데, 그가 믿기에는 그 기초가 교육자들의 거의 공리적인 상대주의에 의해 침식되었다. 문제는 개방성에 대한 숭배다.

전에는 개방성이 우리가 이성을 사용함으로써 선을 추구하도록 한 미덕이었다.

---

1 Wayne C. Booth, *Modern Dogma and the Rhetoric of Assent* (Chicago and London: University of Chicago Press, 1974), pp. 3-11 그리고 3장.
2 Alasdair MacIntyre, *After Virtue. A Study in Moral Theory* (London: Duckworth, 1981), 2장. 『덕의 상실』(문예출판사).

지금은 모든 것을 받아들이고 이성의 능력을 부정하는 것을 의미한다. 자연의 목표인 개방성에 내재된 정치적·사회적·문화적 문제를 인지하지 못하고 무제약적이고 분별없이 개방성을 추구한 결과로 개방성은 무의미하게 되었다.…우리는 폐쇄성에 대한 개방성을 가르치고 있다.[3]

하지만 이 두 분석들은 주로 북미에 국한된다. 이와 대조적으로, 알랭 핑켈크로트(Alain Finkielkraut)의 논지를 통해 우리는 여러 나라의 문화에 끼친 현대적 상대주의의 영향을 인식하게 된다. 『사유의 패배』(The Undoing of Thought, 동문선)에서 그는 어떻게 서구 국가들이 자신들의 문화를 다른 나라들에 강요했던 이전의 경향의 결과들을 유네스코를 통해 속죄하려고 노력했으며, 또한 그것이 모든 문화의 평등이라는 신념과 모든 보편적 가치의 부정으로 이어진 것을 기술한다. 하지만 한 마귀를 쫓아내자 더 심한 마귀가 들어오는데, 즉 공통의 인간성 개념이 상실된 것이다. "국가가 무엇인가에 대한 유럽의 두 관점 중에서 제3세계는 대부분 더 나쁜 것을 선택했으며, 그것도 서구 지성인들의 열렬한 격려를 받으며 그렇게 했다." "그들은 외국인의 명예를 회복시키려 한다. 그에 따라 그들은 인간들 사이에 어떤 공통적 견해가 존재한다는 것을 부정한다." 비슷하게, "시대를 초월하거나 보편화하는 어떤 비판도 **오랫동안 내려온 선입관들에 대한 숭배**를 방해하도록 하면 안 된다. 요컨대, 무리의 정신이 모든 다른 정신들을 압도해야 한다." 그 결과로 새로운 형태의 인종차별주의, 군국주의, 전체주의가 문화적 평등의 이름으로 묶이되고 있다. 자유를 추구하지만, 그 결과는 자유의 전복이다. "상대주의는 반(反)식민지주의적 투쟁의 소산이었지만, 결국 예속에 대한 찬양으로 끝

---

[3]   Allan Bloom, *The Closing of the American Mind. How Higher Education Has Failed Democracy and Impoverished the Souls of Today's Students* (London: Penguin Books, 1987), pp. 38-39.

나고 만다." 결과는 조지 오웰(George Orwell)이 예측한 것과 다르지 않다. "개인의 절멸이 '자유'라고 불리고, '문화'라는 단어는 인류를 집단적이고 접근할 수 없고 환원할 수 없는 실체들로 분리하기 위한 인문주의적 기준의 역할을 한다."[4]

하지만 핑켈크로트는 이것이 단지 제3세계만의 문제가 아니라고 덧붙인다. 부패는 우리의 세계에도 자리를 잡았고, 따라서 그는 아무런 어려움 없이 이 혼돈의 근원을 자신이 포스트모더니즘의 허무주의적 상대주의라고 보는 것에서 찾는다. "장화 한 켤레나 셰익스피어나 마찬가지다."[5] 그는 이 병폐를, 많은 현대 논평가들과 마찬가지로, 정신분열증적으로 문화를 과학과 인문학이라는 두 갈래로 나누는 것과 관련시킨다. 그는 프랑스 교육의 발전에 관한 콜레주 드 프랑스(Collège de France)의 보고서를 인용한다. "잘 조율된 교육은 과학적 사고에 필수적인 보편주의와 인문과학들을 특징짓는 상대주의를 결합해야만 한다. 삶과 이해와 문화의 매우 다양한 방식들에 민감하게 말이다." 변화의 재난적 성격은 다음의 결론으로 요약된다. "우리는 감정의 시대에 살고 있다. 오늘날에는 더 이상 참이나 거짓도, 고정관념이나 혁신도, 아름다움이나 추함도 없고, 다만 전적으로 다르며 전적으로 평등한 즐거움들의 무한한 배열만 있을 뿐이다."[6]

내가 이 저자들의 도움으로 의미와 진리에 관한 현대적 취급의 일부 측면들을 비판하고자 한다고 해서 그들과 모든 면에서 일치한다고 주장하는 것은 아니다. 하지만 그들은 내가 전개하기 원하는 몇 가지 주제들의 확실한 증

---

4   Alain Finkielkraut, *The Undoing of Thought*, translated by Dennis O'Keeffe (London: Claridge Press, 1988), pp. 73, 65, 67, 105, 83. 저자의 강조. "투쟁의 풍조는 맥 빠지고 훈계조인 상호 이해의 찬사로 시들해진다. 대화는 대화를 완전히 가로막는…국가적 분리의 의식에 의해 촉발된다"(pp. 82-83).
5   같은 책, p. 111. 최근의 논의를 고려해 프레더릭 포사이스(Frederick Forsyth)를 추가할 수도 있을 것이다.
6   같은 책, pp. 95, 116.

거다. 첫 번째는, 그들 같은 저자들이 현대성의 주된 방향이라고 여긴 것에 대해 논의할 준비가 되어 있다는 사실에 근거해 볼 때, 그들은 자신들이 통탄한 것에 대한 예외가 된다. 특정한 현대적 도그마들의 발전에 대한 그들의 불만에는 객관적이고 공식화할 수 있는 일부 형태의 진리가 중요하다는 긍정이 함의되어 있는데, 이는 하나의 저항할 수 없는 현대성의 조류가 있다는 어떤 주장도 부인하는 것이다. 실제로 현대 문화에는 다원성(plurality)이 있으며, 이것은 그들이 폭로하고 있는 균일화하는 다원주의(pluralism)와 구별된다. 특히 핑켈크로트가 보여 준 대로, 진리에 대한 부정으로 자라나는 다원주의가 있다. 반면에 실제로 존재하는 대로의 현대 문화의 다원성—진리를 주장하는 다양한 목소리들이라는 의미의 다원성—은 객관적 의미와 진리에 대한 포스트모더니즘적 부정에 찬성하지 않고 반대한다. 내가 인용한 저자들은 객관적 의미와 진리의 중요성을 믿기 때문에 자신들의 신념들을 합리적으로 주장할 준비가 되어 있다.

두 번째 주제는, 무관심의 다원주의라고 불릴 수 있는 객관적 진리 개념의 죽음은 그것이 어떻게 이해되든지 인간의 사회적 삶에 도움이 되는 것이 아니라 파괴적이라는 것이다.[7] 특히 핑켈크로트의 논증은 많은 현대의 자유주의가 선택적으로 관용적 태도를 취한다는 주장의 증거이며, 현대의 상대주의에는 내가 1장에서 언급했던 은밀한 전체주의적 경향들이 있는 것과 마찬가지로 진리를 주장하는 어떤 입장에 대해서도 불관용을 낳는 고유한 논리가 있다는 것을 더욱 강력히 주장할 수 있다. 급진적 상대주의는 함축적으로 자신의 진리성에 대한 고압적 주장을 내포하는데, 제기되는 이데올로기의 측면에서 이론의 여지가 없기 때문에 무섭게 불관용적이다. 이렇게 해서 우리는

---

[7] Sacks, *The Persistence of Faith*, pp. 64-65, 88는 이런 종류의 다원주의의 본질을 잘 포착했다. "다원주의의 아이러니는, 다원주의가 우리에게 관용의 확대를 기대하도록 하는 반면에 실제로는 새로운 형태의 불관용을 위한 기초를 놓는다는 것이다."

이 책의 주제들 기저에 계속해서 있던 것, 즉 현대성에 대한 질문의 인식론적 차원에 이른다. 하지만 이전의 장들을 고려해, 지식의 문제에만 관심이 집중되지 않는다는 점이 강조되어야 한다. 질문의 초점이 되는 지식은 문화 및 다른 창조된 실재와 관련된 것으로, 본질적으로 파편화의 문제다. 이 맥락에서 파편화(fragmentation)는 서구 문화가 부분들로 나뉘어 그것들이 서로 거의 소통하지 않는 것을 뜻한다.

2. 오늘날의 프로타고라스

알래스데어 매킨타이어는 현대의 정의주의가 그가 계몽주의 기획이라고 부르는 것의 실패에서 나온다고 주장했다.[8] 이 전개의 기저에는, 교회적인 또는 다른 목적에서 진리의 우선권과 객관성을 전복시키려는 자들에 반대해 방어하는 데 관심이 있는 운동이 오히려 정말로 진리가 존재하는지에 대한 만연된 의심이라는 결과를 낳는다는 또 다른 현대성의 역설이 있다. 하지만 다시 한번 문제는 전혀 단순하지 않으며, 따라서 만약 우리가 현대의 참된 성격을 지목하려 한다면, 우리는 현대성이 고대로부터 발생하는 방식들의 일부에 다시 한번 관심을 두어야 한다. 우리가 논의를 시작할 위치는 상대주의가 현대적 신념이 아니라는 사실과, 상대주의의 고전적 형태가 우리 시대의 상대주의와 마찬가지로 신학적 체계에 대한 의심에서 나왔다는 사실이다. 최초이자 가장 위대한 소피스트 철학자인 프로타고라스(Protagoras)의 사상에서 두 극이 한쪽은 신학적 불가지론이고, 다른 쪽은 인식론적·도덕적 상대주의였다는 점은 널리 인정받고 있다. 한쪽이 불가피하게 다른 쪽으로 이어졌는데, '노모스' 혹은 법의 신적인 그리고 그러므로 보편적인 근원을 의심함으로써

---

8 MacIntyre, *After Virtue*, 4장과 5장.

신학적 불가지론은 자신의 의미를 인간 정신의 입법 능력에 위치시켰기 때문이다. "모든 직접적 자료들은 프로타고라스가 한 말의 일반적 의미에 동의한다. 즉 각 개인에게 나타나는 것이 유일한 실재이고 그러므로 진짜 세계는 개인마다 다르다는 것이다."[9]

현대의 상대주의가 모든 면에서 독창적이거나 독특하지 않다는 것은 핑켈크로트가 그렇게 통탄해 마지않는 문화적 상대주의와 프로타고라스의 핵심적 입장 사이에 있는 연속성에서 분명히 보일 것이다. 그것은 사유를 위한 특정한 근원적—아마도 내가 초월적이라고 말할 수 있는—가능성들이 그리스 정신에 의해 최종적으로 놓인 방식에 대한 또 다른 증거다.[10] 이에 대한 또 다른 증거는, 특정한 형태의 포스트모더니즘은 헤라클레이토스의 신념들의 재공표로, 프로타고라스적 형태로 제시된 것으로 이해될 수 있다는 사실에서도 확인할 수 있다. 이는 포스트모더니즘에 관한 최근의 한 설명에서 잘 나타난다. "포스트모더니티는 이미지들과 허구들의 유동이다." 그러므로 "진리는 인간적이고, 사회적으로 생산되고, 역사적으로 발전되고, 복수이고, 변한다."[11] 모든 것은 유동이며, 차이점은 포스트모더니즘적 세계의 기저에 있는 유일한 '로고스'가 무절제하고 파편화된 문화적 다원주의의 '로고스'라는 것이다.[12]

과거와 현대의 상대주의 사이에 있는 연속성에 관해서는 간결하지만 이 정도 논의로 충분하다. 프로타고라스적 상대주의와 오늘날의 상대주의의 특징들 사이에 있는 차이는 무엇인가? 두 가지 주요 특징들을 볼 수 있는데, 한 가지는 그리스 만신이 아닌 (특히 중세적 형태의) 기독교 신학과의 관련성이며,

---

9   W. K. C. Guthrie, *The Sophists*, p. 171.
10 역설적이게도, 프로타고라스의 상대주의에 대한 설명과 이 신념의 후대의 형태들 사이의 일치는 상대주의적 논지에 반하는 논증이다. 이 일치는 역사의 존재론과 거의 매한가지인, 서로 다른 시대의 사상들 사이에 있는 연속성을 보여 준다.
11 Don Cupitt, *Creation out of Nothing?* (London: SCM Press, 1990), p. 77.
12 하지만 핑켈크로트가 보여 준 대로, 문화적 다원주의는 겉으로 보이는 것보다는 전반적으로 통일성의 경향을 보인다. 그 안에 보편적 '로고스', 즉 개방적인 척하는 폐쇄성의 논리가 있고(블룸), 전체주의적 경향을 보인다.

다른 한 가지는 과학과의 관련성이다. 현대 상대주의와 기독교의 관계는 현대성이 유대교-기독교의 유산이라고 알려진 것에서 나온 것들에 반대해, 그리스 사상과 관련된 가치들로 의식적으로 회귀한다고 이해되는 방식들에서 나온다. 이러한 그리스화 경향의 두 가지 특징들이 언급되어야 한다. 첫 번째는 확실성의 추구로, 명확한 수학적 확실성을 본뜬 것이다. 『국가』에 있는 플라톤의 교육 구상은 수학적 증명 가능성을 달성하거나 혹은 달성할 것처럼 여겨지는 과목들의 학습을 추천했다.[13] 이에 상응하는 현대의 확실성 추구는 주로 데카르트의 영향을 통해 형태를 갖추었는데, 데카르트의 구상은 바로 그런 측면에서 플라톤의 구상과 유사하다. 그리스 사상의 두 번째 특징은 인간의 합리성에서 어떤 고유하게 신적인 것을 보려는 경향으로, 기독교 전통은—비록 어느 정도만 성공적이기는 했을지라도—이 경향에 언제나 저항해 왔다. 어떤 식으로든 신적인 실체에 참여하는 것은 정신이고, 그러므로 인간은 합리적 행동 혹은 관조(contemplation)에서 가장 신적이다. 이 가르침에 대한 최고의 사례는 아마도 아리스토텔레스가 관조를 최고의 **윤리적** 가치로 권한 데서 찾을 수 있을 것이다.[14] 이 두 특징들이 하나로 결합될 때, 우리는 이 장을 시작하면서 다룬 현대 세계의 고유한 특징들이 발전하는 것을 본다.

이러한 확실성과 신적 합리성이라는 증후군의 현대적 형태에 있는 주요 측면들은—그리고 이것들은 지배로서의 과학 개념에 있는 생태학적으로 더 재앙인 측면들의 기저를 이루는 것을 볼 수 있다—에드워드 크레이그(Edward Craig)의 중요한 책 『하나님의 정신과 인간의 일들』(The Mind of God and the Works of Man)에서 상세히 설명된다. 크레이그는 갈릴레오와 데카르트로부터 시작되는 현대 철학에서 신적 정신과 인간적 정신 사이에 있는 "양적

---

13 Plato, *Republic*, 522-534.
14 Aristotle *Ethics*, X. 7-8, 그리고 위의 3장, p. 109 각주 9를 보라.

차이와 질적 동일성"[15]을 가정하는 경향이 출현하는 것을 본다. 말하자면, 인간 안에 있는 하나님의 형상에 대한 교리의 한 형태가 종종 무의식적으로 우리 시대의 철학에서 작동하고 있다. 이 사실은, 흄의 전통 안에서 쓴다고 주장할 수 있지만 "흄의 회의적 신중함"에 직접적으로 모순되는 학설을 낳은 한 20세기 저술가의 사상에서 이 교리가 출현하는 방식을 통해 잘 드러난다.

> 슐리크(Schlick)가…그렇게 엄청난 확신으로 우리의 잠재적 전지성을 갑자기 등장시키는 방식은 인간의 자기기만을 보여 준다.…"원칙적으로 우리의 지식에는 한계가 없다"는 슐리크의 결론은 하나님의 형상 교리와 많이 다르지 않은 것으로서, 흄의 가르침이라기보다는 오히려 그의 공격 목표다.[16]

계속해서 크레이그는 낭만주의 시대가 하나님의 형상 교리에 대한 자신들의 변형을 만들어 내기는 했지만, 앞선 합리주의의 시대와 이런 측면에서 별반 다르지 않았다는 점을 보여 준다.[17] 헤겔에 이르면 이 형상이 사유뿐 아니라 행위의 측면에서 이해되어, "철학적 관심"이 "신적 정신과 그것의 작용에 대한 지식 대신에 **인간의 일들에**" 기울여지게 되는데,[18] 이것이 그 자체로 하나님의 작용이다. 그러므로 인간의 사유뿐 아니라 인간의 행위도 신적인 것이라고 주장된다.

여기에서 우리는 현대적 혼란의 근원들 중 한 가지에, 현대의 또 다른 역설에 이른다. 크레이그가 현대에 발전한 것으로 제시하는 하나님의 형상 교리는, 현대에 그것을 주창한 자들의 다수가 표현하려고 했던 것처럼, 유대교-

---

15 Edward Craig, *The Mind of God and the Works of Man* (Oxford: Clarendon Press, 1987), p. 32.
16 같은 책, pp. 129-130.
17 같은 책, 예를 들어 pp. 157-158.
18 같은 책, p. 174.

기독교적인 것에 반대되는 그리스적 가치들의 재주장을 표현한다. 하지만 과학에서 규정된 가치들의 기원이 많은 부분에서 기독교 신학적 영감으로 돌려지는 한, 현대성의 자기이해는 많은 부분이 일종의 지적 분열증을 드러낸다고 주장할 수 있다. 표면상으로는, 그리고 과학 자체의 평가 대부분에 따르면, 과학은 데카르트적 확실성을 추구하는 것이다. 즉 본질적으로 외적 권위나 전통의 굴레에 의해 제한되지 않는 자유로운 개인이 진리를 추구하는 것이고, 교회적 몽매주의에 반대하는 영웅적 투쟁을 통해 얻은 자유인 것이다.[19] 하지만 문화적 기획으로서 현대의 자연과학은, 여러 연구를 통해 합리적 의심을 넘어 증명되었듯이, 기독교 서구에서 기원하고 또 그것에 속한다.[20] 의심의 여지는, 아모스 풍켄슈타인(Amos Funkenstein)이 주장한 대로, 과학이 기독교의 창조 교리에 의해 야기되었는지에 대해서는 있을 수 있다. 또한 정당하게 그는 "후에"를 "때문에"와 혼동하지 말아야 한다고 경고한다.[21] 하지만 많은 철학자들, 신학자들, 역사학자들이 주장한 바에 따르면, 기독교 신학이 과학의 실천에서 하나님, 세계, 그 세계에 대한 인간의 반응의 관계에 관하여 가르친 것들 사이에는 여러 이유에서 긍정적 관계가 있다.[22]

현대 상황의 독특한 특징들 중 첫 번째, 즉 과학이 자신의 신학적 과거에 대해 가지는 다소 모순된 관계에 관해서는 이 정도로 충분하다. 이 특징이 이번 장의 질문으로 첫째 부분에서 개략적으로 그려진 인식론적 혼돈에 대

---

19 어느 정도의 교회적 몽매주의와 억압이 있었다는 것은 부인할 수 없지만, 우리가 1장에서 본 것처럼 그런 일이 있었다는 것은 그 신화 위에 세워진 이데올로기가 가짜라는 사실을 이해하기 어렵게 만들 뿐이다.
20 Foster, "The Christian Doctrine of Creation"; R. Hooykaas, *Religion and the Rise of Modern Science* (Edinburgh: Scottish Academic Press, 1972); Stanley Jaki, *Cosmos and Creator* (Edinburgh: Scottish Academic Press, 1980).
21 Amos Funkenstein, *Theology and the Scientific Imagination from the Middle Ages to the Seventeenth Century* (Princeton: Princeton University Press, 1986), pp. 361-362.
22 이전 장에서 이루어진 과학에 대한 사회학적 관찰을 여기서 다시 언급할 가치가 있다. 그에 따르면 과학은 계몽된 개인주의자들의 저작에서 칭송된 기획과는 거리가 있으며, 전통 의식이 강한 공동의 기획—폴라니는 우호성의 구조들을 언급한다—이다. 이런 의미에서 과학의 사회학은 관련 없는 개인들의 협회의 사회학보다는 교회의 사회학과 더 유사하다.

해 갖는 관계는 우리 시대의 두 번째 주요 특징, 바로 현대의 상대주의와 과학의 관계를 다룰 때 알게 될 것이다. 윤리학과 미학, 또는 더 넓게는 인문학 일반에 있는 현대의 상대주의의 원인들 중 한 가지가 이 분야들이 학문들에 특징적이라고 추정되는 확실성과 보편성을 담보하지 못하기 때문임을 보여주는 한 사례가 있다. 지식과 의견 사이의 플라톤적 구별은 지식과 의견이 서로 다른 유형의 대상을 지향하기 때문에 서로 다른 인간 능력이라고 하는 것이었다면, 현대성의 문화에서는 다른 형태를 취한다. 플라톤이 철학적 지식의 확실성과 감각에 의해 얻어진 정보의 불확실성 사이를 구별하는 경향이 있던 반면, 우리는 과학과 나머지 모두 사이를, 특히 우리가 이미 본 대로 과학에 있는 보편적 진리들과 인문학에 있는 상대적 불확실성들 사이를 구별하는 경향이 있다. 과학은 지식을 주지만, 나머지는 모두 상대적이고 불확실하다. 이러한 인식적 품위의 문화적 분류는, 웨인 부스가 제공한 한 예가 암시하듯이, 명백히 잘못이다. 인문학에도 확실한 것들이 있고, 과학에도 명백히 불확실한 것들이 있다.[23] 하지만 이런 분류는 좀처럼 사라지지 않으며, 그렇게 해서 이번 장의 서두에서 열거된 혼돈에 대한 설명을 돕는다.

하지만 이제 우리는 현대 지식계의 또 다른 흥미로운 특징에 도달한다. 과학에 대한 인식적 과대평가 후에, 일종의 반등으로 일부 이론가들이 과학을 신뢰할 수 없고 불확실한 것들을 보관하는 저장고에, 즉 인문학과 같은 곳에 포함시키는 일이 생겼다. 문화적 상대성의 규범들이 한때 면제되던 과학들에 적용되기 시작했으며, 일부 과학철학자들은 과학이 객관적 진리라는 주장들을 의심할 이유들을 제안하고 있다. 자연과학을 상대화하는 이들 중에 유명한 이들은 미국 실용주의 전통에 속한 철학자들인데, 특히 파울 파이어아벤

---

23 "'내가 조간신문에서 읽었는데…'역사에서 [자연과학의] 이론가들은 좀처럼 자신들의 시간 인식에 근본적 의문을 제기하지 않았다'는 것이다.…이건 별로 놀랍지 않다. 하지만 기사제목이 '현대언어협회(MLA) 연례대회 대다수 전문가들, 오스틴의 작품들에 있는 아이러니 부인'이라면 나는 너무 놀라 정신을 잃을 것이다." Booth, *Modern Dogma*, p. 120.

트(Paul Feyerabend)가 그렇다.²⁴ 이들과 관련해 흥미로운 것은, 크레이그의 주장대로, 그들도 역시 현대성에 매우 특징적인 하나님의 형상 전통의 결과라는 것이다. 주목할 만하게도 내가 개략적으로 제시하고 있는 발전에서 따라오는 두 특징이 리처드 로티(Richard Rorty)의 철학에 있는데, 바로 '인식론'에 대한 공격과 그것을 실용주의의 한 형태로 대체하는 것이다.²⁵ 로티가 실제 사례로 보여 주는 것이 바로 크레이그가 개략적으로 기술한, 이성에서 실행되는 하나님의 형상으로부터 행위에서 실현되는 하나님의 형상으로 이동하는 것이다. 그러므로 그는 자신이 거부하는 것처럼 가장하는 바로 그 전통에 속해 있다.

그리고 정확히 여기가 크레이그의 주장이 가장 예리하게 되는 지점이다. 진리와 이론보다 실천에 우위를 두는 실용주의도 역시, 현대에 유대교-기독교 전통에 반대하여 그리스 사상을 재주장하는 것의 기저에 있는 인간의 신성화 경향에서 나온다. 실용주의는 하나님의 형상이 신적 지식에서 신적 작인으로 이동한 것을 나타내며, 심지어 훨씬 더 위험한데, 왜냐하면 거기는 "우리가 하나님과 같기보다는 하나님의 대체자…"라고, "더 이상 구경꾼이 아니라 자신의 세계를 적극적으로 창조하거나 형성하는 존재…로 말해진다"는 것이 있기 때문이다.²⁶ 우리는 그 결과를 이번 장의 서두에서 보았다.

그것이 쉽게 조장할 수 있을 세계의 불안정성과 완전히 별개로[크레이그는 다윈

---

24   Paul Feyerabend, *Against Method. Outline of an Anarchistic Theory of Knowledge* (London: Verso, 1978, 1st edition 1975). 흔히 주장되듯이 파이어아벤트의 명제는 상대주의적이지 않지만, 상대주의적이라는 관측이 결과적으로 예상될 수도 있다. 일부 현대 철학들의 상대화하는 특징들에 대한 일반적 요점은 최근에 스티븐 클라크의 비실재론 공박에서 날카롭게 제기되었다. 그가 언급한 대로 그와 나는 서로 약간 다른 경로를 거쳐 비슷한 결론을 지향하는 것으로 보인다. 참고. Clark, *God's World and the Great Awakening*, 그리고 "Orwell and the Anti-Realists", *Philosophy* 67 (1992), pp. 141-154.
25   Richard Rorty, *Philosophy and the Mirror of Nature* (Oxford: Blackwell, 1980). 『철학 그리고 자연의 거울』(까치).
26   Craig, *The Mind of God*, pp. 284, 229.

주의의 어떤 형태들을 염두에 두고 있다], 그 자체가 심리적으로 불안정하다. 그것은 확신하는 사람의 철학, 또는 반대자들이 아마도 말하는 대로, 과신하는 사람의 철학이다. 그 확신이 시들면 확실한 위로를 전혀 제공하지 못한다. 행위자의 무한한 자유의 상징이던 공백의 은유는 행위자의 모든 목적을 삼키고 그를 무로 환원시키기를 기다리는 사악한 심연이 된다.[27]

이 심연은 오웰의 『1984년』에서 희미하게 감지된다. "만약 과거와 외적 세계가 모두 단지 정신에만 존재하고, 또한 만약 정신 자체가 통제될 수 있다면―그렇다면 어떻게 되는가?…거기서 나오는 것이 바로 무적(無敵)인 당이다."[28] 그러므로 플라톤의 합리주의에 대한 혼대적이지만 전용된 형태가 현대성의 지적·문화적 파편화 뒤에 있다. 인용된 오웰의 글이 우리에게 상기시키듯이, 우리는 1장의 문제를 다른 형태로 접한다. 현대의 합리주의로부터 기이한 발전을 거쳐 헤라클레이토스적 유동이자 그 분신인 전체주의 국가가 출현해 사회적·정치적 공백을 메우기 위해 달려든다. 현대적 프로타고라스는 겉보기와는 달리 자유와 다원성의 친구가 아니다.

3. 문화의 파편화

고대와 현대의 상대주의 및 회의론 형태들 사이에 있는 차이는 조지 스타이너의 도움을 받아 접근할 수 있다. 그에 따르면 현대에 일어난 것에는 급진적으로 새로운 무엇이 있다. 한 세기 전까지만 해도 심지어 가장 급진적 회의론들조차 언어에 대한, 즉 이해 가능성에 대한 믿음을 견지했다.

---

27   같은 책, p. 271.
28   같은 책, p. 342.

내 생각에 이 계약이 처음으로, 철저하고 필연적인 의미에서 깨진 것은 1870년대부터 1930년대까지 수십 년 동안 유럽과 중부 유럽과 러시아의 문화 및 사변적 의식 안에서였다. 바로 이러한 말과 세계 사이에 있는 약속의 파괴가 서구사에서 거의 없는 정신의 혁명들 중 한 가지를 이루며 현대성 자체를 정의하는 것이다.[29]

현대의 언어와 세계 사이의 파괴가, 거기에 묘사된 것처럼, 프로타고라스의 사상에서 기저를 이루다가 플라톤적 형상 이론에 의해 종결된 것과 종류가 다른지는 의심해 볼 만하다. 그럼에도 불구하고, 스타이너의 명제는 현대 회의론의 독특한 특징이 무엇인지에 대한 검토의 서론을 제공한다.

지나치게 헤겔적 도식에 빠지지 않으면서, 나는 현재 상황이 특정한 사고방식들의 발전과 큰 관련이 있다는 점을 주장하고 싶다. 사상사는 어떻게 철학에서 한 주안점이 일종의 반동적 수정 시도에 의해 이전 기획들에 결여된 것을 강조하는 유행을 낳는 경향이 있는지 보여 준다. 이것은 긍정과 부정의 과정이지만, 한 명제의 일부만 부정되고 다른 부분은 종종 인지되지 않은 가정들로서 지속되기 때문에 이전과 이후의 관계는 복잡하고 또한 언제나 특수하다. 그러므로 소크라테스 이전 학자들로부터 소피스트 철학자들을 거쳐 소크라테스와 플라톤에 이르기까지 그리스 사상의 움직임에서 감지되는 복잡한 변증법적 양식이 있으며, 이는 우리가 우리 자신의 시대를 이해하려 할 때 도움이 된다. 소크라테스 이전 철학자들과 소피스트 철학자들이 공유하는 것은 그리스 신학의 신화론적 성격이라고 불릴 수 있는 것에 대한 거부다. 그 후로는 차이점들이 크다. 소크라테스 이전 철학자들은 다양한 현상에 대해 통일성의 원리를 추구하면서 사변적 체계들을 생산하는데, 이 체계들은

---

29   Steiner, *Real Presences*, p. 93. 저자의 강조.

나중에 소피스트 비판가들이 보기에 실용적 유용성이 없고 더구나 서로 모순적이기 때문에 거부된다.[30] 종교에 대한 비판은 소크라테스 이전 철학자들과 소피스트 철학자들에게서 각각 다른 방식으로 사변적 체계들의 전성기와 그에 대한 근본적 비판으로 이어진다.

이러한 과정과 현대 사상의 발전 사이에 있는 유사점과 차이점은 모두 교훈적이다. 전근대의 신화론적 신학이라고 여겨질 수 있는 것―숨겨진 본질들, 아리스토텔레스적인 그리고 다른 목적론 같은 것들―에 대한 비판은 한 기획을 낳았는데, 여기서는 새로운 과학들과의 연계에서 발전한 개념성이 존재의 본성을 이해하는 단서를 제공하리라고 기대된 새로운 합리적 체계들의 원천으로 여겨졌다. 철학들과 과학적 체계들이 모두 자연의 역학에 대한 설명뿐 아니라 신학으로 의도되었다는 것은 최근의 여러 권위 있는 연구들을 고려하면 명백해진다. 특히 흥미로운 것은, 데카르트와 뉴턴의 접근법들이 많은 것을 공유함에도 불구하고 그 창시자들 이후로 오랫동안 우위를 다투었다는 사실이다.[31] 이 체계들이 스스로 약속했던 것―합리적으로 그리고 종교적으로 만족스러우며 완전한 과학 체계―을 주지 못한다는 점이 분명해지자 곧 그것들에 대한 소피스트들이 나타났는데, 특히 주목할 만한 인물은 버클리(Berkeley)와 흄이다.

하지만 그리스와 대조적으로 현대성이 취한 특징적 방향성은 아마도, 현대성의 주요한 소피스트인 동시에 플라톤인 임마누엘 칸트가 나타났다는 점이다. 이성의 허세에 대한 근본적 비판과 새로운 토대에서 이성을 복원한 것이 모두 그의 공이다. 이번 장을 시작한 관심들을 표명한 저자들을 그토록 괴롭히는 포스트모던적 혼돈의 근원은, 일부 주요한 현대 사상이 칸트 이후에 취한 방향성에서 찾을 수 있다. 칸트의 소피스트 역할은 그가 새로운 합

---

30 '인식론'에서 실용주의로의 이동에서와 마찬가지로, 여기에도 이론에서 실천으로의 이동이 있다.
31 참고. 특히 Funkenstein, *Theology and the Scientific Imagination*, 그리고 Buckley, *Origins*.

리적 신학자들의 허세를 비판한 것에서 볼 수 있다. 소피스트들과 마찬가지로, 그는 자기 이전 학자들의 저작에서 결정이 불가능하기 때문에 결정이 안 난 일련의 논쟁들을 보았다. 그의 해법은 이전에 의미와 진리에 토대를 제공했던 하나님 개념을 지식이 존재할 수 없는 영역으로 강등시키는 것이었다.[32]

다른 한편으로, 칸트의 플라톤 철학화하는 역할은 뉴턴주의 형이상학과 흄학파 회의론을 모든 사유의 초월적 기초가 정신—한때 신의 특권이라고 주장된 많은 속성들에 의해 특징지어진 정신—의 구조들에 있다는 강한 확신에 의해 매개하려고 시도하는 것이었다. 물론 이것은 크레이그로부터 취한 요점으로, 변위된 신에 의해 비워진 공간을 인간 정신이 채운다는 것이다. **하지만 인간 정신은 인간 문화의 다른 영역들과 뚜렷이 다른 방식으로 그 공간을 채운다.** 나는 우리 시대의 그토록 두드러진 특징인 문화적 혼란이 인간의 사고와 활동—간단히 말해, 과학과 도덕과 예술—의 다른 대상들을 통합하거나 결합하는 데 실패한 것에서 나온다고 생각한다. 내가 2장에서 주장한 것은, 이 문제가 플라톤이 상징적으로 도시에서 시인을 배제한 것에서 예기된다는 점이다. 이 배제는 미학적인 것을 희생하면서 철학적인 것과 윤리적인 것을 격상한 것이었다. 칸트 안에서 비슷한 파편화의 과정이 일어난다.

첫째, 그의 과학 이해에 따르면 정신은 개념들의 틀을 제공했고, 이를 통해 감각에 제시된 여러 가지의 실재가 정리되었다. 분명히 정신은 실제로 거기에 있던 것을 발견했지만, 정신의 정리하는 작용에 의해 거기에 제시된 것뿐이었다. 둘째, 그의 윤리적 사유에서 정신은 더 결정적인 것이 된다. 과학적 이성이 개념들을 제공하듯이, 실천적 이성은 무엇이 옳고 그른지 결정하는 일에서 하나님의 기능을 수행한다. 이것에는 객관성이 있는데, 실천적 이성의 기능은 행동의 법칙들을 발견하는 것이기 때문이다. 하지만 발견되는 것은

---

32 분명히 이것은 칸트의 신학에 대한 지나친 단순화다. 하지만 더 회의적인 후예들이 그의 신학을 이해한 방식의 단순화는 아니다.

신 같은 이성이 스스로 규정하는 법들이다. 참으로 이 후자의 합리성 사용에 하나님의 자리가 있었지만, 타자로서의 하나님이 아니라 도덕적 지혜의 원천이었던 윤리적 합리성의 구조들 **안에** 실현된 하나님이다.[33] 셋째, 예술적 판단들은 더 주관적이다. 그것들은 감정의 판단들이고, 또한 "감정은 전적으로 개인적인 것이다…그것은 우리에게 어떤 것도 알려 주지 않는다.…"[34] 이것은 과학·윤리·예술의 영역들이 근본적으로 다른 방식으로 이해된다는 것과, 의미의 영역―전체적으로 통일된 의미를 만드는 세계와 경험―의 가능성 자체가 보이지 않게 된다는 것을 의미한다. 여기서는 과학·윤리·예술이 서로에 대한 관계가 본질적으로 문제가 되는 활동들이라는 사실이 결정적인데, 그 기초가 존재의 다른 영역들에서 찾을 수 있는 것이기 때문이다. 간단히 말해, 현대적 파편화가 있다.

그러므로 결과는 크레이그가 개략적으로 제시한 것보다 훨씬 더 심각하다. 하나님이 더 이상 삶의 다양한 활동들이 관계를 맺게 하는 좌표를 제공하는 분이라고 생각되지 않기 때문에, 서구적 경험에 매우 특징적인 파편화가 우리가 추적했던 발전들의 결과로 생긴다. 칸트의 유산들은 현재 널리 논의되고 있기에 여기서는 요점들을 요약하는 데 한정하려 한다. 첫째, 칸트는 존재의 진리에 대한 인간의 지식을 설명하면서 결과적으로 스스로 과학을 정당화하는 데 한정했다고 말할 수 있다. 문화의 다른 영역들, 즉 윤리와 미

---

[33] 벡(Beck)이 칸트의 『유작』(*Opus Postumum*)에서 인용한 구절은 크레이그의 논지를 완벽히 예시하고 참으로 입증한다. "하나님은 내 외부의 존재가 아니라 단지 내 안의 사유일 뿐이다. 하나님은 도덕적으로 실천적인 이성으로서, 스스로 입법한다. 그러므로 내 안에, 내 주위에, 내 위에 오직 한 하나님이 존재한다." Lewis White Beck, "Kant's Theoretical and Practical Philosophy", *Studies in the Philosophy of Kant* (Indianapolis and New York: Bobbs Merrill, 1965), pp. 51-52.

[34] 칸트, 『단순한 이성의 한계 안에서의 종교』; Barth, *Protestant Theology in the Nineteenth Century*, p. 315 인용. 칸트에 부합하는 미학적 판단들의 본질적으로 주관적인 성격은 그의 『판단력 비판』의 시작하는 부분들에서 분명히 드러난다. "판단이 미학적이라고 불리는 이유는 그 결정하는 근거가 개념이 아니라, 감각 기능에서 느껴질 수 있는 정신적 능력들의 행위에 있는 조화의 (내적 감각의) 느낌이기 때문이다." Immanuel Kant, *Critique of Judgement*, translated by J. H. Bernard (London: Collier Macmillan, 1951), p. 65.

학의 영역들은 동일한 의미로 객관적 진리에 접근하게 한다고 여겨질 수 없다. 이는, 조지 스타이너에 따르면, 칸트는 의미의 가능성의 기초인 것을 오직 제한된 의미에서만 긍정할 수 있었다는 것을 의미한다. 스타이너의 논의에 대한 간략한 여담은 칸트적 비판의 결과를 분명하게 한다. 현대적 의미 상실에 관한 스타이너의 논의에서 서두에 나오는 단언은 다음과 같다. "의미와 감정을 소통하는 인간 언어의 능력에 관한 어떤 정합성 있는 설명도, 최종 분석에서는, 하나님의 존재라는 가정에 의해 보장된다."[35] 그는 자신의 논지를 역사적 판단으로 보강한다.

이것은 모든 성숙한 '포이에시스', 즉 우리가 문학·예술·음악에서 감탄을 자아내는 수준이라고 인정하는 것은 종교적 영감이나 관련이 있다는 것을 의미하는가? 역사의 문제, 실용적 자산의 문제로서 그 대답은 거의 명백하다. 초월적 차원으로의 지시와 자기-지시, 즉 내재적이고 순전히 세속적인 범위 바깥에…존재한다고 느껴지는 것으로의 이동이 호메로스와 『오레스테이아』(*Oresteia*)에서 『카라마조프의 형제들』(*The Brothers Karamazov*)과 카프카(Kafka)에 이르는 창조된 형상들을 승인한다는 것은 틀림없는 사실이다.…음악과 (그 용어의 어원적 의미에서) 형이상학적인 것, 즉 음악과 종교적인 감정은 사실상 분리할 수 없는 것이었다.[36]

칸트가 그토록 중요한 과도적 인물인 것은, 비록 그가 신학과 의미의 관계에 관한 스타이너의 견해를 어느 정도 공유했을지라도, 이 의미의 기초가 "초월적 차원으로의 지시와 자기-지시"에서 단지 자기-지시로 이동된 과정에서 주요한 역할을 했기 때문이다. 칸트의 진리 이론의 기저에 있는 논리, 즉

---

35 Steiner, *Real Presences*, p. 3.
36 같은 책, p. 216.

뉴턴주의 기계론의 이데올로기에 심하게 의존하는 것을 이해한 사람들은 그러므로 진리의 근원의 위치를 찾기 위한 초월에서 내재로 계속되는 움직임을 발전시켰다.

칸트의 유산의 둘째 측면은 그가 의지에 막대한 비중을 둔 데서 찾을 수 있는데, 사실은 인간의 다른 측면들이나 더 넓은 환경에 있는 어떤 토대에서 추상화해서 이해한 의지다. 그 의지는 절대적 의미에서 임의적 의지가 아니었는데, 그 임무가 합리적이고 보편화될 수 있는 입법이었기 때문이었다. 하지만 그 의지는 근원이 없다는 의미에서, 자신 외에는 아무런 필연적 지시가 없다는 의미에서 임의적이었다. 말하자면, 도덕적 행위의 목적들과 관련된 이들을 제외하고는 타자들로의 필연적 지시가 없으며, 또한 인간의 자율이라는 이름으로 합리적 의지의 요구사항들에 한정된 운명인 사실들의 세계로의 필연적 지시가 없다.[37]

칸트적 전개의 결과는, 이번 장의 논지와 관련되는 한, 진선미라는 초월적 영역들의 관계가 근본적으로 붕괴된 것이었고, 그러므로 또한 사고와 문화의 통일성이 붕괴된 것이었다. 더 진행하기 전에, 나는 이 책의 나머지 부분을 특징지을 구성신학적 관심에 관하여 분명히 해 두겠다. 나는 이것이 건강한 문화를 위해 중요하다고 믿는데, 그 건강한 문화에 나는 다양한 방식들로 문화를 만들고 문화에 의해 구성되는 이들(우리 모두)의 삶의 모든 차원에서의 구원 혹은 인간 번영이라고 불릴 수 있는 것을 포함시킨다. 또한 나는 인간 존재를 형성하는 세 중심 차원들인 진선미를 우리가 적극적 관계로, 그러나 서로 환원하지 않으면서 붙들 수 있어야 한다고 믿는다. 우리의 지식과 윤리 그리고 미의 경험이 어느 정도로 통합되지 않는다면 우리는 더 나은 우리가 될 수 있는 가능성을 상실한다. 칸트가 세 번째 비판을 쓴 것이 보여 준 사실

---

37   그래서 우리는, 다른 경로를 거쳐, 찰스 테일러의 비판여 개념에 도달했다. 대안적으로 우리는 오컴의 주의주의적 신성을 인간의 형태로 가지고 있다고 말할 수 있을 것이다.

은, 그가 의미의 세 영역이 모두 중요하다는 점과 그의 첫 두 비판들이 문화의 통일성을 위한 기초를 제공하는 데 어느 정도 실패했다는 점을 깨달았다는 것이다. 하지만 또한 중요한 것은, 현대의 플라톤인 칸트가 문화의 세 차원들을 통합하지 못한 그의 위대한 선배의 실패를 반복했다는 점이다. 문화의 통일성 문제에 대한 플라톤의 독특한 해법은 잘 알려진 대로 예술 영역을 희생하면서 진과 선의 영역들을 통합시키는 것이었는데, 그는 예술의 영역이 존재론적으로 결여되어 있고 도덕적으로 파괴적이라고 생각했다. 그에 상응하게 칸트도 과학과 진리, 윤리와 의지—비록 이 의지가 합리적 의지일지라도 이론적 진리의 이성과는 존재론적으로 다른 수준에서 작동하는 이성이다—그리고 미학과 주관적 판단을 동일시하는 경향을 통해 현대 문화의 파편화가 발생하도록 도왔다.

여러 이유에서 칸트의 사유가 공동체와 합리성에 대한 포스트모더니즘적 전복의 기저에 있다고 주장할 수 있다. 그 이유들은 인간과 하나님에 대한 그의 개념들과 관련된다. 첫째, 인간에 관한 적절한 존재론의 부재는 포스트모더니즘이 주체의 존재를 부인하는 데 토대가 된다고 주장할 수 있다. 여기서 그 중심에는 칸트가 데카르트와 흄의 입장들을 중재하려고 시도한 것이 있다. 데카르트가 그의 인식론을 기초시킨 내적 자아의 관찰 가능성을 흄이 경험론적으로 부정한 것을 확신하면서, 계속해서 칸트는 자아를 광범위한 인간 관계성보다는 내적 영역에서 찾았다. 그 결과는 사고와 경험의 연속성을 붙들기 위해 가정되는 어떤 것과 별반 다를 게 없는 존재론적 실체를 가진 존재자다. 칸트는 흄이 경험적으로 발견될 수 없다고 보인 것의 초월적 결합을 시도함으로써, 일부 현대 후기 사상에서 매우 유행하지만 파핏(Parfit)의 『이성과 인간』(*Reasons and Persons*)[38] 같은 현대 철학의 작품들에서도 나타나

---

[38] Derek Parfit, *Reasons and Persons* (Oxford: Oxford University Press, 1984).

는 자아 상실의 토대를 놓았다. 여기서 우리는 2장의 주제로 돌아간다. 우리의 실재가 실제로 의존하는 신적 그리고 인간적 타자와의 관계가 아니라 개인적 자기-관조가 자아의 기초가 될 때, 자아는 사라지기 시작한다.

그러나 또한 많은 것을 칸트의 의지 개념 탓으로 돌릴 수 있다. 하지만 여기서 우리는 신중해야 하는데, 왜냐하면 2장에서 본 대로, 그리스의 도덕 철학에서 약간 결여되었던 의지 개념은 기독고 신학이 일반적인 자유 개념과 특히 현대 사상에 기여한 것들 중 한 가지라는 점이 종종 지적되기 때문이다. 이것은 다시 우리가 현대 과학의 발흥이라는 복잡한 질문을 침범하기 때문에 매우 중요하다. 마이클 포스터의 논지에 따르면, 현대 과학은 하나님과 세계 사이의 구별을 감지하기 위한 기초로서 하나님의 의지 개념을 필요로 했다. "창조자의 **자발적** 활동(이를테면, 이성에 의한 결정을 능가하는 그의 활동 안에 있는 것)은 피조물의 **우발적** 존재에서…끝난다."[39] 우리는 포스터에 동의해, 많은 현대성의 복들이 하나님과 세계 사이에 개방되어 있는 공간에서 나온다고 할 수 있다. 하지만 우리가 다른 곳들에서 보았듯이, 현대성의 복들은 현대성의 특수한 참사들에 의해 상쇄된다. 바로 여기서 많은 해악이 절대적으로 자기-결정적인 유한한 의지에 대한 칸트의 개념에서 나온다는 것을 볼 수 있을 것인데, 이 의지 개념은 앞에서 본 대로 무한한 신적 의지를 우주의 중심에서 변위하는 경향이 있다. 동시에 칸트는 이 의지를 관계성의 특정한 본질적 차원들에서 분리했다. 의심의 여지없이, 칸트가 인간의 사회적 관계성에 관심을 가졌다는 것은 그의 사회적·정치적 사유가 드러낸다. 하지만 그의 자율 개념은 윤리적 의지를 전통에서 떼어 내고, 인간의 도덕적 주고받음이라는 호혜성에서 분리시킨다. 그러나 우리는 칸트의 의지 개념의 출처가 무엇

---

[39] Foster, "The Christian Doctrine of Creation", in Russell, ed., *Science and Religious Belief*, p. 311. 또한 다음을 보라. Michael Foster, *The Political Philosophies of Plato and Hegel* (Oxford: Clarendon Press, 1935), p. 192. "[기독교적] 계시 전체는 특징적으로 현대적인…현대 철학에서 거의 모든 것의 원천이다."

인지 물어야 한다. 그 대답은 바로 기독교 신학, 혹은 내가 논증하기 원하는 바, 기독교 서구의 부적절한 신학이다.

4. 근원 없는 의지의 기원들

이제 우리는 이 책에서 반복되는 주제로 돌아온다. 현대성의 당혹스러운 특징인 근원 없는 의지의 기원은 무엇인가? 우리가 잠시 멈추고 기독교 전통에 있는 창조 개념들을 검토한다면 이 상황이 상당히 밝히 드러나며, 또한 바로 여기서 우리는 이레나이우스의 창조 신학과 그의 후예들의 창조 신학 사이의 관계에 대한 변형들 가운데 세 번째에 도달한다. 우주를 하나님에 대한 논리적 의존에서 해방시키고 그래서 현대 과학의 길을 연 의지 개념의 기원은 적어도 이미 이레나이우스 때 찾을 수 있다고 설득력 있게 주장할 수 있다.[40] 영지주의에서 발견되는 창조 신화들의 과잉에 반대하여, 이레나이우스는 하나님의 창조의 절대적 자유를 강조했다. 그의 주장에 따르면 하나님의 창조는 무로부터의 창조이어야만 하는데, 만약 하나님과 동일하게 영원한 어떤 것이 존재한다면 그것은 창조자에게 필연성을 부과할 일종의 신일 것이기 때문이다.[41] 하나님 외의 모든 것은, 그러므로, 창조자의 제약되지 않은 의지에서 나와야만 한다. 따라서 이레나이우스의 하나님의 의지 개념은 이 의지가 자유롭다고 보지만, 그렇다고 그것이 임의적이거나 근원 없는 것은 아니다. 이레나이우스에게 의지 개념만큼 중요한 것은 사랑 개념이다. 2장에서 본 대로 이 신학자에게 창조는 하나님의 "두 손"인 성자와 성령의 매개를 통해 성취되고, 이러한 형태의 하나님의 작인에 의해 비관계적인 의지의 개인주의

---

40   이것의 기초는 물론 성경에서 발견된다. 의지에 대한 명시적 언급은 요한계시록 4장 11절을 보라. "주께서 만물을 지으신지라 만물이 주의 뜻대로 있었고 또 지으심을 받았나이다."

41   Irenaeus, *Against the Heresies*, II. 10. 4.

는 배제된다. 하나님의 의지는 일종의 사랑의 공동체를 통해 실현되고, 그러므로 창조의 삼위일체적 중재자들의 중요성은 창조의 목적성, 즉 창조의 비임의적 성격을 보장한다. 창조는 목적이 있다. 세계가 시간을 통해 완성을 이루고 온전하게 되어 그 창조자에게 돌아가도록 만들어졌다는 것이다.

서구가 창조를 다루는 것의 근원에는 이 주제에 관하여 아우구스티누스가 미묘하게 수정한 설명이 있다. 다시 말하지만, 나는 그의 창조 신학에 있는 약점이 서구의 전통에 해로운 영향을 끼쳤다고 이미 주장했다. 두 가지 추가적인 문제들이 이 맥락에서 드러난다. 그의 신학에서 그리스도와 성령에 의한 중재는 창조 세계의 목적론적 지향성과 마찬가지로 매우 제한적인 역할을 하기 때문에, 첫 번째 영향은 이레나이우스 안에서 너무나 아름답게 주장된 창조와 구속 사이의 연계가 약화되어 사라지는 지경에 이르고, 그리하여 이후로는 그 연계가 서구 신학에서 좀처럼 적절히 다루어지지 않게 된다는 것이다. 그리고 둘째로, 사랑이라는 주제가 의지라는 주제에 종속적이게 된다. 만약 아우구스티누스 안에서 그렇지 않다면, 그에게 배운 자들 안에서는 분명히 창조가 순수한, 동기가 없는, 그러므로 임의적인 의지의 산물이 되어 버린다. 이 의지는 아우구스티누스 이후로 그토록 크게 서구 전통의 표시가 된 이중예정의 신학에서도 동일하게 임의적으로 작용하는 것이다.[42]

그러므로 기독교 신학은 의미와 진리의 문제에서 자신의 몰락의 씨앗들을 뿌렸다. 일반적인 의미에 대한 질문과의 연결성은 무엇인가? 우리는 조지 스타이너의 사유에서 하나님 개념과 의미의 토대 사이에 있는 관계로 돌아온다. 앞에서 본 대로 스타이너에게 의미와 감정의 소통은 하나님의 존재를 전제한다. 하지만 어떤 하나님인가? 브라이언 혼(Brian Horne)은 스타이너

---

[42] 바르트가 깨달은 바에 따르면, 서구의 선택 교리의 형태는 창조와 구속을 부적절하게 관련시키는 것의 함수다. 바르트 자신이 둘을 관련시키는 것은 창조를 구속으로 포함시키는 결과를 낳게 하고 그러므로 특정적인 서구의 약점을 반복한다는 의혹을 받을 수 있다.

와 피터 풀러를 모두 비판하면서, 그들이 다루는 미분화된 하나님 개념을 지적했다.[43] 이것이 우리를 우리의 문제의 핵심으로 이끄는데, 여기에서 근원 없는 의지 개념―그 인간론적 형태는 칸트에게서 나오고 이번 장의 첫째 부분에서 개괄된 모든 파괴적 결과를 낳는다―이 기독교 신학적 기원을 가졌음이 암시되기 때문이다. 우리에게 있는 곤란의 한 원인은, 하나님의 의지가 사랑하는 자유가 아닌 임의성의 측면에서 추론된다는 데 있다. 또 다른 원인은 그와 상관관계가 있는, 단일적이고 제한적인 진리 개념이다. 나는 그 외에는 경탄할 만한 신학자인 캔터베리의 안셀무스를 잘못한 사례로 들려 한다. 『진리에 관하여』(*De Veritate*)에 나오는 그의 진리 개념은 고도로 단일적이며 제한적이고, 그 논문이 진행되면서 점차 일원론적이게 된다.[44] 안셀무스는 순전히 정신적인 측면에서 플라톤 철학화하는 진리 정의로 시작한 후, 계속해서 균일적인 진리 개념을 발전시킨다. 이 진리 개념에서는 진리의 통일성이 어떤 종류의 다원성과 양립할 수 있다는 모든 제안이 강하게 거부된다. "왜냐하면 진리는 진리가 무엇이라고 말해지는 사물들 **안에서** 또는 그 사물들**로부터** 또는 그 사물들**을 통하여** 자신의 존재를 갖지 않기 때문이다."[45] 안셀무스가 문제를 제기하는 방식에 담긴 암시는, 진리가 어떤 유일한, 초월적인, 미분화된 근원 안에서 자신의 존재를 갖는다는 것이다. 창조를 근원 없고 임의적이지 않도록 막은 것이 이레나이우스의 무로부터의 창조 개념에 있는 기독론적이며 삼위일체적인 차원들이라는 사실을 고려할 때, 우리는 안셀무스의 논의에 그 차원들이 전적으로 부재하다는 데 주목해야 한다.

43　B. L. Horne, "Art: A Trinitarian Imperative?", *Trinitarian Theology Today: Essays on Divine Being and Act*, edited by Christoph Schwoebel (Edinburgh: T & T Clark, 1995), pp. 80–91.
44　이 점은 다음의 논문을 참고했다. David Adams, "The Doctrine of Divine Person Considered both Historically and in the Contemporary Theologies of Karl Barth and Jürgen Moltmann", PhD, Fuller Theological Seminary, 1991.
45　Anselm of Canterbury, *On Truth*, in *Works, Volume 2*, edited and translated by J. Hopkins and H. Richardson (Toronto and New York: Edwin Mellen Press, 1976), p. 102.

그러므로 고대의 회의론이 그리스 전통의 부적절한 신학에 대한 비판에서 발전했듯이, 현대의 회의론과 파편화는 부분적으로는 임의적 하나님과 그 신학과 관련된 진리의 제한된 개념에 대한 정당한 거부에서 나온다는 사실을 볼 수 있다. 의미가 본질적으로 임의적인 의지―그것이 신적이든 인간적이든―에 기반한다고 여겨진다면 그 의미는 적절히 다루어지는 게 아닌데, 임의성은 비합리성과 불안정성, 그리고 그로 인한 의미의 전복을 암시하기 때문이다. 더군다나 차별화의 결여는 우리가 균일성의 문제로 돌아오게 하는데, 현대성이 자신에게 조급한 종결이나 균일성을 부과하는 의미와 진리의 개념들에 반대해 일으키는 반란은 정당할 수 있기 때문이다. 그러므로 쟁점은 단지 하나님과 의미의 관계에 대한 질문일 뿐 아니라, 서로 다른 하나님 개념들과 그 개념들이 유한한 실재들의 의미에 끼치는 영향들 사이의 관계에 대한 질문이기도 하다. 무의미성에 대한 지각은 하나님 개념에 토대한 것을 상실한 데서 기인할 수 있지만, 의미에 대한 다른 이해들은 하나님과 세계의 관계에 대한 다른 이해들로부터 나올 수도 있다. 아니, 분명히 그렇다.

그렇다면 현대의 상대주의와 회의론은 부분적으로 하나님에 관한 교리의 실패, 특히 창조자로서의 하나님에 관한 교리의 실패의 결과다. 현대적 전개는 진리에 대한 권위주의적인 신학적 균일화에 맞선 적절한 반대로 시작되고, 핑켈크로트 및 다른 이들이 개략적으로 제시하는 대로 도덕적으로 파괴적인 문화의 균일화로 끝난다. 이 과정에서 기독교 세계의 파르메니데스적 신은 개별 인간의 판단이라는 분산된 헤라클레이토스적 신으로 대체된다. 거부된 신성의 속성들이 다수의 개별적이며 연관되지 않은 인간 작인들에게 전이된 것은 진정으로 당연한 결과다. 이것이 에드워드 크레이그가 하나님의 형상 교리를 사실상 그토록 파괴적인 것으로 깨달은 이유다. 현대적 파편화는 인간의 삶을 관련되지 않고 임의적인 의지들의 경쟁이라는 측면에서 본 결과다. 다수의 신들이 있는 곳에는 진정한 인간적 다원성이 아니라 파편화가 발생한다. 이 점을 달리 말하면, 하나님은 대체되기보다는 변위되고, 바로 이 변위가 이 장에서 개략적으로 제시된 도덕적으로 분열적인 역설들의 원인이다. 내가 1부에서 분리해 낸 역설들은 파편화의 징후들로, 그토록 자주 현대 문화의 특징으로 언급되는 것이다.

5. 현대성의 모습

그렇다면 요컨대 우리는 현대성의 문화를 무엇이라고 봐야 할까? 첫째, 우리는 역사적 현상으로서 현대성이 기독교 세계에서 나온 시대로, 자신보다 앞선 기독교 세계를 위선이라는 혐의로 비판함으로써 나왔다고 말할 수 있다. 기독교의 자유는 압제를 위한 가면이고, 그 신조는 진리에 대한 진정한 인간적 추구를 탄압하는 구실이라고 하면서 말이다. 이 문제를 표현하는 다른 방식은, 현대성이 자신의 제도적·사회적·지적 결핍에 대한 청구서를 이자까지 붙여서 기독교에 들이민다고 말하는 것이다. 이 이자가 우리에게 흥미로운 부분인데, 내 분석이 맞는다면 현대성은 자기에 앞선 기독교 세계에 기생하는 것이기 때문이다. 주된 방향성을 기독교 세계의 주요 교리들 중 일부에 대한 거부에서, 특히 사물들의 초월적 기초에 관한 기독교 세계의 존재론에 대한 거부에서 취한다는 의미에서 말이다. 하지만 우리가 이미 본 대로, 한 마귀에 사로잡힌 상태에서 놓임 받은 자의 곤경이 모든 면에서 개선되지는 않는다.

둘째, 현대성의 이데올로기들과 가정들의 내용과 관련하여, 현대의 결핍들은 특정한 측면들에서 고대적 사고 및 실천과 유사하다고 주장되어 왔다. 고대와 마찬가지로, 현대는 관계성·개별성·시간성·진리에 대한 사고와 실천에서 심각한 결핍들이 있는 시대로 이해될 수 있다. 비록 이 가치들을 위해 현대가 기독교 세계의 유산을 거부했을지라도 말이다. 이런 측면에서 현대는 현대를 옹호하는 자들이 생각하는 것보다 훨씬 덜 독특하다. 이 결핍들에 결핍들의—많은 긍정적인 능력뿐 아니라—특징적인 불쾌함을 부여하는 것은 결핍들을 이해하는 데 반드시 고려해야 할 신학적 배경이다. 중세적 고대 특유의 일원론적 하나님이 개인의 정신과 의지로 변위되는 일이 있었고, 이 변위는 문화와 사회 질서의 건강을 위협하는 파편화를 낳았다. 하나님으로부터 절대적 자유와 무한성의 특권을 빼앗으려는 시도는 오순절의 역전과, 사실상 새로운 바벨탑을 낳는다. '포스트모더니즘'은 이 바벨탑을 완벽히 보여 주는데, 각자가 상대의 언어와 관련되지 않은 언어로 말할 때—언어가 우리의 존재를 형성하는 소통의 기초가 아닐 때—유일한 결과는 파편화일 수 있기 때문이다. 이런 의미에서, 포스트모더니즘은 현대성의 당연한 결과다.

셋째, 이 문제의 신학적 핵심은 창조 교리에서 찾을 수 있다. 사물들의 상대적 중요성을 판단할 수 있는 바츨라프 하벨의 좌표 이미지에서 우리는 많은 것을 얻었다. 세계를 이해하는 초월적 수단이 해체됨으로써 현대성은 기준과 균형의 상실로 특징지어지게 되었다고 주장되었다. 모든 것, 선과 악이 모두 불균형적으로 확대되었다는 것이다. 하지만 바로 여기에서 창조 교리가 중요하다. 사물들의 기원이 하나님의 무제약적 자유 안에 있다는 교훈뿐 아니라, 사물들이 자신들의 창조자와 맺고 있는 관계에 힘입어 존재하는 방식에 대한 설명으로서 말이다. 여기까지 이어진 장들에서 밝혀진 관계성·개별성·시간성·진리에 대한 사고와 실천에 있는 결핍들은 부분적으로는 근본적 존재론의 결핍에서 기인한다. 파르메니데스와 헤라클레이토스가 방향을 결정했으며 그 결과로 삼위일체론적 범주들이 제거되었는데, 그 범주들은 우리가 세계를—그러므로 또한 문화와 사회를—하나이면서 여럿으로, 통일된 것이면서 다양한 것으로, 개별적인 것이면서 관계 안에 있는 것으로 이해할 수 있도록 해 주는 것들이었다. 바로 이런 이유로 삼위일체적 행위로서의 창조 교리가 대단히 중요하다.

이제 질문은 무엇을 해야 하는가 하는 것이다. 이 장을 시작했을 때 나의 목소리는 대체로 현대성의 치료를 위한 처방보다는 현대성의 재앙에 대한 탄식조가 더 강했다. 실제로 이 책의 지금까지 내용이 대부분 그렇다. 하지만 우리는 단지 중간에 와 있고, 남은 절반에서 나의 소망은 신학이 현대적 파편화의 치료에 기여할 수 있는지 묻는 것이다. 전체주의나 균일성을 낳지 않고 통일시키는 것들에 대한 전망을 찾을 수 있겠는가? 기독교가 자기를 쇄신하고 현대 세계의 치유에 기여할 수 있는 방법을 찾을 수 있는가? 이 책의 2부에서는 이 질문에 대한 대답의 주요 윤곽이 그려질 것이며, 그러면서 나는 지금까지 우리의 관심을 끈 질문들에 대한 새로운 접근법들을 찾는 데 도움이 되는 개념들을 일부 발전시킬 수 있기를 희망할 것이다.

2부

창조됨을 다시 생각하다

5장

보편자와 개별자:
의미와 진리의 신학을 향하여

1. 토대주의와 합리성

이 책의 처음 네 장에서는 현대 세계의 일부 도그마들과 실천들에 대한 신학적 비판이 시도되었다. 논증의 요지는 사고와 실천의 주요 결함들이 신학적 근원들을 한편으로 기독교 전통에 있는 부적절한 창조 신학에, 그리고 다른 한편으로 내가 하나님의 현대적 변위라고 부른 것에 두고 있다는 것이다. 4장에서 나는 현대 문화의 파편화, 특히 의미와 진리의 일관성 있는 감각을 상실한 것에 대한 책임이 부분적으로 기독교 신학의 전통적 경향이 하나님에 대한 그리고 진리에 대한 획일적 개념에 기운 데 있다고 주장했다. 그것은 일종의 반사 또는 반작용으로 현대성이 신성을 변위시키게 했고, 그 결과로 경쟁하는 의지들의 다원성이 전통의 단일한 의지를 대체했지만, 다양하면서도 일관성 있는 문화의 토대가 상실되는 방식으로 그렇게 했다. 현대 문화의 모든 부분은 아니더라도 많은 부분에서 진리 개념이 상실되었고, 또한 그와 함께 그 진리 개념이 한때 서구 지성사의 오랜 기간 동안에 가졌던 모든 객관성과 보편성의 함의들이 상실되었으며, 이는 서로 관련되었지만 극도로 처참한 도덕적·사회적·정치적 결과들을 다양하게 낳았다.

그러한 분석을 고려해 신학자는—하나님 개념이 암시하는 의미의 보편적 차원들에 관심을 갖는 사람으로서—많은 현대 사상이 반대한 것의 진짜 약점들을 무시하지 않으면서도, 진리 개념을 회복하거나 되살리는 방법들을 찾을 책임이 있다. 하지만 문제의 근원이 신학적이라면—즉 현대에 관한 옳은 것과 그른 것이 모두 대체로 우리 세계의 기독교적 과거와 우리 세계가 하나님과 맺는 현재의 관계에서 나온다면—그에 대한 해결책은 현대의 관심들을 공정하게 다루면서도, 일부 서구 전통의 약점들로부터 자유로운 미래를 향해 나아가는 길을 제공하는 새롭게 된 신학적 전망 안에서 추구되어야 한다. 그렇다면 과거에 부적절하게 이해된 창조의 영역들을 다루는 것으로 이어질 것이다. 이 작업의 구조는 교차대구의 형태를 취해서, 이 장은 4장의 주제를 다루고, 다음 장은 3장의 주제를 발전시키며, 마지막 장은 1장에서 개괄된 문제로 돌아갈 것이다.

현대성의 발전에서 결정적 단계들 중 한 가지인 계몽주의의 전통적 기독교 신학 비판을 간단히 살피는 것은 우리의 작업을 시작하는 발판을 제공한다. 그토록 광범위하고 복잡한 어떤 운동이 공통의 신학적 방향을 갖는다고 말할 수 있는 이유는 전통적 제도들의 권위에 대한 확신을 무너뜨리고 새로운 것으로 대체하기 위해 이성을 일정하게 사용한 데 있었다. 대체로 계몽주의와 그 이후의 대표적 철학들은 전자에는 성공했지만 후자에는 끔찍하게 실패했는데, 이는 세우는 것보다 무너뜨리는 게 더 쉽다는 진리의 예상된 결과였다. 계몽주의가 과거를 비판한 것이 성공했으면서도 우리의 문화를 재건하는 데 필수적인 종교적·철학적·도덕적 확실성을 오직 이성으로만 세우겠다는 계몽주의의 기획이 실패한 것은 우리 시대에 이중의 결과를 낳았다. 한편으로 기독교가 과거에 취한 형태의 일부 부적절함, 특히 여럿보다 하나를 높이고 영원한 것이 시간의 완성자가 아닌 대적자로 보이게 만드는 기독교의 경향이 드러났다. 다른 한편으로 현대 전통의 되살아난 그리스 사상은 그와 동등하면서도 결국은 더 파괴적인 약점들 때문에 고전했고, 그 결과로 추정상의 새로운 확실성들이 자체의 부적절함에 눌려 붕괴하고 말았다. 참으로 '계몽주의의 변증법'이 있어서, 때가 무르익자 계몽주의 구상에 있는 특정 측면들은 정반대되는 것을 낳았다.

계몽주의의 변증법은 핑켈크로트의 『사유의 패배』에서 표현된, 이성의 보편적 주장들과 각각의 문화들의 개별적 초점 사이에 있는 대립에서 시야에 들어온다. 그에 따르면 이성의 보편적 주장들은 낭만주의의 요소들과 결합될 때 모든 그리고 각각의 개별자들의 주장들—이 경우에는 특정한 국가의 문화들의 주장들—이 강화됨에 따라 사라졌다. 그는 계몽주의가 진리의 보편성을 옹호한 반면, 포스트모더니즘은 사회적으로 그리고 정치적으로 파괴적인 무관심의 다원주의를 받아들였다고 주장했다.[2] 하지만 이런 다원주의는 사실상 오만한 진리 주장으로, 균일화의 과정을 통해 다른 모든 진리를 폐지시킨다. 겉모습과 다르게 보편성의 한 형태인 것이다.[3] 결과를 요약해서 말하자면, 절대적인 이성적 진리 추구는 칸트의 비판과 그의 위대한 후예들의 작업을 거치면서 객관적 진리라는 생각 자체에 대한 의심을 낳았고, 결국은 거부되었던 바로 그 진리의 절대적이며 인정되지 않았기 때문에 은밀히 퍼지는 형태로 이어졌다는 것이다. 이러한 전개가 제기하는 첫 번째 질문은, 그 구상 전체가 실수가 아니었는가 하는 것이다. 왜냐하면 계몽주의가 자신의 기초를, 확실성과 전지성을 요구함으로써 하나님을 변위시키고 인간적으로 실현이 불가능한 것을 추구하게 하는 절대적 진리에 대한 불가능한 추구에 두기

---

1   이 표현은 T. W. Adorno and M. Horkheimer, *Dialectic of Enlightenment*, translated by J. Cumming (London: Verso, 1979)의 본질적으로 마르크스주의적 상황 분석에서 온 것이다. 『계몽의 변증법』(문학과지성사). 나는 동일한 변증법을 신학적으로 다루는 것을 이 책의 지적 전신인 다음의 책에서 시도했다. Colin E. Gunton, *Enlightenment and Alienation. An Essay towards a Trinitarian Theology* (London: Marshall, Morgan and Scott, 1985).
2   4장, 첫 번째 부분.
3   포스트모더니즘이 보편적 판단들을 내리지 않을 수 없고 그로 인해 포스트모더니즘 자체의 기초가 전복되는 것이 불가피하다는 점은 Harvey, *The Condition of Postmodernity*의 논지들 중 한 가지다. 예를 들어 p. 117를 보라.

때문이다. 실현할 수 없는 것에 대한 추구는 그 자체의 전복을 초래하지만, 동시에 제3의 가능성도 배제한다. 즉 오류가 있을 수 있는 인간 정신의 노력임을 인정하면서도 그 나름대로 보편적이고 객관적인 진리가 있을 가능성도 배제하는 것이다.

이러한 전개가 야기한 두 번째 질문은 이 제3의 가능성에 대한 것이다. 현대성과 후기 현대성 사이의 경합에서 우리는 절대적 대립에 도달한 듯 보인다. 즉 보편성의 옹호자들과 개별성의 옹호자들 사이에―상대주의와 다원주의 모두에 맞서 보편적 진리를 주장하는 자들과 개별자를 주장하는 자들 사이에―있는 대립이다. 양측의 권리들이 어떤 식으로든 보존될 수 있는 의미 이론을 발전시킬 무슨 방법이 있는가? 개별자에게 프로크루스테스의 침대를 강요하지 않고 개별자로 있도록 허용하는 보편자 개념을 말이다. 이것이 이번 장에서 시작되는 탐구다. 동일한 탐구의 다른 측면은, 오류가 있을 수 있는 인간 정신의 노력임을 인정하면서도 그 나름대로 보편적이고 객관적인 진리 개념의 추구다. 나름의 한계들을 기꺼이 인정하는 진리 개념은 있을 수 없는가? 진리를 추구하는 자들의 한계들과 그들이 발견하기 원할 보편자들의 한계들 모두를 말이다. 그 형태가 부분적으로 그것이 일어나는 역사적이며 문화적인 맥락들에 의해 결정되는 유한한 경험을 통해 공공연히 매개되는 보편자들이 그것들일 것이다. 말하자면, 첫 네 장에서 결점들을 드러내려 했던 고대와 현대의 기획들보다 그 희망하는 것들 면에서 더 겸손하면서 현실적인 기획이 있을 수 있는가?

보편자와 개별자의 주장들 사이의 관계에 대한 새로운 접근이 토대주의(foundationalism, 정초주의)에 대한 최근의 논의에서 제공된다. 토대주의란 계몽주의의 보편적 진리 추구의 한 측면을 기술하는 단어다. 일반적으로, 한 분야의 합리성과 진리에 대한 주장은 보편적이고 확실한 이성에 의해 확립된 어떤 폭넓게 수용되는 지적 토대들에 기초해 있어야 한다고 본다. 근래에 사유의 토대가 되기를 경쟁하는 두 후보들로 합리주의와 경험주의가 있다. 전자는 보편적이고 확실한 개념들의 구조를 추구하고, 후자는 확실히 의심의 여지없는 감각 경험의 자료를 추구한다. 하지만 보편적이고 의심의 여지없는 토대들에 대한 추구는 의심을 받게 되었는데, 이 접근들 중 어느 것도 자신이 약속한 것을 가져오는 데 성공하지 못했기 때문이다. 확실하고 의심의 여지없는 일련의 개념들도 없고, 감각 경험들에 대한 확실하고 합의된 보고도 없다. 계몽주의 기획은 자신이 추구한 확실성을 만들어 내는 데 실패했고, 우리가 본 대로 실제로는 자신이 몰아내기를 추구한 혼돈을 종종 되풀이했다. 이전 장의 요지는 현대적 기획의 실패와 그 실패에 대한 반사 반응이었던 비합리주의에 따른 지적·사회적 혼돈을 개략적으로 그리는 것이었다.

이 기획의 실패에 대한 더 신중한 반응은 비(非)토대주의적 합리성을 추구했다. 이런 반응들은 합리성의 기초와 판단기준이 개별 인간의 지적 기획들에 내재하며, 지적 삶의 다른 형태에 적절한 방법론들을 프로크루스테스의 방식으로 이 기획들에 강요하지 말았어야 했다고 주장한다. 특히 자연과학을 훌륭한 지적 본보기로 삼고 자연과학의 특정한 기준에 부합하지 않는 모든 기획을 물리치는 경향이 환원주의와 자유로운 지적 탐구에 대한 제약으로 이어졌다는 점이 인정받고 있다. 신학에서 비토대주의적 인식론의 두 본보기는 바르트와 비트겐슈타인(Wittgenstein)이었고, 둘 사이의 연관은 둘 다 토대주의적 반대자들로부터 신앙주의자(fideist)라는 낙인이 찍히는 경향이 있다는 사실에서 드러난다. 이것을 고려해, 바르트가 자연신학을 공격한 것의 방법론적 측면들은 토대주의에 대한 공격으로 보일 수 있다.

보편적으로 타당한 과학적 방법이라고 간주되는 것의 심판대에서 자신들의 분야를 정당화해야 한다는 요구들의 압박으로 신음하는 신학자들에게 비토대주의의 호소력은 어마어마하다. 비토대주의는 개별성의 권리들에 대한 찬사를 불러일으킨다. 비토대주의 덕분에 신학자들은 신학적 방법이 그 방법과 관련된 독특한 내용으로부터 접근법을 구성하기 때문에 다른 방법들과 달라야 한다고 말할 수 있다. 마치 다른 분야들이 그것들 자체의 독특한 내용의 견지에서 접근법을 형성하듯이 말이다. 말하자면, 비토대주의는 개별 지적 분야들의 자율성을 옹호하는 한 방식이다.⁴ 또한 신학적으로 비토대주의와 관련하여 말할 것들이 많다. 토대주의는 인간의 지적 능력에 대한 지나친 확신에서 나오는 듯 보이고, 너무나 거대한 기획인 듯 보인다. 인간의 개별성, 오류 가능성, 죄에 자리를 부여함으로써 역사적·문화적 개별성은 적절한 합리성의 적이 아니라 친구가 된다. 우리는 단지 그 정도까지만 알 수 있기에, 신뢰할 만한 지식을 거의 얻을 것 같지 않은 사변의 영역에서 방랑하려고 시도하기보다는 우리가 다룰 수 있는 것에 자신을 한정해야 한다.

하지만 반(反)토대주의적 구호는 기만임을 깨달아야 한다. 신앙주의(fideism)에 호소하는 것은 비토대주의적 인식론들의 오랜 약점을 나타낸다. 그것들은 내용에 대한 외부의 비판에서 영향을 받지 않으려는 시도로 보일 수 있고, 그러므로 지적 분파주의의 형태들이 된다. 다시 말해, 비토대주의적 인식론들은 보편적이고 객관적인 것들의 도전을 회피하는 것으로, 그래서 그것들의 극단적 유형들이 빠진 노골적인 주관주의와 상대주의의 위험을 무릅쓰는 것처럼 보일 수 있다. 신학적으로 말해, 비토대주의적 인식론들은 하나님이라는 단어의 사용에 수반된 지적 도전을 회피한다. 이 단어가 부분적으로 존재·의미·진리의 보편적 원천을 지시한다면, 이 단어를 사용하는 사람들은 '외부'로부터 그들에게 도전하는 지적 기획들에 대해 어느 정도는 책임질 각오를 해야 한다. 여기서 두 가지 사례들이 이 점을 분명히 보여 줄 것이다. 첫째, 바르트가 이 단어의 사용이 갖는 보편적 함의들을 경시하는 유혹에 결코 빠지지 않을지라도, 신학적 인식론과 다른 인식론들 사이의 연관이

---

4 그러므로 이것은 역설적이게도 계몽주의적 가치를 그 외에는 반(反)계몽주의적 주장에서 끌어내는 셈이다.

라는 도전을 회피한다는 점에서 입증되지 않은 주장을 펼치는 것으로 보일 위험이 크다.[5] 둘째, 큐피트 같은 포스트모더니스트들이 좋아하는 행동은 하나님 개념의 보편주의적 함의들 중 일부를 철회하는 것이다. **하나님**은 자신의 존재론적 보편성을 잃고, 세계에 대한 인간의 경험에 있는 개별적이고 그러므로 아마도 서로 비교할 수 없을 정도로 다양한 양식들을 표현하는 단어가 된다. 모든 것이 허용된다면, 그와 함께 존재와 사유의 전체적 통일성과 정합성에 대한 개념도 사라져 버린다.

그러므로 비토대주의의 토대들을 탐구해야 한다. 논쟁들의 양편에 있는 진리의 순간들을 발견하는, 말하자면, 진리에 대한 이성적 접근에서 개별성과 보편성이 각각 자신의 자리를 갖는 것이어야만 한다. 만약 이것이 영국 특유의 중도 추구로 보인다면, 단지 그런 식으로 이해되기에는 기저에 있는 지적 질문이 너무나 중요하다는 점이 강조되어야만 한다. 이 탐구의 기저에 있는 것은 어떤 중도에 대한 신념보다는, 토대주의자와 반토대주의자가 오류로 여겨지는 특정한 전제들을 공유한다는 확신이다. 한편으로, 문제는 토대들에 대한 탐구, 즉 세계의 통일성과 사유의 통일성에 대한 어떤 이해의 추구 자체보다는, 소크라테스 이전 철학자들과 플라톤부터 오늘날까지 이 탐구가 취한 형태라고 주장할 수 있다.[6] 토대에 대한 탐구가 있을 수 있지만, 그것은 오류가 있을 수 있고 유한하고 타락한 인간들에 의해 이루어지는 것으로 여겨져야 한다. 다른 한편으로, 반토대주의적 입장은, 특히 극단적인 포스트모던

---

5 Colin Gunton, "No Other Foundation. One Englishman's Reading of *Church Dogmatics*, Chapter V", *Reckoning with Barth*, edited by Nigel Biggar (London: Mowbray, 1988), pp. 61-79.
6 많은 최근의 신학에서 보이는 바 궁극적으로 불만족스러운 서사에 호소하는 것의 근원에 토대와 토대주의에 대한 혼동이 있을 수 있다. 예를 들어, Ronald Thiemann, *Revelation and Theology. The Gospel as Narrated Promise* (Notre Dame: University of Notre Dame Press, 1985). 모든 그러한 호소들에 있는 문제는, 그 호소들이 어떤 형태의 주관주의에 굴복하거나("나에게는 나의 이야기가, 당신에게는 당신의 이야기가 있다"), '서사성'(narrativity)을 통해 암묵적이며 언제나 인정되지는 않는 형태의 토대주의를 들여온다는 것이다. 여기서도 다시, 보편성이 드러난다.

적 형태로는 분명히, 확실한 것들을 발견하는 데 실패한 것에 대한 반작용으로 주로 이해되어야 하고, 그러므로 특정한 종류의 확실성을—"데카르트적 불안"에 특징적인 확실성을—발견하는 데 실패한 것이 어떤 진리도 발견하는 데 실패한 것이라는 가정에 의존하는 것으로 이해되어야 한다. 하지만 만약 우리가 유한하고 오류가 있을 수 있는 인간이라면, 오히려 능력과 시공간 모두에서 우리의 한계에 적절한 진리 개념을 추구해야 하지 않겠는가? 절대적 확실성에 미치지 못해도 믿을 수 있는 어떤 것을 추구해야 하지 않겠는가? 마이클 폴라니가 그의 명저에서 인간의 과학적 지식과 다른 지식의 성격에 관해 한 말을 기억하는 것은 언제나 도움이 된다. "이 책의 주된 목적은 내가 참이라고 믿는 것을 굳게 붙들 수 있게 하는 마음의 상태를 얻는 것이다. 비록 그것이 아마도 오류일 수 있음을 내가 알지라도 말이다."[7] 비록 그가 이렇게 말하지는 않았겠지만, 폴라니가 추구하고 있는 것은 전통에서 열망한 신적 이성이 아니라 창조된 합리성 개념이다. 자신들과 연관된 세계에 있는 창조된 인식 주체들에게 적절한 합리성이다.[8]

2. 초월자로서의 하나

남은 강의에서 나의 계획은 우리에게 필요한 바로 그 '오류주의적'(fallibilist) 토대들에 대한 탐구를 시작하고, 또한 그것을 매우 구식으로 보일 수 있는 방식으로, 초월자들(transcendentals)에 대한 탐구로 해 나가는 것이다. 초월자들

---

7 Polanyi, *Personal Knowledge*, p. 214.
8 이것이 폴라니가 모든 지식은 일종의 신앙에서 나온다고 보는 이유다. 칼뱅에게는 신앙이 이와 꼭 같은 것을 의미하지 않는데, 그에 따르면 신앙은 "우리를 향한 하나님의 자비에 대한 견고하고 확실한 지식으로, 그리스도 안에서 아낌없이 주어진 약속의 진리 위에 세워지고, 성령을 통해 우리의 정신에 계시되며 우리의 심정에 인쳐진다." 이에 대해 우리는 신앙이 어떤 형태의 오류도 있을 수 없는 인간의 연구에 의해 일말의 의심도 없게 수립된 것이 아니라는 설명을 덧붙일 수 있다. 그럼에도 신앙은 고유한 확실성이 있다. Calvin, *Institutes*, III. ii. 7.

로 내가 의미하는 것은 칸트 이전 철학의 의미에서 "필연적인 존재의 표시들"을 구현한다고 우리가 가정할 수 있는 개념으로, 어디서나 그리고 언제나 실재가 진정으로 무엇인지 이해하는 어떤 방식을 제공하는 것이다. 칸트 이후로 초월자들에 대한 탐구는 악평을 받고 있지만, 대니얼 하디(Daniel Hardy)는 이 책의 마지막 장에서 주목하게 될 한 논문에서 이 탐구를 다시 부각시켰다. "전통적으로 이해된 것처럼, 이것들은 존재가 자신을 드러내고 또 명확하게 되는 형상들이다. 이 형상들은 우주의 근본적 특징들을 탐색하는 데 대한 대답을 구성한다."⁹ 그러한 개념들은 존재의 통일성과 다양성을 이해하는 방식을 사유에 제공하는데, 왜냐하면 그 개념들은 우리로 하여금 어떤 종류의 존재가 어디에서나 발견되는지와—만약 충분하고 다양한 초월자들이 있다면—사물들의 복잡성과 풍부함을 추구할 수 있게 하기 때문이다. 하지만 새로운 접근법은 또한 칸트적 주장을 고려해야만 하는데, 그에 따르면 옛 탐구는 실패였고 그 결과로 형이상학이 공허하고 논증이 불가능한 전투를 벌이는 전장에 불과하게 되었다. 앞으로 보겠지만 초월자들은 개방적 초월자들(open transcendentals)이어야만 한다. 선험적 철학의 범주들을 하나님의 존재에 부과하는 오류도 피해야 한다. 만약 초월자들이 있다면, 그것들은 자신들의 존재를 하나님이 세계를 창조하되 세계가 조물주의 흔적을 지니는 방식으로 창조했다는 사실에서 가진다. 그렇다면 초월자들은 "존재가 자신을 드러내는 방편인 형상들"이 아니고—왜냐하면 그것은 '존재'가 하나님에 대해 우위를 가진다고 암시할 수 있기 때문이다—오히려 하나님이 창조자이고 세계는 피조물이라는 사실에 힘입어 모든 존재에 대해 단정될 수 있는 개념들이다.

하지만 이 주제를 적극적으로 전개하기 전에, 초월자들의 이론의 특정한

---

9   Daniel W. Hardy, "Created and Redeemed Sociality", *On Being the Church. Essays on the Christian Community*, edited by C. E. Gunton and D. W. Hardy (Edinburgh: T. & T. Clark, 1989), pp. 21-47 (p. 25).

형태들을 서로 다른 시대에 무엇이 제안되었는지에 대한 예로 들어 역사의 몇몇 측면들을 회고할 필요가 있다. 이 탐구는 소크라테스 이전 철학자들로 거슬러 올라가는데, 그들의 작업은 오직 하나의 필연적인 존재의 표시밖에 없다는 파르메니데스의 견해에서 절정을 이루었다. 말하자면, 그 존재는 영원하고 불변하고 절대적으로 단일하다. 실재에는 다원성이 없고, 그러므로 다원성은 단지 외양, 부수적 현상이지, 사물들의 존재의 일부가 아니다.[10] 플라톤의 업적은 이것을 어느 정도 수정했다는 것이다. 다원성은 형상들(form)에 대한 가르침에 의해 소개되는데, 이것은 현상들의 다양성을 더 공정하게 다룰 수 있게 했지만, 제한적으로만 공정한 것이었다. 생성(becoming)의 존재론적 위상은 여전히 의심스럽고, 형상들은 모두 본질적으로 영원하며, 또한 선의 형상의 기능은 형상들을 통일하되 신플라톤주의에 의해 본질적으로 파르메니데스적인 종합으로 이어지는 방식으로 하는 것이기 때문이다. 우리가 이전 장들에서 본 대로, 통일성과 지성을 격상시키고 다원적이며 질료인 것을 다양한 정도의 열등한 것들로 강등시키는 경향이 모두 남아 있다. 종종 후자의 결함은 그 여럿됨(manyness)에 있는 것으로 여겨졌다.

다원성의 권리들을 부정하거나 무너뜨리려는 플라톤적 초월성의 징후들은 기독교 전통의 많은 부분에서 볼 수 있다. 오리게네스가 영원한 영들(the eternal spirits) 개념을 통해 다원성을 사물들의 존재에 포함시키려고 시도했음에도 불구하고, 그에게 유한한 세계의 표시인 다원성이 존재의 결함이라는 것은 틀림없는 사실이다. 다원성은 본질적으로 문제가 있다. 더 나아가 생성·질료성·시간의 세계는 타락한 영들을 위한 처벌과 교정의 장소를 제공하기 위해 창조되었는데, 이는 이레나이우스가 복으로 창조된 질서의 선함을 찬양

---

10 초월성과 관련해서, 과정철학은 파르메니데스의 정반대를 보여 준다. 이 철학에서 존재의 필연적 표시들은 시간성·변화·다원성인데, 그럼에도 또한 한계들이 있다는 점, 특히 다원성의 정도에서 한계들이 있다는 점이 언급되어야 한다.

한 것과 대단히 대조적이다. 질료에 대한 다소 영지주의적인 견해의 경향은 아우구스티누스에게도 나타난다. 비록 그가 창조된 질서의 선함과 실재성을 단언했음에도 불구하고, 그에게 감각할 수 있는 세계는 지적 세계보다 명백히 열등한 반면에—이 플라톤적 이원론은 그의 글에서 오랫동안 결코 사라지지 않는다—하나님의 하나됨(oneness)은 삼위일체의 다원성(plurality)보다 명백히 격상된다. 다원성에 대한 그의 의심을 보여 주는 것은, 영적 세계가 하나님의 존재에 대한 유비들을 제공하는 것과 비교해 질료적 세계는 명백히 열등한 것으로 거부된다는 점이다.[11] 우리가 오리게네스-아우구스티누스 전통에서 보는 것은 초월적 위상의 측면에서 하나(the one)를 여럿(the many)보다 격상한다는 것이다. 다원성이 아닌 통일성이 초월적이다. 하나의 격상은 아퀴나스의 사유에서 가장 뚜렷이 보이므로, 나는 아퀴나스를 여럿의 강등에 대한 주요 사례로 사용할 것이다.

아퀴나스의 구상이 가진 강점들은 유비 개념에서 볼 수 있다. 세계가 하나님의 존재를 반영하는 방식에 관한 신중히 조정된 교리를 통해 초월성의 한 형태가 전개되었는데, 그러면서 존재 개념은 기독교 신학적 사용에 맞추어졌다. 유한과 무한 사이의 관계들은 이해될 수 있도록 된 반면, 하나님과 세계의 타자성도 역시 유지된다. 기독교 신학이 초월자들에 대한 탐구를 전형적으로 보여 주는 유형의 지적 통합을 조금이라도 전개하려면—그리고 반복해 말하지만, 하나님 개념을 지적으로 책임감 있게 사용하는 것은 실제로 그러한 전개를 요구한다—그런 종류의 어떤 것이 반드시 필요하다. 어떤 방식으로든, 한 하나님과 복수의 세계 사이의 관계는 개념화가 필요하다. 하지만 토마스주의 구상에는 약점들이 있으며, 그것들이 결국 개념화를 못하게 한다. 이 약점들에 대한 접근은 바르트와 관련된 반대를 통해, 즉 존재의 유비(the analogy

---

11 Augustine, *De Trinitate*, XV. 1 이하.

of being)는 더할 나위 없이 큰 실수, 하나님과 하나님이 아닌 것을 동일한 개념으로 묶는 실수를 범한다는 반대를 통해 이루어질 수 있다. 다시 말해, 존재의 유비는 우상숭배적이다. 이 반대는 그 자체로는 유지될 수 없는데, 유비적으로 사용된 모든 개념이 그런 종류의 시도를 감행할 것이기 때문이다. 하지만 이 반대는 토마스의 유비가 취하는 경향이 있는 형태에 대해서는 유효하다. 바로 그것이 마이클 버클리가 현대 무신론의 발전의 기저에 있다고 주장한 것으로, 기독론 및 성령론과 무관하게 신학적 구조들을 세우는 것이다.[12] 이 측면에서 바르트적 반대는 유효하다. 초월성의 체계는 기독교 신학이 독특하게 가진 내용에 기초한 역사적 생성과 무관하게 발전했다. 노먼 크레츠먼(Norman Kretzmann)의 관찰에 따르면, "[초월적 용어들]의 중세적 이론은 삼위일체에 대한 고려들과 무관하게 발전한 것으로 보인다."[13] 그렇다면 존재의 유비에 대해 제기되는 반대들은 다음 두 가지다. 존재(being)가 초월적 개념인 생성(becoming)보다 임의적으로 격상되었던 것으로 보인다는 점, 그리고 더 일반적으로는, 이 개념이 참으로 신학적 봉사를 위해 전용되었는지 매우 의심스럽다는 점이다. 현재의 맥락에서 말하자면, 그 개념이 내용상 삼위일체적이라기보다는 여전히 본질적으로 파르메니데스적이지 않은지 묻는 것이다.

아퀴나스의 구상의 약점들은 그 내용에서 더 명백해진다. 존재 개념이 반드시 파르메니데스적 함축들을 가지는 것은 아니지만, 아퀴나스에게는 분명히 그렇다. 방법론으로서 매우 중요한 부정적 방법은 아퀴나스가 포이어바흐와 관련된 비판에 취약해지기 쉬움을 의미하는데, 즉 하나님 개념이 세상적

12　"『신학대전』에서 그리스도는 3부에서만 중요하게 나온다. 하나님, 섭리, 인간의 본성, 창조, 인간의 결국에 대한 교리들이 다루어진 다음에 말이다." Buckley, *Origins*, p. 55. 바로 이러한 이유들 때문에, "절대적인 것의 신플라톤주의적/기독교적 구한화"는 "관계적이고 생산적이고 반응적인 것을 신격에" 도입함으로써 플라톤주의를 적절하지 수정했다고 존 밀뱅크가 주장하는 것이 내게는 별로 설득력이 없어 보인다. Milbank, *Theology and Social Theory*, p. 295.

13　Norman Kretzmann, "Trinity and Transcendentals", *Trinity, Incarnation and Atonement. Philosophical and Theological Essays*, edited by R. J. Feenstra and C. Plantinga (Notre Dame: University of Notre Dame Press, 1989), pp. 79-109 (p. 87).

인 존재의 표시에 대한 부정에서 투사된 것이어서 하나님이 긍정될 수 있기 위해 세계가 부정되는 것으로 보인다. 따라서 시간적인 것은 (무시간적인) 영원한 것에 이르는 길을 제공하기 위해 부정되고, 질료적인 것은 비질료적인 것에 이르는 길로 다루어진다. 하나님은 초월적 통찰의 원천이 되기는커녕, 시간과 생성의 세계에 있는 본질적 특징들을 부정하는 과정에서 유래하는 듯 보인다. 이 판단은 아퀴나스가 초월성에 관해 명시적으로 하는 말을 우리가 보게 될 때 확증된다. 그에게는 네 초월자들이 있어서, "'존재'와 마찬가지로, '하나', '참된', '선한' 같은 용어들은 범주들을 초월하여 보편적으로, 즉 하나님은 물론이고 다른 모든 것에 적용할 수 있다."[14] 우리의 목적을 위해 서로 관련된 두 가지 함의가 있다. 플라톤과 아우구스티누스의 유산에 충실하게, 아름다움도 다원성도 필연적인-초월적인-존재의 표시로 여겨지지 않는다.

    이 주장의 논리는 이 책의 전체 주제에 중요한데, 즉 우리가 인간 삶을 그 충만함 가운데 이해하는 방식은 우리가 인간 삶의 보편적 틀을 이해하는 방식과 밀접히 관련이 있다는 것이다. 다원성의 경시는 아름다운 것의 경시와 관련되고, 혹은 질료적으로 구현된 아름다움의 경시와 분명히 관련된다. 질료적 아름다움은 아우구스티누스적 전통에 의해 더 상위에 있는 비질료적 아름다움에 이르는 중간 과정으로만 중요하다고 여겨지는 것으로서("들어 본 가락은 감미롭지만, 들어보지 못한 가락은 더 감미롭다"), 필연적으로 다원성, 즉 창조된 실재의 여럿됨과 연관된다. 아우구스티누스의 인식론을 포함한 매우 많은 인식론에서 유한한 아름다움이 참된 존재에 참여하지 못하게 하는 것은 바로 그 유한한 아름다움에 있는 필연적 다원성과 질료성이다. 하지만 만약 아름다움이 어떤 식으로든 존재론적으로 그리고 인식론적으로 존재의 다른 영역들인 진리와 선보다 열등하다면, 우리가 2장과 4장에서 서구적 삶의 문

---

14   같은 책, p. 88.

화적 파편화라고 본 것의 근거가 신학적 전통의 핵심에 놓인 것이 아닌가?

그렇다면 하나와 여럿이 모두 합당한 위치를 갖는 신학의 발전이 가능하도록 하는 새로운 접근법의 기초는 무엇일까? 우리가 앞에서 본 대로, 아퀴나스의 유비는 버클리와 크레츠먼에 의해 지적된 이유로 인해 실패한다. 적절하게 될 합리성 개념은 처음부터 여럿의 세계에 대한 하나님의 경륜적 참여에 기초해 있는 것이다. 하지만 아퀴나스의 목적은 맞다. 우리는 창조된 관계성의 구조들이 그 구조들을 만들었고 지탱하는 손에 의해 특징지어지는 방식을 참으로 이해할 수 있어야 한다. 이런 측면에서 바르트의 구상도 역시 충분하지 않다. 그가 자신의 유비의 신학을 하나님이 하나님 아닌 것에 대해 갖는 삼위일체적 관계됨의 함축들이라는 기초—토대—위에서 전개하는 것은 옳다. 하지만 그의 탐구도 역시 너무 제한적이어서, 어떻게 언어가 하나님에 관해 말할 수 있는가에 대한 이론에—전적으로는 아니라도—주로 한정된다. 이 두 전형적인 신학자들과 구별되는 나의 관심은 삼위일체적인 존재(와 생성)의 유비를 발전시키는 것인데, 즉 삼위일체적 창조자와 구속자라는 존재의 역동성에 비추어 창조된 세계의 구조들을 개념화하는 것이다.[15] 따라서 이것은 토마스주의적 유비와 비슷한 기획이지만, 거기에 바르트에게서 취한 형태를 더한다. 부정적으로 말하면, 이 구상은 구조상 삼위일체적이라는 점에서 아퀴나스의 것과 다르고, 또한 하나님의 특성들을 유비적으로 단언할 뿐 아니라 모든 존재에 관해 말하는 방법을 추구하는 접근법이라는 점에서 바르트가 말한 신앙의 유비와 다르다. 우리는 현대 사상이 초월성으로부터 이해한 것을 살핌으로써 이 발전에 접근한다.

---

15 나는 그렇게 해서 로버트 젠슨(Robert Jenson)이 모든 유비의 구상에 있다고 보는 위험들을 피하기를 바란다. 그에 따르면 그 구상들은 "종교", 즉 시간과 영원의 변증법을 관련시키는데, 그것은 시간 안에 있는 삶의 실재가 영원한 것으로의 도피에 의해 회피되거나 부정되는 수단이 된다. 이 주제는 젠슨의 저작에서 거의 보편적이지만, 예를 들어 다음에 나오는 그의 유비 비판을 보라. Robert Jenson, *The Knowledge of Things Hoped For: The Sense of Theological Discourse* (New York: Oxford University Press, 1969), 3장, 그리고 바르트에 관한 그의 여러 저작.

3. 개방적 초월자

계몽주의가 토대들을 탐구한 것은 그 전임자들이 물려준 것보다 더 적절한 초월성을 발견하려는 시도로 이해되어야 한다. 하지만 그 탐구의 주요 결과는 한편으로 계몽주의가 전임자들의 약점을 공유하고 다른 한편으로 결국 하나님 개념을 상실하여 우리가 검토한 탐구에 대한 회의론을 낳았다는 것이다. 늘 그렇듯 여기서도 칸트가 중추적 인물이다. 잘 알려진 대로, 그는 외부 세계에 특성을 부과하는 초월성을 발견할 가능성이 전혀 없기에 대신에 그 초월성을 정신의 개념적 틀 안에서 추구했다. 이 접근에는 큰 가치가 있는데, 인간 정신에 대한 사유들은 이 사유들이 어떤 방식으로 자신 너머에 놓인 것을 반영하거나 나타낼 수 있는지 묻는 이중 질문의 한 측면을 나타내기 때문이다. 하지만 칸트의 접근이 재앙적 제한이었던 것은, 결과적으로 그가 진정한 초월성을 뉴턴주의 물리학의 개념들로 제한했으며 그 외의 것은 거의 다 배제했기 때문이다. 더 나아가 그는 우리가 아퀴나스의 초월자들 개념에서 만났던 전통의 두 약점들을 모두 악화시켰다. 한편으로 칸트는 정신의 통일시키는 행위를 매우 강조함으로써 하나에 대한 전통의 지나친 강조를 다른 차원에서 반복했고, 그 결과로 존재의 성급하고 지나치게 이성적인 통일이 이전의 형이상학적 통일의 뒤를 잇는다. 다른 한편으로 칸트는 과학의 합리성과 윤리의 합리성을 분리시키고 미학에 대한 주관적 견해를 견지함으로써, 우리가 플라톤과 아퀴나스 안에서 이미 만났던 진선미라는 세 영역의 파편화를 치유하는 데 아무것도 하지 못했다.

대안적 접근법은 고대와 현대 모두의 서구 전통이 가진 가장 큰 약점들을 제거하는 작업을 시도해야만 한다. 우리가 존재의 통일성과 다원성 모두를 위한 자리를 발견할 수 있을까? 우리가 경험하는 세계에 충실할 수 있는 인간의 문화적 기획들의 통일성과 다원성 모두를 위한 자리를 말이다. 만약 우리가 더 제한적이고 개방적이고 잠정적인 것, 인간의 특성에 더 적절한 것에 대한 선호로 확실성, 보편성, 오류 불가능성의 기대에서 벗어난다면 상황은 매우 달라 보인다는 언급으로 시작할 수 있다. 비트겐슈타인에 의지하면서, 사비나 로비본드(Sabina Lovibond)는 일종의 "초월적 지역주의"(transcendental parochialism)를 권했다. 즉 "특정한 종류의 몸과 환경을 가진 피조물인 우리가 초월적으로 관계되어 있는 개념적 체계로부터 벗어나려는 충동…을 포기하는 것"이다.[16] 나는 이 지적을 고려하여, 하지만 이 지적을 쉽게 정적이거나 일반적 언어―또는 개별자에 대한 포스트모던적 이상화―에 국한된 호소가 되는 경향을 덜 띠는 방식으로 받아들이면서, 개방적 초월자들 개념을 제안하고 싶다. 개방적 초월자란 어떤 면에서는 인간의 사유 과정에 기본인 개념으로, 보편적인 존재의 표시들에 대한 계속되는 그리고 원칙적으로 끝나지 않은 탐색을 할 수 있게 한다. 참으로 이 탐구는 보편적인 것으로, 보편적인 존재의 표시들을 나타내거나 반영하는 데 이런저런 방식으로 성공하는 개념들을 찾는 것이다. 하지만 이 탐구가 찾으려는 개념들은 그 가치가 일차적으로 명료성이나 확실성에 있지 않고, 계속되는 사유의 과정 동안에 인간의 삶과 문화 안에 있는 다양한 원천들로부터 심화되고 풍요롭게 되기 위한 암시성이나 잠재성에 있다. 그러므로 필요한 것은 역동성이다. 일부 이전의 접근들에서 그랬던 것처럼 가능성들이 배제되는 것이 아니라, 사유의 과정이 심화되는 종류의 실재와 상호작용 가운데 있는 적극적 정신의 관념들 및 실행의 역동성이다.

목표로 하고 있는 것의 일부는 콜리지의 **관념**(idea) 개념에 의해 암시된다. 그것은 영원한 플라톤적 추상화도, 콜리지의 직전 세대에서 그토록 많은 철학자가 좋아한 실증적 경험의 특정한 심적 자료도 아니다. 그것은 합리주의

---

16 Sabina Lovibond, *Realism and Imagination in Ethics* (Minneapolis: University of Minneapolis Press, 1983), p. 210.

전통의 본유 관념과 같지만, 로크(Locke)의 비판에 굴복하는 종류의 것은 아닌데, 관심이 고정된 혹은 정적인 개념들보다는 인간 정신이 실재와 상호작용하는 일반적인 방식들에 있기 때문이다. 콜리지에게 관념들은 정적이지 않고 역동적이며, 추상화되거나 일반화되지 않고 어떤 것의 "**궁극적 목표에 관한 지식에 의해 주어진다**."[17] 관념들은 성격상 단지 규정적이기보다는 존재론적이지만, 그렇다고 해서 그것들이 쉽게 이해할 수 있음을 의미하지는 않는다. 이성의 산물로서 관념들은 종종 명백한 역설에서만 모습을 드러낸다.[18] 그러므로 이와 관련하여 관념들의 비결정성을 강조하여 그것들이 모호하고 불명확해 보이게 할 수도 있지만,[19] 사례들이 보여 주는 대로 실제로는 그렇지 않다. 오히려 이 문제의 핵심은 관념들의 심오함과 역동적 비고갈성에 있는데, 관념들은 정신이 실재와 상호작용할 때 사물들의 진리에 더 깊이 관여할 가능성을 야기하기 때문이다.

콜리지 자신은 우리의 주제와 관련 있는 두 가지를 말한다. 첫째는 관념들의 매개적 성격과 관련된다. "[관념들의] 모든 것에서 우리는 보편적인 것 안

---

17 Samuel Taylor Coleridge, *On the Constitution of the Church and State. The Collected Works of Samuel Taylor Coleridge*, Volume 10, edited by John Colmer (London: Routledge and Kegan Paul, 1976), p. 12.
18 "두 모순된 입장이 언제나 관념을 표현한다는 것이…아니라, 다만 이해력이…단순한 모순되지 않은 단언에 의해 전달될 수 있는 것은 관념이 될 수 **없다**는 것이다." *The Notebooks of Samuel Taylor Coleridge*, Volume 4, 1819-1826, edited by Kathleen Coburn and Merton Christensen (London: Routledge, 1990), p. 5294. 이 인용은 다음을 참고했다. Mary Anne Perkins, "The Logos Reconciler. The Search for Unity in the Relational, Logosophic System of Samuel Taylor Coleridge", PhD, University of London, 1991, p. 258.
19 콜리지가 *The Friend*에서 관념을 사용한 것에 관해 한 해석자가 말한 바에 따르면, 콜리지에게 "장엄하게 비결정적인 관념들은…모호한 장문의 양식으로 적절히 소통될 수 있다. 왜냐하면 오직 그것만이 모든 의미를 완전히 드러내지 않고 언제나 어떤 의미를 감추면서 존재·형상·생명…하나님을 위한 자리를 남겨 두기 때문이다." Jerome Christensen, *Coleridge's Blessed Machine of Language* (Ithaca and London: Cornell University Press, 1981), p. 209. 그는 *The Friend*—상대적으로 초기 작품임을 기억하라—의 한 구절을 인용하여, 콜리지에게 한편으로 명확히 이해할 수 있는 대상들을 다루는 분명하고 뚜렷한 개념들과, 다른 한편으로 심원하고 모호한 관념들 사이의 구별이 있음을 보여 준다. 그러므로 그는 "자연적 권리로 인간의 도덕적 완성에 필수적인 모호한 관념들에 속하는 깊은 감정들을 어떤 대상들에 **남겨 두기를**" 바라는데, "그 관념들의 비결정성이 대상들을 장엄하게 만드는 것과 꼭 마찬가지로, 그 관념들의 장엄함은 대상들을 비결정적으로 만들기 때문이다." p. 208.

에서 개별적인 것을, 또는 개별적인 것 안에서 보편적인 것을, 절대적인 것 안에서 한정된 것(또는 명확한 것)을, 그리고 한정된 것 안에서 절대적인 것을 숙고한다."[20] 정확히 이것을 우리가 추구하고 있다. 개별적인 것과 보편적인 것의 상호작용은 그 안에서 파르메니데스적인 것도 헤라클레이토스적인 것도, 절대적인 것도 상대적인 것도 지배적이지 않고, 각각에게는 오류가 있을 수 있는 합리성이라는 당연한 개념 안에서 자신에게 적절한 중요성을 부여받는다. 둘째는 콜리지가 여러 경우에 삼위일체를 "관념들 중의 관념"으로, 그러므로 인간 정신에 기본적이면서 동시에 적절성과 깊은 불가해성이 지극히 풍성하다고 기술한다는 것이다. "그 위대한 진리는, 그 안에 모든 가능한 지식의 모든 보배가 있는 것으로⋯관념 자체다. 즉 관념들 중의 관념(Idea Idearum), 모든 진리의 형상·방법·개입인 기층을 이루는 진리다."[21] "삼위일체는 참으로 제일의 관념(the primary Idea)으로, 그로부터 다른 모든 관념(ideas)이 도출된다."[22]

우리는 **관념**(idea)과 **초월자**(transcendental) 사이에 구별이 지어졌음을 인지해야 하고, 그 구별을 계속 기억해야 할 것이다. 삼위일체는 모든 존재의 표시라는 의미에서 초월자가 아니다.[23] 오히려 삼위일체 교리가 무엇보다도 하나님의 존재를 특징짓는 한 방법, 즉 하나님이라는 존재에 관해 무엇인가를 말하는 한 방법이라는 것을 계속 견지해야 한다. 그러므로 삼위일체는 초월자보다는 관념인데, 삼위일체 교리가 중요한 것은 모든 존재, 진선미의 원천의 성

20　Coleridge, *Notebooks* 4, p. 5294.
21　Coleridge, "Notes on Waterland's Vindication of Christ's Divinity", *The Complete Works of Samuel Taylor Coleridge*, edited by W. G. T. Shedd (New York: Harper and Brothers, 1853), *Volume* 5, pp. 404-416 (p. 407).
22　Coleridge, *Notebooks* 4, p. 5294.
23　과거에 일종의 초월자로 사용됨으로써 삼위일체 교리가 오용되었고, 그 결과로 독창적인 지성들은 피조물 안에서 "삼위일체의 흔적"(*vestigia trinitatis*), 삼위일체의 자취들을 찾게 되었다. 그것들은 삼위일체를 반영한다고 여겨진 셋됨(threeness)의 양식들이라는 형태를 세계 안에서 일반적으로 취했지만, 이런 양식들은 그 본질적으로 비인격적인 특성 때문에 그리고 삼위일체의 수에 주의를 기울이게 함으로써, 삼위일체 교리에 내재해 있는 관계적 존재론의 참된 가능성들을 모호하게 만드는 데 영향을 끼치고 말았다.

격에 관한 어떤 것을 알려 주기 때문이다. 하지만 삼위일체가 초월자, 즉 모든 존재의 표시는 아니지만, 그럼에도 초월자들(transcendentals), 즉 우리가 그 일부이고 우리가 그 안에 사는 세계의 보편적 특징들을 보는 방식들을 만들어 낸다. 만약 삼위일체 하나님이 모든 존재·의미·진리의 원천이라면, 우리는 모든 존재가 어떤 식으로든 자신을 만들었고 유지시키는 분의 존재를 반영할 것이라고 가정해야만 한다고 볼 수 있다.

내용에 관한 한, 나는 새로운 초월자들이 고전적 전통의 장점들을 유지하고 하나님과 세계 사이의 타자성을 보존해야 한다고 생각한다.[24] 그러므로 우리는 이 측면에서 아퀴나스와 바르트의 전통에 서고, 램프(Lampe)[25] 및 과정 신학자들 같은 이들의 내재론적 신학들에 반대할 것이다. 하지만 다른 측면들에서는 차이들이 있을 것이다. 특히 진선미의 초월성과 상호관계에 관해, 또한 동시에 다수성의 자리에 관해 더 적절한 설명이 제시되어야 한다. 그러한 과정이 촉진되려면, 내가 믿기에는, 기독교와 반(反)기독교 전통에서 그토록 흔한 유일하며 임의적으로 의도하는 신을 대신해서, 하나님을 삼위일체적으로 이해하는 것의 일반적 함의들을 지금까지 고려해 왔던 것보다 더 많이 고려해야 한다.

반복하자면, 콜리지의 관념들에 관심을 갖는 것은 그 관념들의 역동적이고 비고갈적인 성격 때문이다. 그가 촉진시키는 접근법은 최근의 철학이 제시해 온 대안들을 초월한다. 그러므로 이 접근법은 객관주의와 주관주의의 [그리고 그와 관련된 실재론(realism)과 관념론(idealism)의] 절대적 대립을 넘어설 것인데, 정신의 주관적 사유들과 그것들에 대응할 세계의 구조들 사이에 있는 대화를 제시하는 것을 바라기 때문이다. 그러므로 이 접근법은 퍼트넘

24　앞에서 본 대로, 하나님을 내재적 영역으로 변위시킨 것은 현대성이 이룬 가장 파괴적인 변화들 중 한 가지로, 현대성의 많은 병폐의 근원이다.
25　G. W. H. Lampe, *God as Spirit. The Bampton Lectures 1976* (London: SCM Press, 1977).

(Putnam)의 "인간의 얼굴을 한 실재론"[26]의 성격을, 그리고 번스타인(Bernstein)이 "객관주의와 상대주의를 넘어서"[27]려는 관심의 성격을 어느 정도 공유할 것이다. 또한 이 접근법은 절대주의(absolutism)와 상대주의(relativism)의 철저한 대립을 넘어설 것인데, 왜냐하면 초월자들은 서로 다른 시간과 장소에서 다양한 형태를 취하면서도 보편적 지향성을 내포하는 것으로 보일 것이기 때문이다. 비슷하게, 이 접근법은 두 중요한 신학적 교리들을 긴장 가운데 유지하려 할 것이다. 첫째 교리는, 하나님이 세계를 선하게 창조함으로써 그 세계가 몇몇 고유한 인간적 활동 형태들 중 한 가지인 이성의 사용이 있고 그러므로 어느 정도의 이해를 달성하는 데서 자신의 합당한 몫을 거두리라고 예상될 수 있는 곳이 되도록 만들었다는 것이다. 개방적 초월자들에 대한 탐구는 **합리적**(rational) 탐구이고, 앞에서 나온 사람들과의 모든 차이점에도 불구하고 주류 철학적·신학적 전통과 연속선상에 있다. 둘째 교리는, 인간적 한계와 죄 때문에 우리는 초월자들을 상정하는 것이 예상하게 하는 성공을 이루거나 의견일치를 보지 못하리라는 것이다. 모든 인간적 행위와 사고는 그리스도 안에서 모든 것의 완성이라는 약속을 고려해 일어날 뿐 아니라, 우주의 타락성을 공유하고 악화시킨다. 신학의 책임들 중 한 가지는, 어느 것이 어디에 속하는지에 관한 연구에서 한 몫을 하는 것이다.

도식적으로 우리는 개방적 초월자들에 대한 탐구가 특정한 측면들에서 칸트를 지지하고 플라톤에 반대하는 것이라는 사실을 말할 수 있는데, 특히 창조적 정신의 역동성을 받아들이는 점에서 그렇다. 하지만 인간 정신의 유한성, 역사성, 그리고 실재에 뿌리내림을 인정하는 '객관적인' 그리고 형이상학

---

26 Hilary Putnam, *Realism with a Human Face*, edited by James Conant (London: Harvard University Press, 1990).
27 Richard Bernstein, *Beyond Objectivism and Relativism: Science, Hermeneutics and Practice* (Philadelphia: University of Pennsylvania Press, 1985). 『객관주의와 상대주의를 넘어서』(철학과현실사).

적인 탐구를 실행한다는 점에서는 칸트에 반대하고 플라톤을 지지할 것이다. 또한 초월자들은 잠정적이고, '유한'하고, '개방적'일 것이다. 여기서 이 탐구는 플라톤과 칸트 모두에 반대될 것이고, 참으로 다수의 현대성의 방향에 반대될 것이다. 그러므로 이 탐구는 전체 전통에 반대될 것인데, 전체 전통이 통일성과 수학적 확실성을 지나치게 숭배했다는 점에서 그렇다. 그렇게 해서 이 탐구는 우리를 이와 같은 상황에서 꼭 언급해야 하는 헤겔에게 이끈다.

앞에서 본 대로, 진리 개념에 대한 모든 현대적 탐구는 계몽주의의 구상과 그 실패 모두를 고려해야만 한다. 그러므로 요즘 종종 충분히 말해지는 대로, 모든 표현 형태들과 진리 주장들의 역사성(historicity)을 고려해야만 한다. 말해진 모든 것은 역사적·문화적 맥락에 속해 있고, 그러므로 영원한 타당성을 가장할 수 없기 때문이다. 그러므로 현대적 탐구가 추구해야 할 것은 영속적인 것이 아니라, 인간의 사유 안에 있는 내적인 역동성과 방향이다. 그러므로 그것은 헤겔을 진지하게 받아들여야 하고, 그의 구상에서 안내를 받음으로써 나아갈 방향을 찾아야 한다. 헤겔은 역사성과 진리 모두를 믿었다. 실제로, 그는 진리가 인간 문화 안에 존재하게 되었다고 믿었다. 그가 한 옳은 일과 그른 일 모두를 이해하는 단서는 정신(Spirit)이라는 그의 개념에서 볼 수 있다. 정신은 인간의 문화적 기획에서 일어나는 것을 통일하기도 하고 의미를 부여하기도 한다. 그것은 우주적인 동시에 인간적인, 개인적인 동시에 사회적인, 역동적 힘이다. 헤겔의 문화적 구상은 전근대적 문화, 특히 기독교 세계의 전근대적 문화가 이룬 것을 진지하게 다루는 것이었다.[28] 그는 현대의 위기가 멈출 수 없는 파편화로 향해 있는 데 있다고 보았고, 그러므로 신학적 기초로서 현대화된 중세보다는 새로워진 문화적 통일을 추구했다. 타당하게 키르케고르는 이 안에서 기독교가 아닌 우상숭배의 한 형태를 보았지만,

---

28 키르케고르가 헤겔의 사회 이론에서 일종의 기독교 세계의 재공포를 본 것은 옳았다.

옳든 그르든 그는 헤겔의 사유가 이 분야에서 갖는 실제적 중요성을 보지 못하도록 방해할 수 있는데, 즉 문화적 현상들의 역사적 상대성은 그 현상들이 진실성(truthfulness)을 얻는 데 아무런 장애가 되지 않는다는 점을 가르친다는 것이다. 잘 알려진 대로, 헤겔에게 문화적 현상들의 진실성은 그것들이 정신의 변증법적 운동의 일부라는 사실에 있다. 하나님이 자신을 시간 안에서 실현하는 한, 진리는 존재한다.

헤겔의 구상을 이해하는 단서는 여기서 "…하는 한"(in so far)이 이해되는 방식이다. 어느 정도까지 하나님이 헤겔이 가정한 방식으로 문화 안에 그리고 문화로서 존재한다고 말할 수 있는가? 약점은 내재주의(immanentism)와 종말론에 있다. 헤겔은 정신의 행동을 너무 내재적으로 이해함으로써 우리가 현대성의 비애의 특징이라고 본 것을 반복한다. 하나님과 세계가 관계되지만 구별되어 참으로 자신들일 수 있는 방식으로 둘 사이에 일정한 간격을 두는 데 실패한 것이다. 헤겔은 구분해야 하는 것들을 혼동하는 경향이 있고, 그렇게 해서 거의 범신론에 가까운 자신의 사상에서 하나(the One)에 의한 압제를 또 보여 준다. 결함이 있는 종말론은 마찬가지로 하나님과 세계의 관계에 대한 잘못된 개념화에서 볼 수 있다. 종말론과 영(spirit) 개념은 떼어놓을 수 없을 정도로 서로 관계되어 있다. 하지만 문화를, 특히 현대 문화를 정신(the Spirit)의 활동에 따른 직접적 산물로 해석함으로써, 헤겔은 충분히 자주 지적되는 대로 현대성(modernity)에 하늘 나라(the kingdom of heaven), 즉 최종성(finality)의 위상을 부여하는 경향이 있었다. 최종성을 무효화시켜 온 것에 말이다.[29] 요컨대, 헤겔은 결함이 있는 초월성을 제시한다고 말할 수 있다. 즉 정신(the Spirit)이 성부와 성자를 변위시키고, 그 결과로 우리는 최종적으로 악마적인

---

29 나는 다시 한번 로버트 젠슨의 격언을 인용하지 않을 수 없다. "헤겔의 유일한 진짜 실수는 그가 자신을 최후의 심판자와 혼동했다는 것이다. 하지만 이것은 엄청난 실수다." Jenson, *The Knowledge of Things Hoped For*, p. 233.

내재주의의 근원에서 진정으로 다원성을 위한 여지를 찾는 데 무능하다.

하지만 헤겔로부터 배울 점이 많은데, 특히 진리가 인간 사유의 역동적이고 시간적인 과정들 안에서 추구되고 아마도 실현된다는 개념, 그리고 이 개념을 하나님에 관한 교리, 흠이 없는 관념의 도움을 받아 형성한다는 것이 그렇다. 결함은 정신의 관념도, 심지어 시간과 공간에서 실현되는 정신의 관념도 아니다. 헤겔에게 있는 문제는 그의 삼위일체가 생각되는 방식이다. 무엇보다도 먼저, 그의 삼위일체론은 삼위일체의 세 위격들(persons)이 서로를 계승하되 셋째 위격이 사실상 다른 위격들을 삼켜버리는 방식으로 그렇게 한다는 의미에서 양태론적이다. 역사적 운동이 거기에 있는 전부이며, 그렇게 해서 하나님은 최종적으로 역사 안에서 상실된다. 둘째, 헤겔의 체계에 있는 범신론적 경향들이 전면에 나섬에 따라 그에게 역사는 하나님 안으로 삼켜지는 것처럼 보인다. 두 경우 모두에서, 개별성과 개인성을 파괴하는 통일을 피하기 위해서 요구되는 삼위일체적 사유의 특징 자체가 상실된다. 중요한 것은 삼위일체의 세 위격들의 참된 구별성과 영원한 공존으로, 이것을 가능하게 하는 개념은 한 하나님을 함께 구성하는 세 위격들의 공동체를 유지할 뿐 아니라, 서로에 대하여 그리고 세계에 더하여 세 위격들의 타자성을 확립한다. 이 둘 다가 없다면 헤겔의 사유를 하나님에 대한 사유, 심지어 하나님의 실재와 동일시하는 것은 결국 불가피한데, 그렇게 되면 이것은 곧 파르메니데스의 반복이다.

헤겔로부터, 또한 마찬가지로 그의 위대한 동시대 사람인 새뮤얼 테일러 콜리지로부터, 우리는 삼위일체 교리에 근거해 있는 초월성의 신학을 위한 단서와 안내를 얻을 것이다. 아마도 헤겔은 "삼위일체의 흔적"을 찾는 자들과 마찬가지로 삼위일체 교리를 체계적으로 잘못 적용했고, 그것이 바로 헤겔과 콜리지가 매우 다른 신학들로 알려지고 그 결과로 매우 다른 우주론과 사회철학을 가진 이유다. 많은 것이, 아니 참으로 모든 것이, 이 특정한 교리가 표현되는 방식에 달려 있다. 그러므로 어떻게 초월자들이 삼위일체 교리에서 출현하는지에 관한 연구는 이 연구에서 매우 중요하다. 이제 그 부분을 다루겠다.

4. 삼위일체적 초월자들

많이 인용되는 구절에서 나지안조스의 그레고리우스(Gregory of Nazianzus)는 삼위일체 하나님에 관해 다음과 같이 말한다. "내가 하나이신 분(the One)을 생각하자마자 나는 셋이신 분(the Three)의 광휘로 밝혀지고, 내가 그분들을 구별하자마자 나는 다시 하나이신 분에게 되돌려진다."[30] 이 문장 자체는 삼위일체적 신학을 추상적으로 그리고 그 자체의 내적 얽힘 외에는 거의 관심이 없는 것으로 만드는 것의 한 사례처럼 보일 수도 있다. 자기 자신 너머를 가리키지 않는 경건이나 이론으로 말이다. 물론 그러한 염려가 옳고 적절한 측면도 있다. 교부들의 의미에서 하나님 자신을 위해 하나님의 영광에 봉사한다는 것을 의미하는 신학은, 적실성의 표지들을 찾아 끊임없이 그리고 불안 속에서 자신의 관심을 외부로 돌리지 말아야 한다. 하지만 개념적 얽힘이 무미건조하게 될 때 한계가 있다. 나지안조스의 그레고리우스의 공식도 그러한가? 내가 생각하기에, 이것이 초월자들에 대한 이전의 논의를 고려해 상술된다면 그렇지 않다. 만약 초월자들이 있다면, 앞에서 본 대로, 그것들은 정신과 그 정신이 사유하는 대상의 역동적 상호관계에서 볼 수 있을 것이다. 그레고리우스와 관련해 흥미로운 점은, 바로 이것을 우리가 발견한다는 사실이다. 하나님의 하나됨과 셋됨 사이에 있는 역동적 변증법이 사유의 과정에서 그 둘에 동등한 중요성을 부여하는 데서 말이다. 하나님에 관해 생각하는 것은 그의 정신이 통일성이든 다원성이든, 파르메니데스든 헤라클레이토스든

---

30   Gregory of Nazianzus, *Oration*, 40. 41.

어느 한편에 머무는 것을 거부한다.

앞에서 본 대로, 이후의 사유는 하나님의 존재와 초월성의 성격에 대한 논의에서 이 역동성을 유지하는 데 실패했고, 결과적으로 여럿을 희생하면서 하나라는 초월적 위상의 도그마가 사유를 지배하게 되었다. 그 결과는 우리가 이 책 전체에서 보는 대로, 그레고리우스가 바라는 종류의 긴장을 유지하기보다는 파르메니데스와 헤라클레이토스 사이를 오락가락하다가 결국 파르메니데스적 부동성(immobility)으로 떨어지는 경향이 강했다. 하지만 우리가 그레고리우스를 진지하게 고려한다고 가정해 보면 어떤 초월적 탐구의 가능성들이 드러나는가? 이 가능성들은 교부들이 그들의 교리에서 하나(the one)와 셋(the three)을 함께 붙들기 위해 사용한 개념들 중 일부를 우리가 발전시킬 때 나타나기 시작한다. 이번 장의 남은 부분에서 나는 이 개념들 중 일부를 개괄하고, 이후의 장들에서는 그 개념들이 세계 안에 있는 인간 상황에 대한 구체적 사유를 위해 암시하는 가능성들을 더 상세히 탐구하려 한다. 그러므로 이 전개의 핵심은 단지 초월적 범주들에 관한 추상적 문제들을 해결할 개념들을 만드는 것이 아니고, 오히려 그것들을 사용해서 이 연구 전체에 걸친 우리의 관심의 중심에 있었던, 세계 안에 있는 인간의 영역들—지적·도덕적·미학적 영역들—에 대한 이해를 돕는 데 사용하는 것을 목적으로 한다. 말하자면, 나는 삼위일체론적으로 발전시킨 초월자들을 앞선 장들이 고대와 현대 세계 모두에서 매우 불만족스럽게 다루어졌음을 보인 논쟁적 질문들에 대한 이해를 돕는 데 사용하기를 바랄 것이다. 바로 관계성, 개별성, 시간성, 그리고 때때로 진선미라는 세 위대한 초월자들이라고 불리는 것의 위상과 관계에 대한 질문들이다.

여기서 반드시 상기되어야 할 점은 우리가 큰 관심을 창조 교리에, 그리고 특히 하나님에 관한 교리가 창조된 실재에 관한 우리의 이해에 어떤 실마리를 던지는지에 기울일 것이라는 점이다. 1부에서 나는 어떻게 현대에 일어난 하나님의 변위에 대한 원인이 결함 있는 창조 교리, 그리고 특히 이레나이우스의 삼위일체론적 창조 신학 안에 있는 가능성들을 발전시키지 못한 창조 교리에 반대하는 반응으로 거슬러 올라갈 수 있는지를 보였다. 그렇게 한 목적은 동일한 종류의 개념적 문제들이 인간 문화의 다른 영역들에서도 일어나는 것을 발견할 수 있음을 보이는 것이었다. 예를 들어, 2장에서는 과학적 사고와 사회적 사고 모두에서 개별성 개념에 대한 유사한 어려움들이 출현했다. 그에 대응하는 나의 긍정적 주장은 새롭게 된 창조 교리가 하나님에 관한 교리에 기초해, 즉 어떤 식으로든 다원성을 사물들의 존재 안에 포함시키는 하나님에 관한 교리에 기초해 가능하다는 것이다. 만약 초월자들에 대한 새로운 개념이 창조된 질서에 대한 사유의 가능성들을 연다면, 바라기는 앞에서 다룬 것들과 유사한 다양한 현상들을 이해하는 데 도움을 줄 것이다. 나는 이 현상들 중 일부를, 지금의 단계에서는 주로 가능성들의 개요를 그리며 이번 장을 마칠 것이다.

첫째, 인간의 문화적 기획의 통일성과 다양성에 관한 질문이 있는데, 특히 문화의 세 고전적 영역들인 진선미(또는 과학·윤리·예술)의 통일성 안에 있는 관계에 관한 것이다. 이 셋이 관련되어지되, 어느 하나를 다른 것들보다 우위에 두지 않고 각각의 특징적 성격과 중요성을 보장할 수 있는 방식으로 그렇게 할 수 있는가? 말하자면, 현대 문화에서 다른 방식들로 그토록 많이 보게 되는 특징처럼 셋 중 어느 하나를 일방적으로 격상하는 일 없이 말이다. 진정으로 열망해야 할 것은 과학·도덕·예술의 적절한 자율성—그것들의 참된 구별성과 다양성—이라는 개념으로, 다른 의미 영역들 안에서 일어나는 질문들과 무관하지 않게 표현되어 함께 풍요롭고 다양한 사회 문화에 기여하게 되는 것이다.

둘째, 사회적 사고에서 이를테면 하나와 여럿, 사회와 개인을 어느 하나를 다른 것에 잠기게 하는 일 없이 함께 붙들 수 있게 하는 방식의 문제가 있다. 가장 단순한 차원에서, 최근의 시대들을 분명히 특징짓는 개인주의와 집단주의 사이의 비틀거림이 극복될 수 있는지 여부에 대한 질문이 제기된다. 자유민주주의에서 매우 두드러진 자기실현의 윤리―본질적으로 관련되지 않은 것들에 의한 관계의 추구―를 집단의 필요에 여럿을 종속시키는 것―세계에 있는 많은 정치 체제를 여전히 특징짓는 것―과 연결하는 중도는 없는가?[31] 시간과 공간의 문제는 이 연구의 셋째 초점이다. 우리는 한 관점에서 현대성이 억압적이라고 추정되는 영원성과 무한성의 차원들이 배제되고 공간과 시간 안에 있는 존재가 격상되어 온 시대로 이해된다는 것을 보았다. 소외시키는 초월적 세계보다는 현세가 선호되었다. 예를 들면, 칸트의 구상은 뉴턴주의 범주들을 승인함으로써, 기계적으로 이해되던 시간과 공간을 사실상 초월적 실재들로 만들었다. 하지만 우리는 무엇이 대가로 지불되었는지를 현대적 삶의 너무나 많은 속박과 소외에서 보았다. 그렇다면 우리는 문화를 궁핍하게 만드는 두 경향, 즉 현세의 삶에 대한 고대의 경시와 그에 반대하는 현대의 일방적 반응을 피할 수 있겠는가? 우리는 세계에서의 우리의 위치와 나아가야 할 길을 알게 해 주는 초월적 좌표를 다시 발견할 수 있겠는가? 요컨대, 삼위일체적 초월자들을 발전시키는 것이 우리로 하여금 창조된 실재의 성격에 관한 논의에 기여할 수 있게 하는가?

그러한 신학은 새로운 방향들을 취할 수 있도록 해 주는데, 여러 가지 이유에서 그렇다. 그중에서 주된 이유는, 그것이 우리의 사고와 실천에서 개별성과 관계됨에 합당한 권리와 합당한 위상을 부여할 수 있는 개념들을 제공한다는 것이다. 여기서 중추적인 개념은 페리코레시스(perichoresis, 상호 침투)다. 기원적으로 이 개념은 삼위일체의 세 위격들의 존재론적 상호의존(interdependence)과 호혜성(reciprocity)을 보여 주는 한 방식이었다. 즉 삼

---

31 분명히 의미심장한 것은, 앞에서 지적한 대로, 공산주의 붕괴의 수혜자들 중 적어도 한 수혜자는 이전의 서구 진영의 형태들을 그대로 수용하고 싶은 생각이 없다는 점이며, 또한 글을 쓰는 이 시점에 들을 수 있는 것은 서독이 빠르게 흡수한 방식이 구(舊)동독에 가져온 혜택에 대한 많은 의심의 표현들이다.

위일체의 존재는 오로지 그 세 위격들의 상호관계(interrelation)와 상호생동(interanimation)에 힘입어 가능했던 것이어서, 하나님이 존재한다는 것은 절대적 단순성이 아니라 위격들의 역동적인 다원성에서 나오는 통일성을 내포했다는 것이다.[32] 이 개념의 초월적 가능성들은 다음 장에서, 그것이 인간들과 사물들 모두의 상호연관성에 관해 무언가를 이해할 수 있게 하는지 여부를 중심 질문으로 다루면서 전개될 것이다. 그것은 우리로 하여금 다양하고 놀라울 정도로 복잡한 세계에 대한 우리의 경험을 그 다양성과 복합성을 없애지 않고 통합할 수 있게 하는지를 묻게 될 것이다.

페리코레시스 개념에 정반대되는 개념은 개별성(particularity) 개념으로, 이것은 삼위일체론적 신학에서 위격들의 구별성(distinctness)을 가리키는 방식이다. 페리코레시스의 가르침에 따르면, 세 신적 위격들이 모두 서로 묶여 있어서 한 위격은 다른 두 위격들 없이는 그 자신이 되지 못한다. 하지만 개별 위격들에게 있으면서 그들이 서로 다른 위격들로 붕괴되거나 환원되지 않게 막아 주는 것은 무엇인가? 삼위일체의 신학에서 나오는 개별성 개념은 현대 문화의 많은 측면―2장에서 논의된 영역들에 더해 뉴에이지와 생태 윤리의 특정 측면들―에서 표면화되는, 예를 들어, 범신론에서 일어나는 현대 세계에서의 개별성 상실을 이해하는 데 무엇을 기여해야 할 것인가? 7장의 구상은 개인주의(individualism)를 통하는 것보다 개별성(particularity)을 더 잘 이해하는 방법이 있는지 묻는 것이다. 우리가 본 대로, 개인주의는 개별자들의 비관계됨의 측면에서 개인성을 강조함에도 개별성을 상실하기 때문이다. 우리는 사회와 자연적 세계 모두에서 개별자를 이쪽이나 저쪽으로 상실함 없이 가질

---

32 이것이 아주 정확한 말은 아니다. 프레스티지(Prestige)가 보여 준 것처럼, 이 개념은 처음에 (불만족스럽게도) 기독론에서 사용되었다. 하지만 '기독론적 경솔함'은 신학적 진보의 수단이었는데, 실질적으로 단성론적 기독론으로 인도한 것이 신학적으로는 사벨리우스주의와 삼신론(tritheism)을 없애는 한 방법이 되었기 때문이다. Leonard Prestige, "ΠΕΡΙΧΩΡΕΩ and ΠΕΡΙΧΩΡΗΣΙΣ in the Fathers", *Journal of Theological Studies* 29 (1928), pp. 242-252 (243-244).

수 있는가? 마지막 장에서 나는 1장에서 제기한 서로의 상호관계성 안에 있는 하나와 여럿 문제로 돌아감으로써 이 책의 교차대구를 완성할 것이다.

중요한 것은, 이 초월적 개념들이 진전된 사유를 위한 발판으로 이용될 때 그 개념들의 극도의 일반성(generality)에 주의를 기울여야만 한다는 사실이다. 그 개념들은, 콜리지가 가장 중요한 관념들을 특징짓는 것에서 그렇듯, 불가해하고 무한히 함축적이다. 관계적 역동성을 도입하는 한편, 유비와 관련된 모든 문제를 함께 가져온다. 그 개념들의 도움으로 특정한 적용의 질문들을 고려하는 것은 복잡한 과정이라서, 관념들의 다른 실현들이 여러 수준에서 고려되어야 한다. 한편으로, 어떻게 그 개념들이 하나님과 세계에 유비적으로 적용된다고 여겨질 수 있는지 물어야만 한다. 다른 한편으로, 세계적 존재의 인격적 차원과 비인격적 차원을 구별하고 또 관련짓는 데 그 개념들이 사용될 수 있는 방식에 관해 질문해야 할 것이다. 이 질문은 우리를 이 책의 서두에서 제기된 문제로 다시 데려간다. 인간의 삶이 구체화되는 맥락으로서의 제도들은 어떤 의미에서 우주적 과정의 역동성과 관련되거나 그에 근거하는가? 창조된 관계성의 구조들은 얼마나 진정으로 보편적이며, 또한 초월성은 얼마나 다양한 방식들로 그리고 다양한 차원들에서 구현되는가?

나머지 장들에서는 이러한 그리고 이와 유사한 질문들의 도움으로 콜리지적 삼위일체 이해가 함축하는 탐구를, 즉 이 관념들 중의 관념과 이것이 낳는 개방적 초월자들 사이의 대화를 다룰 것이다. 그가 관념들이라고 부르는 것은 체험적 도구들로, 가능한 사고방식들의 안내자들로 기능할 것이다. 그것들은 사유를 위한 새로운 가능성들을 역동적으로 열 것인가? 그렇게 한다면 기독교 신학은 현대 세계의 이해와 형성에 진정으로 기여할 것이고, 이는 우리가 하나님 앞에서 그리고 우리의 이웃 및 우주와 맺는 관계들의 다양한 구조들 속에서 이 땅에서 살아가는 것이 무엇인지에 대한 신비의 일부를 살피는 것을 가능하게 할 것이다.

6장

"그를 통하여 그리고 그 안에서…":
관계됨의 신학을 향하여

1. 되돌아보기

3장에서 나는 사물들이 세계에서 함께하는 방식인 관계성의 질문을 다루었는데, 현대 세계에서 우리가 시간의 세계에 사는 것을 이해하는 방식을 검토함으로써 그렇게 했다. 내가 주장한 것은, 매우 두드러진 현대성의 한 특징인 하나님의 변위로 말미암아 우리가 과거와 단절되고 현재를 교란시키는 시간의 압제로 들어가게 되었다는 점이었다. 이번 장에서 나는 거기에서 어렴풋이 윤곽을 그린 주제의 측면들을 이어서 다룬다. 삼위일체적인 개방적 초월자들이 암시하는 새로운 신학적 토대들 위에 다시 세우는 것이 가능하겠는가? 시작하면서 하고 싶은 말은, 시간과 공간 개념들이 가진 기능들 중 한 가지는 우리의 세계 경험에 어느 정도의 통일성을 부여하는 것이라는 점이다. 시간 개념을 사용함으로써 우리는 사물들을 전과 후로, 또한 따라서 어떤 종류의 질서 안에 속하는 것으로 관련시킬 수 있다. 비슷하게 우리는 공간 개념을 통해 다르지만 관련된 형태의 질서를 상상하고, 우리가 경험하는 다양한 실재들을 비록 서로 구별되지만 어떤 점에서는 함께 속하는 것으로 이해할 수 있다. 이 개념들의 일부를 사용하는 것은 우리를 신학으로 이끈다. 예를 들면, 뉴턴의 절대적 공간과 시간 개념은 직접적인 경험을 넘어서 형이상학으로 진입한다. 이런 개념들에 대한 뉴턴의 이해에 있는 변화는, 예를 들어 블루멘베르크가 개략적으로 나타낸 대로, 뉴턴 자신도 이 개념들이 수행해야 하는 기능을 확신하지 못했음을 암시한다.[1] 그럼에도 불구하고, 적어도 그에게는 이 개념들이 유비의 체계로 기능한 초월적 개념들 같은 것이어서, 절대적 시간과 공간은 우리의 외견상의 경험의 대상인 상대적 시간과 공간의 존재론적이며 합리적인 토대를 제공했던 것으로 보인다.[2]

절대적 공간과 시간 개념들은 뉴턴의 후예들에 의해 통렬한 비판을 받았으며, 때로는—예를 들어, 버클리의 경우처럼—신학적 이유에서 그랬다. 또한 공간과 시간 **개념들**의 초월적 위상을 그것들의 객관적으로 실재적인 존재는 아니더라도 뉴턴주의적 의미와 유사하게 재주장하는 일은 칸트의 몫이 되었다. 칸트의 구상은 초월성의 전환을 관련시켰고, 그 결과로 초월성의 위치는 실재의 객관적 구조가 아니라 인간 합리성의 객관적 구조였다. 이러한 전환과 함께 신성의 변위와 공간과 시간의 존재론에서의 변화가 일어났고, 그 결과로 공간과 시간은 실제 세계의 함수보다는 인간 합리성의 함수가 되었다. 일어난 일은 공간과 시간을 완전히 또는 대체로 비(非)신학적으로 받아들인다는 의미에서의 세속화(secularization)가 아니라 변위(displacement)였다. 신적으로 공간과 시간의 질서를 부여하는 자리는 이제 인간 정신(mind)이지 영원한 존재 구조가 아니다. (하지만 아마도 이것이 세속화가 의미하는 것이다). 이전 장들에서 본 대로, 이것은 시간의 개방이 아니라 시간의 경직된 공간화와 공간의 기계화로, 또한 인간 삶이 방향성을 얻는 수단인 좌표의 상실로 이어졌

---

1 지적되어 온 바에 따르면 뉴턴은 이 개념들의 존재를 논증하지 않았고 단순히 주장했을 뿐이었으며(Funkenstein, *Theology and the Scientific Imagination*, p. 92), 또한 절대적 공간과 시간이 신적 감각 중추를, 즉 하나님이 우주를 지각하는 **장소**를 형성했다는 이론이 그에게 어떤 신학적 의미가 있는지와 관련해 계속되는 논쟁이 있다. 블루멘베르크의 논의를 다음에서 보라. Blumenberg, *Legitimacy*, pp. 80-83.
2 이 둘 사이의 구별이 현상과 실재 사이에서 플라톤 철학화하는 뉴턴의 구별에 해당한다는 것은 분명해 보인다.

다. 그토록 많은 영역에서 그랬듯 자유를 위한 현대성의 시도는 일종의 예속으로, 어떤 측면에서는 인간들이 탈출하려 했던 것보다 더 나쁜 예속으로 이어졌다.

신학적 교훈은 다음과 같이 표현할 수 있다. 창조된 질서의 일부에 초월적 지위를 부여하는 것은 예배의 대상을 잘못된 자리에 두는 것이고, 그러므로 그것이 어떤 존재인지를 잘못 이해하는 것이다. 하지만 여기서 우리는 전근대의 문제와 동등하면서도 대조적인 문제에 봉착한다. 전근대에는 창조된 질서의 합당한 실재를 부정하는 것처럼 보였던 종류의 신학적 위상을 영원성과 무한성에 부여하는 경향이 있었다. 마치 절대적으로 단일한 것의 속성들인 영원성과 무한성이 초월자들이고, 여럿의 세계는 이런저런 식으로 대체로 부수적 현상인 것 같았다. 적어도 이것이 유행하는 현대의 '세속적' 해석이다. 하지만 우리가 시간과 공간의 세계가 실재함을 완전히 부인하는 것과 그것들을 인간의 관념화에 종속시키는 것 사이에서 선택이 아닌 것을 선택하기를 거부하려 한다면 진정한 초월자들, 진정한 존재의 표시들을 찾아야 하는데, 그 안에 있는 개념적 역동성 안에서 우리가 영원과 시간 모두를 그 상호 관계됨 안에서 받아들일 수 있을 것이기 때문이다. 만약 하나님에 대한 부정이 시간과 영원, 즉 유한한 것과 무한한 것에 대한 우상숭배적 혼동으로 이끈다면, 우리는 어떤 신학적 제안들이 시간과 영원의 적절한 통합을 가능하게 하는지 물어야만 한다. 그에 따라 그것들의 합당한 순서, 즉 영원이 먼저이고 시간은 그 다음이라는 것을, 고대와 현대에 일부 신학들에서 일어난 것처럼 시간이 영원을 압도하는 일이 없이, 분명히 할 수 있기 위해서 말이다.

그러면 이번 장과 마지막 두 장에서, 나는 인간의 삶을 살아가게 되는 틀을 다시 생각해 보려고 시도할 것이다. 하넬의 표현을 반복하자면, 내가 하려는 것은 우리가 상실했기 때문에 우리의 문화가 빈궁하게 되게 한 좌표에 대한 탐구다. 혹은 더 정확히 말하자면, 이 탐구는 새로운 조합의 좌표를 추구하여,

이전 좌표에 있는 심각한 결함과 속박에 맞서 현대 세계가 마땅히 반기를 든 약점과 그 좌표의 전도로 인한 파괴적인 영향을 모두 피하려는 것이다. 여기서 내가 초점을 두는 것은 인격적 존재가 아니라—물론 이것은 언제나 고려되겠지만—틀, 맥락, 혹은 그 안에서 우리가 생각하고 존재를 갖는 구조적인 역동성이다. 이 탐구가 지향하는 것은 개방적 형이상학 혹은 창조 신학으로, 우리가 진정으로 인간이기 위해 필수적인 자유와 새로운 것을 향한 개방성을 제거하지 않는 실재에 우리 자신을 위치시킬 수 있도록 해 주는 것이다.

2. 경륜

이 연구는 경륜(economy) 개념에 대한 고려로 시작하는데, 하지만 이것은 현대성의 많은 것을 특징짓는 음울하고 환원주의적인 의미에서 이해되는 경제(economy)는 아니다. 이 개념의 최초의 신학적 사용에 관한 흥미로운 설명이 프랜시스 영(Frances Young)과 데이비드 포드(David Ford)의 고린도후서 연구에서 제시되었다. 가정의 경영(management)이라는 단순하고 본래적인 의미로부터 시작된 이 단어는 신약에서, 특히 바울에 의해 인간적이며 동시에 신적인 행위의 형태들을 표현하기 위한 명백히 재정적인(financial) 은유로 사용되었다. 기독론이 문제의 핵심이다. "여러분은 우리 주 예수 그리스도의 은혜를 알고 있습니다. 그리스도께서는 부요하나, 여러분을 위해서 가난하게 되셨습니다…"(고후 8:9, 새번역). 바울은 단순한 호혜성과 검약에 기초한 인간의 경제 개념들을 극복하기 위해 신적 관대함의 경륜 개념을 사용한다. 무엇보다도 여기서 시야에 들어오는 것은 "그리스도의 고난과 죽음이라는 중심적인, 생성적인 교환"이다. 이 신적 경륜을 통해 새로운 인간의 세계 안에서의 존재 방식이 실현된다. "그리스도의 교환, 그의 값진 사역은 죄와 죽음이라는 가장 다루기 힘든 실재들을 겪는 것을 포함한 것으로, '그리스도의 능력'(고후 12:9), 즉 새로운 창조, 새로운 통화를 생성했는데, 이는 그리스도의 겸손과 약함의 모범이 정한 종류의 삶을 사는 데 성령의 보증을 통해 지금 쓰일 수 있는 것이다."³

그러한 시작 후에 가정과 관련된 이 단어가 재정 조직과 국가 경영에 적용되었고, 일부의 초기 교부들―예를 들면 이그나티우스(Ignatius), 알렉산드리아의 클레멘스(Clement of Alexandria), 오리게네스―에 의해 하나님의 섭리에 있는 측면들을 표현하기 위해 신학에 차용되었다. 경륜 개념은 다양성을 통합시키는 방식, 한 하나님이 세계를 향해 그리고 세계 안에서 행하는 일들의 풍성함과 다양함을 간직하는 방식이 되었다. 이레나이우스에게 있는 하나님의 경륜 개념은 풍성하다. 창조와 구원을 단절시키는 영지주의에 반대하여, 그는 하나님의 작인의 다양한 측면들이 시간과 공간을 통하여 통일성을 형성했다고 주장했다. 창조에서 있었던 시작부터 최종적인 종말론적 완성까지, 그러나 그리스도 안에서 그리고 성령 안에 있는 삶 안에서 선취되어서 말이다. 그러므로 창조·타락·구속·종말 모두는 분리가 아닌 구별과 상호관계됨 안에서 함께 생각될 때 마땅한 역할을 맡는다. 이레나이우스는 하나님의 경륜에 관한 그의 삼위일체적 개념을 통해 역사가 하나님과의 관계 덕분에 역사일 수 있게 할 수 있었다. 하나님이 하는 모든 것은 그의 두 손인 성자와 성령을 통해 이루어지기 때문에, 효과적으로 그리고 창조된 존재의 온전함을 인정하는 가운데 이루어진다. 폰 발타자르(von Balthasar)는 이레나이우스 안에 하나님의 경륜이라는 일종의 미학이 있음을 인지하면서―그의 책에서 이레나이우스에 관한 한 장의 소제목은 "하나님의 시간적 예술"이다―다음과 같이 논평한다. "플라톤주의자들이 그런 것처럼 잃어버린 시간에서 영속적 내용을 끌어내는 일은 없다. **영원 전에 총괄갱신이 시간 자체에 유효성을 부**

---

3   Frances Young and David F. Ford, *Meaning and Truth in 2 Corinthians* (London: SPCK, 1987), p. 175.

여한다.[4] 이 문제를 달리 표현하면, 우리는 창조된 세계의 시간과 공간을 하나님이 구성하고 참여하는 것에 관하여 이레나이우스가 놀랄 정도로 일관성 있고 만족스러운 설명을 제시할 수 있다고 말할 것이다. 시간과 공간에 그 독특한 관계됨의 역동성을 부여하는 것은 하나님의 창조하고, 유지하고, 구속하고, 완성하는 활동이다.

주장할 수 있는 것은 소수의 후대의 신학들만 이레나이우스만큼 적절하게 시간과 영원, 하나와 여럿의 통합을 이루어냈다는 점이다. 이레나이우스도 전통에 문제를 물려주었기 때문에 그의 작업이 이상화될 것은 아니지만, 만약 우리가 그를 경륜에 관한 유망한 설명들을 평가하는 한 척도로 사용한다면 대체로 정도에서 많이 벗어나지는 않을 것이다. 이레나이우스와 대조적으로, 일부 신학들은 구속을 희생하여 창조를 강조할 위험이나 또는 그 반대의 위험에 빠진다. 예를 들면 전형적인 서구 신학은 창조를 경시하고 구원을 강조하는 경향이 있고, 이 점은 많은 최근의 기독론 논의에서 – 예를 들어, 역사적 예수 연구와 관련하여 – 기독론을 그것이 놓인 더 넓은 맥락에서 분리하는 사실을 설명해 준다.[5] 이것은 중요한데, 왜냐하면 상이한 신적 경륜 개

---

4   Hans Urs von Balthasar, *The Glory of the Lord. A Theological Aesthetics, Volume 2, Studies in Theological Styles: Clerical Styles*, translation edited by John Riches (Edinburgh: T. & T. Clark, 1984), p. 51. 강조는 덧붙여진 것이다.

5   내가 이미 열거한 이유로, 창조와 구속을 분리하는 서구적 경향은 그 방향성을 아우구스티누스에게서 가져왔는데, 창조에 관한 그의 논의는 한 가지 점을 제외하고는 사실상 기독론에서 떼어 낸 것이었다. 아퀴나스의 자연과 은혜라는 양극이 이 둘을 통합하려는 성공적 시도인지, 아니면 이 둘을 별개의 범주로 다룸으로써 이 문제를 악화시키는지 여부는, 오직 자연에 대한 그의 설명이 창조 신학으로서 적합한지를 고려해서만 대답할 수 있는 질문이다. 마찬가지로, 바르트에게 창조와 화해가 각각 서로의 외적·내적 기초가 되는 뛰어난 변증법이 있지만, 바르트가 경륜을 다룬 것은 그 둘을 그의 선택 교리에 있는, 종말론적인 경향과 구분되는 강한 시초론적인 (protological) 경향에 종속시킨 것을 고려해 심각하게 불균형적인 것으로 판단되어야만 한다. 실제로 서구적 약점의 핵심은 종말론적인 것에 비해 시초론적인 것을, 성령론적인 것에 비해 기독론적인 것을 강조하는 경향에서 대체로 확인할 수 있는데, 이런 경향은 많은 서구적 종말론이 이레나이우스와 대조적으로 종말을 본질적으로 시초로 돌아가는 것으로 본다는 사실에서 입증된다. 이레나이우스의 경륜 이해는 역동적인 목적론의 경향이 있어서, 종말을 시초로 돌아가는 것 이상으로 생각한다. 이 불균형을 인식한 많은 최근의 신학은 반대 방향으로 심하게 기울어서, 시초론적인 것의 희생으로 종말론적인 것을 강조한다. 이 점은, 예를 들어, 판넨베르크의 주장에서 드러난다. 그에 따르면 창조는 미래로부터 일어나는 것으로, 창조가 종말론 속으로 실종되는

념들은 결과적으로 시간과 공간에 대한 하나님의 관계됨을 이해하는 상이한 방식들을 가져오기 때문이다. 이러한 서로 다른 강조들은 반대로, 세계 안에서 산다는 것이 무엇인지에 관한 다양한 설명들을 제공한다.[6]

그렇게 서로 다른 경륜 개념들이 존재하고, 그 차이점들은 신학적 가르침과 강조에 주요한 변이들을 나타낸다. 하지만 일반적으로 공통된 방향이 있고, 그러므로 우리는 경륜 개념에서 다음을 얻을 수 있다. (1) 근본적 통일성 안에서 다양화되는, 세계 안에 있는 그리고 세계를 향한 하나님의 행동에 대한 이해, 또한 (2) 그와 함께, 영원성에 의해 포용되기 때문에 다양화되고 개방적인 세계의 사건에 대한 이해. 세계에 대한 하나님의 경륜적 개방성이라는 가르침은 하나님에 대해 그리고 존재 자체의 구조들 안에서 모두 개방적인 세계에 관한 견해와 나란히 간다. 그러므로 경륜적 사유를 통해 우리는 폭넓게 통일된 신학적 사고방식 안에서 풍부함과 다양성을 얻는다. 말하자면, 상대주의(relativism) 없는 상대성(relativity)이다. '경륜'은 하나님과의 관계들 안에 있는 세계의 존재와 세계와의 관계 안에 있는 하나님의 행동을 포용한다.

또한 이 개념도 한계를 갖는다. 이 개념은 보편적인 존재의 표시로 고려될 수 없고, 따라서 초월적이지 않다. 앞선 논의에서 두 가지 이유가 분명해졌을 것이다. 첫째 이유는, 현재의 상태로는 이 개념이 이해되는 일관성 없는 방식들을 다룰 수단들이 그 안에 있지 않다는 것이다. 이 개념은 상이한 경륜의 이론들에 대한, 참으로 상이한 시간과 공간의 이론들에 대한 신학적 비

분명한 경향을 보여 준다.

6   그러므로 경륜에 대한 설명은, 슐라이어마허와 그를 따르는 존 힉[John Hick, *Evil and the God of Love* (London: Fontana, 1968), pp. 217-221]이 이레나이우스의 견해를 현대화한—그리고 왜곡한—형태에서는, 죄의 위상과 십자가에서 그 죄를 극복한 것을 축소하거나 억제하고 이 세상, 즉 현세(*saeculum*)를 오히려 무턱대고 긍정하는 현상을 낳는 경향이 있다. 그와 대조적으로 그들이 반대하는 아우구스티누스적 견해는 더 암울한 경향이 있어서, 유한한 사물들의 구속 불가능성을 강조하고 구원을 내적 영역에 두거나 대체로 현세 이후의 종말론에 맡긴다. (또는 둘 다의 경향을 보이는데, 이 두 가지는 상관성이 있어서 모두 이 질료적 세계의 구속 가능성에 대한 염세주의적 불신에서 나온다.)

판을 전개할 수 있기 위해 우리에게 필요한 초월적 좌표를 주지 않는다. 이레나이우스나 다른 이들의 도식을 무비판적으로 또는 근본주의적으로 사용하는 경우를 제외하고는, 어떤 해석이 경륜에 대한 불균형한 해석인지의 여부를 결정할 수 있는 만족할 만한 방법은 없다. 그러므로 경륜의 사용은 외부로부터의 신학적 조정을 어느 정도 필요로 한다. 둘째 이유는 이 책의 중심 주제의 핵심으로 우리를 이끈다. 현대성은 어떤 관점에서 보면 시간과 공간의 경륜을 그것이 실재의 상이한 실재 구성들에서 허용하기로 결정하는 신적 작인과 일치하도록 만든 시대라고 말할 수 있다. 신학을 경륜에만 국한하려는 시도에 반대하는 것은 그것이 생성의 세계를 연루시키기 때문이 아니고, 그렇게 하는 것이 하나님과 세계 사이의 존재론적 구별이 안정적으로 유지되는 것을 허락하지 않기 때문이다. 시간과 공간, 존재와 생성, 하나와 여럿을 각각의 고유한 존재로 유지하는 것은 바로 이 구별에 달려 있다. 공간과 시간이 참으로 그것들 자신이기 위해서는 그것들의 고유한 존재와 영역이 구별되어야 하고, 이는 그것들의 존재를 창조자의 존재와 구별함으로써만 달성될 수 있다. 단지 경륜적인 교리들의 공통된 약점은, 그리고 여기에는 삼위일체를 경륜적 삼위일체로 환원하는 경향이 있는 것들을 포함하는데, 그것들이 신학적으로 경륜의 본질이라고 여겨지는 것의 역동성을 상실한다는 것이다. 영원이 시간을 포용하되, 구조화되어 있으면서도 개방적인 방식으로 포용하는 것이 바로 그것이다. 경륜에 국한된 신학은 자신이 확증하기 원하는 것, 즉 시간과 공간의 세계에 대한 긍정적이지만 배타적이거나 우상숭배적이지 않은 평가를 상실한다.

이전 장에서 나는 콜리지의 **관념들**을 높이 평가했고, 그것들을 초월자 개념과 대조했다. 관념들은 보편적인 존재의 표시들을 구현하지 않지만, 깊이를 알 수 없는 개념들로서 정신과 존재의 깊은 것들이 관계를 맺게 한다. 관념들은, 그리고 특히 관념들 중의 관념인 삼위일체의 교리는 그 내용에 대한 상세한 설명의 결과로 초월자들을 발생시키면서도, 자신은 초월적 적용을 받지 않는다.[7] 경륜에 관해 말할 수 있는 것은, 그것이 열매가 무한히 풍부한 관념이어서 세계에 관해 모든 종류의 사유 가능성을 일으킨다는 것이다.[8] 그렇다면 우리는 경륜이 여느 개념들처럼 인간 정신 안에서 형성된 것이라고 말할 수 있겠지만, 그 출처 면에서 계시와 영감의 영향과 인도 아래에 있는 정신을 의미한다는 점을 명심해야 한다.[9] 그러한 것으로서 우리는 경륜의 '관계적' 위상도 수용할 수 있는데, 말하자면 경륜은 사용될 때마다 의미 면에서 단일적이지 않고 일반적 개념으로서 우리가 시간과 공간 안에 있는 모든 것의 보편적 역동성과 상호관계됨을 어느 정도 고려할 수 있게 해 준다. 경륜의 의미를 정교하게 다듬을 때 우리는 현대의 상대성 물리학이 이용할 수 있도록 만들어 놓은 개념적 자원들을 자유롭게 이용할 수 있으며, 또한 더 최근의 우주론이 이레나이우스의 우주론과 유사한 방식으로 "시간의 화살", 우주적 진화 등에 관해 만들어 놓은 개념적 자원들을 이용할 수도 있다. 하지만 우리는 이 사변들을 신학적으로 의문시할 권리를, 예를 들어 창조와 구속의 경륜의 상이한 구조들에 관해 물을 수 있는 것 같은 권리를 갖고 있을 것이다. 이제 질문은 이런 것이다. 이 모든 것들은 우리가 더 나아갈 수 있도록, 그래서 모든 실재에 적용되는 기초적인 것들을 찾을 수 있게 하는가? 말하자면, 그

---

[7] 우리의 목적에 중요한 적실성이 있는 사실은, 콜리지 본인이 관념에 대한 예로 우리의 주제에 딱 들어맞는 것을 제시했다는 것이다. 그것은 바로 생명의 관념인데, 콜리지에 따르면, 생명의 관념은 그 자신 안으로 실재의 하나됨과 여럿됨을 포함시킨다. "내가 말하는 생명이란 진정한 생명의 관념, 혹은 그 안에서 생명이 우리에게 자신을 드러내는, 모든 다른 형태들을 포함하는, 가장 일반적 형태를 의미한다. 나는 이것을 **개체화하는 경향**(tendency to individuation), 그리고 이러한 경향의 점진적 실현에 있는 생명의 정도 또는 강도로 진술한 바 있다.…이러한 개체화하는 경향은 정반대인 연결하는 경향 없이 생각될 수 없는데, 이는 원심력이 구심력을 가정하고, 혹은 양극이 서로를 구성하고 자석에 있는 하나의 구성조 행위들이며 동일한 능력이기 때문이다." Samuel Taylor Coleridge, *Theory of Life*; Perkins, "The Logos Reconciler", pp. 152-153에서 인용.

[8] 예를 들어, 우리는 정치경제(political economy) 개념을 무엇이라고 이해하겠는가? 이 개념은 그 기원에서 의심의 여지없이 신학적 함축을 가졌다. 신학적 배경과 함의에 관한 존 밀뱅크의 논의를 다음에서 보라. Milbank, *Theology and Social Theory*, 2장.

[9] 바로 이런 방식들로 우리는 이성과 계시의 옹호자들 사이에 있는 무미건조한 논쟁을 피할 수 있다. 이런 주제에는 이성과 계시가 언제나 관련되어 있다.

것들은 우리가 하나님의 창조물인 우리의 세계에서 사물들의 존재 방식을 어느 정도 이해할 수 있도록 할 개방적 초월자를 발견하게 하는가?

3. 페리코레시스

우리는 경륜 개념을 위한 본래의 원동력이 삼위일체론이라는 것을 보았다. 비록 경륜적 삼위일체론일지라도 말이다. 바울에게 경륜적 은유를 사용하게 한 동력은 그리스도 안에 있는 하나님의 관대함과, 성령의 선물로 나타나는 하나님의 보증이다. 이레나이우스에게도 경륜은 삼위일체적 형태를 가진다. 하나님의 존재에 관한 우리의 이해를 위해 하나님의 경륜적 개입이 갖는 함축에 관해 물을 때 우리가 고려해야 할 가장 분명한 교부적 개념은 **페리코레시스**(perichoresis) 개념이다. 이러한 전개가 놀랍게 보일 수도 있다. 삼위일체의 가치가 의심되어 온 현대의 삼위일체론 논의들에서, 종종 페리코레시스 개념은 이 교리가 가장 사변적이고 무익한 방식이라는 데 대한 한 사례로 보인다. 하지만 나는 정반대를 주장하고 싶다. 페리코레시스 개념은 사유를 위한 모든 종류의 가능성들을 개방한다. 그 이유는 먼저, 페리코레시스가 운동·반복·상호관통(interpenetration)을 포함하는 공간적·시간적 개념성으로 가득한 개념이라는 것이다. 둘째 이유는, 페리코레시스가 세계 안에 있는 하나님의 경륜적 개입이라는 다양성-안에서의-통일성의 **함축**이라는 것이다. 한 하나님이 이러한 다양한 방식들로 세계에 경륜적으로 참여하기 때문에, 성부·성자·성령의 행위는 상호적으로 개입된 인격적인 역동성의 행위라고 상정될 수밖에 없다. 그리고 그 결과로, 영원성 안에서 성부·성자·성령은 역동적인 서로 간의 호혜성, 상호관통, 상호생동을 공유한다는 점이 보일 것이다.[10]

---

10 라틴어에서 파생된 단어 'coinherence'(상호내재)는 더 정적인 개념을 암시하기 때문에 이보다 덜 만족스럽다.

그러므로 페리코레시스 개념은 공간과 시간에 대한 신적 개입의 역동성으로부터 그러한 개입이 신성의 영원한 역동성을 이해하는 데 갖는 함축들까지 폭넓게 사유하는 과정을 거쳐 발전된 것으로 이해할 수 있다. 이 개념은, 세계와의 상호작용이 통일되어 있으면서도 다양한 하나님의 존재의 통일성과 다원성을 표현하는 한 방법이다. 말하자면, 경륜의 함축들을 이끌어 내는 한 방법이다. 이 개념에서 핵심은, 이 개념이 신학으로 하여금 역동적 상호관계 안에서 하나와 여럿을 모두 간직할 수 있게 한다는 것이다. 이 개념은 삼위일체의 세 위격들이 상호적인 영원한 관계됨 안에서만 존재함을 함축한다. 하나님은 영원성 안에서 성부·성자·성령이 자신들의 존재의 본질을 서로 주고받는 방식을 제외하고는 하나님이 아니다. 이 셋은 단지 상호내재할 뿐 아니라, 콜리지가 "존재, 지성, 소통적 삶의 형언할 수 없는 순환, 즉 사랑과 행동"이라고 부른 것 안에 서로의 존재를 역동적으로 구성한다.[11] 이 논증을 지금까지 지배한 용어들에서 유념할 것들 중 한 가지는, 그것들이 특정한 종류의 관계적 다양성, 또는 비(非)헤라클레이토스적 유동을 허락한다는 점이다. 혹은 오히려 우리는 그것이 헤라클레이토스적이라고 말할 수 있을 것인데, 목표 없는 유동이 아니라 관계 안에 있는 그 자신의 존재의 논리인 로고스를 가진 유동, 혹은 오히려 *그것이* 로고스라는 의미에서 그렇다.

경륜에서와 마찬가지로, 우리는 페리코레시스 개념 안에 계시와 영감이라는 제약들 아래서 발전되어 온 인간의 합리적 구성을 갖고 있는데, 이는 창조와 구속의 경륜의 영향 아래서 신학적으로 사유하는 과정이다. 페리코레시스 개념이 인간적 개념이라는 점은 상당히 분명하다. 진입과 확산은 공간과 시간 안에서의 운동이라는 유비를 통해 하나님의 존재에 관해 말하는 한 방식이다. 여기서 만약 우리가 동방과 서방의 삼위일체 신학들 안에 출몰한 단

---

11   Perkins, "The Logos Reconciler", p. 195; 미출간된 *On the Divine Ideas* 인용.

일한 하나님 개념의 경향에 빠지지 않으려면, 우리는 바르트가 하나님의 영원성과 무한성에 관해 논의할 때 나온 것과 같은 사유의 운동을 수용해야만 한다.[12] 하나님은 시간과 공간에 경륜적으로 개입하기 때문에, 그가 **단지** 무시간적이고 비공간적이라고는 여겨질 수 없다. 페리코레시스는 정연하지만 자유로운 상호관계적 자기-형성을 내포한다. 즉 하나님은 단지 무형적인, 부정적으로 이해된 단자(monad)에 불과하지 않고, 오히려 영원한 상호인격적 삶이다. 그러므로 신적 삶에는 풍성함과 공간이 있는데, 이는 그 자체로 그리고 밖으로 향하는, 공간과 시간 안에 있는 관계적 질서인 역동적 우주의 창조에서 그렇다.

페리코레시스 개념은 이런 식으로 유비적 개념의 역할을 하도록 발전될 수 있다. 한편으로 이 개념은 단지 부정적이고 결여된 영원성과 무한성 개념에 저항한다. 하나님은 유한한 존재의 특성들로부터 부정적으로 추상화되는 방식으로 무시간적이거나 무공간적이지는 않다. 하지만 다른 한편으로, 시간적·공간적 개념들을 하나님에 대해 사용할 때와 유한한 존재들에 대해 사용할 때를 단순히 동일시하는 것을 방지하려면, 우리는 페리코레시스 개념을 또한 부정적으로(apophatically) 다루어야 한다.[13] 그러므로 하나님과 세계 사이의 관계를 제대로 구별하기 위해서는 적절한 유비적 사유가 필수적이다. 성자의 성육신과 성령의 사역에서 계시되는, 하나님의 자유롭고 초월적인 관계성이 여전히 드러내는 신적인 시간성과 공간성에는 **질적** 차이가 있다. 어떤 유한한 것이 다른 유한한 실재들의 존재를 공유할 때는 그 자신이나 타자의

---

12 Karl Barth, *Church Dogmatics*, volume 2/1, translated by T. H. L. Parker and others (Edinburgh: T. & T. Clark, 1957), pp. 608-640(영원성에 관해) 그리고 pp. 468-490(공간성과 편재에 관해).

13 그러므로 우리는 공간과 시간의 의미를 위로 올려 하나님에게 부여하려 하지 않는데, 이런 일은 예를 들면 과정신학 같은 일부의 현대 신학에서 실제로 일어나는 것이다. 오히려 우리는 시간과 공간에 대한 하나님의 경륜적 관계됨이 함의하는 것들을 도출해 내려 한다. 그렇게 하면서 우리는 교부적 전통과 함께, 하나님이 영원한 그리고 무한한 창조자인 우리의 공간성과 시간성의 한계들을 '잊어야' 한다.

고유한 존재를 파괴하거나 해체하지 않고서는 온전히 공유하는 것이 불가능하다.

이 유비로부터 가능한 발전들은 다음 부분에서 다룰 것이다. 여기서 내릴 수 있는 결론은, 이 부분에서 우리의 사유가 세계에 대한 신적 경륜의 개입에서 그 개입의 개념적 함축들에 관한 개요로 이동했다는 것이다. 경륜에 관해 신학적으로 말하는 것은 하나님이 실재를 구성하는 방식에 관해 말하는 것이다. 즉 하나님이 우리가 창조와 구속이라고 부르는 활동들을 통해 실재를 만드는 것을 말한다. 신적 페리코레시스에 관해 말하는 것은 경륜의 기초 위에 하나님의 존재에 대한 개념적 지도를 그리려고 시도하는 것이다. 즉 하나님은 성부·성자·성령의 역동적 관계됨에 의해 존재하는 분이다. 이제 던질 질문은, 우리가 반대 방향으로 의미 있게 움직일 수 있는가 하는 것이다. 우리는 페리코레시스 개념을 단지 유비적으로만 아니라 초월적으로, 필연적인 존재의 표시들에 대한 어떤 것을 드러내기 위하여 사용할 수 있는가? 만약 내가 제안하는 대로 페리코레시스 개념이 초월적 위상을 갖는다면, 우리를 세 번째 단계로 데려가 실재가 그 모든 수준에서 '페리코레시스적'인지 여부를, 즉 관계됨의 역동성을 탐색하기를 시작할 수 있게 해야 한다. 우리는 모든 수준에서 관계적으로 이해될 수 있는 세계에 사는가? 만약 사물들이 그렇게 이해될 수 있다면, 만약 시간적이고 공간적인 것이 아무리 희미하더라도 어떤 식으로든 하나님의 존재를 반향한다면, 우리는 이 개념에서 현대성이 매우 두드러지게 결여한, 사물들을 함께 붙들 수 있는 방법을 찾을 수도 있지 않을까? 이 개념은 우리가 세계 안에 있는 우리의 인간 존재를 위한 틀을, 또는 그보다 더 역동적이고 그래서 더 나은 표현인 좌표를 찾을 수 있게 하는가?

4. 유비적 탐색

한 가지 제안으로 시작해 보자. 바로 우리가 세계를 시간과 공간 안에서 서로 역동적으로 관련되어 있는 사물들[14]의 체계로 고려해야 한다는 것이다. 세계는 그 안에 있는 모든 것이 다른 모든 것의 존재에 기여해서 모든 것이 독특하게 자신으로 존재할 수 있도록 한다는 점에서 페리코레시스적이다. 상호적 구성의 역동성은 세계가 성부·성자·성령의 자유로운 창조성에 의해 존재하도록 부름을 받고 그 완성을 향해 인도되는 역동적 체계라는 점에서 나온다. 물론 이러한 존재의 지향성은 죄와 악에 의해 왜곡되고 지체되며, 오직 성육신과 성령의 구속적 작인을 통해서만 그 인도함으로 돌아간다. 하지만 악이 존재의 역동성을 왜곡시킬지라도, 제거하지는 못한다. 피조성의 신학은 필연적으로 존재론과 관련이 있다. 사물들이 창조자와의 관계 때문에 부여받는 형태와 관련이 있는 것이다.

우리는 이와 관련된 내용을 경륜적 관점에서 어느 정도 살폈다. 세계의 존재는—세계의 목적론(teleology), 즉 완성으로 결정되었음을 포함하는 것으로—하나님이 그리스도와 성령 안에서 세계에서 그리고 세계를 향하여 하시는 활동을 통해 그 형태를 취한다는 것이었다. 지금 이 부분에서 우리의 관심은, 세계가 자신으로 존재하고 또 되어야 하는 것이 되게 하는 일련의 하나님과의 관계를 상술하는 것보다는, 세계 자체의 내적 관련성에 있을 것이다. 즉 세계가 독특하게 자신으로 존재하는 방식에 관심을 가질 것이다. 세계의 형태가 어떠한지는 하나님의 창조와 구속 활동에 의존해 있음을 부인하지 않으면서도, 우리는 이제 이러한 관계됨으로부터 상대적으로 벗어나서 세계가 그 자체로 존재하는 것을 어느 정도 이해하려고 시도할 것이다. 여기에는 좋은

---

[14] 이러한 '사물들'(res)의 위상이 이어지는 강좌의 주제가 될 것이다.

신학적 이유가 있다. 만약 세계가 피조물이라면, 자신만의 독특한 존재를 가진다. 비록 그 존재가 그것의 제작자와 구속자와의 관계에서 분리될 수 없을지라도 말이다. 우리의 질문은, 경륜에 대한 우리의 고려에서 나온 개념들이, 특히 이 맥락에서는 페리코레시스 개념이, 하나님이 아니라 하나님의 창조물인 것의 존재에 관하여 이해를 돕는 실마리를 던져 줄 것인가 하는 점이다.

이 구상을 설명하는 또 다른 방식은, 하나님의 존재와 그것이 우리에게 사용하도록 권하는 개념들이 세계의 존재에 관해 이해를 돕는 실마리를 던져 주는지 묻기 위해서, 세계와 그 안에서 형태를 취하는 문화의 측면들을 유비적으로 살필 것이라고 말하는 것이다. 물론 그러한 질문은 위험하다. 그것이 비록 안내를 받는 것이더라도 자유로운 사변이기 때문이다. 주된 사용처가 따로 있는 개념들을 통해 세계를 살피는 것이기 때문이다. 이 작업은 세계에 대한 개념적 탐색을 포함하는 한편, 하나님과 세계 사이의 차이점들을, 특히 창조 세계의 시간적·공간적 제약성을 계속해서 분명히 인지할 것이다. 이 어려움을 완화할 사실은, 앞에서 본 대로, 페리코레시스가 시간과 공간에 대한 하나님의 개입을 숙고하는 것에서 나오기 때문에 개념적으로 피조성에 이질적이지 않은 개념이라는 점이다. 하지만 그럼에도 불구하고 차이는 유지될 것이다. 특히 신학적인 개념들은 우리에게 어떤 의미에서는 알 수 없는 신에 대한 확실한 내적 견해를 제공하는 것이 아니라 그에 관한 사유의 한계를, 즉 하나님에 관해 말할 수 있는 종류의 것들을 표시한다는 사실의 관점에서 그렇다.

이 탐구의 긍정적 가능성들은 다음과 같이 말할 수 있다. 만약 하나님이 하나님이라면, 그는 모든 존재·의미·진리의 근원이다. 모든 존재·의미·진리는 비록 창조되었고 하나님과 구별되지만 어떤 식으로든 그 창조자와의 관계됨에 의해 특징지어진다는 가정이 합리적으로 보일 것이다. 구속을 제외해서 모든 창조된 존재를 특징짓는 타락성을 무시하려 하지 않는다면, 우리는 바울의 고백을 기꺼이 긍정해야 한다. "이 세상 창조 때로부터, 하나님의 보이지 않는 속성, 곧 그분의 영원하신 능력과 신성은, 사람이 그 지으신 만물을 보고서 깨닫게 되어 있습니다"(롬 1:20, 새번역). 신학은 삼위일체를 전적으로 무시하거나 자연적 세계 안에 있는 셋됨의 예들을 추구함으로써 창조자의 표시들을 찾는 일을 종종 벌였다. 하지만 숫자 자체는 목표가 아니다. 목표는 하나님 안에 있는 관계들의 구조(taxis)가 세계에 반영되는 방식들을 추구하는 것이다. 그러므로 우리는 관념들 중의 관념의 인도를 받아, 삼위일체의 교리가 우리가 추구하는 개방적 초월자들의 원천을 밝힐 것이라는 희망으로 피조성의 표시들의 일부를 추구할 것이다. 하지만 분명히 존재·의미·진리를 언급한다고 해서 우리가 모든 것의 진리를 발견하는 일을 하고 있음을 의미하는 것은 결코 아니다. 그것은 많은 현대 문화의 반발심리가 빠진 함정이다. 오히려 이 제안은 존재·의미·진리의 어떤 측면들을, 특히 최근의 사고에서 가장 경시된 차원들을 검토하자는 것인데, 이는 우리의 개념이 어느 정도의 이해를 낳는지 여부를 묻기 위함이다.

    존재와 의미의 세 영역이 우리의 목적을 위해 구분될 수 있다. 첫째 영역은 인격적 세계로, 여기서 물어야 할 질문은 페리코레시스 개념을 통해 우리가 인간들의 관계-안에-있음을 더 잘 이해할 수 있는가 하는 것이다. 둘째 영역은 질료적 세계로, 그 세계 자체와 인간과의 관계 안에 있는 세계를 모두 포함한다. 셋째 영역은 일반적으로 문화라고 불릴 수 있는 세계, 즉 지식·행위·예술의 영역, 혹은 추상적으로 표현하면 진선미의 영역이다. 나는 두 가지 이유에서 논의를 셋째 영역으로 이끌려고 한다. 첫째 이유는 여러 차례 말한 대로 이 책의 주요 관심사가 개념적 가능성들을 개략적으로 그리는 것이기 때문인데, 그 가능성들은 창조된 그리고 창조되지 않은 좌표를 다시 고려하는 한 방법으로, 그 좌표 안에서 우리의 인격적 존재가 죽음을 지향하거나 삶을 지향하게 하는 것이다. 둘째 이유는 이 관심의 핵심이 인간·질료·문화의 영역들이 다양하게 있는 것이 아니라, 그 영역들이 상호관계성 안에 있는 것이기 때문이다. 바라기는, 관여된 신학이 그토록 많은 현대성의 표시인 비관여의 이데올로기에 맞서는 것이다. 우리가 세 영역들에 대한 통합된 이해를 얻지 못한 방식에서 현대성의 가장 깊은 문제들을 볼 수 있다. 이것은 우리가 우리 존재의 서로 다른 차원들을 이해하는 방식에도 심각한 부적절함이 있다는 사실을 부인하는 것이 아니라, 논의를 위한 질문들이 논증의 주요 방향에 맞추어 선택되고 있다는 오해를 부인하는 것이다.

오랫동안 가르쳐진 바에 따르면 인간이라는 것은 하나님의 형상대로 창조되었다는 것이기 때문에, 인간이 어떤 식으로든 페리코레시스적인 존재라는 생각을 떠올리기는 어렵지 않다. 하지만 안타깝게도 이 개념은 좀처럼 진지하게 고려되지 않았다. 앞에서 본 대로, 개인주의자는 우리의 존재를 이웃과 분리된 것으로 가르치고, 집단주의자는 우리가 개별성을 잃을 정도로 사회에서 타인들과 관련되는 것으로 가르친다.[15] 2장에서 나는 이 문제의 기원과 기초에 관해 어느 정도 설명했다. 만약 페리코레시스 개념을 통해 우리가 이 문제를 재고할 수 있다면, 그것은 이 개념이 비록 밀접한 관계됨을 상상할지라도 개별성을 손상시키면서까지 그렇게 하지는 않는다는 사실 덕분이다. 오히려 페리코레시스 개념이 가르치는 것은, 우리가 하나님의 형상대로 만들어졌기 때문에 좋든 나쁘든 다른 인간들과 밀접하게 엮여 있다는 것이다. 그것은 단지 우리가 타인들과의 관계를 시작한다는 것이 아니다. 우리의 존재를 형성하지 않는 관계성을 얼마든지 생각할 수 있다. 관계성에 대한 페리코레시스적이지 않은 개념들이 많이 유포되어 있다. 역사가 데이비드 베빙턴(David Bebbington)은 현대주의가 사물에 대해 가진 견해의 특징들 중 한 가

---

15 하나님—혹은 결혼—에 대한 신비주의적 견해들이라고 불릴 수 있는 것은, 타자와의 전적인 연합 혹은 타자 속으로 잠기는 것을 암시하거나 목표하는 관계로, 집단주의적 개념들과 관련된 교리들이라고 말할 수 있을 것이다. 그런 견해들은 인격적 개별성의 상실을 수반하거나 그럴 위험이 있기 때문이다.

지는 관계를 관계된 사람들과 분리하여 생각하려는 경향이라고 암시했다.[16] 찰스 테일러도 현대 도덕 철학에 대한 자신의 연구에서 비슷한 점을 지적했다. "자아가…자신의 목적과 목표와 인생 계획을 자신에게서만 끌어오고, 오직 '만족스러운' 경우에만 '관계'를 추구하는 일반적인 자아상은 대체로 우리가 대화의 망들 안에 깊이 자리매김하고 있다는 점을 경시하는 데 근거한다."[17] 이와 대조적으로, 존 맥머레이(John Macmurray) 같은 이들의 철학에 따르면, 인간적 페리코레시스에 관한 교리는 인간들이 상호적으로 서로를 구성한다는 점, 서로의 존재를 만든다는 점을 긍정한다.[18] 바로 이것이 기독교 신학이 남자와 여자가 결혼을 통해 한 몸이 된다고—서로의 존재 안에 엮인다고—단언하는 이유이고, 부모와 자식의 관계가 인간 공동체가 취하는 형태에 그토록 결정적으로 중요한 이유다. 공동체 안에서의 우리의 개별성은 우리의 상호적 구성의 결실, 즉 삶의 꾸러미 안에서 서로 엮이는 페리코레시스적 존재의 결실이다.

하지만 논증의 이 단계에서 또한 우리가 인식해야 하는 것은, 페리코레시스가—단지—유비라는 점이다. 페리코레시스는 삼위일체의 위격들에게 사용될 때 존재와 활력의 전적이고 영원한 상호생동을 암시한다. 이 개념이 시간

---

16 "윤리학에서 개인의 또는 공동체의 특성들은 덜 중요해졌다.…현대주의적 도덕 이론가들에게 중심이 되는 것은 개인들 간의 관계들이다.…의심할 여지없이 현대주의에는 그처럼 인간성을 격하시키는 경향이 있었다." David Bebbington, "Evangelical Christianity and Modernism", *Crux* 26 no. 2 (June 1990), p. 3.
17 Taylor, *Sources of the Self*, pp. 38-39, 또한 p. 106를 보라. 여기에서 그는 "두 독립적 존재들 사이의 사랑 '관계'에 대한 현대적 개념"을 말한다. 인간들의 관계성을 생각하지 못하는 동일한 무능력이 내가 스탠리 하우어워스를 통해 참고한 사려 들에 나타난다. 그에 따르면, 현대 윤리 사상은 아동과의 성행위나 강간의 부당함을 표현할 수 있는 방법이 당사자들의 동의 없이 이루어졌다고 말하는 것 외에 달리 없다.
18 John Macmurray, *Persons in Relation* (London: Faber, 1961), pp. 17, 69. 맥머레이의 인격 철학의 매우 큰 가치에도 불구하고, 그의 사유에는 이 철학을 그 일부 옹호자들이 주장하는 것보다 전반적으로 덜 설득력 있게 만드는 측면들이 있다. 참고. John Aves, "Persons in Relation: John Macmurray", *Persons, Divine and Human. King's College Essays in Theological Anthropology*, edited by Christoph Schwoebel and Colin Gunton (Edinburgh: T. & T. Clark, 1992), pp. 120-137.

과 공간 안에 제한된 것들에게 사용될 때는 필연적으로 의도에서의 변화가 따른다. 창조되었다는 것은 공간적·시간적 제한을 내포하고, 그러므로 창조된 질서의 범위 안에서 자율적으로 산다는 것은—공간적·시간적 존재의 법칙에 따라 산다는 것으로서—제한의 수용을 포함하지만, 단지 하나님이 아님에 내포된 제한의 수용만을 포함하지 않는다. 우리의 비(非)신성은 우리의 세계를 심하게 훼손한 파우스트적·프로메테우스적 유혹을 포기하는 것을 분명히 수반할 뿐 아니라, 다른 인간들 및 비인격적 우주와 페리코레시스적으로 엮여 있다는 것의 제한들을 기꺼이 받아들이는 것을 포함한다. 그러한 제한들은 공간적이며 시간적이다. 참된 자유는 우리가 타인 및 세계와의 관계에서 능동적일 뿐 아니라 수동적이라는 사실을 용납한다. 우리는 페리코레시스적 호혜성 안에 있는 존재인 것이다. 마찬가지로, 우리의 존재에 대한 참 이해는 "인간의 일곱 단계"의 한계와 인간에게 종점이 되는 죽음의 한계에 저항하려 하지 않는다. 그러므로 이 한계들은 시공간적이고, 두 차원 안에서의 우리의 삶을 포함한다."

이 점을 설명하기 위해 이 유비의 긍정적 차원들로, 그리고 우리가 전통이라고 부르는—우리보다 앞선—타인들과의 시간적 페리코레시스의 형태로 돌아가 보자. 3장에서 나는 예술이나 어떤 형태의 문화가 오직 혹은 주로 과거의 부정에 의해서 융성할 수 있다고 믿는 현대주의자들의 파괴적 개인주의에 대해 논했다. 이런 태도는 고립된 현대성의 독특성을 오만하게 선언할 뿐 아니라, 자신의 일부가 과거로부터의 말과 유물에 의해 우리에게 매개된 타자들의 존재와 성취들로부터 왔음을 인정하기를 거부하는 동일한 오만을 나타낸다. 전통에 대한 긍정적 관계의 포기는 우리가 누구이고 무엇인지를, 즉 우리가 인간으로서 공간적으로 그리고 시간적으로 자리해 있음을 회피하려는

---

19 우리가 3장에서 접한 "시간의 압제"(로버트 뱅크스)와 "시공간의 압박"(데이비드 하비)의 근원에는 유한성의 한계들을 회피하려는 우리의 시도들이 있다.

헛된 시도다. 전통의 유익한 성격을, 특히 과거와의 대화 가능성을 선언하는 것은,[20] 전통주의가 현재에 **반대하면서** 시간의 한 부분인 과거를 내세우는 것과 동일하지 않다. 만약 시간의 페리코레시스가 있다면, 과거·현재·미래 차원들 중 어느 것도 전적으로 타락했거나 전적으로 구속적이라고 여겨서는 안 되고, 모두 똑같이 우리의 존재와 잠재적으로 긍정적인 상호관계에 있다고 여겨야 한다.

현대 인간 문화와 관련해 놀라운 것은, 그러한 것들이 지나치게 경시된다는 점이다. 하지만 내가 믿기에 "관념들은 그 자체로 자신들의 증거가 된다"는 콜리지의 믿음에 대한 좋은 예가 바로 여기 있는데, 너무나 명백한 사실이어서 그 자명함은 더 깊이 숙고할수록 더 분명해진다. 이것은 더 이상 말할 것이 없다는 주장은 아니다. 위격적 페리코레시스 관념의 불가해성은 우리가 단지 사고와 행동을 위한 그 관념의 열쇠를 이제 막 수확하기 시작했음을 의미하기 때문이다. 하지만 이와 같은 기획은 가능성들에 대한 조사와 관련된 것으로서, 존재의 다른 측면들을 다루는 이 유비에 대한 검토로 나아가야 한다. 페리코레시스를 비인격적인 세계에서도 논하는 것이 타당한가? 두 가지 예는 많은 현대 물리학과 우주론이 우주의 페리코레시스적 성격을 가르치는 것으로 보인다는 점을 드러내는 데 충분할 것이다. 마이클 패러데이는 현대 물리학의 창시자들 중 한 사람으로, 그의 과학과 종교에 대한 최근 연구는 이 둘이 밀접히 관련되었음을 분명히 보여 준다.[21] 패러데이에 따르면,

---

20 "신학과 관련하여…우리는 교회 안에 있으면서 우리 시대의 신학만큼이나 과거의 신학에 대한 책임도 떠맡아야 한다. 아우구스티누스, 토마스 아퀴나스, 루터, 슐라이어마허 및 나머지 모두는 죽지 않았고 살아 있다. 그들은 살아 있는 목소리로서 여전히 말하면서, 듣기를 요구한다…" Karl Barth, *Protestant Theology in the Nineteenth Century*, p. 17.

21 이는 John Polkinghorne, *One World. The Interaction of Science and Theology* (London: SPCK, 1986), p. 97에 다음과 같이 전해진 신화에 어느 정도 반대된다. "…마이클 패러데이에 대해, 아마도 그에게 부당하게 전해지는 바에 따르면…, 그는 자신의 연구실에 들어갈 때 종교를 잊었고 연구실 밖으로 나올 때 과학을 잊었다."

샌디먼주의(Sandemanian) 공동체의 회원들이 공동의 영적 가치를 위해 조화롭게 일하는 것처럼, 서로 다른 물체들과 자연의 법칙들은 자연적 세계 안에서 서로서로 협동한다. 하지만 힘의 각 유형은 그 작용의 양태 면에서 모든 다른 출처와 명확히 달랐다.…기독교적 삼위일체의 뚜렷한 반향이 암시하는 것은, 개별 능력들이 신비롭게 연합되어 있다는 것과 또한 서로 다른 능력들이 눈에 보이지 않는 신격에 대한 외적 상징들이라는 것이다.[22]

19세기의 마이클 패러데이부터 더 최근의 상대성 물리학까지, 많은 과학자가 우주를 기술하면서 페리코레시스의 언어를 사용해 왔다. 최근의 한 연구에서 이것이 표현된 방식은 우리가 여기서 물리적 우주와 관련하여 관심을 갖는 개념성을 사용한다. "이제 [물리학이] 인식하는 것은, 상호작용이 실제적이기 위해서는 관계된 사물들의 '성질'이 이러한 관계들에서 나와야 하는 반면, 동시에 이 관계들은 사물들의 '성질'에서 나와야 한다는 점이다."[23] 이것은 창조된, 즉 유비적인, 페리코레시스에 대한 진술이다. 우주 안에 있는 모든 것은 다른 모든 것과의 관계됨에 힘입어 존재한다.

이 부분의 결론으로 강조되어야 하는 것은, 제대로 이해되었다면 페리코레시스는 균일성(homogeneity)의 작인이 아니라 적(敵)이라는 점이다. 사물들과 관계들은 모두 다양한데, 마치 성부·성자·성령이 그들의 관계됨의 형태에 의해 위격적으로 구별되면서도 그렇게 다양하게 구성되는 것과 마찬가지다. 우주 저편에 있는 한 전자(電子)의 외관상 우발적인 움직임이 이편에 있는 기체의 움직임에 영향을 끼칠 수 있지만, 그렇다고 내가 먹었을지 모르는 살모넬라균에 오염된 고기와 동일한 방식으로 내 존재에 영향을 끼친다는 것을

---

22 Geoffrey Cantor, *Michael Faraday: Sandemanian and Scientist. A Study of Science and Religion in the Nineteenth Century* (London: Macmillan, 1991), p. 172.
23 Prigogine and Stengers, *Order out of Chaos*, p. 95.

의미하지는 않는다. 부모나 배우자나 자식과의 관계가 다른 인간관계들보다 우리의 존재를 더 깊이 형성시키는 것과 꼭 마찬가지로, 시공간 안에서 인접한 것들이 일반적으로 더 깊이 서로의 존재를 형성시킨다. 하지만 우리가 페리코레시스적 우주 안에 살고 있다는 일반적 요점은 여전히 유효하다. 모든 것이 다른 것이 아닌 바로 자신일지라도, 또한 그것은 다른 모든 것과의 관계에 힘입어 독특한 존재가 된다.

5. 문제의 핵심

지금까지는 좋다. 우리는 인격들의 페리코레시스를 어느 정도 설득력 있게 논증할 수 있고, 현대 물리학의 일부 발견들에 드러난 페리코레시스적 세계를 지시할 수 있다. 우리가 타인들과의 페리코레시스적 관계에 힘입어 우리의 존재를 가진다는 점은 충분히 받아들여질 수 있고, 우주가 페리코레시스적 통일체라는 점도 그렇다. 하지만 그렇다고 해서 이 둘이 만족스럽게 결합될 수 있다는 것은 아니다. 현대성이 사람들의 서로에 대한 관계를 이해하는 데 심각한 어려움을 안고 있다는 것은 우리가 이미 보았다. 현대성은 우주에 대한 기계론적 견해보다는 페리코레시스적 견해를 받아들이는 데 심각한 어려움을 안고 있다. 하지만 이 어려움들은 하나가 다른 것에 대해 갖는 관계를, 인격적인 것이 비인격적인 것에 대해 갖는 관계를 받아들이게 되는 문제들에 비하면 아무것도 아니다. 환경의 윤리학은 이 파편화를 치료하려는 시도가 이루어지고 있는 한 분야로, 참으로 만약 우주가 인간에게 적절히 고려된 좌표를 제공해야 한다면, 우리가 자연적 세계에 대해 갖는 관계의 성격이 인간의 관심의 중심에 있게 될 것이다. 여기서 분명히 드러나는 위험은 이 둘을 조화시키는 일의 실패, 자연적 세계의 존재와 위상을 존중하면서도 인간과 세계 사이의 차이들을 인식하는 일의 실패다. 하지만 비록 이 문제들이 심각하더라도, 적어도 이에 맞먹는 인간 삶에 대한 위협이 인간 문화의 파편화로 말미암아 생긴다고 말할 근거가 있다.[24] 많은 과학의 실천과 철학이 제시하는 세계는 합리적 장소로, 인간의 사고와 언어에 개방적이기까지 하다. 많은 윤리적·미학적 사유가 제시하는 세계는, 특히 현대주의적이고 포스트모더니즘적으로 분류될 수 있는 경우에 인간을 이 세계로부터 깊이 소외되어 있다고 보고, 따라서 윤리학은 많은 접근들에서 의미 없는 우주 안에 있는 행위에 대한 연구이고, 일부 예술은 피터 풀러가 프랜시스 베이컨의 회화에 대해 언급한 것처럼 영적 공허함의 증상을 보인다. 그렇다면 우리는 문화를 상호관련된 전체로 볼 수 있을까?

앞에서 본 대로, 이 혼란의 분명한 원인 한 가지는 인격적 존재에 대한 전통적 이원론에서 볼 수 있다. 즉 인간을 자연과 본질적으로 다른 정신이나 의지의 측면에서 보는 이원론이다(비관여가 다시 나온다).[25] 진화론들은 이 모형에 이의를 제기했지만, 동시에 목욕물과 함께 아이도 내버리면서 인간적인 것을 자연적인 것과, 즉 종종 기계론적으로 이해되는 자연적인 것과 **동일시하도록** 부추겼다. 결정적으로 중요한 것은 후자다. 현대의 많은 모순 중 한 가지는, 인간이 비인격적인 우주와 본질적으로 구별될 수 없고 존재에서 동일하다는 견해와 인간이 세계의 문제와 불연속적이어서 심지어 세계 안에 있는 외계인이라는 견해가 나란히 발전한 것이다. 인간에 대한 자연주의적 견해들은 모든 것이 동일한 종류의 과학적 이론화의 지배를 받는다는 견해에서 나온 것으로서, 주관성·의식·합리성을 비롯해 우리가 질료적 세계와 전적으로 다르게 보이도록 만드는 모든 것을 동일하게 불균형적으로 강조

---

24 "한 요소를 제거해도 나머지들을 그대로 유지할 수 있다고 가정하기에는 우리가…생태계에 대해 너무 많이 알고 있다. 이를테면, 우리의 오존층에는 하나님 모양의 구멍이 있다. 그리고 이제는 우리가 도덕적 생태학에 대해서도 생각해야 할 때다." Sacks, *The Persistence of Faith*, pp. 26-27.
25 2장의 두 번째, 세 번째 부분을 보라.

하도록 부추겼다. 다음 장에서 나는 개별 인간에 대한 이 이원론적 묘사에 이의를 제기할 것이다. 하지만 여기서는 문화의 페리코레시스와 의미의 페리코레시스에 관한 논의를 통해 인간과 자연의 상호관계됨의 문제에 접근하려 한다.

이 문제는 문화의 파편화에 관한 논의를 통해 모습을 드러낸다. 그것은 투박하게 다음과 같이 표현할 수 있을 것이다. 과학은 다른 출처들이 불러일으킨 회의론을 통해 과학에 접근하는 자들의 이론들에서가 아니라면 대체로 우주의 합리성과 유의미성을 칭송한다. 예를 들어, 상대성 이론에 따르면 동일한 물리 법칙들이 우주 전체에 걸쳐 유지되는 것처럼 보인다. 그와 대조적으로, 현대주의와 후기 현대주의 예술은 그 반대를 칭송하는 것으로 보인다. 바로 세계의 무의미성으로, 거기에 예술가는 개인적으로 또는 사회적으로 구성된 '의미'를 부과할 뿐이다. 과학과 윤리의 관계에 대해서도 비슷한 점이 주장될 수 있고 또 종종 주장되어 왔다. 도덕적 자율성에 대한 일부 개념들은 찰스 테일러가 개략적으로 제시한, 일종의 자연 환경으로부터의 비관여를 요구한다. 하지만 먼저 참인 것과 아름다운 것의 관계에 초점을 두고, 그 다음에 윤리로 넘어가기로 하자. 그러면 이제 키츠(Keats)의 "그리스 항아리에 부치는 노래"(Ode on a Grecian Urn)에 나오는 유명한 구절로 시작해 보자.

'아름다움은 진리이고, 진리는 아름다움이다.' 이것이 전부다.
이것이 그대들이 지상에서 아는 전부이고, 알아야 할 전부다.

표면상으로 이 구절은 불합리한 19세기 유미주의(aestheticism)의 전형적인 초기의 한 사례로, 우리의 문제의 근원인 문화의 파편화 자체의 징후를 보여준다. 하지만 다른 차원에서 보면, 이 구절은 심오한 진리를 지적할 수도 있지 않은가? 과학자들이 대안적으로 가능한 이론들 중에 한 가지를 골라야 할 때, 때로는 미학적 판단기준을 사용하는 게 사실 아닌가? 그렇다면 현미경과 수학이 드러내는 아름답고 복잡한 세계는 역으로 예술가로 하여금 단지 사회적 소외와 우주적 환멸을 표현할 뿐 아니라 어떤 식으로든 사물들의 더 깊은 진리를 반영하는 작품에서 세계의 진리를 표현하도록 영감을 불어넣지 않는가? 세계가 종종 그렇게 하지 않는 이유는 물론 존재론적인 동시에 신학적이다. 혹은 피터 풀러가 명확히 보여 준 대로, 다분히 반(反)신학적이다. 그는 윌리엄 모리스의 말을 효과적으로 인용한다. "현대주의는 문명이 그리스도를 **부정**하기 시작한 곳에서 시작되었고, 문명이 이 부정을 지속하는 곳에서 지속된다."[26] 하지만 앞에서 본 대로, 문제는 그리스도가 아니라, 그리스도 및 성령과 별개로 고려되는 하나님이다.

존재론의 문제가 밀접하게 연관되어 있다. 미학에서 주요 질문은 어떤 의미에서 예술이 존재·의미·진리를 구현한다고 여길 수 있는가와 관련된다. 예술의 자율성에 대한 옹호자들은 예술이 정치적 목적은 물론이고 외적인 도덕적 목적을 위해 봉사하게 해서는 안 된다고 타당하게 주장한다. 예술의 임무는 예술이 실재를 독특하게 인식하는 대로 그 실재를 위해 봉사하는 것이다. 하지만 이것은 실재에 대한 질문을 제기한다. 현대주의와 포스트모더니즘에 관한 많은 논쟁의 기저에는 실재적인 것의 성격에 대한 입장 차이가 있다. 무의미성, 즉 해악과 불일치가 본질적 실재라고 가정하는 것은 실재를 바로잡을 수 없다고 주장하는 마니교적 전망을 위해 봉사하는 것이다. 하지만 이와 다르게 가정하는 것은, 예술이 역사의 대부분 동안에 그랬던 것처럼 일종의 구속적 전망을 구체화해야 하는가의 질문에 참여하는 것이다. 그러므로 이것은 도덕적 선에 대한 질문에 불가분하게 참여하는 것이다. 이는 예술이 꼭 교훈적으로 도덕적이어야 한다는 것이 아니라, 이런저런 식으로 예술

---

26 Fuller, *Theoria*, p. 139에서 인용.

이 인간의 도덕적 실재에 대해 갖는 관계를 이해하는 데 도달해야 함을 의미한다.[27]

그렇다면 우리의 페리코레시스 개념에 대한 논의가 인간의 활동과 사고의 세 초점인 진선미의 통합에 무엇을 기여하는가? 우리는 페리코레시스가 의미의 세 영역들을 합당하게 통합하면서도 각자의 상대적 자율성을 유지하기 위한 단서라고 볼 수 있는가? 여기서 우리는 조지 스타이너가 하나님이 모든 의미의 기초라고 지적한 것으로 돌아간다. 중요한 구절은 다시 인용할 가치가 있다.

> 이것은 모든 성숙한 '포이에시스', 즉 우리가 문학·예술·음악에서 감탄을 자아내는 수준이라고 인정하는 것은 종교적 영감이나 관련이 있다는 것을 의미하는가? 역사의 문제, 실용적 자산의 문제로서 그 대답은 거의 명백하다. 초월적 차원으로의 지시와 자기-지시, 즉 내재적이고 순전히 세속적인 범위 바깥에…존재한다고 느껴지는 것으로의 이동이 호메로스와 『오레스테이아』에서 『카라마조프의 형제들』과 카프카에 이르는 창조된 형상들을 승인한다는 것은 틀림없는 사실이다.…음악과 (그 용어의 어원적 의미에서) 형이상학적인 것, 즉 음악과 종교적인 감정은 사실상 분리할 수 없는 것이었다.[28]

스타이너의 주장을 발전시키면 문화의 서로 다른 영역들의 구별 안에 있는 관계에 적용할 수 있는데, 특히 비트겐슈타인의 말들에서 도움을 받아 그렇게 할 수 있다. "예술 작품은 '영원의 관점에서'(*sub specie aeternitatis*) 본 대상이며, 또한 좋은 삶은 '영원의 관점에서' 본 세계다. 이것이 예술과 윤리 사

---

27   성적인 것에 대한 묘사가 포르노물로 변질되는 지점이 어딘지 묻는 질문에 대한 대답은 이 부분의 근처에 있다.
28   Steiner, *Real Presences*, p. 216.

이에 있는 연결성이다."²⁹ 그 불명료함에도 불구하고, 이것은 영원성에 근거해 있는 두 영역 사이의 차이 안에 있는 관계를 고려하는 출발점이다. 우리가 추구하고 있는 좌표를 제공하는 것은 영원성이다. 하지만 앞에서 본 대로, 아무 영원성(aeternitas)이면 되는 게 아니며, 또한 문화적 의미의 가능성들을 미분화된 방식으로 창조한다고 여겨지는 신은 영역들 사이의 투쟁만 격화시킬 뿐이다. 지상의 삶을 위한 한 가지 핵심을 고집하고 다른 두 주장을 배격하는, 의미와 진리에 대한 서로 다른 단일적 이론들—과학만능주의, 도덕주의, 유미주의—사이에서 선택을 부추기면서 말이다.

하지만 단일적으로 이해된 궁극적 실재가 파편화를 조장하는 것과 대조적으로, 삼위일체적으로 이해된 하나님은 자신 안에 관계 안에 있는 다원성의 형태를 포함하고 자신의 존재의 풍성함을 반영하는 세계를 창조하는 하나님으로서, 우리가 인간 문화의 다양성 안에 있는 통일성을 어느 정도 더 잘 이해할 수 있게 한다. 하나님에 대한 단일적 개념들은 문화의 세 영역들의 통합을 방해하는데, 왜냐하면 그것들은 미성숙한 통일을 낳도록 조장하며, 결국 이러한 통일은 존재의 영역들을 그중 하나, 대개 좁은 의미의 합리적인 것이나 또는 종종 도덕주의적인 것이나 미학적인 것에 종속시키려는 강한 경향을 낳기 때문이다. 하지만 삼위일체적 하나님이 모든 존재·의미·진리의 근원이라면, 우리는 문화의 각 차원이 그 독특한 접근법과 타당성을 상실하게 하는 일 없이 문화의 통일성의 신학을 발전시킬 수 있을 것이다. 바로 이 측면에서 우리는 페리코레시스 개념을 통해 인간의 사고·행위·경험의 서로 다른 영역들이 각각 독특하고 어느 정도 자율적이면서도, 그 영역들이 다른 모든 영역에 영향을 끼치기 때문에 자신들 너머에 있는 것을 언급함으로써만 이해될 수 있다는 가능성을 고려할 수 있다. 바로 이것이 우리가 창조에 대

---

29 Ludwig Wittgenstein, *Notebooks 1914-19*, edited by G. H. von Wright and G. E. M. Anscombe (Oxford: Blackwell, 1969), p. 83e.

한 이해, 즉 인간의 사고·행위·경험은 다양하면서도 유일한 세계 안에 있는 인간의 활동들이라는 이해를 고려해 예상할 수 있는 것이 아닌가?

인간의 모든 관심 중에서, 현재는—그리고 아마도 언제나—사회적인 것이 가장 긴급하고 중요하다고 주장할 수 있다. 이 책은 하나와 여럿의 사회적 문제에 대한 개관으로 시작했고, 이 주제는 마지막 장의 중심이 될 것이다. 하지만 이 문제는 여기에서 시도된 모든 것의 페리코레시스의 신학에서 도움을 받아 예시될 수 있다. 사회 윤리와 개인 윤리의, 문화와 환경의 상호적이고 다면적인 개입이 아주 구체적으로 잘 나타난 예는 자동차에 대한 열광이다. 자동차는 좋은 방향이든 나쁜 방향이든 그리고 우리 존재의 모든 차원에서, 인간 서로 사이의 그리고 인간과 세계 사이의 관계를 형성한다. 자동차는 아름다운 물건이면서, 추함과 불결의 원인이기도 하다. 분명히 자동차가 적어도 부분적으로는 관계성의 왜곡에 개입하고 있다는 사실은, 한편으로 부상의 위협과 운전자 및 차량의 명예 보호가 언어적·물리적 오용을 포함하면서 인간의 관계됨을 교란하는 원인이라는 것과, 다른 한편으로 이 기구(機構)가—도시계획, 소음, 변화된 이동 방식들, 대중교통의 쇠퇴를 통해—우리의 도시 사회의 모습을 형성하고 우리가 전체로서의 우주에 대해 갖는 관계를 구성한다는 것이 보여 준다. 종종 자동차는 자유의 원천으로 보이지만, 다른 기술들과 마찬가지로 사회적·개인적 존재의 광범위한 측면들을 결정한다. 그러므로 자동차는 좋든 나쁘든 우리 서로 사이의 그리고 우리와 세계 사이의 페리코레시스에 대한 한 상징이다. 모든 것이 다른 모든 것과의 상호적 구성의 관계들 안에서 존재하는 방식으로서 말이다.[30]

---

30   이 예시는 한계가 있는데, 왜냐하면 어떤 것이 개인주의적이고 기술지배적이고 낭비적이면서 또한 많은 점에서 참으로 인격적인 관계들의 전복자인 동시에 우리의 세계 거주의 전복자인 것이 페리코레시스의 수단이거나 또는 그러한 페리코레시스가 실패하게 한 수단임을 미리 가정하기 때문이다. 하지만 바로 이것이 또한 이 책의 논증에서 매우 중요하다고 생각되는 현대성의 역설의 또 다른 면을 제공한다.

6. 기독론적 결론

우리는 바울을 비롯한 여러 신약성경 저자들로부터 모든 것이 그리스도 안에서 하나로 연합한다는 고백을 듣는다. 네 번째 복음서의 저자로부터 콜리지와 바르트를 거쳐 우리 시대에 이르기까지 있는 존경할 만한 오랜 전통 한가지는 그리스도를 성부의 말씀인 로고스(Logos)와 동일시하며, 또한 때로는 그리스인들이 질료적 존재의 구조와 역동성 근저에 놓여 있다고 보는 합리성과도 동일시한다. 후자의 접근을 지나치게 중시하는 위험, 즉 구현된 합리성보다 기저에 있는 합리성을 추구하는 위험도 사상사에서 분명히 있어 왔다. 그것들은 존재의 다른 특징들을 도외시하면서 추상적 이성에 지나치게 집중하도록 부추겼고, 그로 말미암아 모든 것을 하나로 붙드는 존재를 비인격화하는 결과를 가져왔다. 하지만 여기에 있는 진리의 순간들도 부정되어서는 안 된다. 하나님은 하나님과 창조 세계 사이의 중재자인 아들을 통해 하나님이 아닌 것과 관계를 맺는다. 또한 그 아들은 마땅히 로고스로 이해되어야 하는데, 로고스로서 그는 영원으로부터 시간을 향해 말해진 말씀일 뿐 아니라, 시간과 장소를 함께 붙드는 의미의 내재적 역동이다.

내가 찾고 있는 초월성의 반향을 그리스의 로고스 철학에서 들을 수 있음을 확증하기 위해서라도, 우리가 그리스적 유산의 합리화 경향들을 모두 받아들일 필요는 없다. 세계의 다른 철학 및 종교와 마찬가지로, 그리스인들과 히브리인들의 경우에도 인간 정신이 사물들을 하나로 붙들게 하는 통일의 원리를 추구하는 것은 우연이 아니다. 사물들을 하나로 붙드는 어떤 것이 존재하며 그것 없이는 죄와 악으로 말미암은 재앙적 파편화가 생길 것이라는 점은—현대성의 일부 변종들을 제외하고는—인류의 거의 일치된 확신이다. 여러 차례 지적한 대로, 칸트에게는 이 통일의 원리를 하나님 개념에서 찾을 수 있다. 하지만 어떤 하나님인가? 단지 추상적 통일체로 이해되는 하나님인가? 이 문제들에 대한 삼위일체론적 설명이 중요하다는 주장이 고안된 것은 사물들의 통일에 관한 모든 다른 접근법들과 이론들을 배제하기 위해서가 아니라, 삼위일체론적 설명이 우리의 세계와 이 세계에서 우리가 적절하게 사는 것을 이해하는 데 본질적으로 기여한다는 점을 강조하기 위해서다. 그러므로 이 설명은 통일성과 정합성의 진정한 초점을 유지하고 우리가 하나님의 인격적 존재 안에, 즉 사랑 안에 존재하며 또 존재할 것이라는 점을 뿌리내리게 하는 데 필요한 것을 제공하려는 것이다. 그 사랑은 자유롭게 창조하고 구속하면서, 시간적이며 공간적인 것들의 구조들 안에 영원성 가운데 있는 하나님인 페리코레시스를 여러 가지 방식으로 반영하는 페리코레시스적 실재를 세계에 부여한다. 그러므로 사물들을 하나로 모으는 것은 단순히 어떤 것(something)이 아니고 어떤 분(someone)이다. 즉 그분은 자신을 통하여, 성부와 성령의 통일성 안에서, 모든 사물이 존재하게 하는 분이다.

7장

주는 영이다:
개별자의 신학을 향하여

1. 영의 개념

2장에서 나는 현대 세계에 있는 한 망령이 균일성(homogeneity)이라고 주장했으며, 그것은 세계의 모든 동네에 있는 코카콜라 광고로 상징되는 것이었다. 균일성으로의 압력들은 다양하다. 철학적이기도 하고, 정치적이기도 하고, 사회적이기도 하지만, 그 무엇보다도 상업적일 것이다. 균일하게 하는 압력들은 우리의 개인성(individuality)과 개별성(particularity)을 빼앗고, 우리를 모두 비슷하게 만든다. 현대 계몽주의의 온갖 목표에도 불구하고, 균일성으로의 압력이 있어서 개별자들의 독특성에 이의를 제기하거나 억압한다. 이번 장에서 나는 개별성 개념—우리를 독특하고 비균일적으로 만드는 것—을 탐색하기 원하는데, 단순한 주장으로 시작하려 한다. 종종 언급되는 바에 따르면, 기독교의 지적 결점들 중 하나는 기독교가 가진 개별성의 요소들이다. 신앙 내용의 많은 부분이 한 개별 인물과 또한 그의 배경인 한 개별 국가의 역사와 연관되어 있다는 사실, 게다가 참으로 그중 어느 것도 뚜렷한 세계사적 중요성을 갖지 않는다는 사실은 개별성의 스캔들이라고 불리는 것을 낳는다. 합리적 지성들 눈에는 종종 신앙이 본질적으로 문제가 있는 것으로 보인다. 신앙은 세계의 수많은 철학 및 종교와 달리 일반적 가르침이 아니라 역사적 개별자들을 하나님의 존재와 활동에 대한 핵심적 설명으로 선포하는 것이다. 이런 스캔들은 스캔들이라는 단어의 개념이 가리키던 초기의 용례들 중 일부인 예수의 불명예스러운 십자가 죽음에 비추어 볼 때 더 악화된다. 지적으로만 아니라 도덕적으로도 걸림돌이 된다.

이 장의 요지는 실제로는 이 책 전체의 요지이기도 한 것으로서, 개별성이 약점이라는 일반적으로 받아들여지는 견해와 반대로, 현대는 개별성에 중심적 위치를 부여하는 신학을 꼭 필요로 한다는 점이다. 영향력 있는 많은 사상, 행동, 문화의 조류들에 의해 구체화되는 균일성의 경향이 현대 세계에서 우리의 인격적 존재를 위협한다는 내 주장이 맞는다면, 개별자가 중요하게 여겨지는 형이상학이—혹은 오히려 존재의 신학이—절박하게 요구된다. 이 신학은 신앙이 전통적으로 기초해 왔던 역사적 주장들을 단순히 반복하는 것으로는 성취할 수 없다. 혹은 사물들 전체의 의미에 대한 질문을 교묘하게 회피하는 서사의 신학들에 의존하는 것도 마찬가지다. 내가 믿기에 우리는 서사적 개별성들로부터 지금보다 훨씬 더 많은 것을 얻을 수 있고, 또 세상의 죄들을 위해 십자가에 달린 분이라는 스캔들에서 더 많은 영광을 얻을 수 있다. 하지만 그것은 이번 장의 주요 관심이 아니다. 이번 장의 주된 초점은 기독교의 역사적 기초가 우리에게 독특하고 이해를 돕는 방식으로 해석하도록 허락하는 일부 관념들의 가능성들을 탐색하는 것이다. 이전 장과 마찬가지로, 우리는 인간 삶에 형태를 부여하는 틀에 집중할 것이다.

개별자에게 그에 합당한 비중을 부여함으로써 균일성으로의 압력에 저항하는 존재의 신학을 어디에서 발견할 수 있을까? 우리는 일단 성령의 신학에서 시작할 수 있다. 이것이 놀라운 주장으로 보일 수도 있다. 성령(Spirit)은 하나님의 행위를 온 우주에 실재화하면서, 보편적인 것들과 관련되지 않는가? 일차적으로는 그렇지 않다고 나는 생각한다. 일반적인 영(spirit)의 신학에 두 주요 측면들이 있음을 암시하는 성경적 증거가 있다. 첫째 측면은 영이 경계를 넘어서는 것과 관련된다는 것이다. 영은 서로 반대되거나 떨어진 다른 존재들과 영역들을 서로 관계시킨다. 영이거나 영을 갖는 것은 자신 외의 다른 것에 개방되고, 타자와의 관계로 들어갈 수 있다. 영은 특히 하나님과 세계에 대해 사용되지만, 그것이 유일한 사용은 아니다. 하나님은 자신의 영에 의해 세계와의 관계 안으로 들어오며, 그렇게 세계를 창조하고 새롭게 하는 것은 에스겔의 뼈들의 골짜기에 대한 환상에서, 누가복음의 이야기에서 마리아의 자궁 안에 아이를 만드는 새로운 창조의 행위에서, 그리고 예수 그리스도가 죽은 자들로부터 부활하는 것에서 볼 수 있다. 이 운동의 결과는, 하나님이 자신의 영을 통해 창조 세계가 하나님에게 개방되도록 한다는 것이다. 구약에서 '루아흐'(*ruach*)라는 단어는 하나님이 인간에게 능력을 주는 것을 말하는 한 방법의 근거가 되고, 그러므로 관계적이고 개별화하는 것이다. "하나님 또는 인간의 '루아흐'를 다루는 대다수 본문들은 하나님과 인간이 역동적인 관계 안에 있음을 보여 준다. '루아흐'인 인간은 살아 있고, 선을 갈망하고, 권위를 부여받은 존재로서 행한다. 이중에서 어느 것도 인간 자신에게서 나오지 않는다." 비슷한 관계적 방식의 언급이 성령의 사역을 특징적으로 묘사하는 일부 신약 구절에서 발견된다. "…우리는 그 영으로 하나님을 '아빠, 아버지'라고 부릅니다. 바로 그 때에 그 성령이 우리의 영과 함께…증언하십니다" (롬 8:15-16, 새번역). 그러므로 성령은 하나님을 세계와의 관계 속으로 이끌고, 상호적으로 세계는 하나님과의 관계 속으로 들어간다. 하지만 이것은 단지 하나님과 세계의 문제가 아니다. 이것은 인간의 영과도 관련된다. 자신이 몸으로는 부재하지만 영으로는 함께 있다는 바울의 말은, 창조된 존재들이 그들이 매여 있는 공간을 제한적으로나마 초월할 수 있음을 암시하는 한 방식이다. 그리고 바로 이것이 영이라는 것 또는 영을 가진다는 것이 의미하는 바

---

1 Hans Walter Wolff, *Anthropology of the Old Testament*, translated by Margaret Kohl (London: SCM Press, 1974), p. 39. 『구약성서의 인간학』(분도출판사).

의 첫 번째 측면이다. 경계를 넘어서는 것, 사람과 사물들 밖으로 다른 대상에게 개방시키는 것과 관련된다.

둘째 특징은 동일한 문제의 다른 측면을 보여 준다. 영은 개별성을 없애는 것이 아니라, 오히려 유지하고 심지어 강화한다. 영은 융합의 영이나 동화―균일화―의 영이 아니라, 타자성 안에 있는 관계의 영으로서, 타자를 무너뜨리지 않고 그 진정한 실재 안에 세운다. 이것은 창조를 완성시키는 원인인 신적 영의 사역에 대한 성경의 특징적 묘사에서 특히 명백하다.[2] 바로 이 개별성의 측면에서 우리는 신약이 예수와 성령의 관계를 특징짓는 많은 방식을 이해할 수 있다. 성령의 개별화하는 기능의 핵심을 보려면, 우리는 성령이 마치 장착된 영혼 물질 같이 예수의 균일한 소유물이었다는 대중적 견해에서 벗어나야 한다. 성령은 하나(the one)로서, 예수를 성부에게 그리고 자신과 관계 있는 자들에게 관계시키는 인격적 타자다. 성령과 예수의 관계에 관한 복음서 서사들은 예수의 생애의 단계들에 따른 독특성을 보여 준다. 성령이 예수의 몸을 자궁 안에 형성했고 예수로 하여금 성전에서 학자들을 당혹스럽게 할 수 있도록 했다는 점은, 세례 때 예수의 삶에 새로운 개별성이 있다는 점을 배제하지 않는다. 즉 성부와의 새로워진 관계를 통한 새로운 인간적 소명이다. 또한 새롭게 성령을 받은 것은 예수를 자신의 백성과의 개별적 관계로, 즉 유혹, 가르침, 능력 행함, 고난, 죽음 안에서 순차적으로 이루어지는 관계성으로 이끌었다. 그가 다름 아닌 이런 종류의 메시아, 거룩한 하나님의 백성이 되는 한 방법의 구체적 본보기였음을 의미했다.

예수의 승천 후에 교회의 사역에서도 성령이 유사한 역할을 수행하는 것을 볼 수 있는데, 네 번째 복음서의 신학에 따르면 이 때 성령은 신자들을―개별 신자들을―성부와 관계 맺게 함으로써 예수의 사역을 계속한다. 사도행

---

[2] Basil, *On the Holy Spirit*, XV. 36 and 38.

전에는 어떻게 성령의 인도의 영향 아래 여러 길들 가운데 한 길을 선택하는지에 대한 예들이 많이 나온다. 인간의 자유의 수여자인 주의 영이라는 바울의 개념이 또 다른 초점을 제공한다. 이 개념에 따르면, 그리스도인들의 자유는 그들이 새로운―개별적인―관계들의 망으로 들어가는 것에서 나온다. 즉 그리스도인들이 먼저 그리스도에 대한 신앙을 통해 하나님과의 관계 안으로 들어가고, 그런 다음에 교회 공동체 안에서 타인들과의 관계 안으로 들어감으로써 말이다. 성령이 예수를 자유롭게 해 자신으로 존재하게 하는 것처럼, "그리스도 안에" 있는 자들, 즉 그리스도의 백성의 공동체 안에 있는 자들에게도 역시 그렇게 한다. 교회는 공동체(community)이지, 집단(collective)이 아니다. 즉 교회는 개별 인간들이 성령의 인도를 받아 들어가게 되는 개별 공동체다.[3] 결과적으로, 해방시키는 타자로서 성령은 타자성을 존중하고 그렇게 해서 그가 선택하는 자들의 개별성을 존중한다. 바로 이것 때문에 바울이 예를 들어 고린도전서 12장에서 다양한 은사들의 특징을 설명하는 것은 공동체 안에 있다는 것에 대한 우리의 이해에서 중요한 역할을 하는데, 균일성이 아니라 풍부함과 다양성을 암시하기 때문이다. 바로 여기에서 우리는 복음과 현대 세계 사이에 있는 차이의 요지를 발견한다. 성령 하나님은 균일성이 아니라 자율성의 원천인데, 왜냐하면 성령의 행위에 의해 인간들이 자신들의 독특함과 개별적 관계성의 조직들 안에서 구성되기 때문이다.

이러한 두 특징, 경계를 넘어서는 것과 개별성의 보존 때문에 영 개념이 우리 자신과 우리의 세계에 대한 이해에 그렇게 중요하다고 나는 주장하는

---

[3] "우리의 도덕적 생태학의 문제는, 우리가 전적으로 두 영역의 차원에서만 생각해 왔다는 것이다. 입법과 통제의 도구인 국가 영역과, 그렇지 않으면 무한한 선택들을 가진 자인 개인 영역. 하지만 도덕성은 더 이상 국가의 속성이라고 말할 수 없는데, 우리가 너무 다양해져서 하나의 도덕성이 입법되는 것을 허락할 수 없기 때문이다. 그렇다고 해서 도덕성을 개인 안에 위치시킬 수도 없는데, 도덕성은 그런 식으로 사적인 것이 될 수 없기 때문이다. 우리는 제3의 영역인 공동체를 무시해 왔다. 하지만 나는 바로 공동체의 일원으로서 도덕적 언어, 전망, 그리고 그런 삶의 방식을 배운다." Sacks, *The Persistence of Faith*, p. 45.

것이다. 그러므로 이 개념은 내가 검토해 온 의미에서 콜리지적 **관념**이 될 수 있는 후보다. 이것이 없이는 세계 안에서의 삶의 특정한 주요 차원들이 적절히 개념화될 수 없게 된다. 영이 이성이나 의지로 환원되거나 대체될 때 현대의 재앙적인 비인간성과 비합리주의가 대단히 강력하게 된다. 개별성은 균일성 안에서 익사하거나, 혹은 스스로가 진정한 그리고 개방적인 인간관계의 부정이라고 주장한다. 하지만 영은 대체로 인격적 세계에, 즉 하나님과 인간에 한정된 단어다. 영은 인격체들의 독특한 특징, 즉 자신을 초월하는, 자신이 자리하게 된 현재와 장소를 넘어 생각하고 행동하는 인간 능력과 관련된다. 이것이 왜 그런지 파악하기 위해, 여기서 잠시 이 주제에 대한 헤겔의 기여를 검토할 가치가 있다. 그의 견해에 따르면, 영(spirit)은 단지 관념적으로만 아니라 초월적으로도 중요하다. 그에 따르면, 초월자들 중의 초월자, 보편적인 존재의 표시는 '가이스트'(Geist)로, 일반조으로 번역할 수 없다고 여겨지지만 아마도 합리적 영(rational spirit)으로 옮기는 게 가장 적절할 것이다. 이 영어 어구의 앞에 나오는 낱말은 헤겔이 고전적인 합리주의 전통의 경향을 보인다는 점을 지시하며, 뒤에 나오는 낱말은 헤겔의 용법이 성경적 기원을 갖는다는 점을 지시하는데, 특히 영이라는 단어의 중요한 신약적 함축들 중에서 두 가지가 담겨 있다. 영은 하나님의 특징적 존재 방식—"하나님은 영이시니"—과 삼위일체의 셋째 위격인 하나님의 성령(Spirit of God)으로 사용된다. 헤겔은 이 두 의미를 융합하는 경향이 있으며, 이로써 모호한 결과를 낳았다. 하지만 우리의 목적을 위한 요점은, 헤겔에게서 영 개념의 초월적 사용은 철학과 신학의 개념들에 역동성과 상호관계성의 표시들을 도입한다는 것이다. 우리가 이미 본 대로, 영이라는 것 또는 영을 가진다는 것은 자신 외의 것에 대해 개방적일 수 있다. 즉 타자와의 관계로 역동적으로 들어갈 수 있는 것이다. 영은 정신(mind)과 세계 사이, 세계와 하나님 사이에 일종의 페리코레시스가 발생하도록 할 수 있다. 만약 모든 것의 가장 근본적인 실재가 영이라면, 우리는 한편으로 우리의 독특한 인간 존재의 특성을 어느 정도 이해할 수 있는데, 그에 따르면 우리의 인격적이고 합리적인 역동성은 세계 **안에** 있는 것이다. 그리고 다른 한편으로 우리는 세계를 **향한** 우리의 독특한 인간 행동 양식의 특성을 어느 정도 이해할 수 있는데, 이로 인해 세계를 그 존재에 전적으로 이질적이지는 않은 방식으로 구성할 수 있다. 이것은 우리가 세계를 다루는 방식에 오랫동안 부정적인 영향을 끼친 기계론적 철학은 결코 아우를 수 없었던 것이다. 그와 반대로 기계론(mechanism) 또는 유물론(materialism) 철학들은 정신과 물질을 서로 이질적인 것, 대립되는 것, 양립할 수 없는 것으로 본다. 영 개념은 실재를 서로 양립할 수 없거나 비교할 수 없는 영역들로 나누는 이원론적 분리의 상극으로, 실재의 서로 다른 차원들 사이를 연결할 수 있다. 창세기를 여는 장들이 가르치는 대로, 우리는 여러 방식으로 세계 안에 그리고 세계 도처에 속하게 된다.

영 개념의 초월적 위상을 주장하는 사례가 있다. 이런 생각은 하나님의 존재를 정의하려는 몇 안 되는 분명한 성경적 시도들 중 한 가지에서, 또한 인간에 대한 성경적 이해에서 두드러진다. 성령이 우리의 영에게 말한다는 확증에서는 우리의 창조자와의 관계에서 인간이라는 것이 무엇인지의 신비—계시된 신비—의 일부를 볼 수 있다. 하나님의 영은 인간 존재가 하나님에 대해 개방적이게 할 수 있다. 또한 우리는 이전 장의 주제들과 연결할 수도 있다. 페리코레시스에 대한 콜리지의 정의를 반복해서, 만약 모든 존재가 "존재, 지성, 소통적 삶의 형언할 수 없는 순환, 즉 사랑과 행동"에 힘입어 존재하는 것이라고 한다면,[4] 그 관계적 역동성에 대해 무언가를 표현하는 데 영보다 더 나은 개념이 무엇이겠는가? 헤겔의 제안은 확실히 전통적인 존재의 형이상학에 대한 개선이다.

---

4   참고. 6장, p. 208.

하지만 영 개념의 초월성—보편적 적용 가능성—을 주장하는 것은 심각한 문제들을 야기하는데, 확실히 헤겔의 철학과 관련해 그렇다. 바로 관념론(idealism)의 문제, 즉 물질의 영화(靈化)와 세계를 하나님 속으로 포섭하는 문제다. 만약 모든 것이 영이라면, 우리는 앞에서 현대 인간이 창조된 세계를 대하는 것을 설명할 때 만난 난점들로 돌아가는 듯 보인다. 창조된 세계의 순전한 질료성이 문제가 되고, 참으로 더 이상 창조된 세계의 실제적 존재의 일부가 되지 못하는 것이다. 모든 것을 영으로 만드는 것은 개별성의 상실을 초래하거나, 또는 그렇게 보일 텐데, 왜냐하면 우리가 경험하는 대상들의 물질적 형태는 그것들의 개체화의 수단이자 개별성의 표시이기 때문이다. 그렇게 해서 나는 누군가를 머리 모양이나 걸음걸이의 특징을 보고 인지한다. 하지만 헤겔적 용어들에서 물질·시간·공간은 정신(Spirit)의 끊임없는 운동의 결과로 마침내 지양된다. 내가 3장에서 논증한 대로, 정신의 활동의 결과는 시간의 지양이고, 그렇게 해서 영(spirit) 개념의 사유에 대한 독특한 기여인 역동성과 페리코레시스 자체가 상실된다. 개별자들을 없애는 페리코레시스는 더 이상 페리코레시스가 아니고, 오히려 비관계적인 균일성이다.[5]

기저에 있는 신학적 문제는 헤겔적 삼위일체가 이해되는 방식에서 찾을 수 있는 것으로 보일 것이다. 성령이 삼위일체의 첫 두 위격들을 계승하는 양태론적 방식은, 서구 신학의 골칫거리의 한 형태인 하나(the one)의 초월성을 드러낸다. 다원성이 높여지지 않고 폐기되는 것은 초월적 위상을 부여받을 수 없기 때문이며, 또한 부분적으로는 삼위일체의 위격들의 다원성이 단지 '일시적'이기 때문이다.[6] 하지만 우리가 진리의 역사성과 시간적 성격에 대한 논의와 관련하여 5장에서 본 대로, 헤겔의 기여는 매우 중요하다. 이런저

---

[5] 일반적인 낭만주의적 경향이 범신론적 의도로 영을 자연에 투사하는 것이 동일한 경우다.
[6] 그래서 헤겔은 전통적 실패를 일종의 거울상처럼 반복하는데, 그에 대해서는 우리가 이 책의 첫 장들에서 진정으로 삼위일체적인 창조 교리를 명확히 설명하기 위해 매우 자세히 고려했다.

런 방식으로, 영은 실재의 문제의 중심에 있다. 만약 영이 초월적이지 않더라도, 우리 자신과 세계를 다룰 수 있기 위해서 꼭 필요한 관념들 중 하나일 수 있지 않을까? 영이 현대주의와 후기 현대주의의 매우 파괴적인 전개들 다수의 기저에 있는 의지의 일원론을 피하는 방편일 수 있지 않을까? 그렇게 해서 영의 도움으로, 우리가 파편화된 다원성이 아니라 관계적인 다원성을, 즉 서로 다투는 바벨탑이 아니라 풍성한 복합성을 생각할 수 있도록 말이다. 우리 자신 외의 것에 대한 개방성과 존중의 수단으로서 영 개념에 주의를 기울이는 것은 우리 시대의 비인간화하는 경향을 교정하는 역할을 한다. 만약 우리가 자신을 의지뿐 아니라 영으로 이해한다면, 현대가 타자를 파괴하는 것 기저에 있는 개인주의를 극복하는 방법을 찾을 수도 있지 않을까?

앞으로 나아갈 길에 대한 단서는 인간의 한 자질인 영이 폭넓고 이해를 돕는 의미가 있다는 교리에서 찾을 수 있다. 신학적으로 그것은 세계를 향한 그리고 세계 안에 있는 하나님의 인격적 작인을 말하는 한 방식이며, 인간론적으로는 하나님과 타인들에 대한 인간의 반응을 말하는 한 방식이며, 또한 우주론적으로는 세계에 대한 인간의 개방성과, 인간의 지식·행위·예술에 대한 세계의 개방성을 말하는 한 방식이다. 또 다른 장점은 영은 사람을 사람에 대해서, 사람을 세계에 대해서 개방한다고 받아들여지는 것으로서, 우리 실재의 신체적 차원과 물질적 차원을 배제하지 않고, 또한 인성의 지나친 합리화에 대한 반작용으로 인간을 단순히 기계론적으로 혹은 물리주의적으로 개념화하는 것도 허락하지 않는다는 점이다. 반대로, 영이 발전을 촉진시키는 인간 개념은 자신만의 고유한 개인성―참된 개별성―을 가진 전체이면서, 또한 타자와의 진정한 상호작용이 가능한 관계적인 것이다. 수많은 철학에서 일어난 것과는 대조적으로, 이와 같은 인간 개념은 우리가 신체이자 영혼이라는 점과, 그러므로 다양한 활동과 관계 안에서 우리의 존재를 갖는다는 점을 인정한다. 의식·주관·양심·의지·이성·창의성 같이 유일하거나 주요한 인간적 자질을 나타낸다고 때로 여겨져 온 우리의 인간성의 특징들은 개인주의적이며 비관계적인 인간관을 사회와 세계에서 초래할 수 있으며, 실제로 적극적으로 조장한다. 그 모든 것들은 영 개념에 종속되고 통제되어, 인간론과 심리학에서 자신들의 고유하고 엄격히 부차적인 위치를 차지한다.

그렇다면 인간의 자질로서 영은 폭넓고 이해를 돕는 의미를 갖고, 그러므로 콜리지적 의미에서의 관념이라고 할 강력한 권리가 있음에 틀림없다. 영의 관념적 위상을 주장할 또 다른 근거는, 다른 관념들과 마찬가지로, 영이 다양한 수준에서 사유를 야기하는 유비적 개념이라는 점이다. 인간적인 것과 신적인 것 사이의 주된 차이를 표현하는 주장은, 하나님은 영**인**(is) 반면에 유한한 인간들은 영을 **가지며**(have), 또한 사물들은 영이 아니고 영을 갖지도 않는다는 것이다. 그리고 바로 여기서 우리는 관념과 초월자 사이에 있는 차이의 핵심에 이른다. 하나님이 영**인** 것은 삼위일체의 위격들이 서로에 대해 무제한적으로 개방되어 있음에 의해서, 하나님이 자유롭고 강제되지 않는 외부로의 운동으로 창조와 구속에서 하나님 자신이 아닌 것들에게, 유한하고 시간적인 것들에게 나아감에 의해서다. 유한하고 시간적이지만 하나님의 형상에 따라 창조된 인간들이 영을 **갖는** 것은, 그들이 인격적 존재를 특징짓는 제한적이지만 특별한 방식으로 하나님·인간·세계에 대해 개방적이기 때문이다. 그들은 관계를 맺고 사랑하고 미워하고 소중히 하고 착취할 수 있으며, 자신들을 노예로 만드는 관계로 들어갈 수 있으며, 또한 하나님의 사랑에 의해 구속되어 노예로 만들지 않는 관계로 들어갈 수도 있다. 인간 외에, 창조된 세계의 나머지 것들의 경우는 그렇지 않다.

2. 실체성의 문제

지금 발전시키고 있는 견해에 따르면, 영은 우리가 세계에서 우리의 위치를 적절히 이해하는 데 반드시 필요한 관념들 중 한 가지다. 하지만 영은 온전히 초월자는 아닌데, 왜냐하면 보편적인 존재의 표시가 아니고 다만 인간들이 다른 인간들 및 세계와의 관계에서 존재할 때 인간들의 세계를 규정할 뿐이기 때문이다. 내 생각에 영 개념은 원자의 구조나 물질적 우주의 진화를 이해하는 데, 양배추를 먹거나 기르는 데, 예술 작품을 감상하는 데 도움을 주지 못한다. 적어도 고려되는 대상의 관점에서는 그렇다.[7] 이는 우리가 사물들과 동물들의 세계를 대하는 방식이 사소하다는 것이 아니라, 세계를 올바르게 대하려면 세계 자체의 독특한 성격과 위상을 의식해야 한다는 것을 암시한다. 우리의 생태학적 혼란의 대부분은 사물에 대한 기계론적이거나 기술 지배적인 견해들로부터 발생한다. 세계를 대할 때 마치 영이 모든 면에서 세계의 존재에 무관한 것처럼 하는 것에서 말이다. 비인격적 사물들이 영을 갖지 못한다는 내 말은, 강조해 말하건대, 결코 그런 의미가 아니다.[8] 만약 우리가 세계의 주요 영역들을 엄밀히 말해 영에 의해 규정되지 않는 것으로—영이 아니며 영을 갖지 않는 것으로—대해야 한다면, 우리는 의심의 여지없이 신적 영이 인간적 작인과 함께 또는 그것이 없이 세계를 지탱하고 그 고유한 완성을 향해 인도하는 방식과, 또한 인간의 영이 세계와 관계되는 방식을 모두 인식해야 한다. 하지만 이것은 영이 인격적 존재의 신비에 있는 어떤 것을 지시하는 데 사용되는 개념이라는 요점에서 벗어나지 않는다.

그렇다면 이 논의는 진정으로 보편적인 개념인 초월자들에 대한 우리의 탐구와 어떤 관련이 있는가? 초월자들에 대한 탐구를 진행하기 위해, 우리는 이전 장에서 던졌던 것과 동일한 종류의 질문을 던져야 한다. 만약 창조

---

[7] 이 입장은 이른바 창조 영성(creation spirituality)의 옹호자들과 대립된다. 나는 논쟁의 여지가 있는 "경계 사례들"이 있다는 데 동의한다. 예를 들어 우리가 '기백이 있는'(spirited) 준마가 의미하는 바를 생각하는 경우처럼 말이다. 하지만 나는 일반적으로 인격적인 것과 비인격적인 것 사이의 구별은 각각의 존재 체계를 위해서 유지하는 게 중요하다고 생각한다.

[8] 일부 사물들은 생명을 갖고 있는데, 그 생명은 다양한 수준들로, 특히 동물과 식물 사이의 차이에서 드러난다. 하지만 생명이 비록 영과 관련되어 있기는 하지만 그 둘은 같은 것은 아니다.

와 구속의 경륜에 대한 연구가 우리를 경륜으로부터 진정으로 초월적인 페리코레시스로 이끌었다면, 우리는 우리의 세계가 내포하는 것으로 보이는 그러한 보편적 특징들에 있는 성령의 경륜적 활동으로부터 무엇을 배울 것인가? 지금까지는 성령의 개별성 지향에 관해 많이 언급했다. 이제 성령의 활동에 관한 일반적인 요지를 밝히려 하는데, 특히 우리가 관심을 갖는 창조 교리와 관련해서다. 바실레이오스(St. Basil)에 따르면, 성령의 독특한 역할은 세계를 완성하는 것이다. 우리는 이것을 각 개인과 사물이 창조된 목적을 완성하는 것을 의미한다고 해석할 수 있다. 이런 측면에서 성령의 독특한 사역은 종말론적이다. 그러한 통찰을 신학적으로 상술하는 한 방법, 성령의 특별한 직무가 각 피조물을 그리스도를 통해 성부 하나님과의 구원하는 관계로 이끌어감으로써 그 피조물의 참된 존재를 실현하는 것이라고 말하는 것이다.

　이 가르침에 근거해서 두 가지를 할 수 있다. 첫째, 우리는 이 가르침이 신론에 대해 갖는 함의들을 탐색할 수 있다. 성령의 인격적 존재가 창조를 완성시키는 사역에서 발견된다는 것은 우리의 하나님 이해와 관련하여 무엇을 의미하는가? 우리가, 함축적으로, 어떤 의미에서는 성령이 하나님의 존재의 완성의 작인이라고도 말할 수 있는가? 나는 이런 맥락에서 사회적 삼위일체 이론들이라고 불리는 것들 중 일부가 보이는 명백한 삼신론적(tritheist) 경향을 경계하는 것이 중요하다고 본다. 우리는 사회적 삶을 말하도록 계시에 의해 허가를 받은 것이 아니다. 하지만 우리가 말해야 할 것은, 만약 성령이 창조를 완성하는 분으로서 경륜에서 특별한 방식으로 일한다면, 그가 하나님의 존재와 관련하여, 즉 하나님의 삶인 친교(communion)와 관련하여 비슷한 종류의 역할을 수행한다고 추정하는 것이 합리적이라는 것이다. 그러므로 아우구스티누스와 함께 우리는 성령이 성부와 성자 사이의 통일시키는 고리라고 말해야 할 뿐 아니라, 더 긴요하게는 성령이 성부와 성자의 구별됨—그들의 독특한 개별성—의 초점이라고 덧붙여야 한다. 위격들의 존재의 중요한 특징은, 그들이 다른 위격의 기능이나 복제가 아니라 그들 자신일 수 있는 능력을 갖는다는 것이다. 이것이 개별성에 부과된 강조점이다. 생 빅토르의 리처드(Richard of St. Victor)는 주장하기를, 만약 신격 안에 진정한 타자성이 있으려면 삼위일체의 셋째 위격이 필수적이라고 했다. 만약 하나님 안에 진정한 외부로의 이동과 다양성이 있으려면 셋이 있어야만 한다.⁹ 이런 의미에서, 우리는 신격 안에서의 성령의 역할은 성부와 성자의 '휘포스타시스들'(*hypostases*) — 이 전문용어를 사용하는 이유는 뒤에서 밝힐 것이다 — 혹은 위격들을 개별화하는 것이라고 말할 것이다. 즉 성부와 성자를 자유롭게 해 그들 자신이도록 하는 것, 공동체 안에서 그리고 친교로서 개별적 **위격**들이도록 하는 것이다. 따라서 시간과 영원, 경륜과 본질 모두에서의 성령의 독특한 행동 양식은 개별성을 구성하고 실현하는 데 있다. 그렇다면, 그리고 이 논증에서 결정적인 것으로, 하나님의 존재의 핵심에 일종의 개별성이 있다.

    이제 성령이 창조를 완성하는 분이라는 바실레이오스의 가르침에 근거해서 제시할 수 있는 둘째 주장을 살펴보자. 주장될 수 있는 것은 '휘포스타시스' 개념이, 개별적 존재의 함축들과 함께, 역사적으로 그랬던 것보다 우리의 사고에서 더 중심적 위치를 차지해야 한다는 것이다. 내가 믿기에는 오직 그렇게만 우리는 여럿을 현대의 삶에서 현실이며 위협인 하나로 매몰되는 것으로부터 해방할 수 있는 지적 토대를 놓게 된다. 이 가르침에 따르면, 하나님의 **실체성**(substantiality)이라고 불릴 수 있는 것의 자리는 그의 추상적 존재가 아니라 우리가 신적 위격들이라고 부르는 구체적 개별자들이며, 또한 그들이 상호적으로 구성하는 관계들이다. 서방 전통이 그리스어 '우시아'(*ousia*, 본질)를 번역하면서 실제로는 '휘포스타시스'의 축어적 번역인 '숩스탄티아'(*substantia*, 본체)로 옮기기로 결정했을 때 이는 결과적으로 위격 개념이 마땅히 가지고

---

9   Richard of St. Victor, *De Trinitate*, 3, xix.

있던 중요성을 빼앗고 말았는데, 왜냐하면 이로 인해 그 기저에 있는 하나님의 실재가 강조되기 시작했기 때문이다. 그러한 번역에서는 하나님의 참된 실체(substance), 즉 하나님의 실체적 존재가 개별적 위격들의 기저에 있는 존재라는 생각이 부추겨졌다. 여기에서, 갑바도기아 교부들이 거의 동일한 용어들인 '우시아'와 '휘포스타시스'를 의미적으로 구별한 효력이 상실되었다.[10] 그들은 '휘포스타시스'를 사용해 구체적 개별자들―위격들―을 가리키고 더 나아가 하나님의 '우시아'―일반적 존재―는 위격들이 영원한 페리코레시스 안에서 서로 주고받는 것에 의해 잔여 없이 구성된다고 말했는데, 이로써 보편자에 대한 개별자의 우위를 생각하는 것이 가능하도록 만들었다. 하나님은 오직 위격들의 친교로 존재하며, 이 위격들의 개별성이 그 하나님의 모든 존재의 중심에 계속 있는데, 이는 각자가 자신만의 독특한 존재 방식(way of being, τρόπος ὑπάρξεως)을 갖기 때문이다.[11] 그러므로―여기서 우리는 창조자에 대한 이해에서 초월성 개념으로 이동한다―피조물들의 개별성은 창조자의 존재의 중심에 있는 개별성에 의해 수립된다.[12]

서방 신학 전통은, 그리고 거의 확실히 동방 신학 전통도, 이미 일어났던 이 개념적 혁명을 활용하는 데 실패했다. 앞에서 본 대로, 구체성보다는 추상성이 주된 신적 존재의 표시가 되고 말았다. 이 표시는 성경적 계시의 구체적 개별자들보다는 그리스 철학에서, 성령의 신학보다는 존재의 형이상학에서

---

10 의미적으로 구별하기(desynonymizing) 개념과 콜리지가 그 발전에 한 역할에 관해서는 다음을 보라. Stephen Prickett, *Words and The Word. Language, Poetics and Biblical Interpretation* (Cambridge: Cambridge University Press, 1986), 특히 pp. 137-140.
11 바르트는 존재 양태(mode of being, τρόπος ὑπάρξεως)를 개별적으로 존재하는 위격들의 존재 방식을 가리키는 방법보다는 "위격"의 등가어로 사용하자고 제안했다. 그러나 이것은 위격 개념을 현대의 개인주의적 사용에서 구해 내는 것을 불가능하게 만들 뿐 아니라, 위격들에게서 행위자의 특징적 형태를 박탈함으로써 삼위일체를 사실상 불필요한 것으로 만드는 서구적 경향을 반복한다. Barth, *Church Dogmatics*, volume 1/1, translated by G. W. Bromiley (Edinburgh: T. & T. Clark, 1975), pp. 355-359.
12 또한 서구 전통이 삼위일체의 셋째 위격에 합당한 비중을, 실체를 부여하는 데 매우 취약했다는 사실이 잘 알려졌다는 것은 확실히 의미심장하다.

나왔다. 서구에서 영향력 있는 신학자들로부터의 다음 두 인용은 하나님이 추상화와 비결정성의 측면에서 이해된 경향을 예시한다. 하나님에 관해 말하면서 위디오니시우스는 다음과 같이 적고 있다. "그는 모든 형태와 구조를 갖고 있지만, 그럼에도 형태가 없고 아름다움이 없다. 이는 그가 자신의 불가해한 우위와 초월 안에 모든 것의 원천과 중간과 결말을 간직하며, 또한 하나의 미분화된 원인 안에서 그것들을 위해 순결하게 존재를 밝히기 때문이다."[13] 이와 유사하게, 아퀴나스에 따르면, 스스로 존재하는 자(He Who Is)는 "하나님에게 적용된 모든 이름 중 으뜸이다. 자신 안에 모든 것을 포괄하면서, 무한하며 비결정적인 실체의 바다인 존재 자체를 담고 있기 때문이다."[14] 이런 생각이 서구 문화에 끼친 장기적 영향은 2장에서 개략적으로 기술되었고, 이제 우리의 관심은 내가 사물들의 실체성이라고 부른 것의 일반적 문제다. 이 두 인용문이 암시하듯이 하나님의 존재가 본질적으로 추상적이고 비결정적(indeterminate)이라면, 결정성(determinateness)과 개별성은 어디에서 오는가? 오직 하나님에 대한 부정으로 오는 것으로 보일 것이다. 헤겔의 경우와 같이 변증법적 과정의 일부로, 아니면 헤겔의 무신론적 후예들의 경우와 같이 인간 개별성과 자유의 이름으로 하는 하나님 부정으로 말이다.

하지만 현대적 저항의 역설적 결과는, 이전 장들에서 논증된 대로, 신학적 부정에 맞선 존재의 개별성과 실체성의 확증이 아니라 현대 세계의 주도적인 지적·예술적 운동에서 일어난 실체의 상실이다. 체스터턴(G. K. Chesterton)은 인상파들의 그림 안에 있는 세계에 중심적 요소가 없는 것처럼 보인다고 말했다고 하며, 후기 현대성에 대한 일부 분석들은 실체성의 상실이 문제의 핵심이라는 판단을 확증하는 것으로 보인다. 개별성에 대한 현대의 주장은 구

---

13 Pseudo-Dionysius, *The Divine Names*, v, 824b. The translation is from *Pseudo-Dionysius. The Complete Works*, translated by Colm Luibheid (London: SPCK, 1987), p. 101. 『위 디오니시우스 전집』(은성).
14 Aquinas, *Summa Theologiae*, I. 13. 11.

체성을 살리는 것이 아니라 손상시켰고, 그러므로 관계와 실체성이 모두 상실되었다. 로버트 피핀은 다음과 같이 말한다.

> 그러므로 사람들은 이미 마네(Manet)의 주제 선택에서 현대주의에 있는, 그리고 궁극적으로는 포스트모던적 논의에 있는 존재의 극단적 개별성에 대한 매료를 감지할 수 있으며, 또한 그렇게…대상들이나 사람들, 혹은 보편적 범주들에서의 계기들, 혹은 과학이나 철학의 묘사들, 혹은 심지어 원래 이해된 대로의 언어 자체의 이해 가능성에 대한 '의존'의 거부를 감지할 수 있다. 여기에 암시된 주장은, 이 형언할 수 없는 원래의 '독립적인' 존재의 문제는 일부 형태의 극단적 경험에서 제대로 포착될 수 있다는 것이다. 이 극단적 경험은 그 범위가 인상파 화가들이 포착한 외관상 시시하고 순간적인 장면들로부터, 전통적인 정합성이나 질서 개념들에 대한 입체파 화가들의 공격을 거쳐, '발견된 오브제'나 팝 아트와 존 케이지(John Cage)의 우연적 변화까지 이른다.[15]

이 인용문의 요점은 아무리 강조해도 지나치지 않은데, 바로 여기서 우리의 논점이 단지 회화의 문제일 뿐 아니라 "현대의 형이상학적 문제"로, 즉 "오직 우연한 개별적 표현의 '계기들' 안에서만 접근할 수 있는 실재의 전적으로 순간적이고 파편화되고 관점적인 성격을 암묵적으로 주장하는 것"이라는 것이다.[16] 말하자면, 현대가 개별자를 상정하는 것은 그 개별자를 상실하는데, 개별자로부터 구체적인 자존성과 의미를 빼앗아 가기 때문이다. 개별자들은 비실체적으로 되는데, 그 이유는 개별자들의 실체성이 현대적 사유에서

15　Pippin, *Modernism as a Philosophical Problem*, p. 37.
16　같은 책, p. 36. 이 지점에서, 존 밀뱅크가 하는 것처럼 보이듯이, 포스트모던적 세계관들에 조금이라도 양보하는 것은 창조 교리를 전복하는 것이다. 그럼에도 밀뱅크에 따르면, "유한한 세계에 관해 말하자면, **무로부터의 창조는 모든 실재론을 고려에서 근본적으로 배제한다**. 아무것도, 아무 실체들도 없고, 다만 시간 안에서의 관계들과 세대들의 이동만 있을 뿐이다." Milbank, *Theology and Social Theory*, p. 426.

는 더 이상 존재한다고 여겨지지 않는, 기저에 있는 보편자들에 의해서만 긍정될 수 있다고 가정되기 때문이다. 우리는 이 책에서 이미 많이 통탄한 징후를 다시 만나는 것 같다. 관계 없는 개별성과 개별성 없는 관계성이라는 징후가 바로 그것으로, 이 둘은 반대되는 것들의 동시 발생으로 서로 다르게 생각되지만 실제로는 동일한 현상이다.

그러므로 이제 실체―혹은 오해를 줄이기 위해 말하자면, **실체성**―의 문제를 다시 제기할 때가 되었다. 또한 나는 사람들과 사물들도 실체적이고 비추상적으로 이해되는 하나님에 의존해서 그들 자신의 독특하고 개별적인 존재를 갖는 실체적 존재로 이해되어야 한다고 주장할 것이다. 타자에 대한 자신들의 **관계성에도 불구하고가 아니라 바로 그 관계성에 의해서** 말이다. 시대적 상황이 유리하지는 않은데, 많은 작품의, 특히 신학적 저작들의 유행이 존재를 이해하는 전적으로 대안이 되는 방식으로서 실체적 사유보다는 관계적 사유의 우위성을 단언하는 것이기 때문이다.[17] 하지만 이런 유행에 대한 첫 번째 질문으로 이제 분명해질 것은, 그 둘이 양자택일의 문제인가 하는 것이다.[18] 이번 장의 나머지 부분의 요지는, 존재론과 관계가 우리가 사물들을 이해하는 방식에 대한 서로 대립되는 방법이기보다는 함께 서거나 넘어지는 것이라는 교리의 방어를 시도하는 것이다. 두 번째 질문도 첫 번째와 유사한데, 우리의 세계가 개별 인간으로서 우리의 삶의 의미가 의존하는 실체성을 상실하지 않으려고 한다면 우리가 실체 개념 없이 그렇게 할 수 있겠느냐 하는 것이다. 하지만 모든 것은 우리가 전개하는 실체 개념에 달려 있다.

---

17 예를 들어, Sallie McFague, *Metaphorical Theology. Models of God in Religious Language* (London: SCM Press, 1983)는 일부 그러한 구별을 이용하는 듯 보인다. 『은유 신학』(다산글방).
18 그러므로 나는 이와 관련하여 '관계적'이라는 말의 두 의미를 구별하고 싶다. 첫째 의미는 관념화하는 의미로, 이에 따르면 사물들은 그것들과 우리와의 관계의 측면에서만, 혹은 **그것들이 우리에게 보이는 대로** 알려질 수 있다는 것이다. 둘째 의미는 실재론적 의미로, 이에 따르면 사물들은 그것들의 (객관적) 존재를 관계 안에서 갖는다는 것이다. 후자의 이해에 따르면, 관계성의 존재론이 존재한다. 즉 사물들이 다른 것들에 대한 관계에 의해 구성된다. 전자의 경우, 존재론은 외관상으로는 어쨌든 포기된다.

내가 의도하지 않는 것에 관해 말하겠다. 하나님 개념에 대한 현대의 저항은 부분적으로 일종의 신적 실체 개념에 대한, 특히 불변하며 단일하다고 여겨지는 의지나 권위로서의 하나님 개념에 대한 저항이다. 많은 것이 이 하나님의 비관계적 성격으로부터 만들어졌는데, 거기에는 합당한 이유도 있지만, 또한 많은 과장과 지나친 단순화도 있다. 심지어는, 데카르트의 저작으로 인해 비슷한 실체 개념이 인간에게도 전이되었기 때문에, 현대성은 하나님뿐 아니라 실체론적 인간관에 대해서도 반발하게 되었다는 주장도 가능하다. 그러한 이유에서, 잘못 이해된 실체적 하나님에 대한 반발은 잘못된 인간 실체성 개념을 낳았고, 이는 추가적 반발을 관계적이지만 비실체적인 인간 개념에서 낳았다. 그렇다면 잘못된 것은 실체적 사유가 아니라—우리 자신의 고유한 구별성·구체성·개별성 안에서 당신은 당신이고 나는 나라고 말하는 것이 뭐가 잘못이겠는가?—다만 그것에 대한 기존의 이해다.

하지만 아마도 다른 어떤 곳보다도 이 영역에서 모든 것이 용어의 의미에 달려 있다. 도널드 맥키넌(Donald MacKinnon)의 지적에 따르면, 아리스토텔레스의 가르침은 그 복잡하고 난해한 논의에도 불구하고 한 측면은 우리로 하여금 그의 실체 개념이 우리가 경험하고 말하는 것들을, 즉 개별자들을 지시한다는 것을 추정하도록 고무한다. "[그가] 플라톤에게서 받은 것들은…실체를 구체성을 가진 각각의 자연 사물로 보느냐 아니면…사물을 그 자신으로 만드는 형상으로 보느냐 사이에서 망설이는 정도와 관련이 있다.…"[19] 따라서 우리가 각각의 자연 사물을 어떻게 생각할지는 이 개별자들을 어떤 **존재**로 가정하는가에 달려 있다. 개별자들을 불변적 또는 가변적이라고 보든, 관계망 안에 있거나 또는 그렇지 않다고 보든, 우리가 그것들이 거기에 있다는

---

[19] 2장에서의 논증에 따르면, 맥키넌이 대조시키는 이 두 견해 중 후자가 승리한다. D. M. MacKinnon, "'Substance' in Christology—a cross-bench view", *Christ, Faith and History*, edited by S. W. Sykes and J. P. Clayton (Cambridge: Cambridge University Press, 1972), pp. 279-300 (p. 281).

것을 안다고 말하는 것은 일단 자명해 보이는데, 왜냐하면 우리가 그것들과 관련되어 있기 때문이다. 즉 우리가 양배추를 먹고, 탁자에 부딪히고, 소리를 듣기 때문이다. 또한 우리가 사용하는 이 단어의 라틴어에서 나온 접두어 '아래'(sub-)를 문자적으로 받아들일 필요는 전혀 없다. 우리가 경험하는 개별적 사물들과 관련해 실체라는 단어를 사용할 때 표면 아래에 있는, 무엇인가 다른 신화의 숨겨진 본질을 가정할 필요는 전혀 없다. 실체라는 단어는 단순히 일상 경험의 개별적 존재자들—사물들, 사람들, 피조물들—을 지시한다고 보기로 하자. 이제 우리가 물어야 할 질문은, 이 가정된 경험의 사물들이 실체적이라고 볼 이유가 있는가, 아니면 후기 현대주의자들과 함께 조사해 보니 그것들이 '체셔 고양이'처럼 비실체로, 균일적으로 비실체적인 관계성의 아지랑이로 사라져 버린다고 믿어야만 하는가 하는 것이다.

3. 개별자들에 관하여

이 중요한 주제의 핵심에는 인간 개념이 있다. 인격적인 것의 중심성은 앞에서, 인간들이 영을 갖고 그러므로 하나님의 형상 안에서 자신들의 독특한 관계적 존재를 갖는다는 사실에 관하여 기술한 부분에서 분명히 드러난다. 이 책 1부의 여러 측면의 주제는 개별적 인격의 중심성이 상실되었다는 것이다. 여기서 주로 확증해야 할 것은, 만약 인간들이 삼위일체의 위격들처럼 그리고 삼위일체 하나님의 형상으로 그들이 창조된 점에 힘입어서 휘포스타시스들로서 구체적이고 개별적이라면, 그렇다면 그들의 개별성도 역시 그들의 존재에 중심적이라는 것이다. 우리가 타자라는 점, 즉 각각 독특하고 상이하다는 점은 불행한 우연이 아니라 우리의 영광이다. 균일성을 조장하는 힘을 파괴하는 일은 사람들이 개별적이도록, 참으로 관계 안에서 개별적이도록 만드는 방법들을 발견함으로써 이룰 수 있지만, 이로써 그 관계성 자체가 독특하고 자유롭게 된다.

나는 계속해서 인격적인 것을 강조하고, 이 간략한 확증을 보완해 줄 최근의 인간 관련 저작을 참조하는 한편,[20] 인간의 삶이 형성되는 틀—우리가 이 맥락에서 **내면**이라고 부를 수 있는 것—에 대한 집중을 지속할 것이다. 인격적 개별성의 상실과 그에 따른 인간적 자유의 상실은 인격적 삶을 살아가는 세계의 구체성에 적합한 개념의 상실과 결부되어 있다. 인격적 개별자를 재고하는 것은 또한 물질적 개별자, 즉 우리 주변의 양배추, 산, 조각상, 선율의 위상에 대한 재고를 포함하는데, 후자의 구체성의 상실이 전자의 인격적 실재의 전복에 기여했기 때문이다. 그러므로 우리는 사물들에 대한 논의 이후에 인간을 논해야 할 것이다.

사상사에서는 세계를 구성한다고 여겨지는 개별자들을 지시하고 그것들의 특징을 기술하기 위해 다양한 용어들이 사용되었다. 그것들은 하나님의 개별성이 고려되고 표현되는 방식들과 약간 복잡한 방식으로 관련되어 있다. 우리가 이미 본 대로, 갑바도기아 신학의 한 해석에서는 하나님의 존재를 구성하는 궁극적 개별자들은 휘포스타시스들, 또는 위격들이다. 이와는 대조적으로, 하나님의 개별성에 대한 전통적인 서방의 접근법은 단일한 실체의 측면에서, 또는 더 최근에는 바르트 등의 학자들과 함께 단일한 위격의 측면에서 말하는 경향이 있다. '실체'라는 단어가 창조된 세계 안에 존재하는 것으로 지각되거나 생각되는 개별자들의 존재에 대해서도 사용되어 온 것은 분명히 우연이 아니다.[21] 앞에서 본 대로, 구체적 실재와 물질적 개별성 사이의 결

---

20 참고. A. I. McFadyen, *The Call to Personhood*; Christoph Schwoebel and Colin Gunton, editors, *Persons, Divine and Human. King's College Essays in Theological Anthropology* (Edinburgh, T. & T. Clark, 1992); British Council of Churches, *The Forgotten Trinity, Volume 1, The Report of the BCC Study Commission on Trinitarian Doctrine Today* (London: British Council of Churches, 1989).

21 분명히 그것이 유일한 단어는 아니었다. 데카르트에 따른 사유하는 것과 연장된 것 사이의 구별에서 라틴어 *res*(실체)—용법상 영어의 thing(것, 사물)과 대략 같지만 완전히 같지는 않다—라는 어휘는 실재의 두 특징을 나타내는 데 사용되었다. 이 단어가 데카르트의 용법에서 얼마나 개

별은 그 근원에 실체 개념의 사용 자체가 아니라, 영원하고 변화 없는 기저에 있는 실재에 대한 파르메니데스적 탐구가 있다. 주요한 문제들은 은유적인 '아래'를 문자적으로 받아들인 것에서, 갑바도기아 신학의 휘포스타시스 사용이 현상에서 실재로 나아가는 방식을 망각한 데서 나왔다.[22] 실체 개념에 대한 대부분의 탐구들에서 상실되는 것은 구체성인데, 그 탐구들은 거의 언제나 **기저에 있는** 것에 대한 것이었다. 영원한 실체든지, 또는 기저에 있는 원자들의 영원하고 대체적으로 균일한 다원성이든지 말이다. 이런 측면에서, 이러한 실체 개념은 플라톤적인 형상들, 라이프니츠의 단자들, 뉴턴의 상대적 시간과 절대적 시간의 이원론, 뉴턴주의적인 기계론적 질료, 로크의 미지의 실체, 칸트의 실체 범주와 거의 같은 것이다.[23] 감각들을 충족하는 개별자는 거의 주목을 받지 못했고, 주목을 받은 경우에도 생각의 초점은 서로 다른 개별자들의 관계성보다는 기저에 있는 보편자들이었다. 전자는 너무 변화하고 신뢰할 수 없고, 개별 시간과 공간에 너무 한정된다.

이런 일반적 흐름에 대한 의미심장하고 뚜렷한 예외는 둔스 스코투스(Duns Scotus)와 조지 버클리다. 스코투스의 개별성의 철학은 개체의 '개성 원리'(*haecceitas*, thisness)에 주의를 환기하는 것으로서 합당한 칭송을 받고 있다. 이 철학은 개체의 고유한 실재에 대한 진정한 관심의 전조로 보인다. "특이성(singularity)은 진정한 존재에 부합하는 것에 속하며, 또한 그 자체로 그리고 무조건적으로 그렇다."[24] 하지만 이 특이성과 중세 후기 철학의 일반화

별자들을 지시하는지는 흥미로운 질문이다. 분명히 그는 자신을 사유하는 '실체'로서 개별화된 자로 보지만, 마찬가지로 그것은 기계론적 세계의 본질적으로 균일한 성격을 나타낸다고 볼 수도 있다.

[22] 칼케돈 신조에서 공인된 중대한 개념적 발전은 ὑπόστασις('휘포스타시스')와 πρόσωπον('프로소폰')을 동의어로 만든 것이었다. 전자는 기저에 있는 것이라는 함축을 상실했고, 후자는 단지 표면적 실재라는 암시를 상실했다. 그리스도의 인격에서는 현상이 곧 실재다. 이는 이레나이우스가 가현설자들에 반대해 끊임없이 지적한 것으로, 그리스도의 겉모습이 바로 그리스도였다.

[23] 도널드 맥키넌은 유사한 불합리에 반대해 실체 개념을 사용한다. 즉 사물들은 "사건들로부터의 논리적 구성물들"이라는 견해다. MacKinnon, "'Substance' in Christology", pp. 284-288.

[24] Duns Scotus, *Oxford Commentary* II. III. q. 1, in A. Hyman and J. J. Walsh, editors,

하는 개념들의 관계는 모호하다. "이 존재는 질료도 형식도 또는 그 복합도 아닌데, 이러한 것들이 한 특성인 한 그렇다. 하지만 이것은 질료이거나 또는 형식이거나 또는 그 복합인 존재의 궁극적 실재다.…"[25] 코플스톤(Copleston)에 따르면, "'개성 원리'(haecceitas)는 더 이상 어떤 특징적 결정 인자도 제공하지 않는다. 하지만 그것은 존재를 이(this) 존재로 결정한다. 스코투스의 견해는 분명히 자연의 모든 것이 스스로 개체적이라는 이론과 동일화될 수 없다.…"[26] 하지만 세부 사항의 모호성에도 불구하고, 우리가 추구하는 방향으로의 분명한 이동이 있다. 데이비드 놀스(David Knowles)는 말한다.

> 이 형식 또는 '개성 원리'(Haecceitas)는 새로운 개념이다. 그것은 일반과 특수 아래에 있는 궁극적인 지적 요소이고, 존재를 다른 모든 것과 구별해 주는 개인성의 기초다.…둔스에게 이해의 첫째 성취는 단일한 본질이지, 공통적 본질이 아니다.[27]

스코투스가 개별성을 기술한 것의 약점은—그 모호성과는 별개로—그것의 계승이 보강에 의해서가 아니라 오컴의 비관계적 유명론을 통해 이루어졌다는 사실에서 잘 드러난다. 다시 말해, 형이상학적 '내면'이 그것을 지탱할 만큼 건실하지 않았고 결국 사라지고 말았다. 그 안에 있는 어떤 것도 개별성 이론에 대응하고 보강하는 관계성을 함축하지 않는다.

버클리가 무신론과 회의론에 맞서 벌인 논쟁의 목표는 부분적으로는 개별자의 구체성을 확립하는 것이었다. 사물들은 그것들이 지각되는 대로 존

Philosophy in the Middle Ages. The Christian, Islamic and Jewish Traditions (Indianapolis: Hackett, 1977), p. 582.
25 같은 책, q. 6, p. 589.
26 Frederick Copleston, *A History of Philosophy, Volume 2, Mediaeval Philosophy: Augustine to Scotus* (London: Burns, Oates and Washbourne, 1950), p. 517.
27 David Knowles, *The Evolution of Medieval Thought* (London: Longman, 1962), p. 306.

하는데, 하나님이 그렇게 하도록 하기 때문이다. 개별자들에 대한 버클리의 이론이, 예를 들어 어리석은 존슨 박사(Dr. Johnson)에 의해, 그 의도했던 것과 정반대로 받아들였다는 사실은 크게는 버클리가 데카르트와 로크의 전통에서 물려받은 **관념**이라는 용어의 결함 때문이다. 그 구체적 개별자들은 버클리가 의도한 실체적 존재자보다는, 불안정하고 단지 우연적인 지각의 계기들로 보인다.[28] 또한 버클리 안에 있는 원형과 개별자의 관계에 대한 잦은 논의에서 출현하는 주요한 신학적 문제가 있다. 버클리의 하나님은 본질적으로 일원론적인 전통적 유신론의 하나님이고, 따라서 세계에 대한 하나님의 관계의 미분화성 때문에 세계의 타자성의 상실과 세계의 실체성의 상실 중에서 선택하는 것이 불가피해 보인다. 분명한 아전인수식 호소 없이는 '안뜰 안에 있는 나무의 연속성'을 신학적으로 확립할 수 있는 방법은 전혀 없다(물리적으로 안뜰을 떠난 후에는 지각이 불가능하기에, 안뜰의 나무가 계속 존재하는지 확신할 수 없다는 의미다—옮긴이). 휘포스타시스는 없고, 단지 관념만 있다. 요컨대, 스코투스와 버클리 모두의 철학의 약점은 둘 중 어느 누구에게도 사물들의 통일성과 다양성이 근거할 수 있는 적절한 창조 교리가 없다는 것이다.[29]

---

28 "내가 보고, 느끼고, 손에 낀다는 점이 내게는 이 **장갑**의 존재에 대한 충분한 증거가 아닌가? 만약 이것으로 충분하지 않다면, 내가 실제로 이 장소에서 보는 이 사물의 실재를 확신하는 것이 어떻게 가능하겠는가? 내가 본 적도 없고 볼 수도 없는 어떤 미지의 것이 어떤 미지의 방식에 의해, 미지의 장소에서 또는 장소 없이도 존재한다고 가정함에 의해 가능하겠는가?" George Berkeley, *Three Dialogues between Hylas and Philonous, in Opposition to Sceptics and Atheists*, in *A New Theory of Vision and Other Writings* (London: Dent, 1910), pp. 259-260.

29 개별성에 관한 고전적 합리주의의 논의는 심지어 스코투스와 버클리의 논의보다 더 문제가 많다. 라이프니츠의 원자론적 개별성 이론은 동일하면서 정반대인 난점들에 빠지고 만다. 그의 단자들의 문제는, 찰스 하츠혼(Charles Hartshorne)이 끊임없이 지적하는 대로, 그 단자들에 창문이 없다는 것이다. 즉 단자들의 존재에 필수적인 관계성을 결여한다는 것이다. 단자들은 서구 전통에 매우 특징적인, 자기충족적인 단자적 신의 형상을 한 자기충족적인 실체들이고, 이 신에 의해 자신들의 조화 속에서 유지된다. 내 생각에는 단자들에 창문을 부여하려는 하츠혼의 시도가 중요하지만 실체성을 부여하는 데는 결국 실패하고 마는데, 이 실패는 시간 안에 있는 일련의 사건들의 통일성이 단지 추상적이라는 교리에서 극명히 드러난다. 라이프니츠적인 접근법의 또 다른 문제는, 하츠혼에게도 있는 것으로서, 근본적 실재가 우리가 경험하는 개별자가 아니라 기저에 있는 구성적 부분들이라는 가정이다. 현대의 실체성 상실의 근원에는 실재가 본질적으로 현상과 다르다고 가정하는 경향이 있다고 말할 수 있으며, 여기서 그 부분들을 발견하는 데 실패

그러므로 현대의 실체성의 문제는 유한한 실재들의 이론으로 환원된 하나님의 문제로 밝혀진다. 서구가 구체적 휘포스타시스들을 그 관계됨 안에 두기를 고질적으로 거부하고 그 대신에 신성의 기저에 있는 어떤 원리를 찾는 것에 상응하게, 철학은 사물의 구체적 존재가 일차적으로 그 시간적·공간적 관계성과 제한됨 안에 있음을 받아들이기를 거부했다. 이 경향과 대조적으로, 존재자는 실재적이기 위해 영원한 단자들이나 기저에 있는 기층에 의해 뒷받침될 필요가 없다는 것이 주장되어야 한다. 바로 이 지점에서 버클리는 극복해야 할 대상을 분명히 알고 있었다. 내가 생각하기에, 어떤 것이 실재적인 것은—어떤 것이 다른 것이 아닌 바르 자신인 것은—그것이 하나님뿐 아니라 그 존재가 구성되는 공간과 시간 안에서의 개별적 배치에 있는—말하자면, 그 피조성 가운데—다른 사물들에 의해서도 존재하게 되는 방식 덕분이다. 단순한 예를 들면, 우리는 어떤 악음(樂音)이 연주자, 악기, 공기 이동 등과의 관계를 통해 짧은 시간 동안 존재함을 감안해 그것이 자신의 고유한 존재를 갖는다고 말할 수 있다. 한 악음은 공간과 시간 안에 자신만의 실체적 존재를 갖는 것이다.[30] 이것은 사물들에 대한 우리의 지각과 기술에 종종

한 것이 전체가 존재하지 않는다는 믿음으로 이어졌다. 구체성이 사라지는 것은, 구체성의 기초가 발견되지 않기 때문이다. 앞에서 본 대로 버클리는 오래전에 이 문제를 인지했고, 그의 철학의 실재론적 측면은 우리 경험의 구체적 개별자들이 하나님이 그들을 구성함에 힘입어 존재한다는 신학적 요점을 주장하는 데 관심을 갖는다. 칸트의 실체 분석은 전통이 기저에 있는 변하지 않는 개별성의 기초에 대해 갖는 집착을 비슷하게 보여 준다. 즉 공간적이고 시간적인 것의 기초를 무한하고 영원한 것 안에 세우려는 것이다. 그는 단지 경험적인 분석에서는 실체가 사라지거나 실체성을 상실한다는 것을 올바르게 이해하면서, 실체를 범주들의 관점에서 수립하려 시도한다. 칸트의 분석은 라이프니츠와 하츠혼의 경우와 마찬가지로 구체적인 주어진 것을 실재로서 받아들이지 못하는 무능을 드러내는데, 이 주어진 것의 수용에 필요하다고 가정되는 일부 특성을, 이 경우에는 영속적인 기저에 있는 기층을 결여한다고 보기 때문이다. 예를 들어, Kant, *Critique of Pure Reason*, pp. 229-230를 보라.

[30] 다시 말하지만, 도널드 맥키넌은 실체성의 정도들이 다르다는 점이 내가 일반적으로 실체성이라고 부르는 것이 존재함을 배척하지 않는다는 것을 보이며 이 점을 역설했다. "킹스 칼리지 예배당의 형태는 수세기에 걸쳐 상대적으로 변화되지 않은 반면, 모래성은 밀물에 의해 완전히 지워진다. 또한 우리가 금새 언급할 수 있는 것은, (예를 들어, 킹스 칼리지 예배당 안에 있는 오르간이 바흐의 서곡과 푸가를 연주할 때 울려 퍼지는 연속적인 소리의 파동처럼) 사물을 형성하도록 응고되는 일이 결코 없으면서도 여전히 자신의 존재가…식별할 수 있도록 만드는 다른 것과의 상호적 관계 안에서 '형태성'(Gestaltqualität)을 소유하는 존재자들이다." MacKinnon,

오류가 있다거나 사물들이 그것들의 구성요소들로 분석될 수 있다는 것을 부정하는 것이 아니며, 또한 표면에 드러난 것이 존재하는 전부라고 단언하는 것도 아니다. 오히려 태양이 지구 주위를 돌지 않는다는 발견에 근거해 전체 존재 이론을 수립하는 것의 적정성을 부정하는 것이다. 더 긍정적으로 말하자면, 창조 신학의 함축들 위에 전체 존재 이론을 수립하는 것이다.[31] 사람들만큼이나—혹은 사람들과는 다소 다른 방식으로—사물들이 어떤 식으로는 그것들의 참 존재를 숨긴다는 점을 부인할 필요는 없다. 이것은 유한한 인간 정신에 그대로 드러난다는 투명성에 대한 명제가 아니라, 사물들의 공간과 시간 안에서의, 즉 그것들의 '개성 원리' 안에서의 개별적 배치에 있는 구체성에 대한 명제다.

이것을 달리 말하면, 나는 우리 세계의 결정적이고 구체적인 실재들이 개별적인 사물들—실체들—이라고 주장하고 싶다. 이 개별자들은 그것들이 참으로 부분들로 구성되면서도 단지 부분들의 합 이상인 방식으로 이루어지는 전체라는 점에 힘입어 존재하는 것들이다. 자연적 세계에서 이 명제를 증명해 주는 사례는 수정의 특성으로, 수정은 물질의 구성요소들의 뚜렷한 배열을 자연적으로 형성한다고 때때로 말해진다. 하지만 이 명제는 예술 작품 같은 인공적 실체들의 경우에 특별히 중요하다. 현대주의와 후기 현대주의가 공유하는 경향이 있는 영지주의적 믿음은, 물질적 개별자들이 덧없이 사라지는 것처럼 보이기 때문에 그것들은 예술이 보통 그것들의 특징이라고 보는 종류의 실체적인 실재성을 결여한다는 것이다.[32] 이것은 프레드릭 제임슨이

"'Substance' in Christology", p. 286.

31   다시 말하지만, 우리는 창세기 1장이 영원한 형상들이 아니라 개별자들의 창조를 말하는 데 관심이 있다고 이해해야 한다. 실제로 어떤 측면에서 이 책은 전반적으로 창세기 1장을 그런 식으로 주해하는 일관된 시도로 이해될 수 있다.

32   빅토르 추커칸들의 위대한 성취는, 심지어 외형상 가장 덧없는 실재들인 악음들조차 그것들 자신만의 존재 방식을 구체적으로 가진다는 점을 보인 것이다. 음악은 관계 안에 있는 존재다. "악음들은 역동적 장(場) 안에 있는 사건들이라고 해석될 수 있다.…각 악음의 역동적 특성은 그것이 울리는 장소에서 지배적인 힘들의 배치에 의해 결정된다." "음악 한 곡은 악음들로 이루어진

주목한, 예술 작품들을 소비자가 선택하고 처분할 수 있는 대상으로 보는 경향의 한 원인이다.[33] 그러한 신념들도 우리의 과거에서 나오는 부적절한 실체의 철학들에 대한 반발에서 기원함에도 불구하고 대체로 반(反)신학적이다. 만약 세계가 하나님의 창조라고 믿지 않는다면, 시간적이고 유한한 것의 선과 합리성을 수용하기는 어렵다.[34]

우리는 물질적 개별자들을 다룬 것의 부적절성과의 유비로, 인간 개별자 또는 인격의 철학의 실패들도 깨달을 수 있다. 예를 들어, 흄이 인간의 실체성 관념을 비판한 것이 유효한 것은, 오직 그 비판이 틀린 것을 찾기 때문일 뿐이다. 주체의 상실에 대한 일부 현대적 선언들도 마찬가지일 것이다. 영원한 기층이 발견되지 않았기 때문에, 실체성이 기인한다고 볼 수 있는 것이 아무것도 없다고 추측되고 있다. 이에 반대하여 만족스러운 인간 개별성 개념을 위해 받아들여야 할 사실은, 인간들의 개별성도 하나님에 의해 그렇게 창조된 그들의 존재에 의해 그리고 그들이 자신들의 존재를 발견하는 인간적·우주적 관계망에 의해 구성된다는 것이다. 여기서 이 탐구가 일정한 종류의 내적 특성에 대한 것이었다는 사실은, 원자주의적 또는 라이프니츠적 구성 단위에 대한 추구 그리고 비인격적 실체들 기저에 있는 영원한 기층에 대한 추구에 견줄 수 있다.[35] 이 점을 기술하는 다른 방식은, 이 전통이 사람과 사물 사이의 잘못되고 근본적으로 부정적인 유비 때문에 생겼다고 말하는 것이다. 우리는 사물이 그것의 외부성 또는 외적 관계들에 의해 구성된다고, 사람

개별적 의미의 존재자인데, 왜냐하면 그것의 깊은 구조가 정확히 생물학적 의미에서 유기적이기 때문이다. 그러므로 한 곡을 듣는 것은 바로…유기적인 구조를 인지하는 것이다." Zuckerkandl, *Man the Musician*, pp. 98, 195.
33 앞의 2장, 각주 42를 보라.
34 실제로, 우리는 포스트모던 신학 개념 자체가 자멸적이지는 않은지 물어야 한다.
35 의미심장한 것은 흄과 칸트가 두 차원들에 대해 유사한 비판을 했다는 점과, 또한 이 탐구의 대상이 발견되지 않을 때 결론은 발견될 것이 전혀 존재하지 않고 따라서 주체 또는 인간도 사라진다는 점이다. 내적 인간은 여러 방법들에 의해 보존될 수 있지만, 외적인 것 없는 내적인 것에 대한 탐구가 인간들의 경우에 사물들의 경우보다 조금이라도 더 성공적일지는 매우 의심스럽다.

은 내적으로 구성된다고 보는 경향이 있다. 아마도 대체로 우리가 우리 자신을 아는 것이 타인과의 관계됨을 관찰함을 통해서가 아니라, 일정한 종류의 자기 성찰을 통해서라고 믿기 때문일 것이다. 플라톤부터 아우구스티누스, 데카르트, 칸트를 거쳐 프로이트(Freud)에 이르는 강력한 전통이 이것을 주장했다.[36] 그래서 우리가 자아에 대해 말하고자 한다면, 나는 우리가 그래야만 한다고 믿는데, 자아가 관련되고 구성되게 하는 외적 관계들을 결코 무시하지 말아야 한다. 또한 마찬가지로, 인격적 실체와 비인격적 실체 사이의 유비도 경시하지 말아야 한다. 우리가 자유롭지만 몸을 입은 영이라는 인간의 참된 독특성을 추구하고자 한다면, 초월자들에 기초한 이 둘 사이의 유비 안에서 그렇게 해야 한다. 만족스러운 개별성 개념을 위해 반드시 받아들여야 할 사실은, 인간들의 개별성도 하나님에 의해 그렇게 창조된 그들의 존재에 의해 그리고 그들이 자신들의 존재를 발견하는 인간적·우주적 관계망에 의해 구성된다는 것이다.

그러므로 인격적인 것과 비인격적인 것 사이의 특성의 구별에도 불구하고, 혹은 바로 이 구별을 위해, 사물과 인간 사이의 유비가 전개될 수 있다. 인간들과 사물들은 모두 실체적 개별자라는 의미에서 휘포스타시스적이며, 또한 둘이 그렇게 되는 것은 그들을 독특한 존재로 구성하는 관계들의 양식에 의해서인데, 먼저는 하나님과의 관계이고, 둘째로는 시간적으로 그리고 공간적으로 관련된 다른 개별자들과의 관계다. 이렇게 해서 **휘포스타시스**는, 다양하게 인간과 사물로 형태를 취하고 관계적으로 형성되는 실체적 개별자를 의미하는 것으로서, 일종의 초월자의 위상을 획득한다. 모든 인간과 모든 사물은 휘포스타시스적 존재로서 독특한 것이다. 우리가 종종 듣는 대로, 서로 같은 풀잎은 없다. 하나님의 작품을 능가하려 시도해 온 것은 바로 우리 현

---

[36] 내 생각에는 타당하게, 찰스 테일러는 아우구스티누스가 현대의 철저한 내향성 개념에 결정적 영향을 끼쳤다고 주장했다. Taylor, *Sources of the Self*, 7장.

대의 균일화하는 문화다. 우리는 초월성의 실천적 함축들을 발전시킴으로써 문화와 실재의 균일화 위협과 발생에 대응할 수 있다. 개별 인간의 중요성은 아무리 강조해도 지나치지 않다. 어떤 사회라도 사람들을 비인격적인 정치적 또는 상업적 철학에 종속시키는 것은 신적 형상에 어긋나는 것으로서 피조물과 창조자를 혼동하고, 그리하여 스스로를 파괴하게 될 것이다. 하지만 우리가 과학·기술·예술에서 자연과 상호작용하는 방식은, 앞에서 포스트모더니즘이 소비자주의의 철학을 예술에 적용한다는 비판에서 본 대로, 사회에서의 우리의 삶과 긴밀히 결부되어 있다. 최근 작가들 중에는 아마도 유일하게 체스터턴이 우리에게 상기시켜 준 대로,[37] 사물들은 구체적인 실체성을 가진 사물들로서 중요하다. 이것이 없다면, 심층적으로는 모든 것이 실제로 동일하다고 가정하는 종류의 잘못된 다원주의와 구별되는 참된 다양성의 철학—관계 안에 있는 참된 다원성의 철학—은 없다. 그러므로 개별자들의 초월적 위상에 주의를 기울이는 것이 우리의 문화의 건강에 지극히 중요하다. 페리코레시스의 본질에 대한 숙고를 통해 페리코레시스가 초월적 의미를 가진다는 결론에 다다른 것과 마찬가지로, 여기서는 구별되지만—분리되지는 않는—개별자라는 가장 넓은 의미의 실체가 동일한 위상을 틀림없이 갖는 것으로 보인다. 나는 구별된 인간인 당신과, 그리고 구별된 존재들인 양배추와 별과 바다와 관계되어 있다. 비록 이런 것들의 실체성이 무수히 많은 다른 형태를 취하고 있지만 말이다.

37　"하나님, 단단한 돌들에 대해 감사합니다. 하나님, 엄연한 사실들에 대해 감사합니다. 하나님, 가시와 암석과 사막과 오랜 세월에 대해 감사합니다. 적어도 이제 저는 제가 세상에서 최고 혹은 최강이 아니라는 것도 압니다. 적어도 이제 저는 제가 모든 것을 꿈꾸지 않았다는 것을 압니다." Stephen R. L. Clark, "Orwell and the Anti-Realists", p. 149에서 인용. 이 인용을 앞의 각주 16에서 인용한 존 밀뱅크의 창조의 존재론과 비교하라. 그의 창조의 존재론은 포스트모더니즘에 너무 많이 양보한다.

4. 존재의 주이며 수여자

내가 비판한 실체 이론들은 신학적으로 충분히 입증될 수 없기 때문에 실패하고 만다. 대부분의 서구 지적 전통에서 유한한 사물들의 개별성은 하나님의 존재 안에 있는 개별성을 통해 충분히 확고하게 기초가 세워지지 않았다. 하지만 신적 휘포스타시스들의 개념으로 여럿의 신학이 전개될 수 있다. 우리는 단지 경험에서 도출된 개별자들의 실재에 대한 주장이 너무 약하고, 오류와 환상에서 추론된 회의적 논증에 취약함을 보았다. 바르트가 데카르트를 비롯한 학자들에 맞서, 우리가 하나님을 믿기 때문에 질료적 세계의 존재를 믿을 수 있다고 주장한 것은 타당하다.[38] 탄탄한 창조 교리 없는 수많은 철학과 종교가 세계는 환상이고 불완전한 실재라는 신념들에 굴복하고 만다는 점은 주목할 만하다. 하지만 앞에서 본 대로, 이레나이우스의 경우처럼 고전적으로 고려된 창조 교리와 아우구스티누스 및 그의 중세 후예들에게 있는 점점 더 주의주의적이고 비삼위일체적인 창조 교리 사이에는 차이가 있다. **무로부터의** 창조라는 단언 그 이상이 필요한데, 왜냐하면 창조는 하나님의 자유로운 의지에서 비롯되기 때문이다. 창조 안에 있는 신적 작인의 성육신적 차원들에, 그리고 창조자 성령이 맡는 역할에 주목하지 않으면 창조 교리는 임의적이고 적실성 없게 보인다.

네 번째 복음서에는 훗날 교회의 삼위일체적 신학에서 발전하게 될 관계성 안에 있는 개별성의 이해를 위한 기독론적 기초가 놓여 있다. 첫째로, 예수와 그의 성부의 상호적 내주의 언어에서 우리는 흡수 없는 관계됨이라는 개념을 얻는다. 그 안에는 많이 지적되는 그리고 외관상으로만 모순인 것을 찾을 수 있으니, 바로 예수가 성부와의 일정한 동등성을 주장하면서도 "아버

---

38 Karl Barth, *Church Dogmatics*, volume 3/1, pp. 350–363.

지는 나보다 크심이라"고 주장한다는 것이다.[39] 이것이 인격적 개별성 개념과 관련하여 지대한 중요성을 갖는 것은, 존재론적 동등성의 틀 안에서의 다양한 관계됨을 함축하기 때문이다. 인간들의 개별성은 그들의 균일성을 함축하지 않는다. 하지만 앞에서 본 대로, 예수와 성부의 관계를 성령론적으로 확정하는 것도 역시 중요하다. 예수의 독특한 인성은 성령에 의해 매개된 그와 성부의 관계에 의해 구성되었다. 그의 삶과 죽음과 부활과 승천에서는 성령 하나님의 종말론적 행위가 발견되는데, 그러므로 성령 하나님은 공간과 시간 안에 있는 예수의 개별적 인성을 완성한다.

앞에서 본 대로 우리는 경륜적 활동으로부터 내적 삼위일체의 삶 안에 있는 유사한 개별화의 역할을 추론할 수 있지만, 이제 우리의 관심은 이 역할을 보편적으로 만드는 데 있다. 세계 안에서의 성령의 독특한 사역은 그리스도를 통해 창조를 하나님과 관련시킴으로써 세계의 존재와 존재자들에게 방향성을 주는 것이다. 성령이 창조된 세계를 완성시키는 방법들 중 한 가지—아마도 **유일한** 방법—는 개별성의 구성에서 볼 수 있다. 우리는 성령을 통일자로, 그리스도 안에서 우리가 성부와 그리고 우리 서로와 하나가 되도록 만든다고 말하는 데 너무나 익숙하다. 하지만 삼위일체적 사랑은 통일하는 것만큼이나 타자성을 존중하고 구성하는 것과도 관련된다. 이전 장에서 본 대로, 바로 성자가 창조의 통일자로서 그 안에서 모든 것을 함께 붙든다. 이와 대조적으로 그러나 모순적이지는 않게, 우리는 성령의 독특한 행동 양태를 성자를 통해 통일성 안에서 각각의 개별성, 구별성, 독특성을 유지하는 것으로 이해할 수 있다. 여기서 강조점은 독특성이다. 존재의 신비는 모든 것이 다른 것이 아닌 바로 자신이라는 점이다. 이것이 휘포스타시스 혹은 실체성의

---

[39] 요 14:28. "예수의 출생, 그의 제자들의 세족, 혹은 그의 희생적 죽음에서 나타나는 예수의 낮아짐은 그의 열등함이 아니라 신성과 영광의 표시다." British Council of Churches, *The Forgotten Trinity*, p. 33.

초월성을 주장하는 핵심이다.

따라서 창조 신학의 성령론적 차원들은 우리가 공간 안에서 그리고 시간을 거쳐서 독특하게 **유한한** 완결성 또는 완성을 이루도록 정해진 질료적 개별자의 존재론을 전개하도록 할 수 있다. ("감미로움을 준 것은 완성을 지향하는 것에 더해진 불완전한 것의 손길인데, 왜냐하면 그것이 인간성을 부여했기 때문이다."[40]) 이것이 내가 유한한 완성이라고 부르고 싶은 것에 대한 정의에 가깝다. 혹은 차라리, 만약 완성 개념이 너무 정적이고 주어진 것을 암시한다면, 그것은 약속되고 때때로 선취로 실현되는 종말론적 완성으로 인도되는 유한한 실재들의 개념이라고 말할 수 있다. 성령을 통해 과거와 현재의 것은 그리스도를 통해 그 나름의 방식으로 완성될 것이다. 비록 타락의 상태에서는 오직 구속을 통해서지만 말이다. 만약 그렇다면, 또한 우리는 하나님의 창조가 아우구스티누스에게서 보이는 것처럼 형상들의 창조로서 나중에 모호하게 실제적인 질료로 구현되는 것이 아니라, 개별자들을 구성하는 것이었음을 알 수 있다. 즉 이상적이고 변화 없는 형상들이 아니라, 하나인 우주와 그 안에 있는 다양한 사물들과 인간들의 창조인 것이다. 2장에서 논증된 대로, 이것들은 모두 현대인들의 생각에는 너무나 어려운 개념들이다. 플라톤의 눈으로 창세기 1장을 읽는 것이 이 점을 모호하게 만들었지만, 창세기 1장이 찬양하는 것은 시간 안에서 구현된 영원한 존재가 아니라 질료를 입은 생명의 풍요로움과 다양성이다. 즉 완성하는 성령의 선물인 '개성 원리'를 찬양하는 것이다.[41]

---

40 Thomas Hardy, *Tess of the Durbervilles*. 참고. Shakespeare, *The Merchant of Venice*, 5. i. 108-109. "인생의 참 많은 것들이 제때 / 칭찬과 참된 완성으로 꾸며졌던가", 또한 "때때로 민족이 전쟁에서 물러서고, / 정직한 사람을 뽑으며 결정하기를 자신들에게 중요한 것은 / 낯선 사람들도 빈곤한 상태로 둘 수 없는 것이라고 한다. / 어떤 사람들은 자신이 태어난 목적에 맞는 자가 된다", Sheenagh Pugh, "Sometimes", *100 Poems on the Underground*, edited by G. Benson, J. Chernaik and C. Herbert (London: Cassell, 1991), p. 124.

41 그러한 문제들이 단순히 이론적인 중요성을 훨씬 넘어서는 것이라는 점이 이 책의 일관된 주제였다. 여기서 나는 두 가지 사례를 더 들 수 있다. "정말로 살아 있는 사회에서는 무엇인가가 언제나 일어나고 있다. 명시적이거나 암시적으로 움직이는 현재의 활동들과 사건들의 상호작용은 그 이상의 새로운 움직임을 촉발하는 일정한 일련의 독특한 상황들을 만든다." Václav Havel,

만약 **인간들**과 **사물들**이 모두 그 모든 중요한 존재론적 차이들에도 불구하고 개별화하는 성령으로부터 자신들의 존재의 모습을 받는다면, 우리는 더 이상 데카르트로부터 시작되는 전통에서처럼 그리고 현대주의와 후기 현대주의가 보였던 경향처럼 질료를 단지 본질적으로 무의미한 것으로서 우리의 도구성의 대상이라고 여겨서는 안 된다.[42] 모든 개별자는 창조자이자 구속자 하나님에 대한 그리고 개별자들 서로와의 관계에 의해 형성된다. 그것들의 개별적 존재는 관계 안에 있는 존재로 각각 구별되고 독특하지만, 다른—그리고 궁극적으로는 모든—개별자와 분리할 수 없게 서로 연결되어 있다. 그러므로 그것들의 실재성은—그리고 이 점이 다른 실체 이론들과의 결정적 차이인데—그것들이 예시하는 보편자들에 있는 것이 아니라, 하나님과 그리고 다른 창조된 휘포스타시스들과 맺는 관계됨의 모습에 있다. 그것들의 형상은 타자로서의 하나님에 대한 그리고 타자들에 대한 그것들의 관계로부터 파생하기 때문에 그 관계에 부차적이다. 그러므로 성령론이 우리에게 주는 시각으로 인해 우리는 실체가 일종의 초월자라고 볼 수 있게 되었다. 모든 것은 다른 것이 아닌 바로 자신이다. '실체들', 즉 질료적 개별자들은 존재하는 가장 실재적인 것들인데, **왜냐하면** 신적 휘포스타시스들이 함께 하나님의 존재를 구성하기 때문이다. 그러므로 우리가 사물들의 존재를 하나로 붙드는 '로고스'(*Logos*)를 분별하는 인간 정신의 명백히 보편적인 경향에 있는 진리의 순간들을 이전 장에서 기꺼이 인정했듯이, 여기서 우리는 실체의 이론에 대한 탐색들에 있는, 우리가 시도하는 지시와 서술의 대상들에 대한 탐색들에 있

Open Letters, p. 72. 시간의 압제 안에 갇힌 우리의 문화에 대해 물어야 할 질문은, 우리의 대중 매체들이 주로 무엇인가가 언제나 일어나고 있다는 얄팍한 과시에 얼마나 많은 시간을 들이고 있는가 하는 것이다. 균일성보다는 풍부함이 중요하다는 것에 관해서는 또한 Bunge, *The Myth of Simplicity*, p. 48를 보라. 이 책의 결론은 과학적 이론들을 옹호하는데, "다양성과 통일성을 결합하고 (기계론적이든 유심론적이든) 존재론적 환원주의를 피하는 데 성공해서, **통합된 다원주의**(integrated pluralism)라고 불릴 수 있을 정도로 점점 더 신뢰할 만하고 풍부한 우주관을 낳을 수 있다"는 이유 때문이다.

42 Taylor, *Sources of the Self*, pp. 148-149.

는 진리의 요소들을 인정할 수 있다. 실체성에 대한 탐색은 보편적인 인간의 창조주에 대한 관계됨을 증언한다. 아무리 그것이 우리의 죄로 말미암아 억압되고 왜곡되었을지라도 말이다. 이 창조자는 우리가 살고, 사랑하고, 아이들을 기르고, 배우고, 식물을 재배하고, 집을 짓고, 예술품을 생산하는 실체적 세계를 우리에게 수여한다.[43]

실체성은 창조자의 선물로, 모든 것을 자신 안에서 결합시키는 그리스도 안에서 주어진 것이다. 하지만 창조 세계를 완성시키는 동인인 성령의 독특한 행동 방식을 통해 고려할 때, 이 실체성은 처음부터 완전히 주어진 것이 아니라 그 목표를 성취해야만 하는 것이다. 그것은 신적이며 인간적인 작인에 의해서 시간을 거치며 공간 안에서 완성되어야 하는 것이고, 그러므로 개별적 완성의 약속을 구성하는 구체적 미래로부터 주어진다.[44] 이것이 창조가 과학·예술·도덕을 위한 틀, 즉 내면을 형성하는 방식이다. 세계 안에 있는 그리고 세계와 함께하는 인간 활동은 이런 식으로 인간 삶 전체가 그리스도 안에서 성령을 통해 성부에게 제공될 수 있는 더 광범위한 과정의 일부가 된다. 바로 여기서 질료적 세계를 완성하는 것으로서의 예술과 과학 개념이 중요하지만, 또한 더 중요한 것은 하나님의 창조·구속·완성의 작인들인 그리스도 안에서 그리고 성령을 통해 성부에게 제공되어야 하는 것으로서의 인간

---

[43] 이것은 우리가 예를 들어 판넨베르크의 불만들에 있는 진리의 요소들을 인식한다는 말인데, 그는 전통적 실체 개념들이 실체를 과거로부터 정의하고 그러므로 정적인 변함없음 속에 가둔다고 한다. 앞에서 본 대로, 콜리지적 관념 정의가 플라톤적 관념 정의와 구별되는 점은 어떤 실재가 그 실재의 정적으로 정의된 과거가 아니라 오히려 그 실재의 궁극적 목표의 관점에서 이해된다는 점이다. *Church and State*, p. 12에 나오는 콜리지의 정의를 반복하자면 다음과 같다. "내가 말하는 **관념**이란…사물에 관한 개념으로서, 그 사물이 이런저런 시점에 우연히 취할 수 있는 개별적 상태나 형태나 양태에서 추상화되지 않고, 그러한 형태들이나 양태들의 수나 연속에서 일반화되지 않으며, 오히려 **그 사물의 궁극적 목표**에 대한 지식에 의해 주어진다." 그러므로 초기 판넨베르크를 따라서 어떤 것의 실재가 미래로부터 온다는 설득력 없는 주장들을 가지고 무엇을 할 필요가 없다. 혹은 사물들의 실재는 사건으로 이해해야 한다는 바르트적 생각들을 가지고 무엇을 할 필요도 없다. 어떤 실재의 역동성은 시간적 실체성으로 시간을 통해 그리고 시간 안에서 완성된 존재와 관련된 것이지, 추상적인 미래로부터의 존재와 관련된 것이 아니다.

[44] 그렇게 볼 때, 실체성과 관계적 역동성은 반대되는 것들이 아니라 상관적인 것들이다.

삶의 개념이다. 지금까지 말한 모든 것이 어느 정도 진리에 가깝다면, 그 목적론 안에 있는 창조된 세계는 인간 거주자들의 완성을 향해 자라기 위한 틀을 형성하거나, 좀더 정확히 말하면 형성해야 한다. 그러므로 우리는 마지막 장에서 첫 장에서 개괄한 주제들로 돌아갈 것인데, 바로 다른 인간 존재들과 함께하는 사회에서 인간으로 존재한다는 것이 무엇인가에 대한 고찰이다.

8장

삼위일체인 주:
하나와 여럿의 신학을 향하여

1. 되돌아보기

이 책의 처음 네 장에서는 현대 문화의 두드러진 측면들의 신학적 결정 요소들을 탐색했으며, 현재의 주요한 사고와 행동의 흐름에서 몇몇 결정적으로 중요한 가치들이 상실되거나 보이지 않게 되었음을 논증했다. 그 결과는 내가 합리성이라고 부른 것의 결함 있는 개념과 실천이고, 그렇게 해서 우리의 창조된 존재의 핵심적 차원들이 무시되거나 억압되거나 왜곡된다. 특히 많은 것이 달려 있는 인격적 가치들이 위험에 처하게 되었는데, 인간 삶이 더 넓은 실재에 살아가는 것에서 이루어지며 또 형성되는 방식에 대한 부적절한 이해에 의해 그렇게 되었다. 또한 나는 이 문제의 기저에 이중의 움직임이 있음을 논증했다. 한편으로는 현대성의 병폐들이 하나님을 변위시키고 피조물로 창조자를 대체한 것에서 나온다고, 그로 인해 시간과 공간에서의 삶에 핵심적 중요성을 부여하는 것을 목표로 했던 운동이 자신이 보존한다고 주장했던 것을 실제로는 속박하고 왜곡하는 오직 피상적으로만 역설인 결과를 낳았다고 이해할 수 있다. 다른 한편으로, 현대 세계의 주도적 사상가들에게는 그들이 택한 방향에 대한 약간의 대의명분이 있었다. 서구에서 신학의 발전은 강하게 일원론적이었으며, 하나님의 하나됨과 임의적 의지를 강조함으로써 창조된 세계의 실재성과 중요성이 의심을 받는 것처럼 보이게 되었다. 그러므로 나쁜 신학에 반대하는 현대의 저항은 대체로 정당화되지만, 그럼에도 현대의 신적인 것의 변위는 결과적으로 큰 재앙이었다.

이 책의 2부에서는 대안적 시각의 윤곽이 그려지고 있다. 현대의 무신론뿐 아니라, 그 무신론이 정당하게 저항하는 결함이 있는 신학에 대한 대안이다. 양 진영에 있는 문제가 삼위일체론적 사유의 결함들에서 발생한다는 주장을 고려해, 나는 삼위일체가 관념들 중의 관념이며 어떤 식으로든 동시에 모든 사고와 모든 실재에 대한 단서라는 콜리지의 확신에 근거해 몇몇 논지들을 구축하려고 시도했다. 이 시도에는 다음의 이점들이 있었다. 이 시도는 현대적 사고의 몇몇 중심적 범주들에 대한 단순한 거부가 아닌 신중한 반응이 가능하도록 하면서도, 그 범주들이 잘못 추론되었음을 시사한다. 특히 **관념**이라는 개념은 플라톤적 사유의 몇몇 측면들—주로 콜리지가 플라톤적 전통을 받아들인 것이 제안한 것들—을 발전시키도록 도왔는데, 그러면서도 플라톤 철학화된 유신론이 취한 형태의 거의 공통된 표시였던 시간과 공간 안에 있는 삶에 대한 명백한 경시라는 결점들은 배제하는 것이었다. 또한 내가 바라기는 이 접근법은 삶을 살아가는 틀에 대한 새로운 사고방식들을 낳았고, 그러므로 아마도 현대적 기획의 가장 큰 재앙적 결과인 인간과 세계의 분리를 치료하는 데 어느 정도 효과가 있었다.

마지막으로, 콜리지의 방식은 존재·의미·진리의 삼위일체론적 신학에 대한 비권위주의적 접근에 기여했다. 계시와 이성 사이에 절대적 구별이 없어야 한다는 것은 그의 고유한 견해였고, 이 책의 입장도 그와 유사하다. 계시로부터 배울 수 있는 것은, 즉 이 경우에는 구원의 경륜에 의해 발생되고 하나님의 영원한 존재로부터 부정신학적 방식으로 이해되는 삼위일체론적 개념들은, 보편적인 인간 합리성의 구조들에 상응하는 것으로 제시될 수 있다. 이 말은, 삼위일체론적 개념들이 하나님의 존재를 반영하기 때문에, 우리는 그 개념들이 인간 사유에서 그리고 창조된 세계의 구조들에서 어떻게든 반향되는 것을 발견할 준비가 되어 있어야 함을 의미한다. 바르트가 올바르게 주장한 대로, 만약 하나님이 진정 그 존재대로 알려지려면 인간의 유한성과 죄 때문에 계시가 필요하다. 내 생각에 또한 그가 옳게 주장한 것은, 그러한 지식은 단순히 인간의 성취일 수 없으며, 오히려 인간의 성취로서 또한 성령의 선물이어야만 한다는 것이다. 하지만 나는 우리가 더 나아가, 계시에 대해 상술된 신학적 함축들과 다른 모든 지적·도덕적·미학적 관심들 사이를 연결할 수 있으며 또 그렇게 될 것이라고 주장할 수 있다고 생각한다.[1] 계시는 인간 이성에 말하고 또 그것을 구성하지만, 창조된 합리성에 내재적인 활동력을 해방하는 방식으로 그렇게 한다. 그러한 확신에 부응하여 5장은 4장의 논의에서 나온 의미와 진리에 관한 질문을 계속하도록 고안되었다.

이와 유사하게 6장은 3장의 주제를 이어가면서, 기독론이 삼위일체 전체의 맥락에 있는 것으로서 사물들의 통일성에 대한 독특한 개념을 발전시키는 데 중요한 기여를 한다는 점을 보여 주었다. 여럿을 희생시키지 않는 하나 개념이 바로 그것이다. 그것은 세 개방적 초월자들 중 첫 번째인 페리코레시스를 고안함으로써 이루어졌는데, 페리코레시스는 사물들의 다원성을 훼손하지 않으면서 사물들의 하나됨을 상술하는 방법을 제공한다. 페리코레시스적 통일성은 단일적이기보다는 다원적인 종류의 통일성이다. 7장에서는, 성령론적 기여를 통해 이에 답하면서 공간 안에서 그리고 시간을 통해 형성되는 개별성에 찬사를 보낸다. 따라서 두 번째 개방적 초월자는 실체 또는 실체성이고, 이것은 2장에서 언급한 문제들에 대한 새로운 접근법을 제안했다. 여럿이 참으로 여럿인 것은, 모든 것이 다른 것이 아닌 바로 자신이도록 또 그렇게 되도록 하나님에 의해 창조되었기 때문이다. 모든 것을 하나로 붙드

---

1   그러므로 다른 문화들 및 종교들과의 대화에 진정으로 개방적이면서도 기독교의 진리와 독특함을 옹호하는 주장이 구현될 수 있다.

는 것이 영원한 성자 또는 말씀의 독특한 역할이지만, 성령의 특징적인 행동 방식은 종말론적인 것으로서 개별자들을 자신들의 근원 및 운명과 관련시킴으로써 완성시킨다.[2] 또한 우리는 말씀이 합리성의 초점으로, 우리가 사람과 자연의 관계됨을 생각하는 것을 가능하게 한다고 말할 수 있다. 이 구조 안에서 성령은 사물들의 비결정성―하디와 포드가 말하는 비(非)질서(non-order)[3]―의 자유의 초점으로, 이는 사물들이 각기 자신의 고유한 방식으로 결정적이게 될 수 있도록 하는 것이다.

그러한 발전의 결과로 생각될 수 있는 것은 개별성의 이해로, 이는 현대적 상대주의와 다원주의 안에 함축된 균일성으로서의 압력에 대해 보호한다. 우주론적으로나 사회적으로나, 하나에도 여럿에도 우선권을 주지 말아야 한다고 말할 수도 있을 것이다. 존재는 통일성 안에서의 다양성이다. 틀로서의 우주와 그 안에서 형성되는 인간의 삶 사이에 연속성과 유비가 있음을 보여 주는 것이 가능하도록 함으로써, 기독론적 강조와 성령론적 강조는 함께 우리가 세계를 자유로운 인격성과 개방적 사회가 전개하는 맥락으로 이해할 수 있도록 한다. 인간은 시공간적으로 개별적이라는 점에서 비인간적인 것과 **같은** 반면, 또한 모든 존재와 페리코레시스적으로 결부되어 있다는 점에서 비인간적인 것과 연속적이기도 하다. 그러므로 하나의 틀을 발견함으로써 지상에서의 인간 삶을 가두기보다 해방하고, 인간과 자연의 관계에 대한 공생적 개념을, 즉 나머지 창조 세계와의 관계에서 우리를 전적으로 능동적이며 지배적이게 하지도 않고 또한 전적으로 수동적이고 수용적이게 하지도 않는 일종의 공동체 개념을 가능하게 할 수 있다.

이 마지막 장에서 우리는 하나와 여럿이 현대적 사고와 문화에서, 특히 사

---

2 뒤에서 보겠지만, 성령은 창조된 실재들을 성자를 통해 성부에게 이끌어 감으로써 이것을 성취한다.

3 D. W. Hardy and D. F. Ford, *Jubilate. Theology in Praise* (London: Darton, Longman and Todd, 1984), pp. 96-99.

회적 사고에서 다루어진 방식에 대한 논의로 시작한 1장의 관심들 중 한 가지로 돌아갈 것이다. 나는 헤라클레이토스와 파르메니데스를 상징으로 사용하면서, 고대와 현대가 사회적 존재와 질서에 대한 단일적 개념들을 지향하는 경향에서 공통적으로 결함이 있음을 논증했다. 현대성은 인간의 개별성과 자유를 억압하는 통일성 개념을 조장하는 전근대적 신학들의 일원론적 경향을 올바르게 감지한다. 하지만 우리의 세계는 소외를 나름의 형태로 갖고 있어서, 현대 세계는 하나와 여럿 사이에서 한쪽으로 기우는 경향을 보였으며 또한 적절한 매개하는 개념의 결여로 인해 사회와 개인, 하나와 여럿의 이해들을 공정히 다루는 데 실패했다. 현대 세계는 고유한 억압 충동을 갖고 있으며, 압박들 속에서 최근 역사에서 반복해서 나타난 사악한 전체주의 정부의 형태들로만 아니라 또한 현대 상황들에 특징적이라고 오랫동안 지적되어 온 무리 사회를 향한 추동으로도 나타난다. 결국 여러 측면에서 동일한 결과에 이르는 한 쌍의 망령은 전체주의와 균일성의 문화다. 이 마지막 장에서 나는 교차대구를 완성하는데, 이 책의 후반부에서 발전시킨 신학을 고려해 이 주제를 다시 다룸으로써 그렇게 하겠다.

2. 공동체

우리가 이전 장들에서 검토한 두 초월자들—페리코레시스와 실체성—이 암시하는 삼위일체론적 개념은 사회성이다. 이것은 사회적 삼위일체 이론이라고 불리게 된, 거의 독립적인 세 신성들을 암시하는 것과 동일하지 않다. 분명히 이 개념은 단일한 심리의 유비에 근거한 개인주의적 삼위일체 이론들보다는 그런 이론에 더 가깝다. 하지만 이 개념의 핵심은 공유된 존재에 있다. 위격들은 단지 서로와의 관계들 속으로 들어갈 뿐 아니라, 관계들 안에 있는 서로에 의해 구성된다. 영원히 성부·성자·성령은 서로 주고받음에 힘입어 존재한다. 존재와 관계는 사유에서 구별될 수 있지만, 존재론적으로는 결코 분리될 수 없다. 존재와 관계는 오히려 한 존재론적 역동의 일부다. 일반적 요점은, 존 지지울라스의 말을 사용하자면, 하나님의 존재가 단조로운 통일체가 아니라 친교 안에 있는 존재라는 것이다.⁴ 나지안조스의 그레고리우스의 표현을 각색해서 말하자면, 우리는 하나님의 존재를 생각하면 반드시 세 위격들로 이끌려지고, 셋을 생각하면 공유된 관계적인 존재 개념으로 어쩔 수 없이 유도된다.

인간의 사회성에 관해 말할 때 우리는 다시 한번 유비로 말한다. 우리가 영원한 존재로 존재하지 않는 것은, 이전 장들에서 지적된 대로, 우리의 존재가 시간과 공간에 제한됨 안에서 형성되는 관계들의 망으로 구성되기 때문이다. 그리고 그럼에도 우리도 관계 안에 있는 개별자들인데, 하나님에 의한 우리 존재의 일차적 구성의 측면에서 그리고 인간 사회에 의한, 창조된 사회성의 양식들에 따른 우리 존재의 이차적 구성의 측면에서 그렇다. 먼저, 시간 안에 있는 신적 행위의 경륜에서 모습을 취하는, 특히 인간 공동체와 관련되는 이 유비의 두 극을 보자. 이것은 우리를 넓게 교회론이라고 불릴 수 있는 영역으로 이끄는데, 하나님 아래에서 함께 존재하는 인간들에 관심을 두는 분야다.

결정적으로 성경적인 그리고 성경적에서 나온 개념은 '코이노니아'(koinonia) 또는 친교다. 하나님의 행위에 관해 말할 때 신약은, 예수의 행동과 고난의 영향하에, 신적 관계의 특징적 형태들인 존재와 행위를 말하면서 결코 신적 통일성의 상실을 암시하지 않는 방식으로 그렇게 했다. 물론 신약 기록의 일부에서는 훗날 삼위일체의 위격들이라고 불리게 된 것의 행위들 사이에서,

---

4 아무리 강조해도 지나치지 않는 것은, 여기서 우리의 관심이 새로운 종류의 존재론, 즉 친교의 존재론이라는 점이다. 참고. J. D. Zizioulas, *Being as Communion. Studies in Personhood and the Church* (London: Darton, Longman and Todd, 1985). 『친교로서의 존재』(삼원서원).

특히 그리스도의 행위와 성령의 행위 사이에서 언제나 엄격한 구분이 있는 것은 아니다. 하지만 대체적 요점은 그대로 유지되며, 또한 네 번째 복음서는 신적인 관계-안에-있는 존재 개념이 두드러지게 드러나게 되는 과정의 완성으로 올바르게 고려된다. 성부는 성자에게 주며, 성자의 존재와 의지는 그의 존재와 의지에서 분리될 수 없다. 비록 성자가 성부의 의지를 지상에서 실행하도록 보냄을 받지만, 성자와 성부는 하나다. 영광을 받은 후에 성자는 성부에게 성령을 보내도록 요청할 것이다. 이 성령은 교회와 세계를 향해 비슷하지만 구별된 역할을 수행할 것이다. 여기서도 역시 어떤 것도 개인적 행위라는 암시는 없다. 하나님은 집단으로도 개인으로도 여겨지지 않으며, 다만 친교로, 즉 관계 안에 있는 위격들의 통일체로 여겨지는 것으로 보인다. 만약 이것이 시대착오적으로 신약의 언어를 후대에 발전된 용어로 특징짓는 것이라면, 그것은 후대의 용어들이 성경의 암시들과 지시들을 적절하게 일반화하는 것이기 때문이라고 나는 생각한다. 만약 후대의 신학이 또한 이 양식을 역으로 구약에 적용해ー때때로 나이브하게 그렇게 한 것은 사실이다ー해석했다면, 그것은 구약에서의 하나님의 존재와 행위가 성육신과 성령의 보냄을 고려해 그 존재가 더 온전히 그리고 더 위격적으로 정의되는 하나님의 존재와 행위로 올바르게 판단되었기 때문이다.

이 유비의 두 번째 단계를 우리는 구약으로, 특히 창세기를 여는 장들로 시작하는데, 바로 이 책 전체가 그 장들의 상술이라고 이해될 수 있다. 여기서 분명해지는 것은 창조가 관계성 안에 있는 존재들의 창조라는 것이며, 이것은 세 가지의 구별되지만 관련된 의미로 그렇다. 첫째로, 세계는 자신의 피조성에 힘입어 존재하며, 이것은 세계의 창조자에 대한 타자성으로 그리고 그 창조자와의 관계로 부름받는 것을 의미한다. 이에 대한 거부가 이 책의 첫 네 장에서 개략된 바 있는 인간과 세계의 존재에 대한 오해들이 지금의 형태를 취하는 근본적 원인이다. 창조 세계를 창조자와 분리해서 보려고 시도함으로써, 그들은 중요한 방식들로 창조 세계를 보는 데 전적으로 실패한다. 둘째로, 피조물인 인간은 관계성 안에 있는 존재로의 창조다. 우리가 우리의 참된 존재를 친교 안에서, 특히 남자와 여자라는 타자성-안에-있는-친교 안에서 갖는다는 것은 창세기의 메시지로서 긍정적 측면과 부정적 측면이 모두 있다. 긍정적 측면을 보면, 인류는 사회적 부류다. 아담은 동물들 사이에서는 참된 동료 피조물을, 즉 그가 진정으로 자신이도록 만들 수 있는 자를 발견할 수 없었다. 오직 그가 참된 관계-안에-있는-타자와 교제를 누릴 수 있을 때 비로소 인간적 온전함의 부정인 단지 **개인적인** 상태를 초월할 수 있다. 부정적 측면을 보면, 타락은 친교의 더 심각한 재앙적 파괴들로 이어지며, 하나님의 형상에 반하는 가장 심각한 죄인 살인에서 정점에 이른다. 친교의 두 차원들의 중심성은 특히 바벨탑으로 상징된다. 그에 따르면 하나님과의 친교의 파괴는 친교와 소통의 가장 핵심적 수단인 언어의 무력화로 이어진다. 타락의 결과로 언어는 관계를 맺도록 하는 게 아니라 분리시킨다. 그리고 사도행전에서 친교의 수여자인 성령의 첫 행위들 중 한 가지가 지구의 나뉜 민족들 사이에 소통을 회복하고 그 결과로 또한 친교를 회복함으로써 상징적으로 바벨탑 사건을 역전시키는 것이라는 점은 결코 우연이 아니다.

셋째로, 그리고 이것은 우리가 이번 장에서 주로 관심을 갖는 개념으로, 세계는 하나님의 형상을 가진 자들과의 관계에 힘입어 존재한다. 세계가 취하는 모습은 대체로 피조물인 우리 인간이 그 세계로부터 만드는 것에 의해 결정된다. 다시 한번, 우리는 모든 시대의, 특히 현대성의 많은 재앙이 이 관계에 대한 왜곡에서 기원한다고 말할 수 있다. 하나님의 형상은 관계 안에 있는 존재라는 측면보다는 개인주의적으로 이해되어 왔고, 그 결과로 다른 인간들과의 관계에서 소외의 양식들이, 그리고 창조 세계의 나머지 것들에 대해서 통치보다는 지배의 양식들이 나타났다. 하지만 이런 왜곡들에도 불구하고, 우리는 창조된 세계가 가장 문제 많은 거주자들인 우리 없이는 진정한 세계가 되지 않는다는, 뒤에서 다룰 요점을 견지해야 한다. 우리가 없이는 고난과 죽음이 있더라도 오염과 도덕적 악이 없다. 우리가 없이는 과학과 예술도 없고, 세계가 그 자신일 수 있도록 해 주는 본질적으로 도덕적인 행동도 없다. 요약하면, 창조된 세계는 자신의 피조성에 힘입어 독특하게 존재하는 것으로서, 친교 안에 있는 하나님의 존재를 다른 방식들로 반영한다고 말할 수 있다. 인간 피조물은 하나님의 형상으로 만들어진 존재로서, 친교 안에 있는 신적 존재를 가장 직접적으로 반영한다. 하지만 창조된 세계의 나머지도 하나님과의 그리고 인간과의 관계에 힘입어 이 모든 것이 수반하는 하나와 여럿의 관계로 들어오게 된다.

이 모든 것이 우리의 주제에 대해 갖는 의미를 분석하기 위해 나는 먼저 인간 공동체로 시작하고, 거기에서 이 공동체가 창조된 질서의 나머지에 뿌리내리고 있다는 점에 관한 논의로 이등할 것이다. 신약에 따르면 인간 공동체는 교회에서 구체화되며, 교회의 소명은 친교를 매개하고 실현하는 것이다. 먼저는 하나님과의 친교이고, 다음으로는 그 결과인 다른 사람들과의 친교다.[5] 물론 교회를 언급하는 것은 곧 서양 역사와 사회에서 그토록 모호한 역할을 하는 조직들에 대해 주의를 환기시키는 것이다. 나는 우리가 우리의 조직들 없이 인간일 수 있다고 믿는 것은 미련한 낭만주의라고 생각한다. 하지만 또한 우리 역사의 많은 부분에서 교회가 공동체**보다는** 조직이었다는 점

---

[5] 친교가 속죄에 의존한다는 것, 즉 타락 때 상실된 관계의 화해에 의존한다는 것은 다시 반복할 필요도 없다. 이것이 바로 기독론과 성령론 모두가 친교를 이해하는 데 필수적인 한 이유다. 공동체가 깨진 곳에서는 이 파괴를 야기한 것의 치료나 근절 없이는 공동체가 회복될 수 없다. 이것이 그리스도가 율법 아래서, 제단 위에서 그리고 마귀들과의 대립 속에서 죽은 이유다. 친교는 창조주의 자기 백성을 향한 의지로서 그들의 관계 안에 있는 존재의 모양이지만, 구속 없이는 죽음인 무관계에 이를 운명인 존재의 모양이다. 우리가 사도행전의 예에서 본 대로, 친교에 필수적인 소통이 먼저 회복되어야만 한다. 하지만 화해는 일종의 회복이지, 새로운 존재의 수여가 아니다. 화해는 분열된 자들의 재통합, 즉 성령에 의한 지향성의 회복으로서 자신보다는 타자를 향하는 것이다. 공동체로의 방향 수정인 화해의 필요는 또한 왜 교회론이 우리가 인간의 상태를 이해하는 데 중심에 있어야 하는지에 대한 분명한 이유다.

도 역시 사실이며,[6] 이것은 우리가 더 심각하게 다루어야 할 문제다. 그러므로 신약을 언급하는 것의 핵심은 신약 저자들에게 친교―사회성―가 가진 중요성을 우리 자신에게 상기시키는 것이다. 여기서 우리는 몇 가지 측면들을 단지 대강 훑어볼 수 있을 뿐이다. 하나는 교회 안에서의 관계들은 어떤 의미에서는 성부와 성자의 위격들 사이에 있는 관계들에 대한 유비들이어야 한다고 요한이 주장한 것이고, 다른 하나는 바울이 자신에게 하나님의 형상의 실례인 그리스도 안에 있음과 공동체 및 소통의 장벽을 무너뜨리는 것 사이의 관계를 이해한 것이다.

친교 개념은 바울의 신학에 특징적인 주제들 중에서 여럿을 이해하기 위한 중요한 초점을 제공한다. 그의 사상을 친교를 고려해 살핀다는 것은 어떻게 친교에 대한 관심이 그의 글에 퍼져 있는지를 보여 주는 것이다. 논의의 적당한 시작점이 되는 것은 '그리스도 안에' 유대인이나 헬라인, 남자나 여자 등이 없다는 주장이며, 또한 역사적인 차별의 벽들을 허문다는 것에 대한 아마도 후기 바울적 개념이다. 고린도전서 11장에 성찬과 교회 공동체 사이의 분명한 연결들이 나오는 반면, 이어지는 장들은 이 문제에 관한 신학과 윤리의 일부를 상세히 설명한다. 몸과 그 지체들에 대한 확장된 은유는 관계-안에-있는-존재의 신학이며, 바울이 그리스도 안에 있는 존재를 언급한 것은 그리스도-신비주의가 아니라 관계적인, 친교 안에 있는 존재라는 관점에서 해석되어야 하는 것이 분명해 보인다. 따라서, 예를 들어, 세례 받은 사람들은 동일한 행위로 하나님과의 그리고 서로와의 관계로 들어오게 되는데, 성자에 의해 매개된 그리고 성령에 의해 실현된 한 성부와의 친교를 공유함으로써 그렇게 된다. 그리스도 안에 있는 자들은 교회 안에 있다. 그리스도를 통해 하나님과의 관계로 그리고 동시에 공동체로 들어오게 되는 것이다. 바

---

6   지역 교회가 공동체를 추구하고 발견하는 첫 번째 장소라는 사실을 고려하면, '공동체들의 친교'를 말하는 편이 아마도 더 나을 것이다.

울이 그리스도와 교회를 거의 동일시하는 것은 그의 공동체 신학에서 나온다. 그리고 이 동일시는 인간 공동체 전반에 대한 함축들을 제기하며, 우리가 창세기에 대한 가능한 해석으로 본 것을, 즉 인간이라는 것은 공동체 안에서 그리고 공동체를 위해 창조됨이라고 본 것을 강화한다.

종종 말해지는 것에도 불구하고, 그리고 신약 교회가 세계 안에서 자리가 불확실한 소수 공동체였다는 특징적 상황에도 불구하고, 교회가 더 넓은 세계 안에 놓여 있다는 데 관심을 가졌다는 일부 증거가 있다. 그리스도가 창조의 중보자라는 고백과 예수가 창조된 질서에 대해 가진 권위에 관한 서사들은, 복음이 단지 인간의 사회성에 대한 것일 뿐 아니라 그와 함께 인간의 우주적 맥락에 대한 것이기도 했다는 널리 수용된 확신을 증언한다. 자주 인용되는 로마서 8장은 전체 창조 질서와 이루는 일정한 형태의 공동체를 기술하며, 마찬가지로 요한계시록은 새 예루살렘의 공동체를 위한 맥락으로 새 하늘과 새 땅을 약속한다. 공동체는 맥락 없이 있지 않다. 공동체는 세상에서 형태를 취하며, 그 세상은 공동체의 존재에 무관하지 않은데, 이는 에덴동산이 어떤 식으로든 아담과 하와의 존재에 필수적이었던 것과 마찬가지다. 이렇게 해서 우리는 1장에서 어렴풋이 그려진 두 주제로 돌아간다. 사회적 질서의 하나와 여럿, 그리고 이 질서가 우주적 질서의 하나와 여럿에 대해 갖는 관계. 이번 장에서는 이 두 질문이 다음 두 부분의 틀을 형성할 것이다.

3. 사회성

우리는 사회성이 초월자인지에 대한 논의에서 성경적 교회론에 대한 이런 요약하는 평가로부터 얼마나 많은 것을 얻을 수 있을까? 공동체 안에 있는 것은 좋은 일이라고 동의하면서도, 인간이 친교 안에 있는 존재라는 주장은 다른 문제라면서 성경적 가르침에 반응할 수도 있을 것이다. 말하자면, 공동체 안에서 다른 사람들과 함께 살기 위한 최선의 방책이 무엇인지를 말하는 것과 친교 안에 있는 사람들이라는 **형이상학**이나 다름없는 것을 발전시키는 것은 전혀 다른 문제다. 명백해 보이는 이유에서 나는 형이상학 또는—이 명칭이 너무 많은 부정적 연상을 일으킨다면—존재론이나 존재의 신학이 중요하다고 믿는다. 첫 네 장에서 나열된 소외의 양식들은 현대적 사고의 일부 양식들에 형이상학을 부정하는 사실상의 형이상학이 있음을 보여 준다. 많은 현대적 도그마 기저에는 가장 중요한 실재는 인간 의지라는 암묵적 믿음이 있는데, 이 인간 의지는 존재론적으로 나머지 세계와 너무 구별되거나 너무 연속적이어서, 유일하게 생각할 수 있는 선택지는 지배나 체념뿐이다. 이러한 것을 고려해, 세계 안에 그리고 공동체 안에 있는 인간 존재의 본성에 충실하기를 추구하는 존재의 신학의 도움을 받아 현대 세계의 파편화를 의문시할 수 있다. 여기서 논의되는 것은 그러한 인격적 형이상학의 정당화다.

현대 사상에 있는 이 주제의 배경은 홉스의 견해에서 찾을 수 있다. 이는 부분적으로는 플라톤의 『국가』에 나오는 트라시마코스(Thrasymachus)의 견해의 부활로,[7] 인간 본성이 본질적으로 개인주의적이고 탐욕스럽다는 것이었다. 이 견해는 인간의 타락성이나 죄의 존재론을 주장하면서 일정한 형태의 반(反)사회적 행동은 우리의 본질적인 존재를 드러낸다고 말하고, 따라서 어떤 형태의 사회 질서도 강자에 의한 무제약적 지배의 영향으로부터 약자를 보호한다는 주로 소극적인 목적을 갖는다. 비슷한 견해가 이후에 사회적 다윈주의[8]라고 불리는 것에, 그리고 니체[9]의 저작에 나온다. 그러한 이

---

[7] Plato, *Republic*, 336-346.
[8] 최근의 다윈 전기 작가들이 명료히 설명하는 대로, 지금 사회적 다윈주의라고 불리는 것이 다윈 자신의 사상을 이끄는 추진력 중 한 가지였다는 점이 점점 더 분명해지고 있다. Adrian Desmond and James Moore, *Darwin* (London: Michael Joseph, 1991). 『다윈 평전』(뿌리와이파리).
[9] 라인홀드 니버(Reinhold Niebuhr)의 인간론은 이 전통의 일부 표지들을 드러내며, 또한 그러한 이론의 신학적 근원들을 보여 준다. 그것의 극단적인 형태는 타락이나 죄의 존재론인데, 그럴 때 소외가 인간을 정의하는 거의 필수적인 특징이 된다. 이런 측면에서 그의 인간론은 일부 현대주

유 때문에 사회는 편리나 안전을 위해 맺어진 일종의 사회 계약이라는 것이다. 사회적 존재는 인간으로서의 우리 존재에 본질적인 것이 아니라, 오히려 다소 유감스러운 필연이다. 사회 계약에 대한 이보다 더 낙관적이지만 유사한 견해가 심지어 열렬한 개인주의자인 로크의 저작에서조차 발견된다. 어니스트 바커 경(Sir Ernest Barker)의 주장에 따르면, "사막의 기둥 위에 앉은 개인의 모습, 이것은 간단히 말해 로크의 『인간오성론』(Essay concerning Human Understanding)과 『통치론』(Two Treatises of Government)에서 유사하게 우리에게 남겨진 상징이다."[10] 홉스와 로크는 모두 사회 계약 개념의 기초를 결핍된 사회성에서 찾았는데, 이는 인간에게 있는 본질적으로 사회적인 본성을 고려하는 데 대한 실패다. 그러한 개념에 근거해서는 사회 계약이라는 개념 자체가 비판의 대상이 되기 쉽다. 그러한 개념은 역사적 기초가 없을 뿐 아니라, 인간 본성에 적극적인 토대를 두고 있지 않다. 따라서 그 개념은 인간의 사회 질서의 특성에 접근하기 위한 적절한 은유도 되지 못하는데, 왜냐하면 본질적 개인성에 부담을 주는 것이자 왜곡하는 것이기 때문이다.

현대에 그러한 견해에 대한 비판의 주요 동인이 된 것은 헤겔이다. 헤겔은 이전 장들에서 사상사의 주요한 기폭제 역할을 한 인물로 이미 출현했다. 로버트 솔로몬(Robert Solomon)이 지적한 대로, 헤겔은 칸트의 개인주의와 확연히 구별되는 진보를 이룬다. "[칸트의] 구상에는 사회적 요소가 없다는 점에 주목할 만하다. 즉 학자들의 공동체도, 여론도, 동료나 고용주나 연구비 교부 기관으로부터의 압력도 없다. 지식은 순전히 자율적 개인과 자연적 세계 사이의 관계이고, 또한 도덕은 개인과 보편적 법 사이의 관계이며, 순수한 실천

의 예술의 두드러진 한 특징인 사회적 형태의 영지주의다. 참고. 이 책의 3장, 다섯 번째 부분.

10 어니스트 바커 경이 자신이 1932년에 직접 쓴 글에서 인용한 것이다. Ernest Barker, "Introduction", *Social Contract. Essays by Locke, Hume and Rousseau* (London: Oxford University Press, 1947), p. xxiii.

이성의 산물이다."¹¹ 이에 반해 헤겔에게는 사회성의 이론, 즉 사회적 존재로서의 인간 이론이 있다. 하지만 헤겔의 사회적 존재 개념의 약점은, 이 이론이 마르크스주의에서 그렇듯 너무나 쉽게 개별자가 억압 받는 형태의 사회로 전락한다는 것이다.

그러므로 우리는 콜리지의 사상에서 사회성의 신학을 위한 기초를 찾는 게 더 낫다. 경력 초기에 콜리지는 홉스적 사회 질서 개념에 대한 비판을 시도했다. 홉스의 이론이 실패하고 마는 것은 "백만의 고립된 개인들은 단지 정신의 추상화에 불과하기…" 때문이다.¹² 이에 대한 대응으로 콜리지는 사회 계약 개념이 어떤 식으로든 인간의 사회적 사고를 위한 근본적 가능성을 제시한다는 견해를 발전시켰다. 이는 사회 계약이 역사적 실재라는 것이 아니라, 인간을 사회 계약의 관점에서 보는 사고가 영속적 가능성, 인간을 관계됨 안에서 고려하는 지속적 방식이라는 것이다.

> 만약 이것이 역사적 사실의 단언으로, 또는 개념을…세계의 첫 시대들에 실제 일어난 일에 적용하는 것으로 여겨진다면,…이 가장된 사실이 순전한 허구이고 그러한 사실의 상상이 하찮은 공상이라고 선언하는 데…별 무리가 없을 것이다. 만약 최초의 계약이 실제로 체결되었고 공식적으로 기록되었더라면 어떨까? 그래도 나는 이 사실에 의해 어떤 도덕적 영향력이 추가되는 일이 이루어진다고 볼 수 없다. 이 최초의 계약을 이어가도록 우리를 구속하는 동일한 도덕적 의무감이 동일한 영향력으로 그리고 동일한 의무와 관계되어 선재(先在)하며 우리의 선조들이 이를 따르도록 해야만 했다.…

---

11   Robert Solomon, *Continental Philosophy since 1750. The Rise and Fall of the Self* (Oxford: Oxford University Press, 1988), p. 40.

12   Samuel Taylor Coleridge, *The Friend: A Series of Essays to aid in the Formation of Fixed Principles in Politics, Morals, and Religion. With Literary Amusements Interspersed* (London: William Pickering, 1844), p. 224.

하지만 만약 최초의 사회 계약 **개념**이나 **이론** 대신에 늘 시작되는 사회 계약의 **관념**을 말한다면, 이것은 너무 명확하고 필수불가결하여 국민과 농노의 차이, 공화국과 노예농장의 차이를 위한 모든 근거를 구성한다. 그리고 이것은, 다시, 사물과 대비되는…**인간**이라는 더 상위의 관념으로부터 점진적으로 발전해 나온다.[13]

만약 우리가 이 사유를 발전시키려 한다면, 우리는 계약 개념의 은유적이고 인격적인 성격을 명심해야 한다. 우리가 계약 개념에 의해 인간관계에 관한 단순히 법률적인 견해에 한정되지 않는 것은, 그리스도가 율법 아래 죽으셨다는 가르침이 우리를 그렇게 하지 않는 것과 같다. 계약의 언어는 사회적인 것을 말하는 은유적 방식이다.

사회 계약 개념은 교회론이 그 단어의 일반적 의미에서 인간의 기초라는 주장을 위한 토대가 된다. 이것은 기독교 역사에서 때때로 받아들여진 바 모두를 교회 조직에 "들어오게 해야" 한다는 권위주의적 견해가 아니라―콜리지의 견해에는 이런 부분이 전혀 없음을 유의해야 한다―오히려 진정한 교회(ecclesia)로 구현된 종류의 사회적 존재가 인간 실재에 관한 가장 심오한 표현이라는 점을 함의한다. 성경이 사회적 관계를 뜻하는 것으로 제공하는 **언약**(covenant)이라는 단어가 순전히 개인주의적이거나 단순히 법적인 해석을 허용하지 않는다는 점은 여기서 의미심장하다. 언약이 나타내는 것은 무엇보다도 인류가 하나님과의 자유롭고 기쁜 동반자 관계로 부름을 받았으며, 그럼으로써 인간들이 서로 그러한 관계로 부름을 받았다는 것이다.[14]

---

13 Samuel Taylor Coleridge, *Church and State*, pp. 14-15. 폴 존슨이 *Letters, Volume 2*, p. 1197에서 인용하는 어구는 콜리지가 하나님의 형상으로 만들어진 것들의 관계적 성격을 인식했음을 보여 준다. "수컷 호랑이와 암컷 호랑이는 그대가 그것들에게 적합한 야생의 땅에 있는 것들을 가정하든, 일천 쌍을 가정하든 마찬가지다. 하지만 인간은 다른 인간들의 공존에 의해 참으로 변화된다. 그의 능력은 홀로 또는 자신의 힘만으로는 발전할 수 없다." Johnson, *The Birth of the Modern*, p. 826.

14 나는 이 점에 대해 크리스토프 슈뵈벨의 도움을 받았다. 아브라함 안에서 지상의 모든 나라가 복을 받을 것이라는 약속이 아브라함과의 언약에서 맺어졌으며, 예수의 죽음과 부활을 통해 실

한 중요한 논문에서 대니얼 하디가 주장한 바에 따르면, 이런 의미에서 교회론은 모든 창조된 인간의 형식이라고 볼 수 있다. 그는 사회성이 초월자이고, 그러므로 단지 구속받은 존재―교회 안에 있는 존재―에 적용될 뿐 아니라 창조된 존재 전체에 적용된다고 주장한다. 그는 "보편적 인간의 연대성이 개별 사회 집단으로의 동화라는 개념에 기초하는 일이 너무 많다"는 이데올로기의 위험을 받아들이면서도, 사회적 초월자의 필연성을 주장한다. "목표는 참된 사회를 정당화할 요소를 확립하고, 이로써 인간 사회의 실제적 고려를 알리는 것이다."[15] 그에게도 이 탐구는 내가 개방적 초월자라고 부른 것들, 즉 범위 면에서는 보편적이지만 적용 면에서는 개방적인 사유 가능성에 대한 탐구다.[16] 하디의 주장은 '교회론'이 명확하게 표현된 사회성으로서, 인간 존재의 참된 형식이라는 것이다. 인간 존재가 된다는 것은 하나님과 및 다른 인간들과의 관계 안에서, 그리고 이 관계를 위해 창조된다는 것이다. 이 존재의 개별적 성격은 기독론적으로 그리고 성령론적으로, 즉 창조자 그리스도와 창조의 완성을 약속하며 때때로 실현하는 데 매개가 되는 성령에 의해 정의되고 실현된다. 사회성의 신학은 삼위일체적 하나님과의 관계에 의해 존재가 구성되는 자들이 하나의 이데올로기에도 여럿의 이데올로기에도 굴복하지 말아야 한다고 가르친다. 친교는 관계 안에 있는 것이고, 이 관계에는 개별성과 관계성 모두에 대한 합당한 인식이 있다. 하지만 그것이 사회성을 초월자로 만드는 것은 아니며, 이 점에서 나는 하디의 어휘와 작별한다. 그의 어휘는 인격적인 것에 대한 이론으로, 인간 사회가 자신이 형성되는 질료적 맥락에 대해 갖는 관계의 문제는 해결되지 않은 채로 둔다. 그러므로 그것은 초월

현된 언약에서 모든 사람이 예수의 속죄에 의해 가능하게 된 화해의 공동체로 부름을 받는다.
15　Daniel W. Hardy, "Created and Redeemed Sociality", p. 34.
16　하디는 과학 철학에 있는 유사한 것으로 초월적 이론을 예증한다. "사회적 초월자는 일반적인 고전적 장(場) 이론 같은 과학에서 '절반은 해석된 포괄적 이론'이라고 불리는 것과 같다.…그러한 이론과 마찬가지로, 사실적으로 해석되지 않은 개념들로 구성되고…추가적인 상세한 내용이 주어지는 경우에 오직 개념적으로만 검증이 가능하다." 같은 책, p. 29.

적이기보다는 관념적이다. 비(非)사회적인 세계도 포용할 참된 초월성에게 필요한 것을 보기 위해서 우리는 사회 계약의 또 다른 유명한 개념, 즉 사회 질서와 자연의 이원론이라는 개념에 의해 결정되는 사회 계약 개념을 다루어야 한다.

4. 맥락 안에 있는 사회성

콜리지와 관련해 본 대로, 사회 계약 개념은 그 일부 형태로는 우리로 하여금 사회성이 관념적 위상을 갖는다는 주장의 핵심을 어느 정도 살필 수 있게 한다. 사회성은 우리의 존재와 본질을 이해하기 위해 꼭 필요한 개념들 중 하나다. 하지만 우리는 이 주제의 성경적 배경에 대한 개요 끝에 제기된 두 번째 질문, 즉 사회적 존재와 질료적 배경의 관계를 아직 다루지 않았다. 이 특징적인 현대의 문제는 루소(Rousseau)의 사유에 의해 지적되었는데, 루소는 우리가 본 대로 콜리지가 그렇게 유익하게 다룬 바로 그 사회 계약 이론의 주창자들 중 한 명이다. 홉스에게 인간 상황이 일종의 내분이듯이, 루소에게는 인간 상황이 본질적으로 비(非)자연적 사회 질서의 결과인, 자연과의 투쟁이다. 솔로몬이 말하는 대로, "루소 작품에 나오는 자연 상태의 행복한 개인들과 현대 사회의 비참한 피조물들 사이의 악명 높은 대조는 아주 생각하기 힘든 것은 아니다." 그는 중요한 구절들을 다음과 같이 인용한다.

> 야만인은 식사를 하고 나면 자연 및 그의 동료 피조물 친구들과 화목하게 지낸다.…이것은 사회 안에 있는 인간과는 매우 다르다.…
> 자연은 인간을 행복하고 좋게 만들고, 사회는 그를 타락시키고 비참하게 만든다.[17]

---

[17] Solomon, *Continental Philosophy since 1750*, pp. 20-21; *Second Discourse and Emile*에서 인용.

솔로몬은 인간과 자연의 이원론 안에서 그가 초월적 입장(transcendental pretence)이라고 부르는 것의 기초를 발견하는데, 나는 그것이 신학적으로 하나님의 변위로부터 발생한다고 주장했다. 칸트는 루소의 영향을 깊이 받은 사람으로서 그와 견해를 공유했다.

> 도덕적 세계에 대한 놀라울 정도로 자기중심적인 심상인…루소의 '내적 자아'는 칸트의 본체적(noumenal) 자아가 되며, 그 차이는 실체보다는 방법의 차이다. 초월적 입장은 누군가가 자신이 선의 절대적 원리를 접하고 있다는 이 비상한 자기 확신으로 시작된다.…도덕성 대신에 우리는 우주적 자기-의, 즉 초월적 입장을 갖는다.[18]

초월성의 원천이 하나님에서 인간 의지로 이동한 것은 특징적으로 현대적인 소외 형태들의 근원이라고도 해설할 수 있을 것이다. 이 경우에 이런 이동은 세계 안에서의 삶에 대한 깊은 현대적 불편함의 근거가 되고, 이 안에서 우리는 칸트적인 지배의 윤리와 루소적인 자연의 경배 사이를 선회한다. 하지만 세계 안에서의 더 온전한 삶의 방식을 위해 어떻게 우리가 이 현대적 불편함에서 벗어날 수 있겠는가? 핵심은 다시 한번 삼위일체적 창조 교리와 초월성 이론에서 찾을 수 있다.

우리는 앞에서 네 번째 복음서의 신학과 관련해 하나님을 집단성이나 개인이 아니라 친교로, 관계 안에 있는 위격들의 통일체로 생각할 수 있음을 보았다. 주고받음의 역동적인 위격적 질서로서의 삼위일체의 신학은, 이 신학이 암시하는 사회성의 관념 안에서, 우리가 찾고 있는 초월성의 문제에 대한 핵심이다.[19] 관계들의 다양성이 있기 때문에 삼위일체적인 주고받음은 단지

18　같은 책, pp. 40-41.
19　이것은 창조 신학이 구원의 경륜과 불가분하게 결부된 자리들 중 한 곳으로, 구원의 경륜이 창

상호적이기보다는 비대칭적이고, 또한 우리가 찾고 있는 초월성의 문제에 대한 핵심이 된다. 콜리지의 다른 '관념들'처럼 사회성도 보편적 적용성을 갖는 유비들을 만들어 낸다고, 그리고 그렇게 함으로써 다음의 특징들을 드러낸다고 볼 수 있다. 첫째, 인간의 존재와 행동의 핵심은 수여와 수용의 역동성을 가진 관계성이다. 인간의 관계성은 그리스도의 자기를 주는 것에서 계시된 것과 유비적이기 때문에, 바울이 로마서의 윤리 부분을 시작하면서 비(非)상호적인 수여와 반응의 윤리를 발전시킬 때 희생의 심상이 나타난다. "너희 몸을 하나님이 기뻐하시는 거룩한 산 제물로 드리라"(롬 12:1). 그러한 윤리의 실현은, 로마서에 있는 이 윤리의 발전이 보여 주듯이, 필연적으로 공동체적이고 사회적이다. 찬양과 의로운 행위는 일차적으로 교회에서, 말씀 아래서, 성례전을 통해 일어나는 인간 존재의 형태들이다. 관련된 인간 관계성의 형태들을 이런 측면에서 주목하는 것은 중요하다. 복음서와 서신서 모두에서 주된 윤리적 강조점은 단순한 호혜성의 반대에 있다. 그리스도를 닮고 타자들을 향한 그리스도의 존재 방식을 그대로 본받아서 타자들에게 창조적으로 종속되는 것은 사물들의 초월적 역동성을 실행하는 인간성의 형태다.[20]

중요하게 강조해야 하는 것은 우리가 이 창조적 종속 안에서 갖고 있는 것이 굴복이 아닌 변화의 윤리라는 것, 혹은 니체가 기독교의 핵심이라고 믿은

조 신학에 지적 기초를 제공한다. 하나님의 구원하는 행위에 관한 삼위일체적 성경 이야기는 희생의 언어에 매우 의존하며, 이 희생의 언어가 여기서 개략되는 삼위일체의 신학에 이르는 관문을 형성한다. 성부 하나님은 자신의 유일한 아들을 '포기하고' 그가 죄 많은 인간들의 손에 넘겨지는 것을 허락한다. 예수는 자신의 생명을 내려놓고, 또한 유일하게는 아니지만 특히 히브리서의 신학에서는 고난을 통해 완전하게 된 자신의 인성을 성부에게 바친다. 성령과 관련해서도 마찬가지다. 성부의 선물로서 성령은, 하나님이 그리스도 안에서 완전하게 하는 행위의 '첫 열매들'(*aparchai*)이다. 비록 타락이라는 조건들 아래서 예수의 희생이 피 흘림의 형태를 취해야만 하더라도 이 측면이 희생의 본질은 아니며, 오히려 희생의 본질은 선물 개념에서 찾을 수 있다. 중심에 있는 것은 성부가 성자를 주시는 것이며, 성자가 자신을 성부에게 드리는 것이며, 성령이 그에 대한 반응으로 창조 세계의 드림을 가능하도록 하는 것이다. 그러한 방식으로 우리는 경륜으로부터 하나님의 존재의 핵심으로 움직인다. 삼위일체적 삶인 친교는 단순히 상호적이기보다는 비대칭적인 주고받음의 역동성으로 이해되어야만 한다.

20 그러므로 고린도후서에서 바울은 우리가 다른 곳에서 만난 경륜의 언어를 사용한다. 삼위일체적 경륜에서는, 수여의 우선권 덕분에, 분량과 목적을 계산하는 것이 있을 수 없다.

종류의 고난 안에 있는 영광이라는 것이다. 앞에서 이미 본 대로, 이와 관련해 희생의 은유를 사용하는 것은 일차적으로 고난을 암시하지 않는다. 초월적 지시는 고난을 가리키는 것이 아니라, 오히려 하나님이 창조한 것을 온전함으로 하나님에게 자유로 드림을 가리킨다. 하나님을 찬양하는 데 사용하라고 주어진 것을 찬양 가운데 드리는 것이다. 종종 이것이 포기 또는 고난이라는 대중적인 의미에서의 희생을 포함해야만 한다는 점은, 우리의 근본적인 피조성 때문이 아니라 사물들의 타락성의 결과다. 인간 삶에 대한 예수의 희생적 총괄갱신은 창조의 완성이라는 목적을 위해, 즉 피조물적인 존재를 살아가기 위한 해방의 목적을 위해 성취된다. 이런 삶은 구속받은 인간 행위를 하나님에게 바치는 것으로서 십자가를 짊어지는 것과 고되고 종종 보람 없는 수고의 경험—즉 우리가 실패라고 부르는 것에 대한 경험—을 틀림없이 포함하지만, 일차적 목적은 하나님을 찬양하는 데 사용하라고 주어진 것을 찬양 가운데 드리는 것이다.

하지만 또한 사실은, 기독교적 인생관이 여기서 현대성과, 그리고 레슬리 뉴비긴(Lesslie Newbigin)이 현대성의 "성취의 신화"라고 부른 것과 가장 날카로운 대조를 이룰 것이라는 점이다. 인간의 소명이 자아 성취에 있다는 이론은 개인주의적이면서, 또한 세계가 개인이라는 태양을 중심으로 돌게 만드는 초월적 입장의 특징적 결실이다. 현대주의의 이데올로기적 기초인 이 잘못된 초월성은 인간 관계성의 성격을 오해한다. 현대에 개인적 자아 성취가 하나님을 세계의 중심에서 변위시켰기 때문에, 자신을 사물들의 중심으로 삼고 이로써 인간과 세계를 모두 자신의 목적들을 위한 수단으로 사용한다. 현대주의는 타자를 배제하지만 포스트모더니즘은 타자를 관련 없는 것으로 만들려고 한다는 관찰을 여기서 다시 언급하는 것이 적절하다.[21] 하지만 수여와

---

21 2장, p. 94.

수용이라는 사회성의 논리는 타자가 우리의 존재에 중심적이라는 것을 보여 준다. 우리가 타자들과 주고받는 것은 구성적이다. 보편적으로, 자아 성취가 아니라 타자로서의 타자에 대한 관계가 인간 존재에 핵심적이다.

인간의 삶이 구체적 방향성에 있듯이—그리고 초월적 범주는 서로 다른 삶에서 구체화된 많은 구별되고 개별적인 형태들에 대해 개방적이라는 점에 주목해야 할 것이다—마찬가지로 하나님과 세계에 대한 인간 반응의 양태들도 사유와 도덕적 행위와 미학적 구현에 있다. 그리고 이렇게 해서 우리는 유비의 두 번째 특징에 이른다. 그것은 바로 이 유비가 우리와 비인격적 세계의 관계에 대해 갖는 암시다. 진선미에 대한 인간의 탐구들 사이에—세계 안에서 그리고 세계를 향해 있는 다양한 형태의 인간 행동 사이에—있는 연결들이 추구될 수 있는 것은 바로 수여와 수용의 논리를 통해서다. 만약 모든 인간 행위의 참된 목적이 창조자를 찬양하는 것이라면, 즉 창조자에게 그의 선에 합당한 반응을 돌리는 것이라면, 우리는 여기서 인간 문화의 모든 차원을 밝힐 공통의 빛을 갖고 있는 것이다. 모든 행위가 찬양의 제사의 형태를 취해야 한다고 말하는 것은, 세계를 향한 행동이 참으로 하나님 앞에서 이 세계가 자신이 되도록 허락하는 것을 지향하는 행동이라고 말하는 것이다. 이것은 어떤 개별적인 문화 기획이 취해야 할 형태를 미리 규정하지 않고 다만 그 기획의 자리를 보편적 초월성의 틀 안에 두는 것으로, 이는 앞에서 인용했던 대니얼 하디의 논평이 보여 주는 것처럼 구체적인 경험의 형태를 부과하지 않는다. 찰스 테일러는 17세기의 신학자 윌리엄 퍼킨스(William Perkins)의 다음 말을 비슷한 취지로 인용한다. "일들을 서로 비교해 보면, 접시를 닦는 것과 하나님의 말씀을 설교하는 것 사이에 차이가 있다. 하지만 하나님을 기쁘시게 한다는 측면에서는 조금도 차이도 없다."[22] 보편적이고 개방적인 초월

---

22 Charles Taylor, *Sources of the Self*, p. 224.

성을 위한 기초는 모든 것이 하나님과 관계되어 있다는 것으로, 이 관계됨은 사물들을 기꺼이 하나님에게 바칠 때 실현되는 것이다.

바로 그러한 이유에서 예술의 실천과 자연 질서에 대한 적절한 통치의 실천은 삼위일체적 책무다. 왜냐하면 그것들은 창조자의 형상에 따라 창조된 남자와 여자에 대한 창조자의 명령을 성취하는 방식들이기 때문이다. 바로 이 지점에서 루소와 칸트가 자연적 세계에 대한 인간의 관계를 잘못 해석했다. 그들의 접근법은 영과 자연, 정신과 사물이라는 동일한 이원론의 양면으로서, 인간과 세계를 소외시키는 것이다. 합리성의 논리에 따라, 우리는 루소와 그의 현대의 뉴에이지 후예들처럼 자연이 사고와 행위를 위한 주요 판단 기준이 되는 방식으로 자연을 낭만적으로 다룰 수 없고, 또한 그렇다고 칸트와 기계론자들처럼 철저히 외적인 지배의 윤리를 자연에 부과할 수도 없다. 둘 다 동일한 정도로 우리의 존재의 법칙인 관계성을 부정하면서, 한쪽은 순전한 수용성과 그에 상응하는 보수주의의 경향을 보이고, 다른 한쪽은 순전한 행동 윤리와 그에 상응하는 혁명적 정신의 경향을 보인다. 그러한 파괴적인 현대의 경향들은 현대성이 반발한 것과 구별되는 신학 및 존재론을 발전시킴으로써만 피할 수 있다.

그리고 이것은 우리를 1장의 다른 주제들로 인도한다. 1장에서 이 책은 하나님의 초월에 대한 비플라톤적 개념을 발전시키겠다고 약속했다. 초월은 무엇보다도 타자성을 의미한다. 앞에서 본 대로 현대성은 소외시키는 타자성에 항거했지만, 신적 초월을 부정하고 세계의 참된 타자성을 위협하는 방식으로 그렇게 했고, 그 결과로 질병보다 더 나쁜 치료법을 만들고 말았다. 인격적이든 우주적이든 관계-안에-있는-타자성의 상실은 그에 대한 특유의 징벌이다. 현대성의 위기에 대한 대응으로 수여와 수용의 삼위일체적인 논리는 고대와 현대 모두의 지배적 전통이던 순수 의지의 논리를 수정하는데, 왜냐하면 그것이 인간의 사고와 행위를 수여와 수용의 **사회적인** 형이상학 안에서 이끄는 틀을 제공하기 때문이다. 우선, 삼위일체의 신학은 우리가 하나님과 세계의 철저한 **존재론적인** 타자성을 고려할 수 있게 한다. 하나님과 창조 세계는 전혀 다르다. 모든 형태의 존재론적인 연속성은 그것들이 신적 작인과 교회의 작인 사이의 확실한 연계를 표현하든 창조된 존재의 형태들에 대한 자동적인 신적 개입을 표현하든 배제되어야만 하되, 바르트가 좋아했던 표현을 빌리면 '처음부터'(a limine), 단순한 피조물에 대해 신성을 주장하는 초월적 입장의 형태로서 배제되어야 한다. 그러나 다음으로, 삼위일체의 신학은 자유롭고 개방적인 관계들의 신학을 낳기 때문에, 그러한 논리가 필연적으로 소외를 일으키는 것은 아니다. 세계에 대한 하나님의 관계는 인격적이며 자유롭고, 그러므로 또한 해방적이다. 창조 세계가 그에 대한 하나님의 진정한 관계에 힘입어서 존재하며 그 관계는 절대적인 무로부터의 시작에서 그리고 지속적으로 지탱되고 완성을 향해 인도됨에서 드러난다는 가르침은 창조 세계에 대한 모욕이 아니다. 세계는 '내면'을 가지고 있으며 그것은 세계를 위해 세계의 일부가 된 성자와 자신의 특징적 형태의 행동을 통해 세계를 그 자신이 되게 할 수 있는 성령으로부터 공급받은 것이기 때문에, 삼위일체론적 창조 신학은 고대에도—대체로—현대에도 적절히 성취되지 않은 것을 제공한다.

5. 결론

그렇다면 우리가 찾고 있는 초월성의 본질은 무엇인가? 앞선 논의를 고려해, 우리는 사회성이 콜리지적 의미에서 관념의 위상을 가진다고 결론을 내려야 한다. 사회성은 인격적 존재들의 특징적 성격을 이해하고자 한다면 필수적인 개념이지만, 모든 것에 적용되지는 않는다. 인격적 존재들은 사회적 존재들이므로, 하나님과 사람은 그들의 인격적 관계됨 안에서, 즉 그들의 자유로운 타자성-안에-있는-관계 안에서 그들의 존재를 갖는다고 말해야만 한다.[23] 창조 세계의 나머지는 그렇지 않은데, 그것들은 인격적인 것의 표지들 중 일부인 사랑과 자유를 갖지 못한다. 전체로서의 우주에 관해 우리는 그것이 사회성보다는 관계성을 특징으로 한다고 결론을 내려야 한다. 모든 것은 여럿의 그리고 다양한 관계의 형태들에 의해 구성되는 개별자가 됨으로써 존재한다. 그러므로 관계성은 초월자로서, 우리로 하여금 모든 창조된 인간들과 사물들이 하나님—하나님 자신이 그 본질적 그리고 가장 내적 존재에서 관계 안에 있는 존재다—에게서 나오고 하나님에게로 돌아간다는 것을 표지로 갖는다고 말하는 것이 무엇인지 어느 정도 배울 수 있게 한다. 그리고 그것은 우리가 다른 두 초월자인 페리코레시스와 실체성에 관한 논의로부터 얻은 통찰들을 통합할 수 있게 한다.

따라서 하나님과 세계는 자신들의 존재를 관계 안에서 갖는다고 말해야만 한다. 하나님의 경우에 초월자들은 위격들의 영원하고 자유로운 관계들의 함수들로, 이 위격들은 각각 다른 위격들과의 분리될 수 없는 관계 안에서 자신의 개별적 존재와 행동의 방식을 갖는다. 이것은 우리가 하나님의 존재에 대한 사적인 견해를 갖는다는 의미가 아니라, 오히려 관계, 즉 친교 안에 있는 위격들로서 하나님의 영원한 존재의 일반적 특징들은 하나님이 창조와 구원의 경륜이라고 부르는 행위들 안에서 행했고 행하는 것으로부터 알려질 수 있다는 의미다. 또한 경륜으로부터 나온 신론을 통해 우리는 피조물이 서로 다른 방식으로 자신이 창조된 표지들을 지니고, 그러므로 초월자들이 사람들과 사물들을 그들의 존재에 적절한 방식으로 역시 한정한다고 이해할 수 있다. 요컨대, 초월자들은 인격들의 유한하게 자유로운 관계들과 사물들의 우연적인 관계들의 함수들이다.

창조된다는 것은 삼위일체 하나님에 의해 모든 사물의 피조성으로부터 나

---

23   그러므로, 대니얼 하디의 논문에서 배운 모든 것에도 불구하고 나는 그와 함께 "사회적 초월자"를 말할 수 없다.

오는 방향성, 즉 역동성을 갖는다는 것이다. 이 역동성은 전복될 수도, 역전될 수도 있고, 그러므로 그 자신의 개별적인 완성으로 향하게 된 것이 그리로 나아가기는커녕 해체와 죽음에 참여하기도 한다. 하지만 그러한 방향 상실이 적어도 현세에서는 존재를 제거하지는 못하는데, 오직 창조자만이 그 일을 할 수 있기 때문이다. 야기될 수 있는 일은 존재의 박탈이 아니라, 자신의 존재적 온전함의 상실을 조장하는 관계의 양상들에 연루되는 것이다. 존재론적으로, 피조물은 공간과 시간에서 자신의 개별적 목적의 완성을 명령받는다. 반면에 존재적으로는, 자신이 명령받은 상태를 전복시킬 역사와 역동성에 휘말린다. 그러므로 구속은 개별자가 자신의 목적을 향한 방향의 재정립을 의미하지 재창조를 의미하지 않는다. 창조된 인간들의 독특한 특징은 그들이 나머지 피조물들의 완성을 성취하는 데 매개적 기능을 담당한다는 것이다. 그들은 과학·윤리·예술에서—한마디로, 문화에서—모든 것이, 완성된 상태로, 그들의 창조자에게 기꺼이 바치는 찬양의 제사가 일어나게 하는 행위의 형태들로 부름을 받는다. 신학적으로 말해, 창조된 세계가 참으로 그 자신이 되는 것은—자신의 완성으로 나아가는 것은—그리스도와 성령을 통해 성부의 보좌 앞에 온전히 드려질 때다. 창조와 구속에 대한 합당한 인간의 반응인 찬양의 제사는 인격적인 세계도 비인격적인 세계도 모두 자신의 참된 존재를 실현할 수 있도록 하는 문화의 형태를 취한다.

참고 도서

Adams, David, "The Doctrine of Divine Person Considered both Historically and in the Contemporary Theologies of Karl Barth and Jürgen Moltmann", PhD, Fuller Theological Seminary, 1991.

Adorno, T. W., and Horkheimer, M., *Dialectic of Enlightenment*, translated by J. Cumming (London: Verso, 1979). 『계몽의 변증법』(문학과지성사).

Auty, Giles, "Prosaic Pontificators", *The Spectator*, 27 April 1991, pp. 34-35.

Aves, John, "Persons in Relation: John Macmurray", *Persons, Divine and Human. King's College Essays in Theological Anthropology*, edited by Christoph Schwoebel and Colin Gunton (Edinburgh: T. & T. Clark, 1992), pp. 120-137.

Bailey, Derrick Sherwin, *The Man-Woman Relation in Christian Thought* (London: Longman, 1959).

Balthasar, Hans Urs von, *The Glory of the Lord. A Theological Aesthetics, Volume 2, Studies in Theological Styles: Clerical Styles*, translation edited by John Riches (Edinburgh: T. & T. Clark, 1984).

Banks, Robert, *The Tyranny of Time* (Exeter: Paternoster Press, 1983). 『시간의 횡포』(요단출판사).

Barrow, John D., *Theories of Everything. The Quest for Ultimate Explanation* (Oxford: Clarendon Press, 1991).

Barrow, J. D. and Tipler, F. J., *The Anthropic Cosmological Principle* (Oxford: Clarendon Press, 1986).

Barth, Karl, *Church Dogmatics*, translation edited by G. W. Bromiley and T. F.

Torrance (Edinburgh: T. & T. Clark, 1957-1969), volumes 2/1, 2/2, 3/1, 3/2 and 3/3. 『교회 교의학』(대한기독교서회).

———, *Protestant Theology in the Nineteenth Century: Its Background and History*, translated by B. Cozens and J. Bowden (London: SCM Press, 1972).

———, *The Christian Life. Church Dogmatics, Volume 4/4, Lecture Fragments*, translated by G. W. Bromiley (Grand Rapids: Eerdmans, 1981).

Bebbington, D. W., "Evangelical Christianity and Modernism", *Crux* 26 no. 2 (June 1990), pp. 2-9.

———, "Evangelical Christianity and Romanticism", *Crux* 26 no. 1 (March 1990), pp. 9-15.

———, "Evangelical Christianity and the Enlightenment", *Crux* 25 no. 4 (December 1989), pp. 29-36.

Beck, Lewis White, "Kant's Theoretical and Practical Philosophy", *Studies in the Philosophy of Kant* (Indianapolis and New York: Bobbs Merrill, 1965), pp. 3-53.

Berkeley, George, *Three Dialogues between Hylas and Philonous, in Opposition to Sceptics and Atheists*, in *A New Theory of Vision and Other Writings* (London: Dent, 1910).

Berlin, Isaiah, *Two Concepts of Liberty. An Inaugural Lecture delivered before the University of Oxford on 31 October 1958* (Oxford: Clarendon Press, 1985). "자유의 두 개념", 『이사야 벌린의 자유론』(아카넷).

Berman, Marshall, *All that is Solid Melts into Air. The Experience of Modernity* (New York: Verso, 1983. 1st edition 1982). 『현대성의 경험』(현대미학사).

Bernstein, Richard, *Beyond Objectivism and Relativism: Science, Hermeneutics and Practice* (Philadelphia: University of Pennsylvania Press, 1985). 『객관주의와 상대주의를 넘어서』(철학과현실사).

Bloom, Allan, *The Closing of the American Mind. How Higher Education Has Failed Democracy and Impoverished the Souls of Today's Students* (London: Penguin Books, 1987). 『미국 정신의 종말』(범양사).

Blumenberg, Hans, *The Legitimacy of the Modern Age*, translated by R. M. Wallace (Cambridge, MA, and London: MIT Press, 1983).

Booth, Wayne C., *Modern Dogma and the Rhetoric of Assent* (Chicago and London: University of Chicago Press, 1974).

Bouwsma, William J., *John Calvin. A Sixteenth Century Portrait* (New York and Oxford: Oxford University Press, 1989). 『칼빈』(나단).

Bradshaw, Timothy, *Trinity and Ontology. A Comparative Study of the Theologies of*

Karl Barth and Wolfhart Pannenberg (Edinburgh: Rutherford House, 1989).
British Council of Churches, *The Forgotten Trinity. Volume 1, The Report of the BCC Study Commission on Trinitarian Doctrine Today* (London: British Council of Churches, 1989).
Brown, Peter, *Augustine of Hippo. A Biography* (London: Faber and Faber, 1969). 『아우구스티누스』(새물결).
Buckley, Michael, *At the Origins of Modern Atheism* (New Haven and London: Yale University Press, 1987).
Bunge, Mario, *The Myth of Simplicity. Problems of Scientific Philosophy* (Englewood Cliffs, NJ: Prentice Hall, 1963).
Cantor, Geoffrey, *Michael Faraday: Sandemanian and Scientist. A Study of Science and Religion in the Nineteenth Century* (London: Macmillan, 1990).
Christensen, Jerome, *Coleridge's Blessed Machine of Language* (Ithaca and London: Cornell University Press, 1980).
Clark, Stephen R. L., *God's World and the Great Awakening. Limits and Renewals 3* (Oxford: Clarendon Press, 1991).
_____, "Orwell and the Anti-Realists", Philosophy 67 (1992), pp. 141-154.
Clarke, Paul A. B., "On Modernity", *Theology, the University and the Modern World*, edited by P. A. B. Clarke and Andrew Linzey (London: Lester Crook, 1988), pp. 91-136.
Coakley, Sarah, *Christ without Absolutes. A Study of the Christology of Ernst Troeltsch* (Oxford: Clarendon Press, 1988).
Coburn, Kathleen, *In Pursuit of Coleridge* (London: The Bodley Head, 1977).
Coleridge, Samuel Taylor, "Notes on Waterland's Vindication of Christ's Divinity", *The Complete Works of Samuel Taylor Coleridge*, edited by W. G. T. Shedd (New York: Harper and Brothers, 1853), volume 5, pp. 404-416.
_____, "On the Prometheus of Aeschylus", *The Complete Works of Samuel Taylor Coleridge*, edited by W. G. T. Shedd (New York: Harper and Brothers, 1853), volume 4, pp. 344-365.
_____, *On the Constitution of the Church and State. The Collected Works of Samuel Taylor Coleridge, Volume 10*, edited by John Colmer (London: Routledge and Kegan Paul, 1976).
_____, *The Friend: A Series of Essays to Aid in the Formation of Fixed Principles in Politics, Morals, and Religion. With Literary Amusements Interspersed* (London: William Pickering, 1844).
_____, *The Notebooks of Samuel Taylor Coleridge, Volume 4, 1819-1826*, edited by

Kathleen Coburn and Merton Christensen (London: Routledge, 1990).

_____, *The Philosophical Lectures of Samuel Taylor Coleridge*, edited by Kathleen Coburn (London: Pilot Press, 1949).

Copleston, Frederick, *A History of Philosophy, Volume 2, Mediaeval Philosophy: Augustine to Scotus* (London: Burns, Oates and Washbourne, 1950).

Cowling, Maurice, *Religion and Public Doctrine in Modern England* (Cambridge: Cambridge University Press, 1980).

Craig, Edward, *The Mind of God and the Works of Man* (Oxford: Clarendon Press, 1987).

Cupitt, Don, *Creation out of Nothing?* (London: SCM Press, 1990).

Desmond, Adrian, and Moore, James, *Darwin* (London: Michael Joseph, 1991). 『다윈 평전』(뿌리와이파리).

Einstein, Albert, *The World as I See It*, translated by Alan Harris (London: John Lane the Bodley Head, 1935). 『나는 세상을 어떻게 보는가』(호메로스).

Feuerbach, Ludwig, *The Essence of Christianity*, translated by George Eliot (New York: Harper and Brothers, 1957). 『기독교의 본질』(한길사).

Feyerabend, Paul, *Against Method. Outline of an Anarchistic Theory of Knowledge* (London: Verso, 1978. 1st edition 1975).

Finkielkraut, Alain, *The Undoing of Thought*, translated by Dennis O'Keeffe (London: Claridge Press, 1988). 『사유의 패배』(동문선).

Foster, Michael, "The Christian Doctrine of Creation and the Rise of Modern Natural Science", *Mind* 43 (1934), pp. 446-468, reprinted in C. A. Russell, ed., *Science and Religious Belief. A Selection of Recent Historical Studies* (London: Open University, 1973), pp. 294-315.

_____, *The Political Philosophies of Plato and Hegel* (Oxford: Clarendon Press, 1935).

Fuller, Peter, *Theoria. Art, and the Absence of Grace* (London: Chatto and Windus, 1988).

Funkenstein, Amos, *Theology and the Scientific Imagination from the Middle Ages to the Seventeenth Century* (Princeton: Princeton University Press, 1986).

Gill, Stephen, *William Wordsworth. A Life* (Oxford: Oxford University Press, 1990).

Graf, F. W. "Die Freiheit der Entsprechung zu Gott. Bemerkungen zum theozentrischen Ansatz der Anthropologie Karl Barths", *Die Realisierung der Freiheit*, edited by T. Rentdorff (Gütersloh: Gerd Mohn, 1975), pp. 76-118.

Griggs, E. L., editor, *The Collected Letters of Samuel Taylor Coleridge* (Oxford: Clarendon Press, 1959), volume 4.

Gunton, Colin E., "No Other Foundation. One Englishman's Reading of Church

Dogmatics, Chapter V", *Reckoning with Barth. Essays in Commemoration of the Centenary of Karl Barth's Birth*, edited by Nigel Biggar (London: Mowbray, 1988), pp. 61-79.

_____, *Christ and Creation. The 1990 Didsbury Lectures* (Exeter: Paternoster Press, 1993).

_____, *Enlightenment and Alienation. An Essay towards a Trinitarian Theology* (London: Marshall, Morgan and Scott, 1985).

_____, *The Promise of Trinitarian Theology* (Edinburgh: T. & T. Clark, 1991).

Guthrie, W. K. C., *A History of Greek Philosophy, Volume I, The Earlier Presocratics and the Pythagoreans* (Cambridge: Cambridge University Press, 1971).

_____, *The Sophists* (Cambridge: Cambridge University Press, 1971).

Hamilton, Kenneth, "Doctrine and the Christian Life: Reflections on Kingdom and Triumph of the Will", *Theological Digest* 5 no. 2 (July 1990), pp. 14-17.

Hardy, Daniel W., "Created and Redeemed Sociality", *On Being the Church. Essays on the Christian Community*, edited by C. E. Gunton and D. W. Hardy (Edinburgh: T. & T. Clark, 1989), pp. 21-47.

_____, "Rationality, the Sciences and Theology", *Keeping the Faith. Essays to Mark the Centenary of Lux Mundi*, edited by Geoffrey Wainwright (London: SPCK, 1989), pp. 274-309.

Hardy, Daniel W., and Ford, David F., *Jubilate. Theology in Praise* (London: Darton, Longman and Todd, 1984).

Harvey, David, *The Condition of Postmodernity. An Enquiry into the Origins of Cultural Change* (Oxford: Blackwell, 1989).

Harvey, Van A., *The Historian and the Believer. The Morality of Historical Knowledge and Christian Belief* (London: SCM Press, 1967).

Hauerwas, Stanley, *A Community of Character. Toward a Constructive Christian Social Ethic* (Notre Dame and London: University of Notre Dame Press, 1981).

Havel, Václav, *Open Letters. Selected Prose, 1965-1990*, selected and edited by Paul Wilson (London: Faber and Faber, 1991).

Hegel, G. W. F., *The Phenomenology of Mind*, translated by J. B. Baillie (London: George Allen and Unwin, 1949).

Hick, John, *Evil and the God of Love* (London: Fontana, 1968).

Hooykaas, R., *Religion and the Rise of Modern Science* (Edinburgh: Scottish Academic Press, 1972).

Hopkins, J., and Richardson, H., editors, *Anselm of Canterbury. Works, volume 2* (Toronto and New York: Edwin Mellen Press, 1976).

Horne, B. L., "Art: A Trinitarian Imperative?", *Trinitarian Theology Today: Essays on Divine Being and Act*, edited by Christoph Schwoebel (Edinburgh: T. & T. Clark, 1995), pp. 80-91.

Hyman, A., and Walsh, J. J., editors, *Philosophy in the Middle Ages. The Christian, Islamic and Jewish Traditions* (Indianapolis: Hackett, 1977).

Jaki, Stanley L., *Cosmos and Creator* (Edinburgh: Scottish Academic Press, 1980).

_____, *God and the Cosmologists* (Edinburgh: Scottish Academic Press, 1989).

Jameson, Fredric, *Postmodernism, or, the Cultural Logic of Late Capitalism* (London and New York: Verso, 1991).

Jencks, Charles, *What is Post-Modernism?* (London: Academy Editions, 1989). 『포스트 모더니즘?』(청람출판사).

Jenson, Robert W., *The Knowledge of Things Hoped For. The Sense of Theological Discourse* (New York: Oxford University Press, 1969).

_____, *The Triune Identity. God According to the Gospel* (Philadelphia: Fortress Press, 1982).

Johnson, Paul, *A History of Christianity* (London: Penguin Books, 1978). 『기독교의 역사』(포이에마).

_____, *The Birth of the Modern. World Society 1815-1830* (London: Weidenfeld and Nicolson, 1991). 『근대의 탄생』(살림).

Kant, Immanuel, *Critique of Judgement*, translated by J. H. Bernard (London: Collier Macmillan, 1951).

_____, *Critique of Pure Reason*, translated by Norman Kemp Smith (London: Macmillan, 1933).

Kierkegaard, Søren, *Two Ages. The Age of Revolution and the Present Age. A Literary Review, Kierkegaard's Writings*, volume 14, edited and translated by H. V. and E. H. Hong (Princeton: Princeton University Press, 1978).

Knowles, David, *The Evolution of Medieval Thought* (London: Longman, 1962).

Kolakowski, Leszek, *Main Currents of Marxism, Volume I, The Founders*, translated by P. S. Falla (Oxford: Oxford University Press, 1978).

Kretzmann, Norman, "Trinity and Transcendentals", *Trinity, Incarnation and Atonement. Philosophical and Theological Essays*, edited by R. J. Feenstra and C. Plantinga (Notre Dame: University of Notre Dame Press, 1989), pp. 79-109.

Kuhn, Helmut, "Personal Knowledge and the Crisis of the Philosophical Tradition", *Intellect and Hope. Essays in the Thought of Michael Polanyi*, edited by T. A. Langford and W. H. Poteat (Durham, NC: Duke University Press, 1968), pp. 111-135.

Lampe, G. W. H., *God as Spirit. The Rampton Lectures 1976* (London: SCM Press, 1977).

Lewis, C. S., *The Abolition of Man* (Oxford: Oxford University Press, 1944). 『인간 폐지』(홍성사).

Lewontin, R. C., "The Dream of the Human Genome", *New York Review of Books* 39 (28 May 1992), pp. 31-40.

Lloyd Jones, Hugh, *The Justice of Zeus* (London: University of California Press, 1971).

Lovibond, Sabina, *Realism and Imagination in Ethics* (Minneapolis: University of Minneapolis Press, 1983).

Luibheid, Colm, translator, *Pseudo-Dionysius. The Complete Works* (London: SPCK, 1987). 『위 디오니시우스 전집』(은성).

MacIntyre, Alasdair, *After Virtue. A Study in Moral Theory* (London: Duckworth, 1981). 『덕의 상실』(문예출판사).

―――, *Whose Justice? Which Rationality?* (London: Duckworth, 1988).

MacKinnon, D. M., "'Substance' in Christology—a Cross-Bench View", *Christ, Faith and History*, edited by S. W. Sykes and J. P. Clayton (Cambridge: Cambridge University Press, 1972), pp. 279-300.

Macmurray, John, *Persons in Relation* (London: Faber, 1961).

Markus, Robert, *Saeculum: History and Society in the Theology of St Augustine* (Cambridge: Cambridge University Press, revised edition 1988).

Maxwell, Nicholas, *From Knowledge to Wisdom. A Revolution in the Aims and Methods of Science* (Oxford: Blackwell, 1984).

McFadyen, Alistair I., *The Call to Personhood. A Christian Theory of the Individual in Social Relationships* (Cambridge: Cambridge University Press, 1990).

McFague, Sallie, *Metaphorical Theology. Models of God in Religious Language* (London: SCM Press, 1983). 『은유 신학』(다산글방).

Midgley, Mary, "Strange Contest: Science versus Religion", *The Gospel and Contemporary Culture*, edited by Hugh Montefiore (London: Mowbrays, 1992), pp. 40-57.

Milbank, John, *Theology and Social Theory. Beyond Secular Reason* (Oxford: Blackwell, 1990). 『신학과 사회이론』(새물결플러스).

Mill, J. S., *On Liberty and Other Essays*, edited by john Gray (Oxford: Oxford University Press, 1991).

Moltmann, Jürgen, *The Trinity and the Kingdom of God*, translated by Margaret Kohl (London: SCM Press, 1981). 『삼위일체와 하나님의 나라』(대한기독교서회).

Monod, Jacques, *Chance and Necessity. An Essay in the Natural Philosophy of Modern*

Biology, translated by Austryn Wainhouse (London: Collins, 1972).

Neuhaus, Richard John, *The Naked Public Square* (Grand Rapids: Eerdmans, 1984).

Newbigin, Lesslie, *The Gospel in a Pluralist Society* (London: SPCK, 1989). 『다원주의 사회에서의 복음』(IVP).

_____, *The Other Side of 1984. Questions for the Churches* (Geneva: World Council of Churches, 1983).

Nicholls, David, *Deity and Domination. Images of God and the State in the Nineteenth and Twentieth Centuries* (London and New York: Routledge, 1989).

Parfit, Derek, *Reasons and Persons* (Oxford: Oxford University Press, 1984).

Pater, Walter, *The Renaissance. Studies in Art and Poetry*, edited and introduced by Adam Phillips (Oxford: Oxford University Press, 1986). 『르네상스』(학고재).

Penrose, Roger, *The Emperor's New Mind. Concerning Computers, Minds and the Laws of Physics* (London: Vintage, 1990).

Perkins, Mary Anne, "The Logos Reconciler. The Search for Unity in the Relational, Logosophic System of Samuel Taylor Coleridge", PhD, University of London, 1991.

Peterson, Erik, *Der Monotheismus als politisches Problem. Ein Beitrag für Geschichte der politischen Theologie in Imperium Romanum* (Leipzig: J. Hegner, 1935).

Pippin, Robert B., "Blumenberg and the Modernity Problem", *Review of Metaphysics* 40 (1987), pp. 535-557.

_____, *Modernism as a Philosophical Problem* (Oxford: Blackwell, 1990).

Polanyi, Michael, *Personal Knowledge. Towards a Post-Critical Philosophy* (London: Routledge, 2nd edition 1962). 『개인적 지식』(아카넷).

Polkinghorne, John, *One World. The Interaction of Science and Theology* (London: SPCK, 1986).

Popper, Karl, *The Open Society and its Enemies, Volume I, Plato* (London: Routledge, 4th edition 1962). 『열린 세계와 그 적들 I』(민음사).

Prestige, Leonard, "ΠΕΡΙΧΩΡΕΩ and ΠΕΡΙΧΩΡΗΣΙΣ", *Journal of Theological Studies* 29 (1928), pp. 242-252.

Prickett, Stephen, *Words and* The Word. *Language, Poetics and Biblical Interpretation* (Cambridge: Cambridge University Press, 1986).

Prigogine, Ilya, and Stengers, Isabelle, *Order out of Chaos. Man's New Dialogue with Nature* (London: Fontana, 1985).

Putnam, Hilary, *Realism with a Human Face*, edited by James Conant (London: Harvard University Press, 1990).

Rawls, John, *A Theory of Justice* (Oxford: Oxford University Press, 1972). 『정의론』(이학사).

Ritschl, Dietrich, *Memory and Hope. An Enquiry Concerning the Presence of Christ* (London: Collier-Macmillan, 1967).

Rorty, Richard, *Philosophy and the Mirror of Nature* (Oxford: Blackwell, 1980). 『철학 그리고 자연의 거울』(까치).

Rose, Gillian, *Hegel Contra Sociology* (London: Athlone Press, 1981).

Rosen, Stanley, *The Ancients and the Moderns. Rethinking Modernity* (New Haven: Yale University Press, 1989).

Sacks, Jonathan, *The Persistence of Faith. Religion, Morality and Society in a Secular Age* (London: Weidenfeld and Nicolson, 1991).

Schama, Simon, *Citizens. A Chronicle of the French Revolution* (London: Penguin Books, 1989).

Schmid, H. H., "Creation, Righteousness and Salvation: 'Creation Theology' as the Broad Horizon of Biblical Theology", in B. W. Anderson, editor, *Creation in the Old Testament* (Philadelphia: Fortress Press, 1984), pp. 102-117.

Schumacher, E. F., *Small is Beautiful. A Study of Economics as if People Mattered* (London: Sphere Books, 1974). 『작은 것이 아름답다』(문예출판사).

Schwoebel, Christoph, and Gunton, Colin E., editors, *Persons, Divine and Human. King's College Essays in Theological Anthropology* (Edinburgh, T. & T. Clark, 1992).

Shanks, Andrew, *Hegel's Political Theology* (Cambridge: Cambridge University Press, 1991).

Sober, Elliott, *Simplicity* (Oxford: Clarendon Press, 1975).

Solomon, Robert, *Continental Philosophy since 1750. The Rise and Fall of the Self* (Oxford: Oxford University Press, 1988).

Steiner, George, *Real Presences. Is There Anything in What We Say?* (London: Faber and Faber, 1989).

Stout, Jeffrey, *The Flight from Authority. Religion, Morality and the Quest for Autonomy* (Notre Dame and London: Yale University Press, 1981).

Taylor, Charles, *Sources of the Self. The Making of the Modern Identity* (Cambridge: Cambridge University Press, 1989). 『자아의 원천들: 현대적 정체성의 형성』(새물결).

Thiemann, Ronald, *Revelation and Theology. The Gospel as Narrated Promise* (Notre Dame: University of Notre Dame Press, 1985).

Torrance, Thomas F., *Divine and Contingent Order* (Oxford: Oxford University Press, 1981).

_____, *Transformation and Convergence within the Frame of Knowledge.*

    Explorations in the Interrelations of Scientific and Theological Enterprise (Belfast: Christian Journals, 1984).

Toulmin, Stephen, *Cosmopolis. The Hidden Agenda of Modernity* (New York: Free Press, 1990). 『코스모폴리스』(경남대학교출판부).

Weinberg, Steven, *The First Three Minutes. A Modern View of the Origin of the Universe* (London: Flamingo, 2nd edition 1983). 『최초의 3분』(양문).

Wittgenstein, Ludwig, *Notebooks 1914-19*, edited by G. H. von Wright and G. E. M. Anscombe (Oxford: Blackwell, 1969).

Wolff, Hans Walter, *Anthropology of the Old Testament*, translated by Margaret Kohl (London: SCM Press, 1974). 『구약성서의 인간학』(분도출판사).

Young, Frances, and Ford, David F., *Meaning and Truth in 2 Corinthians* (London: SPCK, 1987).

Yu, Carver T., *Being and Relation. A Theological Critique of Western Dualism and Individualism* (Edinburgh: Scottish Academic Press, 1987).

Ziman, John, *Reliable Knowledge. An Exploration of the Grounds for Belief in Science* (Cambridge: Cambridge University Press, 1978).

Zizioulas, John D., "On Being a Person. Towards an Ontology of Personhood", *Persons, Divine and Human. King's College Essays in Theological Anthropology*, edited by Christoph Schwoebel and Colin E. Gunton (Edinburgh: T. & T. Clark, 1992), pp. 33-46.

_____, "Preserving God's Creation. Three Lectures on Theology and Ecology. 1", *King's Theological Review* XII (1989), pp. 1-5.

_____, *Being as Communion. Studies in Personhood and the Church* (London: Darton, Longman and Todd, 1985). 『친교로서의 존재』(삼원서원).

Zuckerkandl, Victor, *Sound and Symbol. Music and the External World*, translated by Willard R. Trask (Princeton: Princeton University Press, 1969).

_____, *Man the Musician. Sound and Symbol Volume 2*, translated by Norman Guterman (Princeton: Princeton University Press, 1973).

찾아보기

갈릴레오(Galileo) 47n.36, 144
갑바도기아의(Cappadocian) 243, 249
개별성(particularity) 18-19, 48, 2장, 102, 136, 162-163, 170-175, 190, 192-195, 216-217, 7장, 268-269, 281
개성 원리(*haecceitas*) 250-251, 254, 261
개인성(individuality) 32, 38, 44, 48-50, 63, 67, 71, 136, 195, 230, 251, 278
개인주의(individualism) 35, 48-51, 53, 63, 65-67, 87-90, 193-195, 238, 273, 278, 285
객관성(objectivity), 객관주의(objectivism) 91-92, 186-187
거스리(W. K. C. Guthrie) 14n.5, 17, 18n.12, 107n.9
건턴, 콜린(Colin E. Gunton) 174n.5
건축(architecture) 94-95
결혼(marriage) 215
경륜(economy) 114, 118, 126, 201-210, 212, 241, 271, 289

계몽주의(Enlightenment) 41, 45, 95, 103, 142, 169-171, 182, 188
계시(revelation) 162, 206, 241, 244, 267-268
고대(antiquity) 18-19, 35-36, 45, 54-56, 62-63, 68, 73-74, 83-84, 106, 123-124, 136, 270
고린도전서(First Letter to Corinthians) 234, 275
공간(space) 103-106, 115-117, 194, 198-201, 159-161 /절대적(absolute) 116, 198-199 /하나님과 세계 사이(between God and world) 41-42, 55-56, 59, 97, 157, 189
공동체(community) 156, 158, 190, 215, 233-234, 242, 269-276
과정신학(Process theology) 186, 252-253
과학(science) 16-17, 39, 63-65, 73, 103, 115, 128-130, 144-147, 151-153, 157-158, 172, 193, 217-220, 221,

262-263, 290
과학만능주의(scientism) 31, 54-55, 92
관계(relation), 관계성(relationality) 15, 18-20, 50, 57, 63, 67, 70-71, 73-75, 79-80, 83, 89-90, 94-96, 107, 111, 115, 156-158, 163, 181, 192-198, 207-227, 232-239, 242-243, 245-253, 256-259, 261, 266, 270-290
관념들(ideas) 20, 183-188, 196, 205-206, 217, 231, 235, 237-239, 252, 267, 279-282, 284, 289
관념론(idealism) 186, 237
관여된 철학(engaged philosophy) 37, 53, 68-69
교회(church) 274-275, 283-284
교회론(ecclesiology) 271, 280-281
구속(redemption) 290
구원(salvation) 32, 109, 131
구조(*taxis*) 213
국가(the state) 58
균일성(homogeneity) 18, 28, 48-49, 52-53, 58-59, 62-63, 65-66, 69, 73, 94, 95, 102, 113, 119-120, 136, 160-161, 164, 218, 230-231, 234, 237, 248-250, 259, 269
그라프(F. W. Graf) 45n.33
그랜트, 조지(George Grant) 82n.28
그레고리우스, 나지안조스의(Gregory of Nazianzus) 191-192, 271
그리스 사상(Hellenism) 145, 226
그리스도(Christ) 예수 그리스도를 보라.
기계론(mechanism), 기계론적 철학(mechanical philosophy) 155, 219, 236, 238-240, 250, 287
기독교(Christianity), 기독교 신앙(Christian faith), 복음(gospel) 13-14, 20, 39, 109, 112-113, 133, 143, 162, 164, 188, 230-231, 280, 285 /고대의(ancient), 전근대의(premodern) 81, 169
기독교 사회(Christian society) 43
기독교 세계(Christendom) 13, 44, 47, 52, 162, 188 /의 하나님(God of) 32, 62, 161
기독교 신학(Christian theology) 14-17, 27, 32, 39, 43, 56, 74, 75-77, 109, 114, 123-124, 143, 146, 158, 159, 168-169, 178-179, 191, 196, 215
기독교 역사(Christian history) 13
기독교 전통(Christian tradition) 70, 89, 144, 158, 168, 177, 186
기독론(christology) 77-78, 113-114, 201, 226, 259, 268-269, 281
기층(substratum) 34, 116, 249-250, 253, 255
길버트와 조지(Gilbert and George) 93n.39
내면(inscape) 78, 249, 251-252, 262, 288
내재(immanence) 36, 38, 41, 86, 89-90
내재주의(immanentism) 189
내향성(inwardness) 74, 89
냉전(Cold War) 35
네종(J-A. Naigeon) 43
놀스, 데이비드(David Knowles) 251
누가(Luke) 232
뉴비긴, 레슬리(Lesslie Newbigin) 285
뉴에이지(New Age) 195, 287
뉴턴 경, 아이작(Sir Isaac Newton) 115-118, 128, 151, 199, 250
뉴턴주의(Newtonianism) 104, 116, 120, 152, 155, 182, 194

뉴하우스, 리처드 존(Richard John Neuhaus) 58
니버, 라인홀드(Reinhold Niebuhr) 277n.9
니체, 프리드리히(Friedrich Nietzsche) 28, 45-46, 50, 54, 125, 277, 285
니콜스, 데이비드(David Nicholls) 43n.29, 50n.41
다양성(diversity) 15, 38, 47, 59, 69, 141, 176, 193, 208, 242, 252, 257, 269, 283
다원성(plurality) 15, 35, 37, 40, 48, 59, 73, 87, 111, 141, 149, 160, 161, 177-181, 189, 192-195, 202, 208, 224, 237-238, 257, 268
다원주의(pluralism) 33, 59, 141-143, 148, 170-171, 257, 269
다원주의(Darwinism) 15, 79n.21 /사회적 (social) 277
단자들(monads) 250, 253
데스먼드, 에이드리언(Adrian Desmond) 277n.8
데카르트, 르네(René Descartes) 29-30, 36 n.18, 127, 144, 151, 156, 247, 249-250n.21, 252, 256, 258, 261
도구주의(instrumentalism) 29
도덕성(morality), 도덕(morals) 73, 138, 152-153, 193
돈 물신숭배(money fetishism) 95
라이트, 프랭크 로이드(Frank Lloyd Wright) 93
라이프니츠(G. W. Leibniz) 80, 250, 252 n.29
라플라스(P. S. Laplace) 64
램프(G. W. H. Lampe) 186
러시아 혁명(Russian Revolution) 27-28
로고스(Logos) 34, 42, 208, 226, 262

로마 교회(Church of Rome) 47
로마서(Letter to Romans) 213, 232, 276, 284
로비본드, 사비나(Sabina Lovibond) 183
로젠탈, 노먼(Norman Rosenthal) 93n.39, 132
로크, 존(John Locke) 184, 250, 252, 278
로티, 리처드(Richard Rorty) 148
롤스, 존(John Rawls) 66, 71
루소, 장 자크(Jean-Jacques Rousseau) 282, 287
루터, 마르틴(Martin Luther) 123
르원틴(R. C. Lewontin) 54n.49
리처드, 생 빅토르의(Richard of St Victor) 242
리츨, 디트리히(Dietrich Ritschl) 113
마니교(Manichaeism) 131-132, 222
마르크스, 칼(Karl Marx) 95
마르크스주의(Marxism) 44, 119, 279
마커스, 로버트(Robert A. Markus) 42n.26, 46n.34, 112-113
마틴, 데이비드(David Martin) 86n.32
말브랑슈, 니콜라(Nicolas Malebranche) 82
말씀(설교)[Word (preaching)] 284
매킨타이어, 알래스데어(Alasdair MacIntyre) 138, 142
맥머레이, 존(John Macmurray) 215
맥스웰, 니콜라스(Nicholas Maxwell) 21 n.4
맥스웰, 제임스 클러크(James Clerk Maxwell) 128
맥키넌(D. M. MacKinnon) 247, 250n.23, 253-254n.30
맥패디언, 알리스테어(Alistair McFadyen) 67, 249n.20

맥페이그, 샐리(Sallie McFague) 246n.17
모노, 자크(Jaques Monod) 37n.18, 130
모리스, 윌리엄(William Morris) 13, 222
몰트만, 위르겐(Jürgen Moltmann) 42
몸(the body) 70-72
무신론(atheism) 43, 78, 80, 114, 179, 267
무어, 제임스(James Moore) 277n.8
문화(culture), 문화들(cultures), 문화 신학(theology of culture) 14, 17, 26, 30, 53, 68-69, 72-73, 93-94, 104, 110, 115, 128-129, 137-142, 149-157, 161, 163, 168-170, 182-183, 188-189, 193-194, 201, 212-213, 216-217, 219-225, 231, 286, 289-290 /현대(modern) 13, 16, 48, 64-65, 77, 83-84, 93-94, 115, 129, 131-132, 136-137, 140-141, 156, 162, 168, 189, 193, 195-196, 213, 266 /소비자(consumer) 28, 58, 62, 84, 106, 133, 257
물리학(physics) 217-218, 221
미/아름다움(beauty) 19, 140, 155, 180, 182, 185, 192, 213, 221-223, 286
미래(the future) 121-126
미술(art), 예술(the arts), 미학(aesthetics) 17, 19, 72, 90-96, 131-132, 152-156, 193, 213, 216, 220, 221-223, 238-239, 245, 255, 257, 262, 274, 287, 290
미즐리, 메리(Mary Midgley) 92n.38
미학(aesthetics) 미술을 보라.
밀(J. S. Mill) 49
밀뱅크, 존(John Milbank) 78n.20, 179n.12, 206n.8, 245n.16, 257n.37
바르트, 칼(Karl Barth) 45, 48n.37, 50, 56, 123n.32, 153n.34, 159n.42,

172, 178-181, 186, 203n.5, 209, 217n.20, 226, 243n.11, 249, 258, 268, 288
바벨탑(Babel) 163, 238, 273
바실레이오스, 카이사레아의(Basil of Caesarea) 233n.2, 241-242
바울 사도(Paul the Apostle) 213, 226, 232-234, 275, 284-285
바커 경, 어니스트(Sir Ernest Barker) 278 n.10
발타자르, 한스 우르스 폰(Hans Urs von Balthasar) 202
배로, 존(John D. Barrow) 64, 83n.29, 123, 126
뱀턴, 존(John Bampton) 20
뱅크스, 로버트(Robert Banks) 105, 122, 216n.19
버먼, 마샬(Marshall Berman) 106n.6
버클리, 마이클(Michael Buckley) 43, 78, 82, 84n.30, 114, 151n.31, 179-181
버클리, 조지(George Berkeley) 151, 199, 250-253
번스타인, 리처드(Richard Bernstein) 187
번지, 마리오(Mario Bunge) 65n.6, 261 n.41
벌린 경, 이사야(Sir Isaiah Berlin) 86-88
범신론(pantheism) 189, 195
베빙턴, 데이비드(David Bebbington) 214
베이컨, 프랜시스(Francis Bacon) 132n.46, 220
베일리, 데릭 셔윈(Derrick Sherwin Bailey) 70n.9
베토벤, 루트비히(Ludwig Beethoven) 48n.36
벡, 루이스 화이트(Lewis White Beck) 153n.33

변위(displacement) 52-57, 62, 90, 96-99, 102, 120, 162. 하나님/변위를 보라.
보에티우스(Boethius) 75n.17
보편자들(universals) 46, 53, 63-64, 78-81, 171, 184-185, 241, 245, 261
볼테르, 프랑수아(Francois M. A. Voltaire) 43
볼프, 한스 발터(Hans Walter Wolff) 232n.1
부스, 웨인(Wayne C. Booth) 137-138, 147
부스마, 윌리엄(William J. Bouwsma) 37n.19
부활(resurrection) 131, 232
브라운, 피터(Peter Brown) 129-130n.43
브래드쇼, 티모시(Timothy Bradshaw) 124
블루멘베르크, 한스(Hans Blumenberg) 46, 80-81, 84n.30, 98, 121n.29, 130n.42, 198-199
블룸, 앨런(Allan Bloom) 138, 143n.12
비관여(거리 두기, disengagement) 29-32, 36, 41, 62, 220
비관론(pessimism) 36, 108, 131-133
비교할 수 없음(incommensurablity) 236
비(非)질서(non-order) 269
비트겐슈타인, 루트비히(Ludwig Wittgenstein) 172, 183, 223
사도행전(Acts of the Apostles) 233-234, 273
사랑(love) 158-159
사르다, 지어딘(Ziauddin Sardar) 94
사물들(things) 249-250n.21, 254-257, 261
사회 계약(social contract) 278-282
사회 질서(social order) 35-36, 137
사회생물학(sociobiology) 54
사회성(sociality) 19, 270, 275-289
사회적 초월자(social transcendental) 281-282, 289
삼위일체 교리(doctrine of Trinity) 20, 117, 178-179, 185-186, 190-191, 195-196, 205-209, 213, 237, 241-242, 248, 259-260, 267-268, 270-271, 283 /양태론(modalism) 237 /삼신론(tritheism) 241
"삼위일체의 흔적"(vestigia trinitatis) 185 n.23, 190
삼위일체적[신학, trinitarian (theology)] 14, 19-20, 43, 56, 59, 90, 158, 160, 163, 181, 186, 191-196, 198, 202, 207, 224, 227, 259, 267, 270, 283-284, 287-288
상대주의(relativism) 14, 18, 119, 137-144, 146, 149, 161, 171, 173, 187, 204, 269
색스, 조너선(Jonathan Sacks) 99n.50, 141n.7, 220n.24, 234n.3
생명(life) 206n.7
생태학(ecology), 생태학적(ecological), 환경 윤리(environmental ethics) 32 n.10, 84, 144, 195, 219-220, 240
샤마, 사이먼(Simon Schama) 27n.1/2
서구 신학 전통(Western theological tradition) 16, 41, 56, 62, 70, 78, 88, 159-160, 169, 182, 188, 243-244, 258
서구(the West), 서구 문화(Western culture) 51-53, 243-244
서사(narrative) 231
선/선함(goodness) 15, 19, 37, 109-110, 115, 130-133, 155-156, 178, 180, 182, 185, 192-193, 213, 222, 255, 286
선의 형상(form of good) 32, 69

성(性, sexuality) 70
성령(Spirit, Holy)[혹은, 신적(divine) 정신]
　　13, 27, 77-78, 99, 109, 118-120,
　　124, 126, 158, 188-190, 202, 207-
　　211, 218, 222, 227, 231-238, 240-
　　242, 244, 258-263, 275, 281, 288,
　　290
성령론(pneumatology), 성령론적
　　(pneumatological) 77-81, 109,
　　115, 179, 259-260, 268-269, 281.
　　성령을 보라.
성례전(sacrament) 284
성육신(incarnation) 113-114, 133, 209-
　　211, 258, 272
세계(world) 211-213
세실 경, 데이비드(Lord David Cecil) 95
셰익스피어, 윌리엄(William Shakespeare)
　　260n.40
소크라테스(Socrates) 32, 150
소크라테스 이전 철학자들(Presocratic
　　philosophers) 31, 37, 39-41, 150,
　　174, 177
소피스트들(Sophists) 30, 37, 150-151
솔로몬, 로버트(Robert Solomon) 278, 283
수사학(rhetoric) 137-138
'숩스탄티아'(*substantia*) 243
슈마허, 프리츠(Fritz Schumacher) 105
슈미트(H. H. Schmid) 36
슈뵈벨, 크리스토프(Christoph
　　Schwoebel) 11, 281n.14
슐라이어마허(F. D. E. Schleiermacher) 45,
　　56, 204n.6
스위프트, 조너선(Jonathan Swift) 28
스캔들(scandal) 230-231
스코투스, 둔스(Duns Scotus) 251-251
스코투스, 에리우게나(Erigena Scotus) 79

n.21
스타이너, 조지(George Steiner) 121, 150,
　　154, 159, 223
스탈린, 이오시프(Joseph Stalin) 51
스텐저스, 이사벨(Isabelle Stengers)
　　116n.23, 218n.23
스피노자, 바뤼흐(Spinoza, Baruch) 79n.21
시간(time), 시간성(temporality) 99, 102-
　　123, 136, 194, 198-200, 202-212,
　　215-217, 237 /절대적(absolute)
　　115, 198-199, 250 /관계적
　　(relational) 111
시공간의 압박(time-space compression)
　　106, 216n.19
시먼, 로널드(Ronald F. Thiemann) 174n.6
시장(market) 49, 54, 88
신들[그리스, 호메로스적(Greek, Homeric
　　gods)] 31, 37, 40
신앙주의(fideism) 172-173
신플라톤주의(Neoplatonism), 신플라톤주
　　의적(Neoplatonist) 43, 177
신학(theology) 37, 39-40, 44-45, 76n.18.
　　기독교 신학을 보라.
실재론(realism) 187
실존주의(existentialism) 36, 63
실체(substance), 실체성(substantiality)
　　74, 92, 144, 239-262, 270, 289
십자가(cross) 231, 285
아도르노(T. W. Adorno) 170n.1
아리스토텔레스(Aristotle) 34, 81, 109, 144
아우구스티누스, 휘포의(Augustine of
　　Hippo) 14, 40, 46n.34, 70, 74-79,
　　81, 97-98n.48, 111-114, 116, 159,
　　178, 180, 203n.5, 241-242, 256,
　　258-260
아인슈타인, 알베르트(Albert Einstein)

104, 128
아퀴나스, 토마스(Thomas Aquinas) 41, 75n.17, 79n.22, 178-182, 186, 203n.5, 244
안셀무스, 캔터베리의(Anselm of Canterbury) 56, 160
애덤스, 데이비드(David Adams) 160n.44
언약(covenant) 280
언어(language) 273
에딩턴(A. S. Eddington) 65
에스겔(Ezekiel) 232
에우리피데스(Euripides) 36
에우세비우스, 카이사레아의(Eusebius of Caesarea) 42n.26
에이비스, 존(John Aves) 215n.18
여가(leisure) 105
역사(history) 103, 112-113
영(spirit) 80, 118-119, 189, 230-240, 248, 256, 287
영, 프랜시스(Frances M. Young) 201
영국 왕세자(Prince of Wales) 94
영원 회귀(eternal recurrence) 54
영지주의(gnosticism) 14, 81, 110, 115, 126-133, 158, 178
영혼(soul), 자아(self) 70-72, 83-84, 89, 156, 232-233, 238-239, 256
예레미야(Jeremiah) 39
예수 그리스도(Jesus Christ) 13, 27, 99, 109, 113, 117, 126, 158, 187, 201, 207, 211, 222, 226, 232, 241, 258-259, 262, 272, 275-276, 280-281, 284, 290
오리게네스(Origen) 14, 79n.21, 111, 177, 202
오웰, 조지(George Orwell) 140, 149
오컴, 윌리엄(William of Ockham) 46, 68, 75, 81
오티, 자일스(Giles Auty) 132n.46
와인버그, 스티븐(Steven Weinberg) 36n.18, 130-131
완성(perfection), 완성함(perfecting) 16, 77, 99, 110, 133, 159, 187, 203, 211, 233, 241-242, 259-263, 269, 281, 285, 288-290 /유한한 완성(finite perfection) 206-209
요한, 다마스쿠스의(John of Damascus) 75n.17
요한계시록(Revelation) 276
'우시아'(ousia) 243
우주 질서(cosmic order), 우주론(cosmology) 35-36, 123n.33, 130-131, 217, 238
워즈워스, 윌리엄(William Wordsworth) 49
원자론(atomism) 252-253, 255
위(僞)디오니시우스(Pseudo-Dionysius) 244
유동(flux) 33, 92, 149, 208
유물론(materialism) 236
유베날리스(Juvenal) 26
유비(analogy) 120, 178-181, 196, 199, 209-219, 255-256, 269-271, 286
유한성(finitude) 187, 268
윤회(reincarnation) 71
은사들(charismata) 234
음악(music) 72, 110, 129, 131, 253
의미(meaning), 유의미성(meaningfulness), 무의미성(meaninglessness) 18, 32, 40, 46, 82, 91-93, 114-120, 131, 4장, 5장, 212-213, 221-227, 231, 245-247, 261, 267-268

의지(will) 15, 46, 51, 75, 81-82, 84, 90, 98-99, 102-103, 133, 4장, 168, 235, 238, 277, 283, 288 /하나님의 (of God) 46, 77-82, 158-161, 247, 258, 266, 272

이그나티누스(Ignatius) 202

이데올로기(ideology) 281

이레나이우스(Irenaeus) 14, 76-77, 90, 109-111, 114, 129, 158-159, 177, 193, 202-207, 250n.22, 258

이성(reason) 29, 44, 46, 70, 79-82, 151-152, 170, 187, 268

이신론(deism) 43

인간들(persons), 인간(the person), 인격적인 것(the personal) 31-32, 48, 66-68, 70-76, 82-89, 123, 128, 156, 195-196, 201, 214, 219-221, 224-225, 231, 235, 238-239, 246, 248, 255-259, 261, 266, 276-277, 280-282, 285, 289-290 /위격들, 삼위일체의(trinitarian) 190, 195, 207-208, 215-216, 218, 235, 237-238, 241-242, 248, 259-260, 270-271, 275, 283-284, 289

인류(humankind), 인간(man), 인간론(anthropology) 26, 31, 66, 69-72, 74-76, 87, 89, 99, 123n.33, 214-215, 238-239, 247, 255-256, 273 / 창조 세계에 대한 지배(dominion over the creation) 273

인상파들(Impressionists) 245

인식론(epistemology) 142, 147-148, 156, 172-173, 180

일원론(monism), 일원론적(monist) 34, 45, 51, 57, 86, 89, 160, 162, 238, 266, 270

자동차(motor car) 225

자본주의(capitalism) 106

자연신학(natural theology) 78, 172

자유(freedom) 45, 47, 85-90, 127, 157, 216, 269, 289

자유주의(liberalism), 자유민주주의(liberal democracy) 48-49, 67, 86, 141, 194

자율성(autonomy) 44, 157, 216, 221, 234

자이먼, 존(John Ziman) 65n.5

자키, 스탠리(Stanley Jaki) 65, 146n.20

전도서(Ecclesiastes) 126

전체주의(totalitarianism) 28, 35, 38, 72, 139, 164, 270

전통(tradition) 103, 107, 127-128, 146, 158-159

절대주의(absolutism) 42-44, 47-48, 187 / 신학적(theological) 80

점성술(astrology) 55

정치학(politics) 99

제우스의 정의(justice of Zeus) 108

제임슨, 프레드릭(Fredric Jameson) 55, 94-95, 255

젠슨, 로버트(Robert W. Jenson) 108n.7, 181n.15, 189n.29

젠크스, 찰스(Charles Jenks) 94

젠킨스, 피터(Peter Jenkins) 93n.39

존스, 휴 로이드(Hugh Lloyd Jones) 36

존슨, 새뮤얼(Samuel Johnson) 252

존슨, 폴(Paul Johnson) 43, 47-48n.36, 280n.13

존재론(ontology), 존재론적(ontological) 37, 74, 88, 108-110, 117, 155-156, 162-163, 174, 177, 180, 184, 194-195, 199, 205, 211, 222, 246, 259-261, 271, 277, 287-288

종교개혁(Reformation) 47
종말론(eschatology), 종말(eschatological) 109, 113, 120-126, 189, 202, 203n.5, 204n.6, 241, 259-260, 269
좌표(coordinates) 97, 102, 120, 153, 163, 201, 213, 224
죄(sin) 125, 173, 187, 201, 211, 226, 262, 268, 273, 277
주관주의(subjectivism) 14, 18, 137, 173, 186
주의주의(主意主義), 신학적(theological voluntarism) 80, 83
중세(Middle Ages) 80, 114, 129-130, 188
중세의 전통(mediaeval tradition) 78-79
중세적 종합(mediaeval synthesis) 79
지지울라스, 존(John Zizioulas) 16, 38n.21, 71n.10, 271
지혜(wisdom) 21
진리(truth) 18, 20, 29, 73, 92, 95, 129, 133, 4장, 5장, 212-213, 221-224, 237-238, 267-268, 286
진보(progress) 109
진화(evolution) 15-16, 54, 220
질, 스티븐(Stephen Gill) 50n.39
질료적 세계(material world), 질료(matter) 15, 70, 72, 84-85, 91, 178, 180, 236-237, 258, 282-288
집단주의(collectivism) 35, 89, 194
찬양(praise) 284, 290
창세기(Genesis) 14, 75n.17, 76, 78, 97-98n.48, 236, 254n.31, 260, 272-273, 276
창조 신학, 교리, 개념(theology / doctrine / concept of creation) 13-17, 46, 68, 73, 76-82, 90, 109-110, 114-115, 121, 125, 146, 159, 163, 168, 179, 192-193, 201-203, 224-225, 237-238n.6, 241, 245-246n.16, 252, 254, 258-260, 272-273, 283, 288-290 /행위(act of) 14, 77-80, 97-98, 121, 159, 201, 206, 210, 231, 239, 254n.31, 260 /경륜(economy of) 18, 77-78, 81, 116, 125-126, 130, 132-133, 159, 169, 201-203, 206, 208, 211, 227, 231-232, 241-242, 255, 259-260, 262-263, 289-290 /신화들(myths of) 36, 158 /무로부터의(out of nothing) 90, 97-99, 129, 158, 160, 258
체스터턴(G. K. Chesterton) 244, 257
초월(transcendence) 55-56, 244, 287
초월자, 개방적(open transcendental) 176, 182-191, 196, 198, 207, 268, 281, 287
초월적(transcendental), 초월성(transcendentality) 18-20, 143, 152, 155-156, 175-196, 198-200, 213, 226, 235-237, 239-241, 243, 257, 260, 262, 268, 270, 276, 281-289
초월적 입장(transcendental pretence) 283, 285-286, 288
총괄갱신(recapitulation) 109, 131, 202, 285
추커칸들, 빅토르(Victor Zuckerkandl) 91n.36, 254-255n.32
친교(communion) 21, 241-243, 270-276, 281, 283, 289
칸트, 임마누엘(Immanuel Kant), 칸트적(Kantian) 18, 41, 44, 56, 71, 76, 87, 90, 112, 116-118, 151-157, 160,

170, 176, 182, 187, 194, 199, 226, 250, 252-253n.29, 256, 278, 283, 287
칼뱅, 장(John Calvin) 37, 75n.17, 175n.8
캔터, 제프리(Geoffrey Cantor) 218n.22
코번, 캐슬린(Kathleen Coburn) 125n.36
코와코프스키, 레셰크(Leszek Kolakowski) 55
코울링, 모리스(Maurice Cowling) 59n.55
코클리, 새라(Sarah Coakley) 120n.27
코페르니쿠스, 니콜라우스(Nicholas Copernicus) 47n.36
코플스톤, 프레더릭(Frederick Copleston) 251
콜레주 드 프랑스(Collège de France) 140
콜리지, 새뮤얼 테일러(Samuel Taylor Coleridge), 콜리지적(Coleridgean) 18, 20, 30, 34, 38, 41, 44, 125n.36, 183-186, 190, 196, 205-206, 208, 217, 226, 235-236, 239, 243n.10, 262n.43, 267, 279-280, 284, 288
쿤, 헬무트(Helmut Kuhn) 119n.26
큐피트, 돈(Don Cupitt) 143, 174
크레이그, 에드워드(Edward Craig) 144-145, 147-148, 152, 153, 161
크레츠먼, 노먼(Norman Kretzmann) 179-180
크리스텐슨, 제롬(Jerome Christensen) 184 n.19
클라크, 새뮤얼(Samuel Clarke) 80
클라크, 스티븐(Stephen R. L. Clark) 33n.11, 147-148n.24
클라크, 피터(Peter Clarke) 71n. 11
클레멘스, 알렉산드리아의(Clement of Alexandria) 202

키르케고르(Søren Kierkegaard) 48-49, 52, 54n.48, 63, 118, 188
키츠, 존(John Keats) 221
키퍼, 안젤름(Anselm Kiefer) 132
타락(Fall) 273, 283-284n.19
타율(heteronomy) 53-57
타자성(otherness), 타자(the other) 20, 29, 50-51, 56, 73, 95, 186, 205, 233-234, 242, 248, 259-261, 272-273, 285-288
테르툴리아누스(Tertullian) 114
테야르 드 샤르댕, 피에르(Pierre Teilhard de Chardin) 36n.16
테일러, 찰스(Charles Taylor) 29, 36n.17, 75n.15, 215, 221, 256n.36, 261n.42, 286
토대주의(foundationalism, 정초주의) 168-175
토랜스(T. F. Torrance) 115-116
토마스주의(Thomism) 178-181
톨스토이, 레프(Leo Tolstoy) 26
통일성/통일체(unity) 35, 37-38, 40, 42, 49
툴민, 스티븐(Stephen Toulmin) 30n.7, 47-48n.36
트라시마코스(Thrasymachus) 277
'트로포스 휘파륵세오스'(τρόπος ὑπάρξεως) 243
트뢸치, 에른스트(Ernst Troeltsch) 120
티플러(F. J. Tipler) 83n.29, 123
파르메니데스(Parmenides), 파르메니데스적(Parmenidean) 18-19, 32-35, 37, 42, 43-45, 48, 52, 57, 62, 64, 69, 73, 93-95, 161, 163, 177, 179, 185, 190-192, 250, 270
파이어아벤트, 파울(Paul Feyerabend) 147-148

파편화(fragmentation) 14, 19-20, 47, 54, 73-74, 89, 142, 149-157, 160-164, 168, 181, 182, 188, 219-221, 224, 226, 277
파핏, 데릭(Derek Parfit) 156
판넨베르크, 볼프하르트(Wolfhart Pannenberg) 124-125, 203-204n.5, 262n.43
패러데이, 마이클(Michael Faraday) 128, 217-218
패럴, 테리(Terry Farrell) 93
퍼킨스, 메리 앤(Mary Anne Perkins) 184n.18, 206n.7, 208n.11
퍼킨스, 윌리엄(William Perkins) 286
퍼트넘, 힐러리(Hilary Putnam) 187
페리코레시스(상호침투, perichoresis) 194-195, 207-227, 235-237, 241, 243, 257, 268, 270, 289
페이터, 월터(Walter Pater) 92
페터존, 에릭(Erik Peterson) 42
펜로즈, 로저(Roger Penrose) 83n.29
포드, 데이비드(David F. Ford) 201, 202n.3
포스터, 마이클(Michael Foster) 16, 104, 146n.20, 157
포스트모더니티(postmodernity), 포스트모더니즘(postmodernism), 후기 현대주의(late modernism) 28, 94-96, 137, 140-141, 143, 156, 163, 221, 245, 254, 257
포이어바흐, 루트비히(Ludwig Feuerbach) 44, 179
'포이에시스'(*poiesis*) 97, 154
포퍼, 칼(Karl Popper) 38
폴라니, 마이클(Michael Polanyi) 64, 128, 146n.22, 175
폴킹혼, 존(John Polkinghorne) 217n.21

풀러, 피터(Peter Fuller) 13n.1, 67, 93n.39, 94-95, 132n.46, 220-221
풍켄슈타인, 아모스(Amos Funkenstein) 146, 151n.31, 199n.1
퓨, 시나(Sheenagh Pugh) 260n.40
프랑스 혁명(French Revolution) 27
프레스티지, 레너드(Leonard Prestige) 195n.32
'프로소폰'(πρόσωπον) 250n.22
프로이트, 지그문트(Sigmund Freud) 256
프로타고라스(Protagoras) 142-143, 149-150
프리고진, 일리아(Ilya Prigogine) 116n.23, 218n.23
프리켓, 스티븐(Stephen Prickett) 243n.10
플라톤(Plato) 19, 30-32, 37-38, 40n.23, 56, 68-75, 82, 91, 96, 98, 108, 112, 117, 144, 147, 149-152, 156, 174, 177, 180, 182, 187, 247, 256, 260, 277n.7
플라톤적(Platonic), 플라톤 철학화하는(Platonizing), 플라톤주의(Platonism) 14, 18, 54, 56, 64, 69-73, 76-79, 82-83, 87, 110, 115-116, 147, 150-152, 160, 177-178, 250, 267
피핀, 로버트(Robert B. Pippin) 28, 59, 245
핑켈크로트, 알랭(Alain Finkielkraut) 139-141, 143, 161, 170
하나님에 관한 교리(doctrine of God), 개념(concept of) 20, 27, 39-45, 52, 55-56, 81, 97, 120, 152-153, 156-160, 162-163, 168-169, 173, 176-181, 185, 189-194, 207-212, 222-227, 230, 246-247, 249, 252-253, 258, 261-262, 267, 270-272, 274, 283-284, 287-289 /'공간'(space)

209 /변위(displacement) 19, 46-53, 69, 80, 82, 85, 90, 96-99, 102, 114, 117-118, 136, 152, 162-163, 170, 193, 198, 266, 283, 285 /성부(Father) 78, 99, 189, 232-233, 241-242, 259, 263, 272, 275, 283-284n.19, 290 /성자(Son) 13, 78, 158, 189, 202, 209, 226-227, 242, 259-260, 269, 272, 275, 283-284n.19, 288 /세계와의 관계(relation to the world) 78, 97, 110-111, 113-114, 125, 146, 157-159, 161, 178, 181, 187, 189-190, 202-205, 209, 212, 226-227, 232-233, 236-237, 239, 288 /실체(substance) 246-247 /영원성(eternity) 124-125, 209 /자유(freedom) 158-160, 163 /작인(agency) 201-204, 211, 238, 271-272 /정의(justice) 36 /창조자(creator) 176, 205 /통일성(unity) 59, 63, 81, 163, 190, 195, 224, 252 /하나님 나라(Kingdom) 124-125, 또한 기독교 세계, 내재, 삼위일체, 성령, 의지, 창조, 초월, 하나님의 형상을 보라.
하나님의 형상(image of God) 15, 74, 82, 89, 145-148, 161, 214, 239, 248, 257, 273-275, 287
하나와 여럿(one and many) 18-20, 32-38, 44-45, 52-60, 62-63, 90, 175-182, 192-194, 203, 208, 242, 269-270
하디, 대니얼(Daniel W. Hardy) 21n.4, 176, 269, 281, 286, 289n.23
하디, 토머스(Thomas Hardy) 260n.40
하벨, 바츨라프(Václav Havel) 31-32n.10,

51, 59, 62, 84, 96, 102, 163, 200, 261n.41
하비, 데이비드(David Harvey) 53, 95, 106, 129n.41, 170n.3, 216n.19
하비, 밴(Van A. Harvey) 120n.28
하우어워스, 스탠리(Stanley Hauerwas) 66-67, 215n.17
하츠혼, 찰스(Charles Hartshorne) 252-253n.29
합리성(rationality), 합리주의(rationalism) 31, 38, 46, 51, 68-72, 74, 80, 83, 87, 104, 115, 121, 129-133, 144, 149, 172-175, 187, 199, 220, 226, 235, 267-268
해리슨, 마이클(Michael Harrison) 31n.8
해밀턴, 케네스(Kenneth Hamilton) 82-83 n.28
행동주의(behaviourism) 54
헤겔(G. W. F. Hegel) 56, 58, 79n.21, 117-119, 145, 188-190, 235-237, 244, 278-279
헤겔주의(Hegelianism) 18, 150
헤라클레이토스(Heraclitus), 헤라클레이토스적(Heraclitean) 18-19, 33-35, 37, 40-42, 44-45, 57-59, 62, 92, 94-95, 143, 149, 161, 163, 185, 192, 208, 270
헤로도토스(Herodotus) 107
현대 문화(modern culture) 문화/현대를 보라.
현대성(modernity), 현대 상황(the modern condition) 문화/현대를 보라. 13, 16, 26-32, 35, 39, 44-60, 62-63, 66, 68, 73-74, 79, 83-86, 89, 91-92, 95, 102-105, 112, 114-116, 120, 122, 126-133, 136, 140-143,

145-149, 151, 157, 160-163, 168-170, 188-189, 192-194, 198-201, 205, 214, 216, 219-220, 226-227, 244, 247, 266, 270, 273, 285, 287
현대주의(modernism) 13, 17, 93-95, 102-103, 214, 222, 238, 245, 254, 261, 285-286
현재(the present) 125-126
형상(forms) 78, 79, 82, 108, 250, 260
형이상학(metaphysics) 176, 187-188, 201, 231, 245 /인격적(personal) 277
호르크하이머, 막스(Max Horkheimer) 170 n.1
호메로스(Homer) 69
호이카스(R. Hooykaas) 146n.20
혼, 브라이언(Brian Horne) 159

홉스, 토마스(Thomas Hobbes) 58, 98, 277-278, 282
홉킨스, 제라드 맨리(Gerard Manley Hopkins) 78
화이트헤드(A. N. Whitehead) 36n.16
확실성(certainty) 144, 147
회의론(scepticism) 149-150, 160-161
'휘포스타시스'(실체, *hypostasis*) 18, 242-243, 249-250, 252, 257, 260
흄, 데이비드(David Hume) 43n.28, 145, 151, 156, 255
희생(sacrifice) 284-290
히브리서(Letter to Hebrews) 283-284n.19
히틀러, 아돌프(Adolf Hitler) 51
힉, 존(John Hick) 204n.6

옮긴이 김의식은 서울대학교 건축학과를 졸업하고 미국 루이빌 신학교(MA), 한국 장로회신학대학교 신학대학원(MDiv, ThM)에서 공부한 후 성균관대학교 번역테솔대학원에서 번역학(MA)을 전공했다. 현재 전문번역가로 활동하고 있으며 옮긴 책으로는 『성경, 바위, 시간』, 『영혼의 리더십』(이상 IVP), 『다니고 싶은 회사 만들기』(홍성사, 공역) 등이 있다.

하나 셋 여럿

초판 발행_ 2019년 7월 10일

지은이_ 콜린 건턴
옮긴이_ 김의식
펴낸이_ 신현기

펴낸곳_ 한국기독학생회출판부
등록번호_ 제313-2001-198호(1978.6.1)
주소_ 04031 서울시 마포구 동교로 156-10
대표 전화_ (02)337-2257 팩스_ (02)337-2258
영업 전화_ (02)338-2282 팩스_ 080-915-1515
홈페이지_ http://www.ivp.co.kr 이메일_ ivp@ivp.co.kr
ISBN 978-89-328-1709-5

ⓒ 한국기독학생회출판부 2019

책값은 뒤표지에 있습니다.
무단 전재와 복제를 금합니다.